解説 出雲国風土記

IZUMONOKUNI FUDOKI

火神岳と神名樋野（大山と茶臼山　松江市）

解説 出雲国風土記 目次

目次

五　楯縫郡

六　出雲郡

解説

コラム

凡例

一、本書は、『出雲国風土記』（以下『風土記』とも表記する）を広く紹介するために、現代語訳を本文とし、解説とコラムでその内容を説明した『出雲国風土記』の解説書である。

一、現代語訳の本文は、加藤義成一九九二『修訂 出雲国風土記参究 改訂四版』の『出雲国風土記』本文をもとにしている。加藤義成採用の本文をあらためて校訂する作業は実施していないが、全般的に参考にした図書（参考文献一覧参照）等の二〇一三年時点の研究状況から、訂正が必要な部分については、加藤義成採用の本文を訂正したのち、現代語訳をおこなっている。訂正した箇所については、頭注に明記した。

一、現代語訳の本文のうち、〔 〕を附している部分は、原文では二行割書である。

一、本書では、現代語訳に当たり一部原文をそのまま引用する場合でも、旧字については新字とした。また、俗字・異体字も次に挙げるものを除き通行の字体を用いている。

旧字を用いたもの 祇・禰・彌・澤・无

一、本書では現代語訳文・解説等に振り仮名を振っている。本文も現代語訳であるので、現代仮名遣いで、現代での一般的な読みを採用している。

一、本書では、『風土記』本文を一 総記、二 意宇郡～十 大原郡の各郡、十一 巻末記載の十一の部分にわけ、さらに各郡では［一］〇〇郡の総記から［八］〇〇郡の郡司に（郡によってはない項目もある）、また十一 巻末記載についても［一］出雲国の道程から［六］『出雲国風土記』の編纂者にわけている。これらの区分は『風土記』原本にはなく、解説のために便宜的に加えた区分である。

一、これら十一の区分の最初に、〇〇の概要を設け、概要を加えている。二～十の各郡については、「〇〇郡地図」として、『出雲国風土記』の記載を現在の地形図に落とした地図を用意した。地図の凡例は10頁の例を参照のこと。

一、『風土記』の解説にあたっては、三段組みの頁の上段に『風土記』の現代語訳を掲載した。中段・下段はその解説文章を当てている。コラムはやや長めの解説である。

一、現代語訳については、必要な語（※を付し文字色は茶色）について頭注を施し、前記区分の終わりで説明した。

一、神社の頭注については、加藤義成の比定に従い、『風土記』の神社を継承するとされる神社の現在の所在地を記した。表記が異なる場合も含め、同名と思われる神社が複数ある場合、（在2不1）（神祇官社に2社、不在神祇官社に1社同名社があるという意味）のように表記し、それらを継承するとされる神社を、順不同で表記した。また、一部の神社については関和彦の比定を参照し、（関）と表記した（関和彦二〇〇六）。

一、そのほか、難解な語句についてはゴシック体とし、用語解説で簡単な説明を施した。

一、本書の執筆にあたって参考とした文献は、紙面の制約により、最低限かつ一般に入手しやすい文献にかぎり掲載した。

例［参］朝山晧一九九九

朝山晧一九九九（刊行年）「出雲国の式内社」（論文名）『出雲国風土記とその周辺』（書名）島根県教育委員会（出版社名など）

一、本書の執筆は、島根県古代文化センター長 丹羽野裕、専門研究員 野々村安浩・平石充、主任研究員 松尾充晶・仁木聡、研究員 稲田陽介、特任研究員 吉松大志・堀川徹、島根県文化財課調整監 椿真治、島根県立古代出雲歴史博物館専門学芸員 森田喜久男が分担し、編集は平石充・堀川徹がおこなった。

一、本書では以下の略語を用いている。

『風土記』…『出雲国風土記』
教委 …教育委員会
奈文研 …奈良文化財研究所
橿考研 …奈良県立橿原考古学研究所
出雲歴博 …島根県立古代出雲歴史博物館
埋文センター…島根県埋蔵文化財調査センター
歴名帳 …出雲国大税賑給歴名帳
和名抄 …和名類聚抄

一、各郡の郡界については「文政四年出雲十郡絵図」「出雲十郡絵図（推定天保期）」（いずれも島根県立図書館蔵、島根大学附属図書館二〇一二『島根の国絵図』所収）を参照した。

地図の凡例

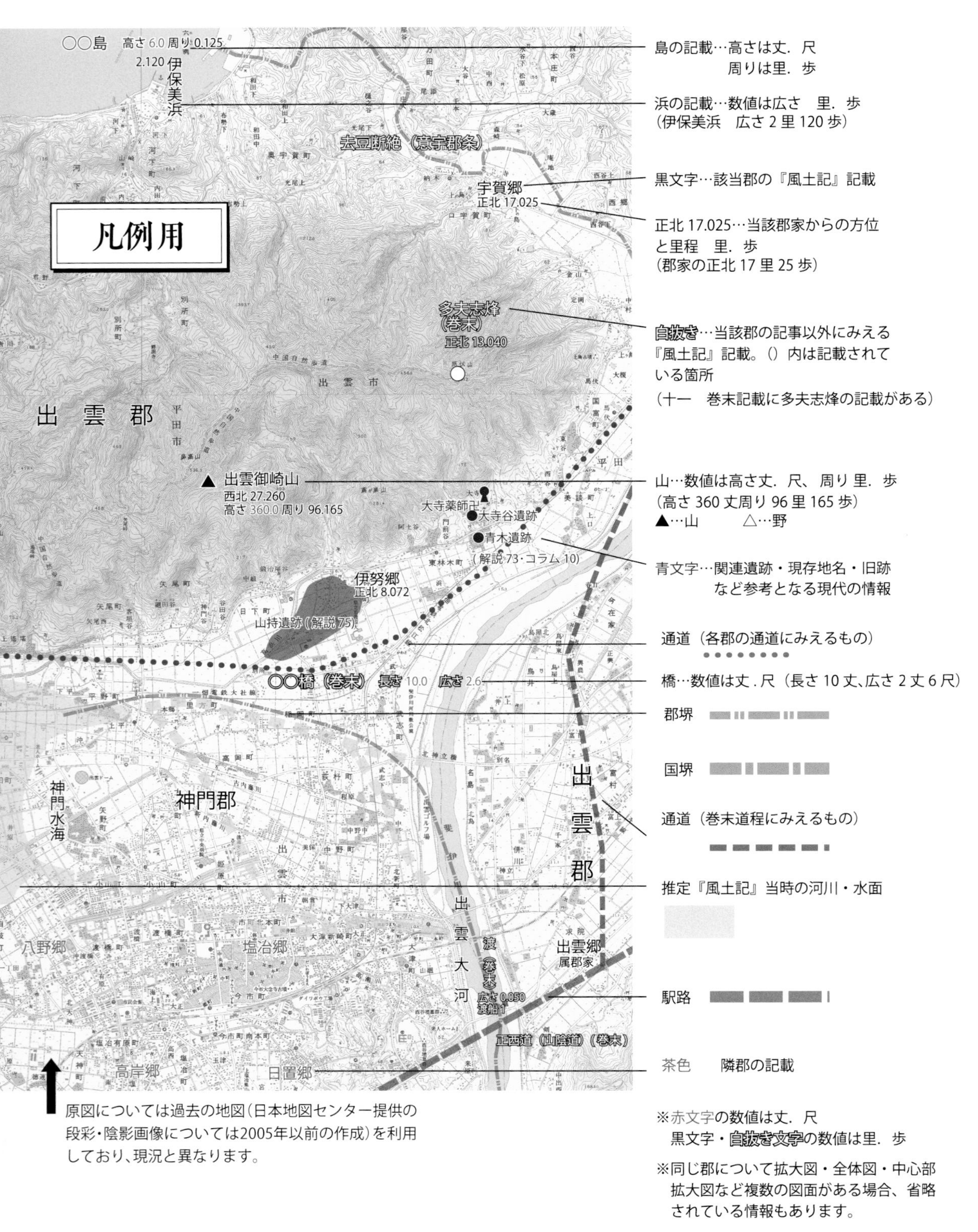

原図については過去の地図（日本地図センター提供の段彩・陰影画像については2005年以前の作成）を利用しており、現況と異なります。

※赤文字の数値は丈．尺
黒文字・白抜き文字の数値は里．歩

※同じ郡について拡大図・全体図・中心部拡大図など複数の図面がある場合、省略されている情報もあります。

はじめに

『出雲国風土記』写本（左：日御碕神社本　所蔵　日御碕神社／右：岸崎氏本　個人蔵）

1 『出雲国風土記』とは何か

和銅六年（七一三）五月二日に、次のような官命が出された（『続日本紀』）。

（一）畿内七道諸国の郡・郷名に好い字をつける。

（二）①郡内の所産の銀・銅・彩色・草木禽獣魚虫等の種類、②土地の肥沃、③山川原野の名の由来、④古老の伝える旧聞異事等を史籍に記して報告する。

いわゆる風土記撰進の命令であるが、編纂された奈良時代には風土記の書名はなく、平安時代の寛平五年（八九三）の史料に備中国（岡山県）のものを指して「彼の国風土記」とあるのが初見である（延喜一四年（九一四）の「三善清行意見封事一二箇条」）。

和銅五年（七一二）『古事記』、養老四年（七二〇）『日本書紀』という天皇の支配・国の成り立ちの過程などをまとめた歴史書の成立と、全国の国勢の報告を求める風土記撰進の官命は一連の動きととらえることができるといわれる。またこの和銅年間は、出羽国（七一二）、丹波国・美作国・大隅国（七一三）などの国の新置やいくつかの郡の建置、中央・各国を結ぶ交通路施設である駅家の新設などの地方政策が整備される時期である。これらの政策と風土記撰進の官命も関連すると思われる。さらに、和銅六年の官命の（二）①は朝廷への貢上品目の、また②は班田制実施のための、それぞれ基礎資料的な意味あいとも推定されている。

▲『続日本紀』和銅六年五月甲子条（所蔵　出雲歴博）

そして、この和銅六年の官命を受け、各国では地誌の編集作業をおこない、『常陸国風土記』の冒頭に「常陸の国司解し申す　古老相伝える旧聞のこと」とあるように、下級官司から上級官司への報告公文書の書式である解の形で提出したと考えられる。

しかし、一三〇〇年近くたった現在、当時の風土記の原本は失われ、内容をまとまって伝えている写本は、わずかに常陸（茨城県）・播磨（兵庫県）・肥前（佐賀県・長崎県）・豊後（大分県）、そして出雲の五国のみである。この中で出雲国のみ、ほぼ完本で成立年代も明らかな唯一のものである。なお、他の書物に引用された断片的な記事（逸文）としておよそ五〇国余のものも伝わっている。

現在まとまって内容が伝わる五国の風土記の記載記事をみると、和銅六年の官命が求めた五項目については国ごとに違いがある。たとえば（二）②の土地の肥沃状態については、『播磨国風土記』のみ里ごとに詳細に記しており、ほかの諸風土記ではほとんど触れていない。また、『出雲国風土記』には官命にみえない軍団や烽の所在の記載、神社名のリストが載っている。このように、国ごとに相違した官命の解釈とそれにそった記事の採録・

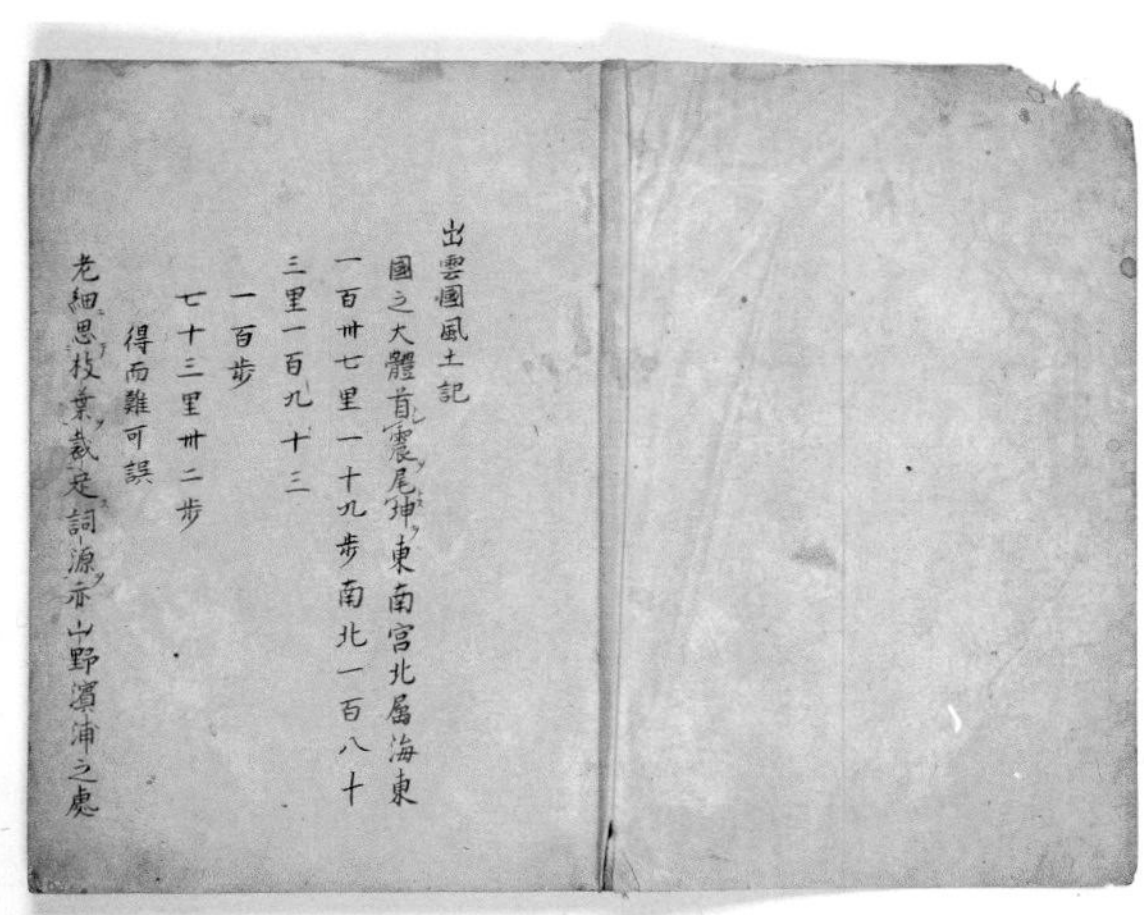

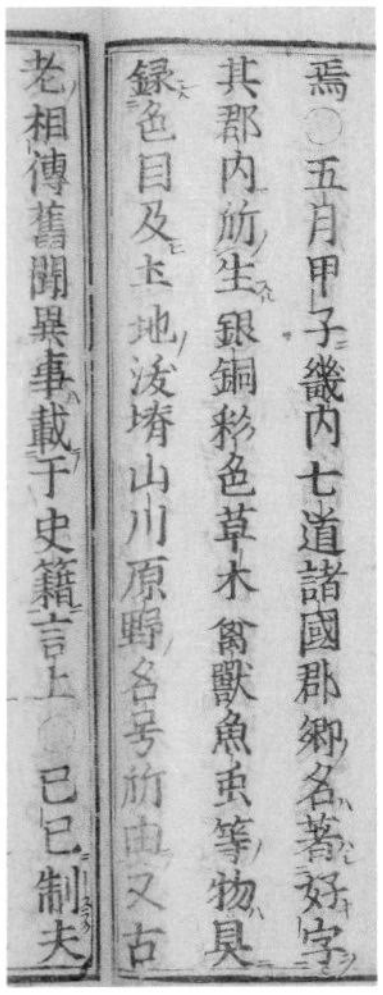

▲『出雲国風土記』冒頭部分（所蔵　古代文化センター）

はじめに

編集の様子がわかるとともに、編纂経緯もある程度推測できる場合もある。

『播磨国風土記』は、一部の郡記載がみえず、記載内容にも未整理な箇所があり完成前の草稿本ではないかと考えられている。土地の肥沃状態の記載のほか、諸国からの人や神の往来に関する記述が豊かである。『常陸国風土記』では、当時東国で歌われていたと思われる歌謡を多く収録し、国や各郡の成立や経緯を関係した人物とともに詳しく述べている。また、『肥前国風土記』と『豊後国風土記』はともに、『日本書紀』の記載と類似した記事が多く、『肥前国』では景行天皇の巡幸記事や朝鮮半島との往来に関わる伝承も多く所載しており、『豊後国』は省略が著しく、郡名記事がその由来のみの郡もある。

しかし、五か国の風土記に共通し、記述の多くを占めているのは、古老の伝承・地名起源説話である。官命の(二)③④に該当し、『常陸国風土記』巻頭の「古老の相伝える旧聞のこと」とつながる。『出雲国風土記』「国引き神話」も意宇郡の郡名起源説話のなかにみえるものである。

ところで、一〇世紀には中央では風土記は散失して保管されておらず、延長(えんちょう)三年(九二五)に各国に再び風土記進上の命令が出されている。これは中央政府にとっての風土記の意味、また現在多くの国の風土記が写本ではなく逸文の形で伝わっていることとも関係するのであろう。

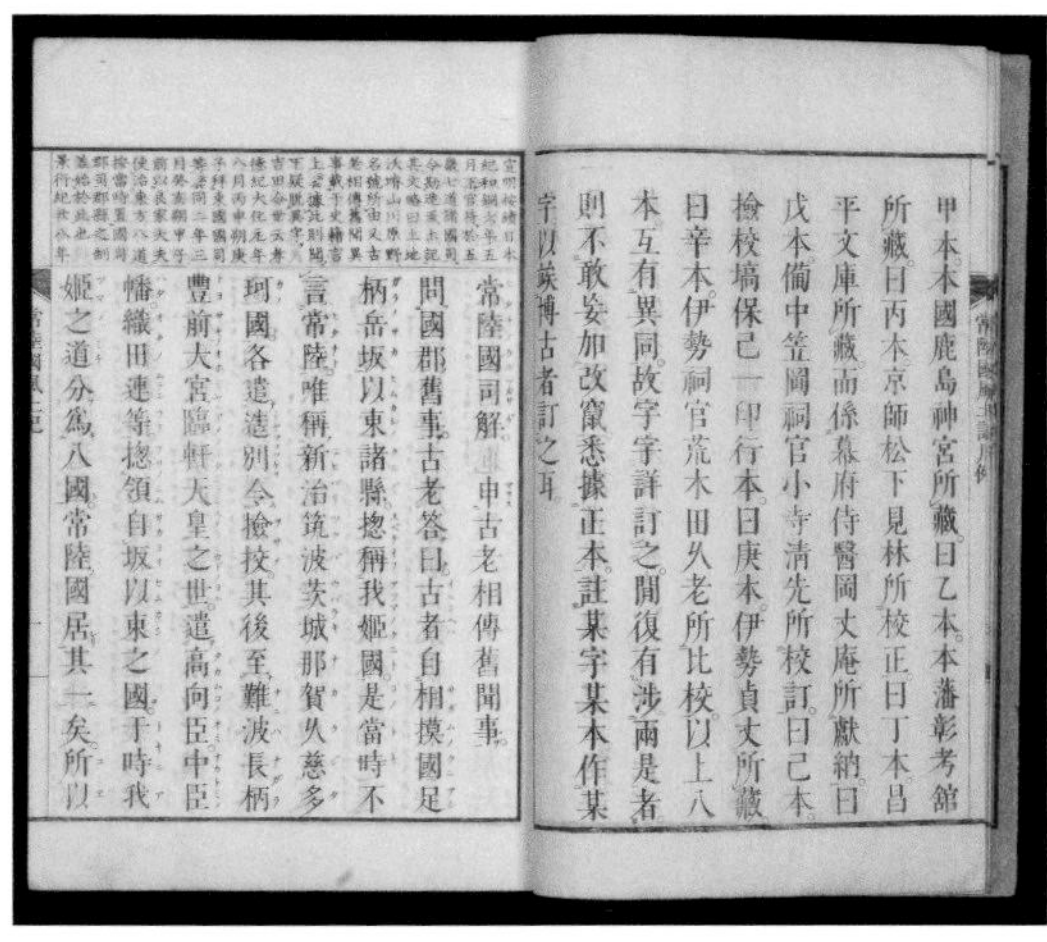
甲本本國鹿島神宮所藏曰乙本本藩彰考館所藏曰丙本京師松下見林所校正曰丁本昌平文庫所藏而係幕府侍醫岡丈庵所獻納曰戊本備中笠岡祠官小寺清先所校訂曰己本撿校塙保己一印行本曰庚本伊勢貞丈所藏曰辛本伊勢祠官荒木田久老所比校以上八本互有異同故字字詳訂之間復有渉兩是者則不敢妄加改竄悉據正本註某字某本作某字以俟博古者訂之耳
常陸國司解　申古老相傳舊聞事
問國郡舊事古老答曰古者自相摸國足柄岳坂以東諸縣惣稱我姬國是當時不言常陸唯稱新治筑波茨城那賀久慈多珂國各遣造別令撿校其後至難波長柄豊前大宮臨軒天皇之世遣高向臣中臣幡織田連等惣領自坂以東之國于時我姬之道分爲八國常陸國居其一矣所以

▲『常陸国風土記』(所蔵　出雲歴博)

なお、風土記について勘造年月日の天平(てんぴょう)五年(七三三)二月三〇日は小の月であって、当時の太陰太陽暦では小の月は二九日までで三〇日はないので、現在の『出雲国風土記』とは、延長以降につくられたものをあたかも天平の風土記のように偽装したのではないかとの説もあった。現在では当時の暦である儀(ぎ)鳳暦(ほうれき)の研究も進み、天平五年二月は大の月、二月三〇日は存在したことが確定している。

さて、『出雲国風土記』は巻末に天平五年とあり、成立年次が判明するが、残りの四国の風土記については、前後の脱落や省略本であるため、その成立した正確な年次は不明である。しかし、奈良時代前期におこなわれた次の地方行政区画制度の変更により、風土記成立時期の推定の手がかりが得られる(→用語解説別表3)。

それらから、『播磨国風土記』は霊亀(れいき)三年(七一七)以前、『常陸国風土記』は霊亀三年以前に編纂が開始され、養老三年(七一九)以降に完成、肥前・豊後のものは天平四~一〇年(七三二~七三八)頃と推定されている。

[参]荻原千鶴二〇〇一

2 『出雲国風土記』の内容

『出雲国風土記』は、(一)国の総括的記述、(二)各郡別の記述、(三)道、駅家、軍団・烽・戍などの国の特別記述の三つの項目から構成されている。そのうち、(二)は、天平五年(七三三)当時出雲国を構成していた九郡(意宇・島根・秋鹿・楯縫・出雲・神門・飯石・仁多・大原)の記載で、順序が郷名由来・寺院・神社・山野・草木禽獣・河川・池・海岸・島嶼・隣郡への通道・郡司名と、各郡とも同じような形で整然としている。さらに、山の位置・方位・距離や川について水源と川筋・物産、隣接する郡堺への距離など統一的で詳しく記載されている。そして巻末には、「天平五年二月三十日勘造　秋鹿郡人神宅臣金太理、国造帯意宇郡大領外正六位上勲十二等出雲臣広島」と記されている。

▲『出雲国風土記』奥書部分(所蔵　古代文化センター)

『出雲国風土記』は、常陸・播磨・肥前・豊後の四風土記に対して、次のような特徴を持っている。

第一に、その編者や成立年が判明し、島根郡に欠落があるものの、国内全郡の記載が残るほぼ完本であることである。これは他の四風土記がはじめに1で述べたように前後の脱落や省略本であるため、その成立した正確な年次と編者は不明であるなかで、大変貴重なことである。

第二に、編纂責任者が当時の出雲を代表する地元の豪族(→コラム2)、出雲臣広島である点である。残る四か国の『風土記』のうち、『常陸国風土記』は常陸国司の編纂で、具体的には藤原不比等の子の藤原宇合の編纂ではないかとされている。九州の『豊後国風土記』『肥前国風土記』も共に九州を統括した大宰府の影響が強く、内容は中央で編纂された『日本書紀』と類似する。この二国のものも藤原宇合による編纂の可能性が指摘されている。これらの『風土記』では、地元の神の登場も少なく、地名の起源は天皇に由来することが多い。これに対して『出雲国風土記』では地元の神が地名の由来となる事例が多く、天皇の登場は少ない。『出雲国風土記』は地元の視点を多く含んでいるといえるが、このような特質は編纂者が出雲国造出雲臣広島であるためと考えられている。

第三に、記述内容について記載項目順が整然とし、郡家から郷や寺・山などへの方位・距離、池・島の大きさを里・歩で表示するなどの数値的記載が多いことである。

第四は、郡の記載順序や巻末の主要道の記載、駅家の記載順、軍団、辺境から都への非常時を伝える烽記載など中央と出雲国を結ぶ、あるいは中央政府を中心点に出雲国の空間を記述する姿勢がある。

さらに、第五に『出雲国風土記』では神社に関して記載が詳しく、神祇官社と不在神祇官社に分類し三九九社の名を掲げていることである(→解説19)。しかし、個々の神社の起源については全く述べていない。社名と郡郷名など行政区画単位名と一致する例は多い

はじめに

が、全体として神社数は郷の数よりはるかに多く、行政区画単位名の起源記述に現れない、多くの神々の話がこれらの社名群の背後にあった可能性もある。また神社数自体が極めて多く、出雲国独自の神社体系も推定される。

そして、第六には、冒頭部では出雲国全体の地形や広さを簡潔に述べ、意宇郡の郡名起源を述べる「国引き神話」（↓コラム１）や、意宇郡末・神門郡末・大原郡末の記載などからは高所からの地勢を俯瞰するような視線を窺うことが出来ることである。

それでは、この『出雲国風土記』はどのように編纂されたのであろうか。

和銅六年（七一三）の風土記撰進の官命をうけた後、報告要求項目の記載内容の中には各郡への編集命令時の詳細な指示や、あるいは各郡が報告した後、最終編集の段階で整えられたと想像される部分がある。

各郡記載のほかの（一）（三）の項目は、編者神宅臣金太理による記述内容であろう。たとえば、意宇郡末尾の「前述の一郡は、入海の南にある。ここは国の廓である」や、神門郡末尾の「前述の五郡は、いずれも大海の南にある」、大原郡末尾の「前の件の三郡はいずれも山野の中にある」、また島根郡余戸里条や秋鹿郡神戸里条の「その説明は意宇郡に同じ」などの記載は最終編集時の記入と考えられる。

さて、現在見る順序で各郡からの報告が編者の下に提出されたのであろうか。楯縫郡・出雲郡・神門郡の「入海」条と「北海」条の「所在雑物」項目を比べると、この三郡では「秋鹿郡で説明したのに同じである」とあり、個別の品名は省略されている。「北海」、「入海」はそれぞれ現在の日本海、宍道湖である。一方、島根郡では品名を列記したあとに「極めて種類が多いので名を全部はあげきれない」（南入海条）、「非常に種類が多くて名を全部あげることはできない」（北海条）とある。島根郡の「南入海」は現在の中海のことである。意宇郡では「北入海」（中海）の表記はあるが、「所在雑物」の項目はない。これは各郡からの提出時と全体の最終編集作業時の前後を予測させる。

なお、現在伝わる『出雲国風土記』は、和銅六年命から完成まで二〇年も後であることから再撰されたものではないかとする説や、最終責任者が国司ではなく出雲国造であることから出雲国造（↓コラム２）家の私撰本ではないかとの説もある。

［参］野々村安浩一九九三

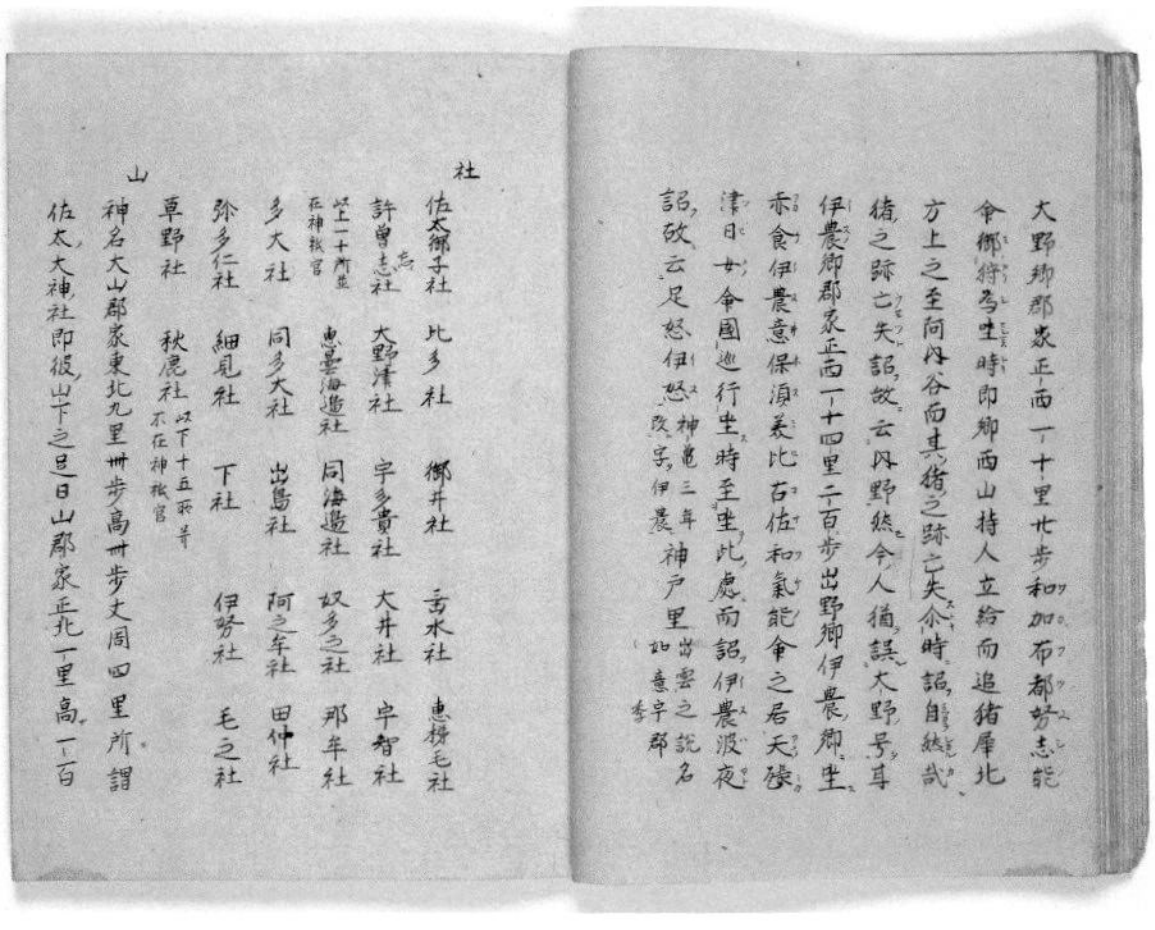

▲『出雲国風土記』秋鹿郡条（所蔵　古代文化センター）

3 『出雲国風土記』の伝来

奈良時代の和銅六年（七一三）に編纂の命令が出され、諸国で編纂が進められ、『出雲国風土記』は二〇年後の天平五年（七三三）に成立した。しかし、一三〇〇年近く経った現在では、奈良時代の原本はすでに存在せず、すべて人が手で写した写本の形でその内容が伝わっている。写本は書写過程のなかで、誤写や写した人の書き込みなどがなされ、奈良時代の本文とは異なる部分が生じている。したがって奈良時代の『風土記』が本来はどのような内容・形態であったかを知るためには、まず写本を研究する必要がある。

『風土記』写本には大きく三つの系統がある。一つめは『出雲国風土記』本文の写本であり、二つめは『出雲国風土記』の現存最古の注釈書である岸崎時照著『出雲風土記抄』（一六八三年稿）の諸写本、そして三つめは遠江国（現在の静岡県）の国学者内山真龍著『出雲風土記解』（一七八七年稿）の諸写本である。

（1）『出雲国風土記』本文の写本

現在伝わる『出雲国風土記』写本の中で、書写年代が判明する最古のものは公益財団法人永青文庫所蔵の『出雲国風土記』写本である（以下、細川家本という）。奥書に「慶長二年冬十月望前三日　丹山隠士」と、慶長二年（一五九七）の書写月日が明らかである。しかし、卜部兼文の『古事記裏書』（文永一〇年〈一二七三〉成立）の或書として意宇郡熊野山の引用や卜部兼方の『釈日本紀』（鎌倉末期成立）に「出雲国風土記曰く」として「出雲郡宇賀郷」「意宇郡楯縫郷」「意宇郡伊布夜社」などが引用されることなどから、京都の卜部家は『出雲国風土記』（原文か写本）を見る機会があったと考えられる。

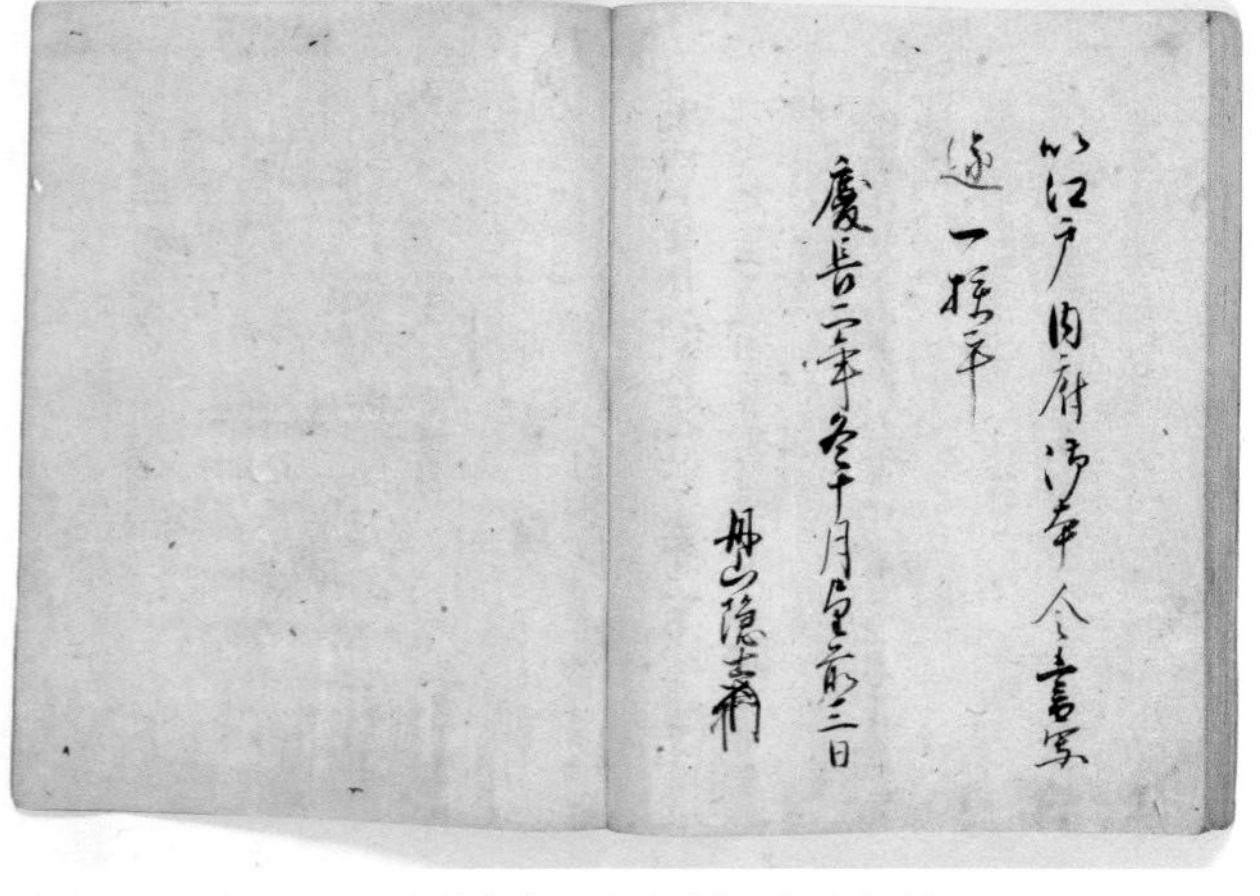

▲『出雲国風土記』細川家本奥書部分（所蔵　永青文庫）

細川家本では、島根郡の加賀郷条の記載の混乱、同郡の神社記載の大半の脱落がある。

現在、この様態を伝えた写本（脱落本系）と、前述の箇所を何らかの史料により補訂した写本（補訂本系）の大きく二系統の写本が伝わっており、国内に約一五〇余本が確認されている（→コラム4）。

脱落本系統では、室町時代末期の書写と田中卓が推定している倉野家本（奥書を欠く）、奥書に「寛永十一年秋七月日」とある日御碕神社所蔵の『出雲国風土記』写本が江戸時代前期一七世紀のものでは著名である。後者は、徳川家本（名古屋市蓬左文庫所蔵）を基に書写され、寛永一一年（一六三四）に日御碕神社の修造に際し尾張藩主初代義宣が奉納したものである。細川・倉野両本によって郡司署名箇所が「勲十二等」の誤写であると判明した（→解説126）。

補訂本系統では、岸崎時照が天和三年（一六八三）に著した『出雲風土記抄』と京都の賀茂別雷神社三手文庫所蔵の今井似閑『万葉緯』巻第十五に所収の写本（万葉緯本）が

はじめに

代表的である。同書巻第二十の末に「享保二年三月　江都源種季書」とあり、享保二年（一七一七）以前の書写と考えられる。万葉緯本では、前述の加賀郷条記載は整理され、神祇官非登録社項目では本来は四五社あるべき社数の内三五社が補訂されている。この万葉緯本系統の写本が数本伝わっている。

ところで、細川家本は、奥書によれば「江戸内府御本」を書写したものである。

また、松江藩主松平直政の侍儒である黒沢三右衛門弘忠（石斎）が承応二年（一六五三）に二代綱隆に従い出雲国入りし、国内をめぐり見聞した記録を江戸の母に報告した地誌である『懐橘談』（上巻承応二年・下巻寛文元年〈一六六一〉に成立）には、『出雲国風土記』の本文が引用されている。この黒沢石斎は林羅山に学び、羅山の推挙により直政の儒者となっている。羅山の三男である林鵞峰の日記である『国史館日録』寛文四年八月二十一日条の、老中稲葉正則との問答のなかで、地誌編纂に手本として本朝では『出雲国風土記』に、中国式であれば『大明一統志』に倣うがよいと回答している。つまり、一七世紀中頃に、江戸幕府が『出雲国風土記』を入手していたことが知られる。

また、鵞峰が執筆した『会津風土記』序（寛文一一年）にも、『出雲国風土記』と『豊後国風土記』が伝存している旨を記している。

（2）『出雲国風土記』の注釈書の写本

『出雲国風土記』の注釈書の写本によって本文が伝わる部分もある。岸崎時照『出雲風土記抄』や内山真龍『出雲風土記解』がそれであり、それぞれ十数本ずつ全国に伝わっている。

岸崎時照が著した『出雲風土記抄』は、天和三年の序文に撰述の事情が詳しい。岸崎が、三二年間出雲国内を踏査する機会に恵まれ、実地の見聞に基づいて注釈を記しているため、特に地理上の研究に詳しく、『出雲国風土記』所載の地名を現地に比定することに詳しいものである。

▲『出雲風土記抄』意宇郡母里郷条（１段下げの部分が抄文）
（所蔵　出雲歴博）

一八世紀後半、遠江国（静岡県）の国学者内山真龍は、豊田郡大谷村近隣の者とともに天明六年（一七八六）一月に出雲国を踏査し、翌年二月に『出雲風土記解』三巻三冊を完成している。真龍の出雲への旅行の目的は、『出雲日記』の序文によれば、伊勢の国学者谷川士清（一七〇九〜一七九六）から『出雲国風土記』写本を見せられ、また本居宣長からの写本を借覧して、自分の所蔵本と照合してみたが、なお疑わしいところがあったために、実際に現地の様子や古今の変化の有様を知ろうと思い、現地を踏査することにあった。

このように、様々な過程を経て現在『出雲国風土記』は伝わっている。

なお、細川家本・倉野本・日御碕本・万葉緯本の写真版は、秋本吉徳編『出雲国風土記諸本集』（一九八六年　勉誠社）で容易に見ることができる。

【参】加藤義成一九九二
兼岡理恵二〇〇八
田中卓一九八八

総記

そうき

加賀神埼（加賀の潜戸　松江市）

総記

総記の解説

そうき

総記の概要

総記は、国全体の概要が記されている。現存する五か国の風土記のうち総記が残るのは常陸・豊後・肥前国での風土記で、『常陸国風土記』では「常陸国司解し申す　古老相伝える旧聞のこと」という書き出しである。これは律令制の上申文書に当たる解式の書式で、今日『常陸国風土記』と呼ばれているものは、常陸国の上申文書であったことになる。『出雲国風土記』にはこの書き出し部分はなく、巻末もこの解式とは異なる。署名も出雲国造出雲臣広島で、国司ではない。冒頭にある「出雲国風土記」という呼び名は当時まだなく（→はじめに1）、後に付されたものであり『出雲国風土記』が出雲国の上申文書であったという確証はなく、どのような名称の文書・記録であったか正確には分からない。

『出雲国風土記』総記の特色

三か国の風土記に残る総記をみると、『常陸国風土記』では①常陸国成立の経緯、②国名の由来、③国の特色が記載される。九州の豊後・肥前国の風土記は同じ構成で、A国郡郷里他の数、B国名の由来からなる。

翻って『出雲国風土記』をみると、総記には（ア）国のおおよその形・大きさ、（イ）編集の方針、（ウ）国名の由来、（エ）国内の神社数、（オ）国全体ならびに郡毎の郷里数が記載されている。このうち、（ウ）は②やBに当たり、（オ）はAに当たる。残る（ア）や（エ）が出雲国ならではの記載ということができるだろう。このうち、（ア）は、『出雲国風土記』に国の全体的な形を俯瞰的に捉えようとする視点があったことの現れとされる（荻原千鶴）。（エ）の神社記載も特異で、風土記編纂時にあらたに情報収集して書き起こされたものではなく、既存の神社帳簿から転記されたと考えられる（→解説19）。このような神社帳簿、さらには神社の存在自体が出雲国の特色で、記載（エ）も、出雲国の特色を物語るものといえる。

出雲国の由来

出雲国の由来は『風土記』によれば、八束水臣津野命の「八雲立つ出雲」という言葉にあることになる。まず注目されるのは『古事記』『日本書紀』では「八雲立つ出雲」の歌を詠んだのはスサノオとされているのに対し、『風土記』では国引き神話の主人公である八束水臣津野命であることで（→解説1）、やはり出雲地域の独自性の表れである。

国号イズ（ヅ）モの由来

イズ（ヅ）モの語源については「八雲立つ出雲」のようなわき立つ雲に由来するとの説が一般的であるが（→解説1）、『古事記』の景行天皇段の、倭建が出雲建を殺す説話では、その時詠んだ歌に「夜都米佐須伊豆毛」という詞がみえる。これはたくさんの藻を意味し、イヅモとは神聖な藻「厳つ藻」とする説がある（水野祐）。ただし、水野祐も述べるとおりこれは五世紀の雄略天皇の頃など『風土記』以前の話で、現在知られているイヅモ表記は七世紀から一貫して「出雲」であり、少なくともこの頃には雲由来説が定着していた可能性が高いだろう。

［参］荻原千鶴二〇〇一　水野祐一九七二

本文・現代語訳

[一] 出雲国総記

※出雲国風土記

国のおおよその形は、※震を始点として※坤を終点とする。東と南は山で、西と北は海に接する。東西は一百三十七里一十九歩。南北は一百八十二里一百九十三歩。

編者は、細かいところまで考察し、伝承の本源を判定して記した。また山野、浜や浦などの地形、鳥獣の生息地、魚介、海藻類は非常に多いので、すべてを述べることはしない。しかしながら、やむを得ない場合は、大略を挙げて、この文書としての趣旨を整えた。

出雲と名づけるわけは、八束水臣津野命がおっしゃったことには、「八雲立つ」とおっしゃった。だから、八雲立つ出雲という。

合わせて、神社は三百九十九所。

一百八十四所は神祇官社。

二百一十五所は不在神祇官社。

九郡。郷は六十二〔里※一百七十九〕、余戸四、駅家六、神戸七〔里※一十〕。

意宇郡　郷一十一〔里三十三〕、余戸一、駅家三、神戸三〔里六〕。

島根郡　郷八〔里二十四〕、余戸一、駅家一。

秋鹿郡　郷四〔里一十二〕、神戸一〔里〕。

楯縫郡　郷四〔里一十二〕、余戸一、神戸一〔里〕。

解説 1

八束水臣津野命と国名の由来

『風土記』に登場する神のなかでも、八束水臣津野命は特別な存在である。意宇郡総記の国引き神話は、壮大な国土創世神話である（→コラム1）。また島根郡の命名神でもあるのだが、『風土記』では八束水臣津野命の神統譜上の位置づけは明確ではない。

一方『古事記』上巻には「淤美豆奴神」という神が見え、これが『風土記』の八束水臣津野命と同一神を指すと考えられている。この神は須佐之男から大国主命への神統譜を述べる中で現れるが（下図参照）、両神をつなぐ存在としてのみ記され、どのような活動をしたかなどは一切記されていない。

さて『風土記』に見える八束水臣津野命の大きな活動の一つとして出雲国号の命名がある。

『風土記』出雲国総記には、出雲の国名の由来は、八束水臣津野命が「八雲立つ」と述べたためだ、とある。正確にはこれだけでは「出雲」の由来にはなっていないのだが、これが由来の説明として成立しているのは「八雲立つ出雲」が一続きの表現として広く認知されていたからであろう（国引き神話でも八束水臣津野命が「八雲立つ出雲の国」と述べている）。

一方、『古事記』では「八雲立つ」という表現は須佐之男と関係づけられている。八岐大蛇を退治し、須賀に宮を造った須佐之男は、立ち上る雲を見て、「八雲立つ　出雲八重垣　妻籠みに　八重垣作る　其の八重垣を」と歌を詠んだという。

このように「八雲立つ」の発言者が『古事記』と『風土記』では異なっている。「出雲」という国名の由来一つをとってみても、古代にはさまざまな神話や伝承が混在していたことがうかがえる。

須佐之男 ← 八島士奴美 ← 布波能母遅久奴須奴 ← 深淵之水夜礼花 ← 淤美豆奴 ← 天之冬衣 ← 大国主

▲淤美豆奴の系譜

【参】谷口雅博二〇〇九

出雲郡　郷八（里二十三）、神戸一（里二）。
神門郡　郷八（里二十二）、余戸一、駅家二、神戸一（里）。
飯石郡　郷七（里一十九）。
仁多郡　郷四（里一十二）。
大原郡　郷八（里二十四）。
右の箇所の「郷」の字は、※霊亀元年式によって里を改めて郷とした。その郷名の文字表記は※神亀三年民部省口宣を受けて、改めた。

［注釈］

※出雲国風土記…完成時点で風土記の呼称はなく、後に書き加えられたもの。
※震…東。
※坤…南西。
※一百七十九…各郡の合計は一百八十一になるが、細川家本ほかの一百七十九を採用した。
※一十…各郡の合計は一十一になるが、細川家本の一十を採用した。
※霊亀元年式…霊亀元年（七一五）（三年の誤写とする説もある）に出された法令で、行政単位の里を郷と表記し、一つの郷の下に里を二〜三程度設置するという内容を含む。このような郷—里の体制を郷里制といい天平一一年（七三九）頃まで続けられた。法令自体は現存しない。解説2参照。
※神亀三年民部省口宣…神亀三年（七二六）に民部省が出した命令で、地名を良い意味を持つ漢字、好字・嘉名二字表記に統一するという内容を含んでいた。法令自体は現存しない。解説2参照。

解説2 郷里制と「好字」

『風土記』総記には、「霊亀元年式」と「神亀三年民部省口宣」という二つの地方支配に関する命令が記されている。

「霊亀元年式」（霊亀元年＝七一五）はいわゆる郷里制開始に関する重要な記載である。『風土記』ではそれまで里と呼んでいた地方行政単位を郷と呼ぶ、というものだが、他の史料より補足すると、このとき一郷を二、三程度の里に分割したと推定される（↓解説112）。郷里制開始についての史料は『風土記』が唯一の史料だが、その年代については、木簡資料などから、霊亀元年ではなく霊亀三年（七一七）が正しいとする説も出されている（鎌田元一説。この場合、『風土記』は誤写と考える）。なお、『風土記』意宇郡余戸里条では、神亀四年（七二七）に余戸をおいたとされる。この年は郷里制下では二ないし三回目の戸籍が造られた年に当たり、同時に神戸・駅家（里）も設定されたとの説もある（↓解説67）。なお制度に流動的な部分があったのであろうか。

「神亀三年民部省口宣」（神亀三年＝七二六）の詳細は不明であるが、『風土記』によれば郷名の改定を示したものと考えられる。古代の行政地名は国名の二文字表記から始まり、続いて郡名が二文字になるなど、八世紀初頭前後に二文字表記への統一が大きく進展しており、この口宣も二字表記に関するものであろう。和銅六年（七一三）には風土記撰進の命と同時に「諸国の郡・郷は好き字を着けよ」（『続日本紀』和銅六年五月甲子条）とも命ぜられている。時期こそ異なるものの、「神亀三年民部省口宣」と通じる部分がある。実際『風土記』において一文字ないし三文字の郷名は二文字に改定されている（左表）。この行政組織の統制も地方支配貫徹のための施策であったと考えられる。

［参］鎌田元一二〇〇一

改定前の郷名	改定後の郷名
三刀矢	三屋
伊鼻志	飯石
種	多禰
支自真	来島

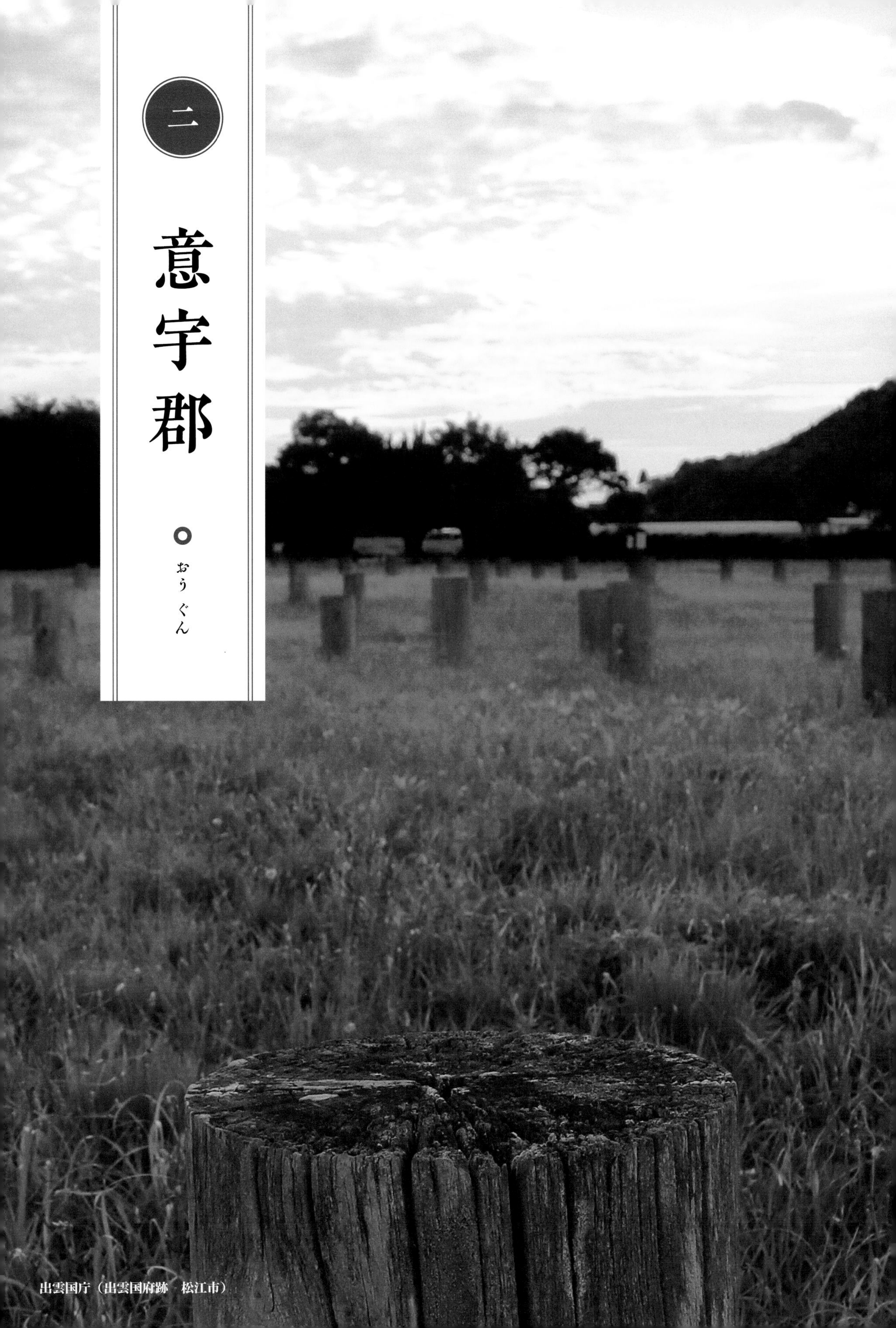

二 意宇郡

おうぐん

出雲国庁（出雲国府跡　松江市）

意宇郡拡大図（東）
入海
加茂島
夜見島（伯耆国）
粟島
周り 3.180 高さ 60.0
砥神島
羽島
子島
北海比売埼
安来郷
東北 27.180
毘売塚古墳（解説 8）
門江浜
楯縫郷
東北 32.180
山国川
安来市
舎人郷正倉跡
舎人郷 正倉
正東 26.000
野城橋（巻末）
長さ 30.7 広さ 2.6
卍教昊寺
正東 25.120
野方廃寺（解説 16）
伯太川
手間剗（国東堺）
41.180
伯耆国
賀茂神戸 正倉
東南 34.000
屋代郷
正東 39.120
山国郷 正倉
東南 32.230
卍山国郷新造院
東南 31.120
釈迦堂跡（山国郷新造院跡）
母理郷
東南 39.190
青垣神社 解説 6
▲枯見山
東南 38.000
一般財団法人 日本地図センター
段彩・陰影画像を利用
0
2km

入海
朝酌渡
（島根郡堺）
広さ 0.080 渡船 1
（巻末）
塩楯島
神奈備野
真名猪池 周り 1.000
意宇川推定旧流路
意宇杜
黒田駅・意宇軍団
属郡家
十字街
意宇郡家
国庁
余戸里
正東 6.260
意宇郡中心部拡大図範囲（P27）
筑陽川
岩屋遺跡
（解説 23）
大草郷
南西 2.120
意宇川旧河道
意宇川
前田遺跡
野城駅
正東 20.
正東 20.080
暑垣山
暑垣烽
（巻末）
正東 20.080
野城駅
野城橋
（巻末）
長さ 30.7 広さ 2.6
意宇郡
荻山
正東 10.100
高野山
正東 19.000
飯梨川
野城河
（仁多郡条）
飯梨郷
東南 32.000

意宇郡拡大図（西）
秋鹿郡
島根郡
入海
入海
野代海
蚊島
松江市
広さ 0.080 渡船 1（巻末）
朝酌渡（島根郡堺）4.260
塩楯島
津間抜池 周り 2.040
野代橋（巻末）
長さ 6.0 広さ 1.5
玉作街（巻末）
正西道
意宇郡中心部拡大図範囲
西北 4.200 山代郷新造院卍
真名猪池
西北 3.129 高さ 80.0 周り 6.032
△神名樋野
西北 3.120
山代郷
正倉
意宇軍団
黒田駅
属郡家
意宇社
出雲神戸 南西 2.020
旧黒田駅家
卍山代郷新造院
意宇郡家□
国庁
岡田山1号墳（コラム2）
西北 2.000
松本古墳群
山陰道か？布志名才の神遺跡
野代川
勝負谷遺跡
揩松遺跡
深田遺跡
鏡池遺跡
忌部神戸 正西 21.260
正源寺遺跡
正南道か？
▲玉作山 社 西南 22.000
神湯
玉作川
正南道
▲久多美山 社 西南 23.000
大草郷 南西 2.120
意宇川旧河道
意宇川
前田遺跡
意宇郡
熊野大社
▲阿志山 正西 19.000
須我山▲ 西南 18.000
大原郡
須我小川
熊野大社旧社地の磐座
▲熊野山 正南 18.000

卍山代郷北新造院
（来美廃寺）
十王免横穴墓
矢田町
才ノ峠遺跡
上竹矢
中竹矢遺跡
出雲国分尼寺跡卍
武内社
出雲国分寺瓦窯跡
卍出雲国分寺跡
出雲国分寺跡附古道
大庭鶏塚
山代二子塚
山代方墳
永久宅後古墳
神名樋野
茶臼山
真名猪池
周り 1.000
枉北道
大庭鶏塚
長者原
東淵寺古墳
山代郷正倉跡
出雲国山代郷遺跡
卍山代郷南新造院
（四王寺）
山代郷
南新造院瓦窯跡
正西道
十字街
旧黒田駅家
大坪遺跡
意宇郡家・黒田駅家
意宇軍団
三軒家
意宇杜
団原古墳
黒田畦遺跡
出雲国府下層遺跡（コラム 2）
出雲国造館跡
国庁
出雲国府跡
風土記の丘
岡田山1号墳
岩屋後古墳
六所神社
中西遺跡
大草町
意宇川
御崎山古墳
安部谷横穴墓
古天神古墳
0 500m

意宇郡中心部拡大図

宍道湖
宍道町
拝志郷
正西 21.210
来待川
来待橋（巻末）長さ 8.0 広さ 1.3
宍道駅（巻末）
宍道郷
正西 37.000
猪・犬の像
（解説 11 石宮神社）
宍道駅
正西 30.000
佐雑埼
42.030
山陰道か？
近世山陰道遺跡
女夫岩遺跡
（解説 11）
山田村
宍道川
出雲郡
意宇郡
▲和名佐山
正西 28.000
▲幡屋山
正西 38.000
木垣峯
（大原郡堺）
33.200
大原郡
正南道
幡屋小川
屋代郷
高麻山
屋裏郷
旧郡家？

一般財団法人日本地図センター
段彩・陰影画像を利用
0 2km

意宇郡全体図

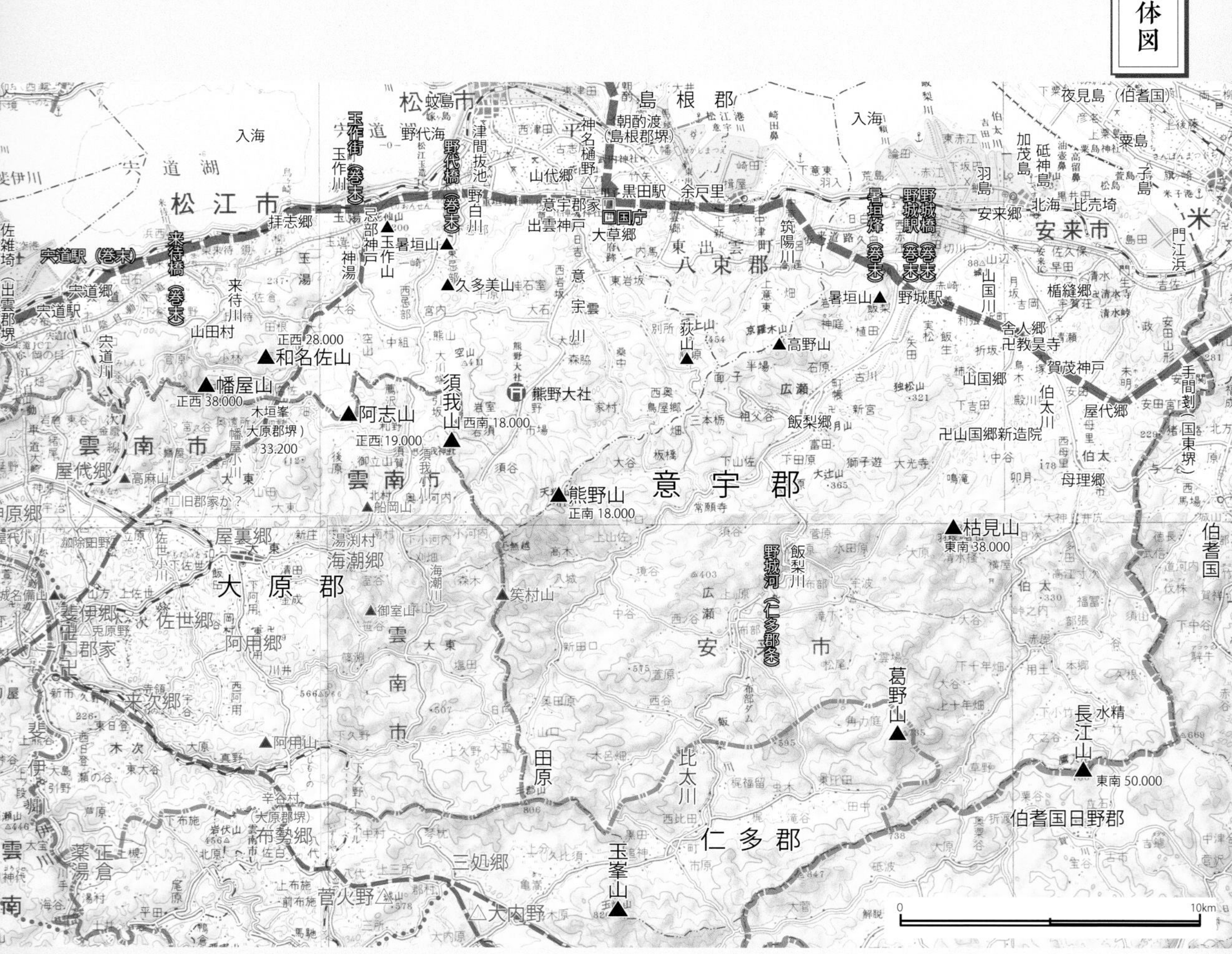

意宇郡

意宇郡の解説

おうぐん

◎『風土記』記載の概要

意宇郡は『風土記』では一一郷・三三里に余戸一、駅家三、神戸三（六里）からなる出雲国最大の郡で、律令制の郡の等級では上郡に当たる。『風土記』の記載でも冒頭にあり、都城に近い東から郡が記載されるルールに従ったものとみられるが、当郡の最後には「前述の一郡は入海の南にある。ここは国の廓である」と特記され、やはり中心的な郡と見られていた。人口は一里を約四〇〇人として、一七二〇〇人程度である。

意宇の由来は『風土記』のなかでもっとも著名な記事、いわゆる国引き神話で、八束水臣津野命が小さかった出雲国に各地から土地を引き寄せ、最後に「おえ（終え）」といった場所が意宇杜であるというものだ（↓コラム1）。文体も繰り返しや枕詞的な修飾が多く、リズミカルで、本来は語り、すなわち口承の神話だったものを、あまり書き言葉にせずに採録したと推定される。また、文章量でも『風土記』中最多の約五〇〇文字に及ぶ。きわめて簡単な出雲国総記の出雲国号の由来に比べると、この神話はじつに重厚で、取り扱いもはるかに丁寧である。さらに、意宇郡の由来でありながら、登場する地名は隣国伯耆の火神岳（現在の大山）から石見国堺の佐比売山（同三瓶山）まで、現在のいわゆる宍道湖中海圏域に及ぶ。要するに、意宇を中心とした出雲の国土創世神話で、出雲郡杵築郷条を読むと、所造天下大神の国造りもその後となる（↓解説4）。『風土記』の編集責任者で、その内容に強い影響を与えた出雲国造出雲臣の本拠地で、出雲臣も古くはオウ（淤宇）を名乗っていたと推測されるので（↓コラム2）、国引き神話には出雲臣を中心とした地域統合が反映されているとみられる（石母田正）。なお、『播磨国風土記』宍禾郡伊和村条にも、播磨を代表する神である伊和大神が国を作り終えたときに「於和」といったという類似説話がみえる（伊和村は伊和大神を祭る伊和神社の所在地にあたる）。

郡の範囲

意宇郡は現在の松江市の大橋川南部、及び安来市にあたる。ただし、西端の佐雑埼では、松江市宍道町伊志見は出雲郡域で、飯梨川上流域の安来市広瀬町比田地区は仁多郡域であった。『風土記』では郡の北側は川でなく入海と記載されており、砂州が存在した白潟・末次を除く松江市街地の大部分は水域であったとみられる。平安時代に能義郡として分割される現安来市域では、発掘調査で海岸線も確認され（↓解説23）、水域が広がっていた。水域の復元では大井・大橋川については高安克己、安来平野については林正久の研究を参照した。

郡への交通路

出雲国の東の堺、手間剗か、国庁北の十字街に至る山陰道、さらに十字街から出雲郡に向かう正西道、ならびに十字街から朝酌渡に至り、隠岐に向かう枉北道、また正西道の玉作街から南に分岐、大原郡堺に至る正南道の記載がある。これらの道路については研究も盛んで、本書では基本的に中村太一・木本雅康の復元案を採用した。まず、伯耆国堺手間剗は、安来市伯太町安田関の北側、現関山峠を経由する中村説以外に、鳥取県西伯郡南部町の天萬（『和名抄』伯耆国会見郡天万郷の遺称地）を経由、南側から山を越えて伯太町内に入る説がある（日野尚志・池橋達雄・野津浩志・内田律雄）。中村説のルート上になる鳥取県側では米子市橋本徳道遺跡で七世紀後半から八世紀初頭以降の東西道路遺構（当初は幅九メートル）が発見されており山陰道駅路とみられるので（米子市教育文化事業団）、中村説を採用した。国庁の北十字街や付近の道路は確認されていないが、この山陰道に規制された条里地割が明瞭に残る。枉北道はここから通称間内越と呼ばれる谷をぬけて大橋川河畔に至るが、中村説では『風土記』真名猪池（↓解説22）に当たるため、異なるルートを設定した。十字街から西側では、松江市大庭町から玉湯町布志名にかけて深田・揩松・勝負谷遺跡、松本古墳群内で道路遺構が発見され、いずれも中村の想定ルートにあたる（↓コラム18）。このほか玉湯町湯町の正源寺遺跡では東北―南西方向の古代道路跡が発見されており、正南道か。宍道町佐々布では近世山陰道遺跡の下層に、版築で造成された時期不明の道路遺構があるが、これも古代山陰道の可能性が高い。

有力な氏族

意宇郡の有力氏族はなんといっても出雲国

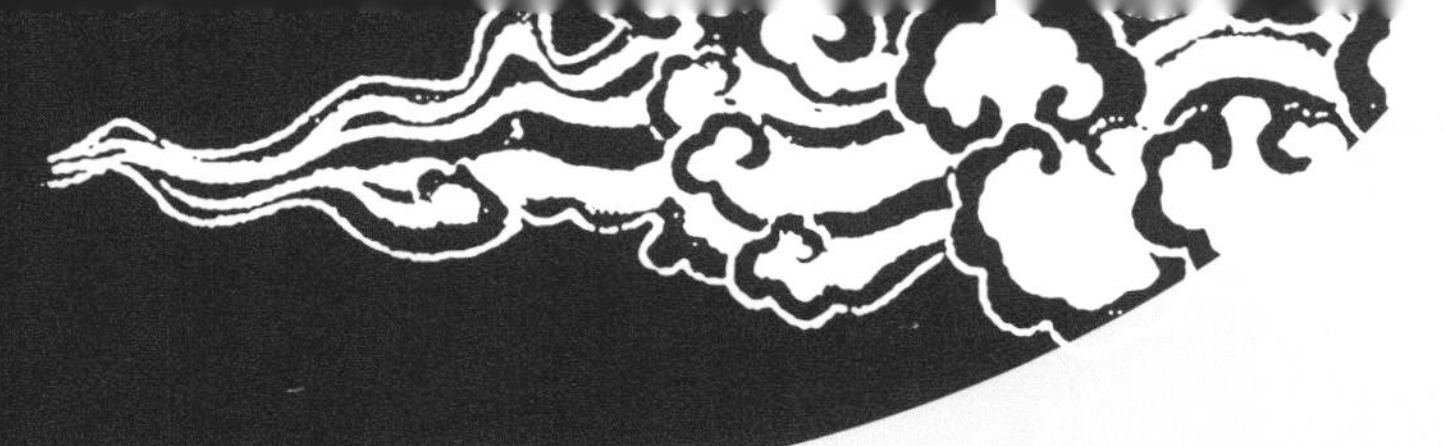

造出雲臣氏で、『風土記』を編纂した出雲臣広島も当郡の大領を兼任している（→コラム2）。当郡は郡司における三等親以内親族の連任禁止規定の適用除外をうけており（→解説26）、六名の郡司のうち四名が同じ出雲臣氏に独占されている。のこる郡司林臣・海臣、また寺院の造立者をみると、他に日置君・日置部・上蝮首などがおり、郡の東部の郷名起源説話にみえる、倉舎人君・社印支なども有力氏族であった。他にも『新撰姓氏録』の伯太首も伯太流域と関係する可能性があり（→解説7）、安来市側にはアメノホヒ・野見宿禰の伝承が残る（→解説100）。一方で忌部神戸からは忌部氏と関係が窺えるが、この神戸の名称と国司以外、出雲の古代史料には忌部氏は登場しない（→解説15）。

◎『風土記』以外の歴史

意宇郡の初見は『日本書紀』の斉明天皇五年（六五九）是歳条の「神宮」造営記事にみえる「於友郡」である。実際には郡でなくその前身の評が存在したわけであるが、出雲国造系図では、「帯評督」とされる出雲臣もみえ、意宇郡に先行するオウ評が存したのは間違いなく、「意宇」と異なる表記も注目される。『日本書紀』では「於友郡」の記事に「神宮」造営が語られているので、この「神宮」は杵築大社ではなく、意宇郡内の熊野大社とする説もあるが、この段階の「於友郡」の実態は、杵築大社のある出雲郡域も含む巨大な評であったとの説も提起されている（平石充）。

平安時代になると、郡の東部、現在の安来市域が能義郡として分割されている。一〇世紀の『和名抄』をみると、能義郡で口縫が、意宇郡で筑陽があらたな郷名としてみえる。口縫は安来市九重町、筑陽郷は『風土記』の余戸里が郷となったと推定される。筑陽川・筑陽社から推定される当時の郷とやや離れてしまっているが、松江市竹矢町にその名称が残る。『和名抄』では能義郡に『風土記』の飯梨郷がみえず神戸がみえる。『風土記』以後に設定された大和神戸五〇戸になったのであろう（→解説14）。また松江市東忌部町の忌部神社に伝わる『忌部総社神宮寺縁起』は近世成立の史料であるが、記載内容には古代の内容を伝える部分がある（藤岡大拙）。

◎郡内の遺跡

意宇郡は出雲国府の所在地であり、関連する遺跡群が松江市大草町に展開する（→コラム19）。『風土記』との関係でのべると、意宇郡には国府に関連する記載は一切なく、島根郡の通道に「国庁」が、巻末記載の駅路に「国庁・意宇郡家」が登場するのみで、国府とは本来『風土記』が報告すべき対象ではなかった。現在のところ確実な意宇郡家・黒田駅家・意宇軍団の遺跡は確認されていない。

そのほかの官衙遺跡としては山代郷正倉がある（→解説10）。古代寺院は『風土記』記載の寺院として教昊寺跡（野方廃寺）・山代郷北新造院跡（来美廃寺）・山代郷南新造院跡（四王寺）が方位里程・推定される建立年代などが遺跡の情報と合致し、確定している。『風土記』以後の遺跡であるが、松江市竹矢町に出雲国分寺・同尼寺・国分寺瓦窯跡などがある。このほかに松江市玉湯町に松之前廃寺、安来市久白町に久代廃寺、安来市伯太町安田関の長台寺にも塔心礎が残り、古代寺院が存在した（松江市史編集委員会）。瓦を伴わない、いわゆる「村落内寺院」も、安来市黒井田町才ノ神遺跡・松江市東出雲町島田池遺跡・宍道町堤平遺跡などで確認されている（→コラム3）。山陰の有力な天台宗寺院となる安来市清水町の清水寺も本堂下より八世紀後半～九世紀の須恵器が出土しており、古代からその前身施設が存在した。

神社や祭祀の遺跡としては、松江市大草町の八重垣神社鏡の池周辺から奈良時代の土器や土馬が出土、『風土記』宍道郷の伝承にみえる猪の像に推定されている女夫岩遺跡（松江市宍道町白石）でも古墳時代の土器が出土している。また、古墳時代後期の前田遺跡（同市八雲町東岩坂）は、川辺に設けられた石敷きの祭場遺構や、大型の琴・刀装具の出土などから、後の出雲臣につながる有力首長の祭祀遺跡とされる。意宇川の上流域に当たり、熊野大社の前身との関係が注目されている。

　次に生産遺跡も、まず出雲国府に国府の工房（国衙工房）があり、玉作（八世紀前半まで）・鍛冶・漆工などが確認できる（→コラム19）。また、忌部神戸に当たる松江市玉湯町にもこの時期では出雲国府とならんでほぼ全国唯一となる玉作遺跡として岩屋遺跡（八世紀前半）、蛇喰遺跡（八世紀後半）などがある（→解説15）。古くからの「玉作」の村が存在したこともあるが、玉湯地域は島根郡の朝酌地域同様、交通の要衝で交易もおこなわれ、かつ意宇の中枢の縁辺に当たり、出雲国造出雲臣が手工業生産を集約的に配置したと考えるべきである（→コラム5）。須恵器の窯跡は『風土記』の記された八世紀前半には今のところ確認できず、出雲国東部では島根郡大井浜に集約されていたのであろう。八世紀後半以降は、安来市の門生窯跡群・松江市東出雲町の渋山池遺跡・同西忌部町の湯峠窯跡、同市宍道町西来待の小松窯跡などで生産が開始される。製鉄遺跡については、六〜七世紀に安来市東部の中海沿岸、岩屋口南・徳見津・五反田遺跡などで製鉄がおこなわれたことがあらたに確認されている（→コラム13）。

　一般集落は多数調査がおこなわれているが、いずれも丘陵斜面に段を設け、そこに建物を建てる形態で、奈良時代において低地に一般集落が大規模に展開する事例はなく、出雲西部の出雲・神門郡とは異なる。特に国府のある意宇平野では平地の遺構は、奈良時代は官衙に限られている。意宇郡地図にみえるように、『風土記』の里程記載によると郷の所在地は、郡内に等間隔にあるのではなく意宇平野の縁辺に特徴的に分布する。いわゆる国府域と何らか関係するとみられる。豪族の居宅と関連する遺跡として、黒田畦遺跡・中西遺跡（ともに松江市大庭町）がある。

　また、意宇平野の周辺は、六・七世紀の有力古墳が集中的に営まれており、個別に紹介はしないが、奈良時代の出雲国造出雲臣の前身の首長の墓と考えられている（27頁　意宇郡中心部拡大図参照）。

　総体として奈良時代の遺跡の状況は『風土記』記載に対応し、大きな矛盾はない。むしろこれら遺跡の存在は『風土記』の実録的性格、記載の正確さを実証するものといえるであろう。

◎『風土記』記載の特徴

　意宇郡の『風土記』記載の特徴としては、島根郡と並んで地名の起源説話に「神が〇〇とおっしゃった【原文…神詔】」とするものが多く存在する。また、最初に記載される郷である母理郷に国号・郡名の由来同様「八雲立つ出雲国は」とみえることに、『風土記』のはじまりとしての記載とみる説もある（神田典城）。国内五郡にある出雲神戸などは、他郡では「名の説明は意宇郡に同じ」と意宇郡に代表させられている。一方で入海の産物については記載がなく、不十分な部分もある。よく知られている説話としては、冒頭の国引き神話の他、安来郷の語臣猪麻呂による復讐譚が挙げられ、その感情表現など突出した説話表現となっている。

［参］池橋達雄一九九三・一九九四・二〇〇二
石母田正二〇〇〇
内田律雄二〇〇五
神田典城一九九二
木本雅康二〇〇一
高安克己二〇〇〇
谷口雅博二〇〇九
中村太一一九九六
野津浩志二〇〇三
林正久一九八九
日野尚志一九九一
平石充二〇一三
藤岡大拙一九七九
松江市史編集委員会二〇一二
米子市教育文化事業団二〇〇三

本文・現代語訳

[一] 意宇郡の総記

意宇郡

合わせて郷一十一〔里三十三〕、余戸一、駅家三、神戸三〔里六〕。

母理郷　もとの字は文理。
屋代郷　もとの字は社。
楯縫郷　今も前のままの字を用いる。
安来郷　今も前のままの字を用いる。
山国郷　今も前のままの字を用いる。
飯梨郷　もとの字は云成。
舎人郷　今も前のままの字を用いる。
大草郷　今も前のままの字を用いる。
山代郷　今も前のままの字を用いる。
拝志郷　もとの字は林。
宍道郷　今も前のままの字を用いる。
〔以上の一十一郷は、郷ごとに里三ずつ。〕

余戸里
野城駅家
黒田駅家
宍道駅家
出雲神戸
賀茂神戸
忌部神戸

意宇と名付けるわけは、国引きをなさった八束水

解説 3

郡郷名と出土文字資料

近年、島根県内外で出土文字資料が発見されている。ここでは郡（評）名や郷名が書かれた木簡や墨書土器を見てみよう。

まず木簡を見ると、島根県内には七世紀のサト名を記した木簡はないが、八世紀前半以降の「伊努郷（出雲郡）」「八野郷（神門郡）」「高岸神門」などと記された木簡が出土しており、これらの郷名は全て『風土記』に見える改定後の郷名と同じ漢字で表記されている。

一方島根県外、特に都城跡で発見された木簡は様相が異なる。郷名に関しては島根県内と同じように「意宇郡飯梨郷」「秋鹿郡多太郷」など『風土記』と同じ漢字表記がなされているものの、霊亀元（三）年（七一五・七一七）以前の郡（評）里制下（→解説2）の木簡では、「大原郡矢代里」と「屋代」に改定する前の地名表記であったり、「出雲評支豆支里」と改定前の「寸付」とも異なる表記であったりと一定していない。

つまり、木簡の地名表記は和銅六年（七一三）・神亀三年（七二六）の二度にわたる地名改定命令（→解説2）を経て、固定化していったのであろう。

また島根県内で出土した墨書土器については、『風土記』の改定後表記と一致するものも多いが、「林」「三太三」「云石」など、それとは異なるものも散見される。ちなみに「林」「三太三」はそれぞれ「拝志郷（意宇郡）」「美談郷（出雲郡）」に改定される前の表記である。

一方「云石」は飯石郡（飯石郷）を表すが、その改定前の表記は「伊鼻志」であり、『風土記』と墨書土器で異なる表記となっている。このように、古代では時期や地域によって、さまざまな地名表記がなされていたのである。

〔参〕島根県教育委員会二〇〇三a
松江市史編集委員会二〇一二

▲出雲国府跡出土木簡（所蔵　埋文センター）

臣津野命がおっしゃられるには、「八雲立つ出雲の国は、幅の狭い布のような幼い国であるよ。初めの国を小さく作ったな。それでは、作って縫いつけることにしよう。」とおっしゃられて、「※志羅紀の三崎を、国の余りがありはしないかと見れば、国の余りがある。」とおっしゃられて、童女の胸のような※鉏を手に取られ、大魚の※鰓を衝くように土地を断ち切り、割き離して、三本縒りの強い綱を掛け、霜枯れた※黒葛を繰るように、手繰り寄せ手繰り寄せ、河船を引くようにそろりそろりと「国来、国来」と引いて来て縫いつけた国は、※去豆の折絶から※八穂米支豆支の御埼である。そしてこの国を繋ぎ固めるために立てた杭は、石見国と出雲国との堺にある※佐比売山がこれである。またその引いた綱は、※薗の長浜がこれである。

また、「北門の※佐伎の国を、国の余りがありはしないかと見れば、国の余りがある。」とおっしゃられて、童女の胸のような鉏を手に取られ、大魚の鰓を衝くように土地を断ち切り、割き離して、三本縒りの強い綱を掛け、霜枯れた黒葛を繰るように、手繰り寄せ手繰り寄せ、河船を引くようにそろりそろりと「国来、国来」と引いて来て縫いつけた国は、※多久の折絶から※狭田の国がこれである。

また、「北方の※良波の国を、国の余りがありはしないかと見れば、国の余りがある。」とおっし

解説 4 『風土記』の時間意識

『風土記』に書かれた神話は、地名起源伝承の形で現れる。それらは一見すると断片的で、相互につながりがないように思える。しかし、『風土記』の記述を一字一句注意深く読み込むと、『風土記』の神話は、一定の時間意識のもとに配列されていることがわかる。

『風土記』に書かれた神話上の出来事の中で最も重要な事件は、「国引き」である（→コラム1）。すなわち、ヤツカミズオミヅヌが国引きする前の出雲は、「幅の狭い布のような幼い国（狭布の稚国）」と呼ばれる「未成熟な国」であった。ところが、海の向こうから余った土地を引っ張ってきて、出雲の国が大きくなったのである。国引きを終えたヤツカミズオミヅヌは、「意恵」と叫んだ。これは大事業を成し終えた後の達成感と疲労感の入り交じった表現で、「ああ終わったあ！」という意味であるが、この「国引き」の後、神々は杵築の地に集まって、「所造天下大神」であるオオナモチ（オオクニヌシ）のために宮を造る（楯縫郡の総記→解説61）。

それから、オオナモチの国作りが始まる。『風土記』のオオナモチの動きを注意深く見ていくと、一番目の意宇郡母理郷条では、越の国からの帰還と国譲りが取り上げられ、次の意宇郡拝志郷条では、越の国への出発が語られる。そしてラストの大原郡城名樋山条では八十神との戦闘シーンである。断片的なストーリーではあるが、『風土記』は『古事記』に記載されたオオクニヌシの国作り・国譲りの神話を遡る時間意識で書かれた可能性があるのではないか。

［参］森田喜久男二〇〇六

杵築郷郡家西北廿八里六十歩八束水臣津野命之国引給之後所造天下大神之宮将奉与諸皇神等参集宮処杵築故云寸付神亀三年改字杵築

◀出雲郡杵築郷条（古代文化センター本　所蔵　古代文化センター）

やられて、童女の胸のような鉏を手に取られ、大魚の鰓を衝くように土地を断ち切り、割き離して、三本縒りの強い綱を掛け、霜枯れた黒葛を繰るように、手繰り寄せ手繰り寄せ、河船を引くようにそろりそろりと「国来、国来」と引いて来て縫いつけた国は、※宇波折絶から※闇見国がこれである。

また、「高志の※都都の三埼を、国の余りがありはしないかと見れば国の余りがある。」とおっしゃられて、童女の胸のような鉏を手に取られ、大魚の鰓を衝くように土地を断ち切り、割き離して、三本縒りの強い綱を掛け、霜枯れた黒葛を繰るように、手繰り寄せ手繰り寄せ、河船を引くようにそろりそろりと「国来、国来」と引いて来て縫いつけた国は、※三穂の埼である。持って引いた綱は※夜見島、繋ぎ固めるために立てた杭は、伯耆国の※火神岳がこれである。

「今は国引きを終わった。」とおっしゃられて、※意宇杜に杖を突き立て、「おえ【原文…意恵】」とおっしゃられた。それで、意宇という。〔ここにいう意宇杜は、郡家の東北のほとり、田の中にある小さい丘がそれであって、周りが八歩ばかりあり、その上に木が茂っている。〕

［注釈］

※志羅紀…新羅のこと。四世紀～一〇世紀にかけて、朝鮮半島にあった国。
※鉏…土掘り具。スコップのこと。
※鰓…あごのこと。
※黒葛…つづら、葛藤や葛の蔓。
※去豆の折絶…出雲市平田町からの小津にかけての地溝帯。折絶は、地形が

解説 5

『風土記』の文学表現

『風土記』は漢文で書かれているが、内容を詳細に見ていくと純粋の漢文で書かれた部分、漢文表現と国文表現とが入り交じった部分、国文表現を漢文で表した部分があると指摘されている。たとえば、島根郡朝酌促戸の漁場の様子を『風土記』は、「【本文】風のごとく圧し、水のごとく衝き、或るは筌を破壊り、或るは日魚と製りて鳥に捕らる。大き小さき雑の魚にて浜譟がしく、家闐ひ、市人四より集ひ、自然に鄽を成せり」と記すが、中国の六朝文学である『文選』の西京賦や西部賦の表現を参考に漢文的修辞を施したものとされている。

一方、国引き神話においては、ヤツカミズオミヅヌが国引きする様子を「【本文】童女の胸鉏取らして、大魚の支太衝き別けて、波多須須支穂振り別けて、三身の綱打ち挂けて、霜黒葛闇耶闇耶に、河船の毛曽呂毛曽呂に…」という具合に表現する。このヤツカミズオミヅヌは、海の向こうから余った国を四か所引き寄せるのだから、国引き神話ではこの表現が四回繰り返されるのである。にもかかわらず、朗読してみると単調さを全く感じない。なぜならば、そこに表現された国引きの神の動きは緩急があり、リズミカルな形となっているからだ。これは、まさに神社で神職が奏する祝詞にも通ずるもので、『風土記』が語部によって語られた口誦文学を基盤としていることを端的に示している。

このように『風土記』の漢文表現は誠に多様であり、そこに『風土記』の文学的価値がある。

〔参〕石母田正二〇〇〇
加藤義成一九九二

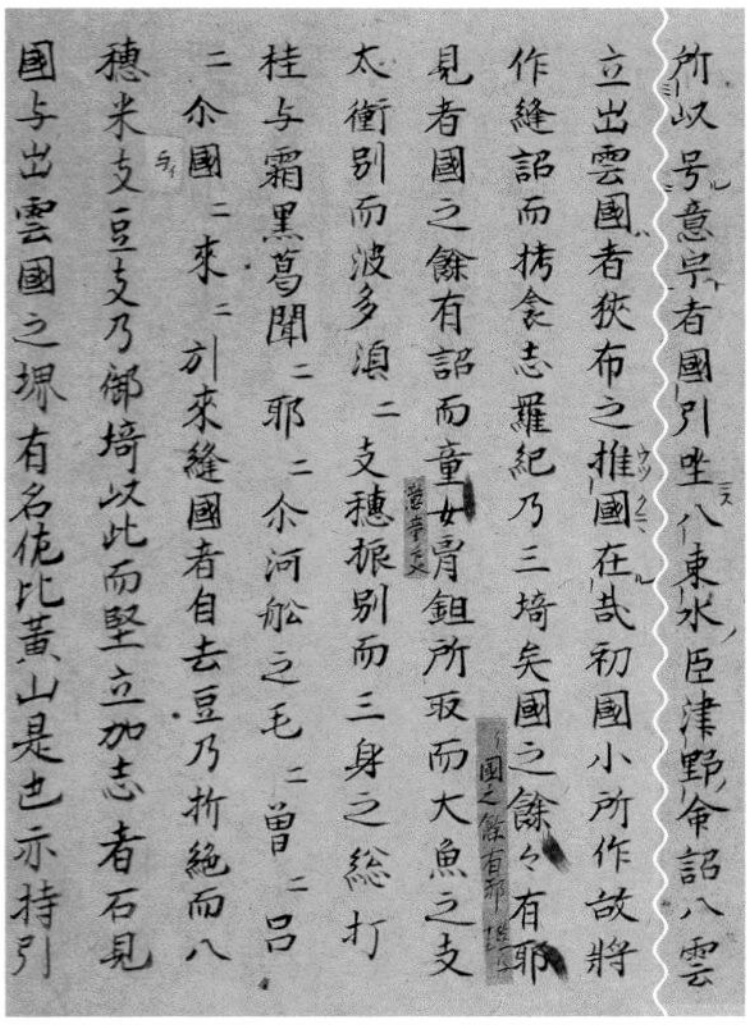

▲意宇郡条の国引き神話冒頭部分
（古代文化センター本　所蔵　古代文化センター）

途切れる場所を指す。詳細は楯縫郡の海岸地形の許豆埼・許豆島・許豆浜を参照。

※八穂米支豆支の御埼…今の島根半島西端の日御碕のこと。八穂米は支豆支（杵築）の枕詞。日御碕付近の海岸地形については出雲郡の海岸地形を参照。

※佐比売山…大田市と飯南町の境にある三瓶山のこと。

※薗の長浜…出雲市大社町から多伎町に至る砂浜のこと。神門郡の海岸地形を参照。

※佐伎の国…隠岐郡中ノ島町の大字崎などに当てる説がある。

※多久の折絶…松江市鹿島町講武の平野で島根半島の山地が途切れる部分。島根郡の多久川、秋鹿郡の佐太河を参照。

※狭田の国…松江市上佐陀・下佐陀・鹿島町佐陀宮内・佐陀本郷を中心とした地域。

※良波の国…不明。松江市島根町野波の地名から連想された地名か。

※宇波折絶…不明。松江市美保関町北浦・稲積間の山が途切れる部分か。

※闇見国…松江市本庄町を中心とする国。島根郡の神社に久良弥社・椋見社がある。

※都都の三埼…石川県珠洲市周辺。

※三穂の埼…松江市美保関町美保の岬。

※夜見島…鳥取県境港市・米子市にまたがる弓ヶ浜半島。この頃は、日野川河口付近が湾となっており、独立した島であった。

※火神岳…鳥取県の大山。

※意宇杜…現在、松江市大草町史跡出雲国府跡東にある庁の明神、東出雲町の客の森がかつての意宇杜とされる。詳細はコラム1参照。

意宇郡家の所在地…巻末記載に「国庁・意宇郡家の北の十字街」とみえ、松江市大草町にあると考えられるが、遺跡は発見されていない。

解説 6

母理郷と出雲国の国譲り

『風土記』の中で最初にオオナモチが登場するのは、意宇郡母理郷条である。母理という地名の起源について、オオナモチが「越の八口」の平定から帰還した時、この地において自分が造った国を天つ神の子孫に譲る事を決意するが、出雲だけは自分自身が静まる国として「守りまさむ」、すなわち大切に守っていこうと宣言したことに因むという。

この神話については、かつては「他の国は譲っても出雲だけは譲らない」というオオナモチの固い決意を示すものとして、あるいは『古事記』や『日本書紀』とは異なりオオナモチの国譲りの拒否宣言を意味するものと理解されたこともあった。

しかし、この神話において、オオナモチと、「皇御孫」の役割を見ていくと、オオナモチは「天下を造った存在」として登場し、「皇御孫」（天つ神の子孫）は「天下を統治する存在」として登場する。その上で、出雲がオオナモチが鎮座する場所になったという事を語っているのである。

さて、オオナモチが鎮座する事になった出雲のイメージだが、「青垣山を廻らし賜ひて」と書かれている。「国」という言葉には「国家」としての意味と「故郷」としての意味があるが、この「故郷」としての「国」はまさに青々とした垣根のような山で囲まれたイメージなのである。神は、国作りをおこなう前提として「国」の範囲を青垣山で囲む。そういったことをこの神話は端的に示している。

ちなみに母理郷の遺称地である安来市伯太町母里には、青垣山という小字があり青垣神社もある。このような地名はまさに母理郷の地名起源伝承を契機に成立したのであろう。

◀青垣山

本文・現代語訳

[二]意宇郡の郷

※母理郷。郡家の東南三十九里一百九十歩の所にある。所造天下大神の大穴持命が、※越の八口を平定なさってお帰りになる時、※長江山においでになっておっしゃられたことには、「わたしが国作りをして治めている国は、※皇御孫命が平和に世をお治めになるようお任せ申し上げる、ただ八雲立つ出雲国は、わたしが鎮座する国として、青く木の茂った山を垣の如く取り廻らし、玉の如く愛でに愛で正して守りましょう【原文…守りまさむ】。」とおっしゃられた。だから、文理という。〔神亀三年(七二六)に字を母理と改めた。〕

※屋代郷。郡家の正東三十九里一百二十歩の所にある。天乃夫比命の御伴として天から降って来た、※社印支らの遠い祖先神の※天津子命がおっしゃられたことには、「わたしが清浄の堺として鎮座したいと思う社である」とおっしゃられた。だから、社という。〔神亀三年に字を屋代と改めた。〕

※楯縫郷。郡家の東北三十二里一百八十歩の所にある。布都努志命が※天石楯を縫い直された。だから、楯縫という。

※安来郷。郡家の東北二十七里一百八十歩の所にある。神須佐乃袁命が、国土のはてまでめぐりなさった。そのとき、ここに来なさっておっしゃられたことには、「わたしの御心はやすらかになっ

解説7 アメノホヒと屋代郷

意宇郡屋代郷は『風土記』で唯一、出雲国造出雲臣の祖先神とされるアメノホヒ(天乃夫比)が登場する条文である。時代が降って一〇世紀の『延喜式』神名式には、能義郡の神社として天穂日命神社がみえる。天安元年(八五七)に官社となった天穂日命神社が、当時意宇郡から分立されていた能義郡の神社として登録された結果と考えられる。

『延喜式』には神門郡にも塩冶日子命御子焼大刀天穂日子神社がみえる。神門郡は延喜式内社が『風土記』の神祇官社数より二社多く、塩冶日子命御子焼天穂日子神社も天穂日神社と同様、『風土記』以後官社となった神社とされる。ただし、こちらは最初に「塩冶」と地名を冠する神社であるが、能義郡の天穂日神社は直接祭神名を冠した神社で(→解説76)、アメノホヒとの強い結びつきが見て取れる。

加えて、関和彦は『新撰姓氏録』和泉国未定雑姓にみえる伯太首神人の祖先「天表目命」は天穂日命の誤記とみる。伯太地名は和泉国(現大阪府和泉市伯太町)にもあるので要検討であるが、伯太川が屋代郷を流れていたことからすると、伯太首神人は屋代郷とも関係する豪族であった可能性もあるだろう。このように、屋代郷・能義郡は特にアメノホヒに関わる伝承を有する地域である。

現在、島根県の最東端の安来市吉佐町は、天穂日命の墓とされる神代塚古墳や中海に浮かぶ穂日島など、天穂日に関わる伝承を多く伝えている。

[参]関和彦二〇〇六

▲天穂日命の墓とされる神代塚古墳(安来市吉佐町)

た【原文…安平けくなりましぬ】。」とおっしゃられた。だから、安来という。

この郷の※北海に※比売埼がある。飛鳥浄御原宮御宇天皇（天武天皇）の御世、甲戌（六七四）年七月十三日、※語臣猪麻呂の娘がこの埼を散歩していて、たまたま和爾に出遭い、殺されて帰らなかった。そのとき、父の猪麻呂は、殺された娘を浜のほとりに埋葬し、たいそう悲しみ怒って、天に叫び、地に踊り悶え、歩いてはむせび泣き、すわりこんでは嘆き悲しみ、昼も夜も悩み苦しんで埋葬した場所を去らないでいた。

そうする間に数日を経た。そうしてついに憤激の心を奮い起こし、矢を研ぎ鋒を鋭くし、しかるべき場所を選んですわった。神々を拝み訴えて言ったことには、「※天つ神千五百万、※地祇千五百万、それにこの国に鎮座なさる三百九十九の神社よ、また海神たちよ。大神の※和魂は静まり、※荒魂は皆ことごとく、猪麻呂の願うところにお依りください。まことに神霊がいらっしゃるのなら、わたしに和爾を殺させてください。それによって神霊が神であることを知りましょう。」といった。

そのときしばらくして、和爾が百匹あまり、静かに一匹の和爾をとり囲んで、ゆったりと連れだち近寄ってきて、猪麻呂の居場所の下につき従い、進みも退きもせず、ただ囲んでいるだけであった。

そのとき猪麻呂は、鋒をあげて真ん中の一匹の和爾を刺し殺して捕えた。それが終わると、百匹余

解説 8

安来郷比売埼伝承と毘売塚古墳

神話は、本来、書かれたものではなく、語られるべきものであった。古代において、神話を語る存在は語部で、安来郷には、その語部がいた。また、娘をワニザメに殺された語臣猪麻呂が、神々の助けを借りて復讐する話があり、この伝承には、いろいろな要素が含まれている。

まず、娘がワニザメに殺された七月一三日は、毎年おこなわれる死者への祭祀の日、忌日とする説がある。

またワニザメに復讐する猪麻呂は入海を舞台に漁業をおこなう海人でもあった。さらにその復讐のプロセスを見ていくと、泣き叫んだ後に、浜辺をさまよう。これは、単に悲嘆に暮れる場面を描いているのではなく、神と接触するための行為ではないかと思われる。

最後に殺したワニザメを串に刺し、道に立てたという行為については、見せしめ・霊魂の再生のための呪的とする説や、家族に降りかかった災いが、村全体に波及することを避けるための境界における「みちきり」と見る説もある。

比売埼伝承は、一見すると父親による復讐劇のように思えるが、それにとどまらず、古代地域社会におけるさまざまな慣習を反映しているのである。

ところで、なぜ語部は神々と交信できたのか。語部が神話を語る時、その場所は「神々の空間」となるからである。神話は神々を呼び寄せる物語なのだ。

なお、本説話の舞台は北海の比売埼で、江戸時代以降、安来市安来町の丘陵に当てられている。この丘陵には古墳時代中期の前方後円墳、毘売塚古墳があり、副葬品として漁具のヤスも出土している。あるいは、漁業を生業とする語部の首長の墓かも知れない。

［参］関和彦一九九四

◀毘売塚古墳出土の人骨

りの和爾はちりぢりに去っていった。殺した和爾を斬り裂くと、娘の脛一切れを切り出した。そこで和爾を斬り裂いて串ざしにし、路傍に立てた。〔猪麻呂は、安来郷の人、語臣与の父である。その時から以後、今日まで六十年たつ。〕

※山国郷。郡家の東南三十二里二百三十歩の所にある。布都努志命が国をめぐりなさったとき、ここにおいでになっておっしゃられたことには、「この土地は絶えず【原文…止まなくに】見ていたい。」とおっしゃった。だから、山国という。この郷には正倉がある。

※飯梨郷。郡家の東南三十二里の所にある。※大国魂命が天から降ってこられたときに、ここで御食事を召し上がった【原文…御膳食し給いき】。だから、飯成という。〔神亀三年に字を飯梨と改めた。〕

※舎人郷。郡家の正東二十六里の所にある。志貴島宮御宇天皇（欽明天皇）の御世に、※倉舎人君たちの先祖、※日置臣志毘が※大舎人としてお仕え申し上げた。そしてここは、志毘が住んでいたところである。だから、舎人という。この郷には正倉がある。

※大草郷。郡家の南西二里一百二十歩の所にある。須佐乎命の御子、※青幡佐久佐丁壮命が鎮座していらっしゃる。だから、大草という。

※山代郷。郡家の西北三里一百二十歩の所にある。所造天下大神の大穴持命の御子、※山代日子命が鎮座していらっしゃる。だから、山代という。こ

解説 9

舎人郷と装飾付大刀

舎人郷の郷名由来について『風土記』は、欽明天皇の時代（六世紀中頃）に日置臣志毘が舎人となって天皇のもとに供奉したこと、この人物が住んでいたことから舎人郷となったことを述べる。舎人とは、地方豪族の子弟が宮都に一定期間出仕して警護や雑事にあたり、天皇や貴族へ直接奉仕する古代の役職である。

このように、居住する氏族の由来、特に天皇との関係をとおして地名起源を説明するパターンは、出雲郡健部郷、神門郡日置郷に共通する（→解説88）。この伝承は『風土記』編纂時から二〇〇年近く前のこととして語られるが、実際に六世紀におこなわれた部民の設定と、それを背景にした地方首長による天皇への直接奉仕、という歴史的事実を反映している可能性が高い。

こうした推定を裏付ける考古学的事実がある。それは、金色に輝くきらびやかな装飾付大刀を副葬した横穴墓が、六世紀後葉から七世紀初頭にかけて舎人郷を中心に安来平野周辺に集中することである。横穴墓は古墳（横穴式石室）より墓のランクが劣るが、それに見合わぬ豪華な大刀は龍や鳳凰がデザインされた規格品で、王権中枢の工房で作られ全国各地の首長に配布されたものだ。つまり舎人郷を含む安来平野の首長一族は出雲の中では中小クラスであるが、舎人のような形で天皇近辺に直接奉仕する立場にあり、その関係を介して大刀を与えられたと解釈できるのである。

同様の状況は上野（群馬県）、東遠江、東駿河（静岡県）でも認められ、舎人に関わる豪族が居住していた地域に同種の大刀が集中して副葬されている。

◀安来平野に集中する装飾付大刀が副葬された横穴墓

の郷には※正倉がある。

※拝志郷。郡家の正西二十一里二百一十歩の所にある。所造天下大神命が、越の八口を平定しようとお出かけになったときに、ここの林が盛んに茂っていた。そのときおっしゃられたことには、「わたしの御心を引き立てるものである【原文…吾が心の波夜志】。」とおっしゃった。だから林という。〔神亀三年に字を拝志と改めた。〕この郷には正倉がある。

※宍道郷。郡家の正西三十七里の所にある。所造天下大神命が、狩りで追いかけなさった※猪の像が、南の山に二つある〔一つは長さ二丈七尺、高さ一丈、周り五丈七尺。一つは長さ二丈五尺、高さ八尺、周り四丈一尺。〕。猪を追う犬の像〔長さ一丈、高さ四尺、周り一丈九尺。〕、その形は、石となっているが、猪と犬以外のなにものでもない。今でもなお、存在している。だから、宍道という。

〔注釈〕

※母理郷…安来市伯太町東母里・西母里を中心とした地域。
※越の八口…拝志郷にも見える。新潟県岩船郡関川村八つ口と関係するか。
※長江山…詳細は意宇郡の長江山を参照。
※皇御孫命…アマテラスの子孫、天皇。
※屋代郷…安来市伯太町の北部を中心とした地域。
※社印支…郷名を冠した氏族。印支はカバネで稲置とも書く。ほかに樋印支など。樋印支については、コラム16、大原郡の寺院の「樋印支」の項を参照。
※天津子命…ほかに見えない神。
※楯縫郷…安来市門生町・宇賀荘町を中心とした地域。同名の郡・郷が楯縫郡にある。
※天石楯…「天」は高天原に関係あるものに冠せられた接頭語。「石」は堅固なことを表す。
※安来郷…安来市安来町・島田町西半を中心とした地域。
※北海…一般には日本海の事を指すが、次の比売崎との関係で、北の入海と

解説 10

山代郷正倉

意宇郡山代郷の記載には、地名の由来の後に「正倉がある」と記されている。ここでいう正倉とは、水田に賦課される田租や、春夏に稲を貸し出し秋に利息と共に回収する出挙に用いる穎稲など、稲に関わる税を納めた倉庫を指す。一九七八～八〇年に島根県教育委員会が山代郷正倉推定地を発掘したところ、まさにこの正倉に当たる、整然と配置された大型倉庫群が発見され、『風土記』の記載が遺跡として確認された。

正倉に納められた稲穀は、地方行政の財源として利用されるものであり、正倉は直接収税の事務をおこなう各郡家に設置されていた。『風土記』をみると正倉の記載は表の通りで、多くが郷に記載され、郷に附属したようにみえる。しかし正倉設置の郷は郡家から遠く離れた事例が多いことを考えると、収税に便利なように郡内に分散的に配置された、郡の施設と考えるのが妥当である。郡家は、全国各地の発掘調査がすすむにつれ、中心的な施設とは別に郡内数か所に郡家の出先機関があったことが明らかになってきた。山代郷正倉跡もその一つで、『風土記』によって正倉であることが確認できる極めて重要な遺跡である。

▲山代郷正倉跡（松江市大庭町）

『風土記』の正倉記載

郡名	正倉所在地	方位	里程（里．歩）
意宇	山国郷	東南	32.230
	舎人郷	正東	26.000
	山代郷	西北	3.120
	拝志郷	正西	21.210
島根	手染郷	正東	10.264
出雲	漆治郷	正東	5.270
	美談郷	正北	9.240
飯石	三屋郷	正東	24.000
	須佐郷	正西	19.000
	来島郷	正南	41.000
仁多	三沢郷	西南	25.000
	横田郷	東南	21.000
	漆仁薬湯		28.000
大原	屋代郷	正北	10.116

も解釈される。
※比売埼…安来市安来町の毘売塚古墳のある小山の岬。ただし、「北海」を日本海として島根郡の比売島付近に当てる説もある（内田律雄二〇〇一）。
※語臣…語（語部）は古くからの神話伝承を物語ることを職掌とした氏族。『延喜式』によれば大嘗祭の際には出雲国からも四人の語部が参加、古詞を奏上した。
※天つ神千五百万…高天原の神、天から下ってきた神。出雲国では熊野大社の祭神（熊野加武呂命）など。千五百万は非常にたくさんの意味。
※地祇…土地に土着してきた神。出雲国では杵築大社の祭神（大穴持命）など。
※和魂…静的な柔和な状態の神。
※荒魂…活動的、勇猛な状態の神。
※山国郷…安来市下吉田町・上吉田町を中心とした地域。
※飯梨郷…安来市西南部・広瀬町一帯の地域。
※大国魂命…国土の神。『日本書紀』ではオオクニヌシの別名としても見えるが、オオクニヌシは国つ神であり、天から降ってきたというこの大国魂命は別の神であろうか。
※舎人郷…安来市沢町・野方町を中心とした地域。安来市沢町に炭化米の出土地があり、正倉跡と推定されている（舎人郷正倉跡）。
※倉舎人…倉と舎人を兼ね合わせた氏族（複姓氏族）。倉は正倉の管理に由来するか。
※日置…日置氏は祭祀に関わる氏族か。出雲各地に分布が確認できる。
※大舎人…天皇の近辺を守護したり各種の用務にあたる官人の予備軍。中央官人や地方豪族の子弟から構成される。
※大草郷…松江市大草町から八雲町一帯の地域。
※青幡佐久佐丁壮命…佐久佐社の祭神。大原郡の山野記載の高麻山条にも見え、麻の神か。『文徳実録』・『三代実録』に神階授与が見え、元慶二年（八七八）には正五位下。『朝野群載』にも登場する。
※山代郷…松江市山代町・大庭町を中心とした地域。
※山代日子命…山代社の祭神。他に見えない。
※正倉…遺跡が発掘調査されている。松江市山代郷正倉跡・下黒田遺跡。詳細は解説10を参照。
※拝志郷…松江市玉湯町林・宍道町東来待・西来待・上来待一帯の地域。
※宍道郷…松江市宍道町宍道・白石・佐々布一帯の地域。
※猪の像…猪・犬の形をした石で、比定地には諸説がある。詳細は解説11を参照。

※余戸里。郡家の正東六里二百六十歩の所にある。
〔※神亀四年の戸籍編成によって、一里を立てた。だから、余戸という。他郡の余戸もまた、これに同じ。〕
※野城駅。郡家の正東二十里八十歩の所にある。

解説11 宍道郷の猪石・犬石

宍道という郷名は、所造天下大神が狩りをして追った猪が石となってこの地に現存することに由来するのだ、と『風土記』は語る。ここでいう猪石とは松江市宍道町白石に現存する①女夫岩、あるいは②石宮神社境内の巨石、と考えられている。①は丘陵斜面に露出する二つの巨岩で、地元で「ししいわ」とも呼ばれ現在に至るまで祭祀対象とされてきた。付近の発掘により祭祀は五世紀代に遡ることがわかっている。高速道路建設により消滅の危機にさらされたが、道路をトンネルで通すことによって保存されている。

一方、猪を追った犬も石になったと『風土記』は述べる。この犬石は現在も石宮神社のご神体として祀られる磐座だ。『風土記』が言うようにその形は、背筋をピンと伸ばして座り、猪をにらみつけている犬の姿と違わない。

このように、奇異な巨岩など特殊な石に神性を認めて祀ることは古代の神観念として一般的であったらしく、石神信仰として現在に伝わる事例も多い。『風土記』の中では楯縫郡神名樋山の石神（→解説66）の記述が詳しい。宍道郷の場合はあくまで郷名由来（石が猪と似ていること）を述べるのが目的であり、大神の狩猟に引きつけた物語となっているが、猪石、犬石ともに本来は地域の中で祀られる「神の石」であったのだろう。

神聖な岩を猪や犬に見立て、神話で結びつけた古代の神観念や想像力。当時と同じ石を、同じ視点で私たちも見ることができる。これも『風土記』が伝わっているからこそ可能なことである。

▲石宮神社のご神体である「犬石」

※野城大神が鎮座していらっしゃるのによって、だから、野城という。

※黒田駅。郡家と同所にある。郡家の西北二里に、※黒田村がある。土地の色が黒い。だから、黒田という。もとはここにこの駅があった。そこで名づけて黒田駅という。今は東に移されて郡家に付属している。今なおもとのまま黒田の名で呼んでいるのである。

※宍道駅。郡家の正西三十里の所にある。〔名の説明は宍道郷に同じ。〕

※出雲神戸。郡家の南西二里二十歩の所にある。※伊弉奈枳の麻奈子、熊野加武呂乃命と、※五百津鉏々なお取り取らして所造天下大穴持命との二所の大神等にお寄せ申し上げる民戸である。だから、神戸という。〔他郡の神戸もまた、これに同じ。〕

※賀茂神戸。郡家の東南三十四里の所にある。所造天下大神命の御子、※阿遅須枳高日子命は葛城の賀茂社に鎮座していらっしゃる。この神の神戸である。だから、鴨という。〔神亀三年に字を賀茂と改めた。〕この郷には正倉がある。

※忌部神戸。郡家の正西二十一里二百六十歩の所にある。※国造が※神吉詞を※唱えに朝廷に参上する時に、潔斎に用いる清浄な玉を作る地である。だから、忌部という。ここの川のほとりに※温泉が湧いている。温泉のある場所は、海でもあり陸でもある。それで男も女も老人も子供も、あるいは道路を行き交い、あるいは海中を浜辺に沿って

解説 12

古代の駅家

駅家（駅）とは、律令国家が整備した駅制における通信連絡の拠点である。令の一編目廐牧令に規定があり、三〇里毎に一駅が設置され、小路である山陰道の場合駅家ごとに駅馬五匹が置かれることになっている。

『風土記』によると、出雲国内には野城駅家・黒田駅家・宍道駅家・千酌駅家・狭結駅家・多伎駅家の六駅が存在した。千酌駅家は出雲国と隠岐国との交通、残る五駅は出雲国と東の伯耆国・西の石見国との交通を支える駅家であった。

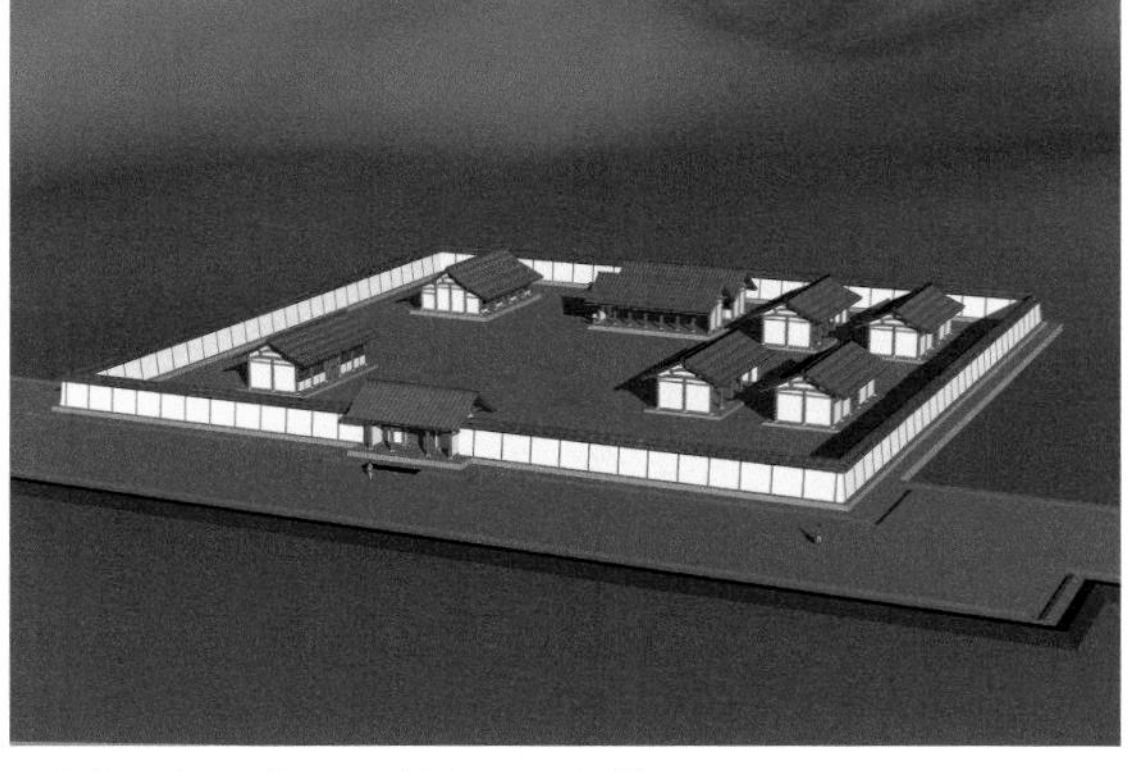
▲布勢駅家CG復元図（中村太一作成）

島根県内からは明確な駅家遺構は確認されていない。一方、兵庫県たつの市の小犬丸遺跡は「布勢駅」と書かれた木簡が出土したことなどから、山陽道の布勢駅家跡であることが判明した。上図はその復元想定図である。

駅家は「寝殿」と呼ばれる宿泊施設を含めたいくつかの館舎からなり、それらは築地や塀などで囲まれ「駅館院」と称されていた。また馬を飼養する建物や倉庫も併設されていたと推定されている。

駅家は主に文書逓送と使者の交通に利用された。逓送とはリレーのように次々と伝達することで、都で命令が発せられると、駅から駅へと文書が運ばれ、全国にその内容が伝えられた。また都から派遣された重要な使者も駅家を利用した。彼らは駅馬を乗り継ぎ、時には駅家に宿泊して全国に情報を伝えたのである。

［参］高橋美久二 一九九五

行き、毎日集まり市がたったようなにぎわいで、入り乱れて宴をして楽しむ。一度温泉を浴びればたちまち姿も麗しくなり、再び浴びればどんな病気もすべて治る。昔から今にいたるまで、効き目がないということがない。だから、土地の人は神の湯と言っている。

［注釈］

※余戸里…松江市東出雲町揖屋・上意東・下意東周辺。後に筑陽郷となる（『和名抄』）。

※神亀四年の…　…神亀四年（七二七）は六年おきに造られる戸籍作成の年。詳細は解説32参照。

※野城駅…安来市能義町・西松井町周辺。

※野城大神…野城社の祭神で、『風土記』に見える四大神の一つ。ただし他には見えない。

※黒田駅…松江市大草町の意宇郡家に隣接していたと考えられる。

※黒田村…黒田駅の旧所在地。松江市大庭町黒田畦・下黒田周辺。

※宍道駅…加藤義成は松江市宍道町佐々布北部とする。巻末の宍道駅にあわせて三十八里と校訂しているが、これを改め本書では写本通り三十里とする。

※出雲神戸…松江市大庭町神魂神社周辺。なお、出雲神戸は意宇郡の他、秋鹿・楯縫・出雲・神門郡にも所在する。

※伊弉奈枳の麻奈子、熊野加武呂乃命…熊野大社の祭神。詳細は解説18参照。

※五百津鉏々なお取り取らして所造天下大穴持命…杵築大社の祭神、オオクニヌシの別名。詳細はコラム9参照。

※賀茂神戸…安来市大塚町付近の地域。

※阿遅須枳高日子命は…　…葛城の賀茂社は『延喜式』大和国葛上郡の鴨都波八重事代主命神社、あるいは高鴨阿治須岐託彦根命神社を指すか。

※忌部神戸…松江市西忌部町・東忌部町・玉湯町西部の地域。なお、『風土記』に説明はないが忌部神戸は忌部神（『延喜式』紀伊国名草郡鳴神社、あるいは『延喜式』阿波国阿波郡忌部神社）の神戸と推定される。

※国造…ここでいう国造は出雲国造のこと。出雲国造についてはコラム2参照。

※神吉詞…出雲国造が新任の際上京し、天皇の長寿や繁栄を寿ぐ賀詞のこと。神賀詞、神吉事とも。詳細な内容は『延喜式』に記載されている。なお、仁多郡の三澤郷にも見える。

※唱えに朝廷に参上するときに…原文は「国造神吉詞望朝廷参向時」で、加藤義成の校訂（望ではなく奏とする）を改めた。

解説13 黒田駅家の移転

黒田駅の本文によると、旧黒田駅家は黒田村にあったとあり、その位置は松江市大庭町下黒田・黒田畦付近で、移転後の新黒田駅家は、巻末記載によると十字街付近に存在する。

旧黒田駅家は、出雲臣弟山の造った山代郷南新造院と方角・里程に関して一致し、旧黒田駅家は出雲臣と深い関係が想定される。八世紀後半の史料である黒田畦遺跡からは「云石」（弟山が少領を務めた郡名）の墨書土器が出土しており（→解説3）、出雲臣の居宅の存在をうかがわせる。これらのことから出雲臣の居宅には駅家の機能があった、または居宅が初期の駅家に転用された、と考えられている。なお、交通機能を持った出雲臣の居宅は、意宇評家ではなかったかとの説もある（→解説125）。

この黒田駅家が移転した理由については交通路の移動によるものという見解がある。現在の国道四三二号線の近辺には、南北に走る古墳時代以来の伝統的幹線道が存在していた。その後国府（→コラム19）を中心とする交通体系が整備され、国庁域を起点とする杠北道が南北の主要道路として設定されたために、それと正西道との交差点となった十字街に駅家が設置されることになったのである。

［参］大橋泰夫二〇一〇　勝部昭一九九三　島根県教育委員会二〇〇九b

▲新旧黒田駅家の位置

※温泉…玉造温泉のこと。

解説 14

出雲神戸の性格

『風土記』に登場する神戸とは、政府に納めるべき税を、特定の神の社殿造営・調度制作に充てたり、監督官庁の神祇官に納めるよう指定された戸である。

神戸には、一～三戸程度の小さな神戸と、十数戸～数十戸におよぶ大きな神戸がある。全国の神戸を網羅的に書き上げた『新抄格勅符抄』大同元年牒（八〇六年成立）をみると出雲国には、表のような神の神戸が存在した（大和神の神戸は『風土記』編纂後の指定）。出雲国に少数の神戸は存在せず、すべて大きな神戸で、何れも対応する神戸里・神戸郷がみえ、普通の戸と混じることなく集団で存在した。

出雲国内の神戸（『新抄格勅符抄』と『風土記』の記載）

『新抄格勅符抄』の神戸記載		戸数	『風土記』の神戸郷・里
大和神	大和国大倭神社	50	『風土記』の飯梨郷
熊野神	出雲国熊野大社	25	出雲神戸
鴨神	大和国高鴨阿治須岐託彦根命神社ほか	28	意宇郡賀茂神戸
杵築神	出雲国杵築大社	61	出雲神戸
忌部神	紀伊国鳴神社	10	意宇郡忌部神戸

出雲国の神戸のなかでも際だって特徴的なのが出雲神戸である。出雲神戸だけは熊野加武呂（熊野大社の祭神）と所造天下大神大穴持（杵築大社の祭神）の「二所の大神等」の神戸とされている（意宇郡出雲神戸）。二柱の神をはじめ、その名称が「出雲」を冠していること（出雲大社という名称は古代には一般的ではなく、出雲神戸＝出雲大社の神戸という意味にはならない）、や「等」に注目すると出雲国の神全体の神戸であった可能性もある。神戸が熊野大社・杵築大社の所在する意宇郡・出雲郡以外の国内に分散している点も特徴的だ。

じつは複数の神のグループに対して神戸が一括設定されるという存在形態は特殊なもので、ほかに伊勢大神（伊勢神宮）の神戸が類似している。伊勢神宮と出雲大社はしばしば対比的に説明されるが、神戸の制度上も類似が認められるのである。

[参] 小倉慈司一九九六
虎尾俊哉一九八二
平石充二〇一三

本文・現代語訳

[三]意宇郡の寺院

※教昊寺。山国郷の中にある。郡家の正東二十五里一百二十歩の所にある。五重塔が建立されている。〔僧がいる。〕※教昊僧が造営した。〔この僧は、散位大初位下※上蝮首押猪の祖父にあたる。〕

※新造院一所。山代郷の中にある。郡家の西北四里二百歩の所にある。厳堂を建立している。〔僧はいない。〕※日置君目烈が造営した。〔この人は、※出雲神戸の日置君鹿麻呂の父である。〕

※新造院一所。山代郷の中にある。郡家の西北二里の所にある。※教堂を建立している。〔住僧が一人いる。〕※飯石郡少領の出雲臣弟山が造営した。

※新造院一所。山国郷の中にある。郡家の東南三十一里一百二十歩の所にある。三重塔が建立されている。山国郷の人、※日置部根緒が造営した。

[注釈]

※教昊寺…『風土記』中唯一寺号を有する寺院。安来市野方町の野方廃寺。所在郷については細川家本により加藤義成の校訂を改め、山国郷とした。詳細は解説16参照。

※教昊僧…正式に得度した僧か。『風土記』中唯一の名前の見える僧である。

※上蝮首押猪…反正天皇にちなむ部民、蝮部を出雲において管掌した氏族。コラム3参照。

※新造院（山代郷南新造院）…松江市山代町の四王寺跡。詳細は解説17、コラム3参照。

※日置君…祭祀に関わる日置部を管掌した氏族。カバネ君は臣より下位になる。日置氏は出雲国に広く分布。

※出雲神戸…詳細は意宇郡の出雲神戸を参照。

※新造院（山代郷北新造院）…松江市矢田町の来美廃寺。詳細は解説17参照。

解説 15

忌部神戸

忌部神戸は、出雲国造（↓コラム2）が神賀詞を奏上する際に清浄な玉を作るところとされる。忌部神戸は、中央で神祇祭祀を掌った忌部氏の忌部神にもとづく地名で、忌部氏の家記『古語拾遺』（大同二年（八〇七）成立）にも、忌部氏の祖先の太玉命が率いた神の一人、櫛明玉命の子孫の出雲玉作氏が、今も玉を奉っている、と記載される。

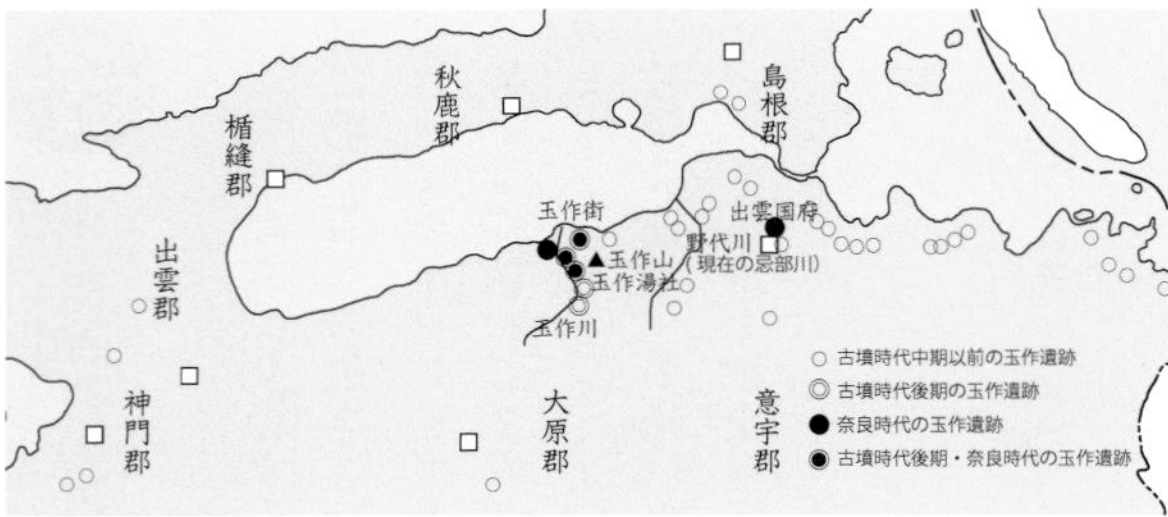

▲出雲の玉作遺跡

忌部神戸にあたる松江市玉湯町・東忌部町・西忌部町では古墳時代〜奈良平安時代の玉作遺跡がみられ、古墳時代後期以降には、玉湯川流域に集約される。この時代の広く流通する玉の生産地としては、忌部神戸がほぼ全国唯一である。

『風土記』では忌部神戸周辺には、玉作山・玉作川・玉作街、玉作湯社がみえ、玉作という固有地名が確認される。行政地名の忌部と異なる玉作地名の集中から、出雲の伝統的な手工業である玉生産では、工人が集住する職業村として「玉作」ムラが形成されていたと推定される（↓コラム5）。

一方忌部氏と玉作の関係は、古墳時代中期〜後期初頭の全国最大の玉作遺跡である奈良県曽我遺跡が中央忌部氏の本拠地、橿原市忌部町に隣接、そこに出雲の玉作工人も派遣されており、古墳時代に遡ることは確実である。しかし、出雲における忌部地名は忌部神戸だけで、現在の忌部川も『風土記』では野代川、忌部氏も確認できない。古墳時代と奈良時代では生産する玉が異なり（↓解説44）、出雲での玉の集中生産や忌部神戸の成立には複雑な背景がありそうだ。

［参］小倉慈司一九九六
平石充二〇一二

※教堂…講堂にあたる。細川家本により加藤義成の校訂（厳堂）を改めた。
※飯石郡少領の出雲臣弟山…『風土記』編纂時の出雲国造出雲臣広島の次代の出雲国造。詳細はコラム2参照。
※新造院（山国郷新造院）…安来市上吉田町の通称釈迦堂跡か（近藤正一九七八）。
※日置部…祭祀に関わる部民。臣・君等のカバネを有するものよりさらに下位の人物とみられる。

解説 16

教昊寺

教昊寺は『風土記』の中で唯一、寺号で表現されている寺である。他の全ての寺が「新造院」と記載される中、教昊寺のみは創建者である教昊僧の法号をとった名称が与えられている。

教昊寺の所在地は長い間定まらず、江戸時代には安来市清水町清水寺が、大正年間には安来市沢町字どいぞねが想定されていた。だが現在では、安来市野方町真ヶ崎にある野方廃寺が有力視されている。

安来市教育委員会によっておこなわれた発掘調査では、建物跡こそ見つからなかったものの、出土した瓦や須恵器の年代が教昊寺の創建年代と一致することが明らかとなり、また周囲で発見されていた塔心礎と思われる巨石と合わせて、野方廃寺＝教昊寺説の蓋然性が高まった。

ところで、野方廃寺の瓦は、「上淀廃寺式」または「教昊寺式」と呼ばれている。これらは七世紀の第4四半期のもので、島根県の瓦の中では最も古い。瓦当面に描かれた文様は、日本国内では類似したものは認められず、朝鮮半島の新羅系に通ずるものがある。出雲国内では、他の国に比べて新羅系の瓦が多く見受けられ、当地の仏教の需要を考えるうえで、きわめて興味深い。

[参] 安来市教育委員会一九八五
安来市教育委員会一九八六

▲心礎（写真右）のある神蔵神社

▲教昊寺の軒瓦（個人蔵）

本文・現代語訳

［四］意宇郡の神社

※熊野大社　※夜麻佐社　※売豆貴社　※加豆比乃社
※由貴社　※加豆比乃高社　※都俾志呂社　※玉作湯社
※野城社　※伊布夜社　※支麻知社　※夜麻佐社
※野城社　※久多美社　※佐久多社　※多乃毛社
※須多社　※真名井社　※布弁社　※斯保弥社
※意陀支社　※市原社　※久米社　※布吾弥社
※宍道社　※野代社　※売布社　※狭井社
※同狭井高社　※宇流布社　※伊布夜社　※由宇社
※布自奈社　※同布自奈社　※野代社　※佐久多社
※意陀支社　※前社　※田中社　※詔門社
※楯井社　※速玉社　※石坂社　※佐久佐社
※多加比社　※山代社　※調屋社　※同社
〔以上四十八所はいずれも神祇官社。〕
※宇由比社　※支布佐社　※毛弥乃社　※那富乃夜社
※支布佐社　※国原社　※田村社　※市穂社
※同市穂社　※伊布夜社　※阿太加夜社　※須多下社
※河原社　※布宇社　※末那為社　※加和羅社
※笠柄社　※志多備社　※食師社
〔以上一十九所はいずれも不在神祇官社。〕

［注釈］

※熊野大社…熊野大社（松江市八雲町熊野）。
※夜麻佐社（在2）…山狭神社（安来市広瀬町上山佐）、山狭神社（同町下山狭）。
※売豆貴社…賣豆紀神社（松江市雑賀町）。
※加豆比乃社…勝日神社（安来市広瀬町広瀬　富田八幡宮境内）。
※由貴社…由貴神社（松江市馬潟町）。

解説17

山代郷の二つの新造院

山代郷には、二つの新造院がある。一つは来美廃寺、もう一つは四王寺と呼ばれ、神名樋野（→解説21）に比定される茶臼山を挟んで南北に対置されている。

新造院とは何か、というシンプルな問いに対しては古くから諸説ある。今でこそ寺院と理解されているが、『風土記』では教昊寺（→解説16）と新造院を明確に呼び分けており、少なくとも『風土記』勘造時には、「寺」とは区別して呼ばれていた。新造院の意味については諸説があるが、ここで述べる山代郷の二つの新造院のように、新造院跡には対応する古代寺院跡があるものが多く、新造院がいわゆる寺院であることは間違いない（→コラム3）。

さて、山代郷の両新造院は、発掘調査によって場所が特定されている。来美廃寺は松江市矢田町に所在し、茶臼山北麓にある丘陵南斜面に立地する。日置君目烈によって建立され、金堂の東西に塔を置き、金堂の南西側に講堂を配した特殊な伽藍配置を呈する。

一方、松江市山代町の茶臼山南麓上に立地する四王寺は、当時、飯石郡少領であった出雲臣弟山の造営とされている。伽藍配置はよくわかっていないが、講堂もしくは金堂のものと思われる基壇が見つかっている。

両新造院は、『風土記』の記載により建立者が特定されているという、全国的にも稀有な寺院である。彼らが何を思い、何を願って新たな新造院を建てたのか、ぜひ現地へ赴き想いを馳せていただきたい。

［参］大橋泰夫二〇〇九　花谷浩・高屋茂男二〇一二

▲史跡整備された来美廃寺（山代郷北新造院）

※加豆比乃高社…勝日高守神社（安来市広瀬町富田）。
※都俾志呂社…都辨志呂神社（安来市広瀬町広瀬）。
※玉作湯社…玉作湯神社（松江市玉湯町玉造）。
※野城社（在2）…能義神社（安来市能義町）。
※伊布夜社（在2不1）…揖夜神社（松江市東出雲町揖屋）、韓国伊太氏神社（揖夜神社境内）、三穂津姫神社（揖夜神社境内（関））。
※支麻知社…來待神社（松江市宍道町上来待）。
※久多美社…忌部神社（松江市西忌部町）。
※佐久多社（在2）…佐久多神社（松江市宍道町上来待）、嘉羅久利神社（安来市広瀬町広瀬）。
※多乃毛社…田面神社（安来市伯太町安田）。
※須多社…須多神社（松江市東出雲町須田）。
※真名井社（在1不1）…眞名井神社（松江市山代町）。
※布弁社…布辨神社（安来市広瀬町布部）。
※斯保弥社…志保美神社（安来市伯太町井尻）。
※意陀支社(在2)…意多伎神社(安来市飯生町)、愛宕神社(松江市外中原町)。
※市原社…市原神社（松江市東出雲町上意東）、磐船神社（安来市広瀬町西比田（関））。
※久米社…能野神社（比婆山久米神社）（安来市伯太町横屋）。
※布吾弥社…伊邪那美神社（松江市八雲町　能野大社境内）に合祀、布吾彌神社（同玉湯町玉造）。
※宍道社…石宮神社（松江市宍道町白石）、大森神社（同町佐々布）。
※野代社（在2）…野白神社（松江市乃白町）、野代神社（同浜乃木2丁目）、福富神社（同乃木福富町）。
※売布社…賣布神社（松江市和多見町）。
※狭井社・同狭井高社…佐爲神社（松江市宍道町白石）、出雲路幸神社（安来市西松井町）。
※宇流布社…宇留布神社（松江市八雲町平原）。
※由宇社…玉作湯神社（松江市玉湯町玉造）。
※布自奈社（在2）…布志奈大穴持神社（松江市玉湯町布志名）。
※前社・田中社・詔門社・楯井社・速玉社…いずれも伊邪那美神社（松江市八雲町　能野大社境内）に合祀。
※石坂社…磐坂神社（松江市八雲町西岩坂）。
※佐久佐社…六所神社（松江市大草町）、八重垣神社（同佐草町）。
※多加比社…鷹日神社（松江市東津田町）。
※山代社…山代神社（松江市古志原町）。
※調屋社（在2）…筑陽神社（松江市東出雲町下意東）。
※宇由比社…宇由比神社（松江市宍道町西来待）。
※支布佐社（不2）…支布佐神社（安来市吉佐町）。
※毛弥乃社…毛社神社（松江市八雲町東岩坂）。
※那冨乃夜社…那冨乃夜神社（松江市八雲町東岩坂）。
※国原社…宇留布神社（松江市八雲町平原）。

解説18 熊野大社

熊野大社は出雲を代表する神社であるが、古代にあっても同様であった。すなわち、『風土記』では意宇郡の神祇官社記載の筆頭にあり、杵築大社と並んでほかの社と異なる「大社」と表記されている。また、意宇郡出雲神戸にみえるように、出雲国内の神戸（→解説14）もこの熊野大社・杵築大社の祭神ほかの神戸であった。『延喜式』では熊野坐神社とされ、大社の称号はないが杵築大社と並んで名神大社である（他の神社は小社）。

▲天狗山の斎場と磐座（写真奥）

祭神は『風土記』では伊弉奈枳の麻奈子熊野加武呂・熊野大神、『延喜式』では伊射那伎の日真名子、加夫呂伎熊野大神櫛御気野とされ、『令集解』では「出雲国造斎神」とみえる。まとめると出雲国造が私に奉祭するミケ＝食物の神となる。その社地は現在の松江市八雲町宮内であるが、『風土記』では熊野山に「大神の社が鎮座」とみえ、社伝でも熊野山（現在の天狗山）頂上付近の磐座が本来の鎮座地で（写真）、古代末あるいは中世に山麓に遷座したとされている。

熊野山は意宇川の水源とされるが、安来平野の飯梨川の源流にもあたり、山狭社（現在は安来市広瀬町上山佐に鎮座）には久志美気濃が祭られていた（『延喜式』）。意宇川に留まらず、意宇郡域に広く関わる食物神であったのであろう。

また、伊勢神宮が皇祖神を祭る皇太神宮と、地元豪族渡会氏の食物神を起源とする豊受大神宮からなることと同じく、熊野大社には杵築大社に対応する食物神の性格もあるとの見解もある。

［参］熊野高裕二〇〇一
平野邦雄一九九五
森公章一九九二

※田村社…田村神社（松江市八雲町西岩坂）。
※市穂社（不2）…市穂神社（松江市東出雲町上意東）。
※阿太加夜社…阿太加夜神社（松江市東出雲町出雲郷）。
※須多下社…須多神社（松江市東出雲町須田）。
※河原社…河原神社（松江市八雲町東岩坂）。
※布宇社…布宇神社（松江市玉湯町林）。
※加和羅社…高良神社（松江市八幡町）。
※笠柄社…笠柄神社（松江市八雲町東岩坂）。
※志多備社…志多備神社（松江市八雲町西岩坂）。
※食師社…食師神社（安来市飯生町　意多伎神社境内）。

解説19 『風土記』の神社記載

『出雲国風土記』の特徴として郡毎の神社名の一覧記載がある。これは現存する他国の『風土記』にはみられない。このうち神祇官社は、のちの延喜式内社に相当し、官社とも呼ばれる。祈年祭という祭礼にあたり中央政府から幣帛（神様への捧げ物）が頒布される神社である。全国の神社行政を掌る神祇官にある官社帳簿に登載管理された。不在神祇官社は前者に該当しない神社であるが、どのような基準の神社か詳細は不明である。

『風土記』のなかで、神社は名称のみで方位里程も含め記述が一切なく、記載順が地理的に連続しない（他項目は郡内の東から西へ等の順で記載）。神社の項目はきわめて特殊で、別の帳簿から写されたと考えられる。神社帳簿は、残っていないだけで各国にあったと思われがちである。しかし、平安時代に神祇祭祀の歴史について記した『古語拾遺』には、大宝年中（七〇一～七〇四）に初めて全国の神社帳簿を作成したが不備があり、天平年中（七二九～七四九）の帳簿も問題があったとされる。各国の官社は多くが八・九世紀に順次登録されたと考えられているが、出雲国では『風土記』の神祇官社数一八四社は『延喜式』の官社数一八七社にほぼ等しく、八世紀初頭には官社の登録がほぼ終了していた。このような出雲国の状況は極めて特殊といえそうである。

また、これが当時の神社すべてかというと微妙である。国引き神話の意宇杜は神社記載に見えず、『風土記』で「神が坐す」と記されるが、神社がない事例は多い。

『風土記』に神社が記載されていること自体が、古代出雲国の特殊性を反映しているのである。

［参］秋本吉郎一九六三　小倉慈司一九九三　平石充二〇〇七　吉松大志二〇一三

合神社参佰玖拾玖所
壹佰捌拾肆所　在神祇官
貳佰壹拾伍所　不在神祇官

▼『風土記』の神祇官社・不在神祇官社（古代文化センター本　所蔵　古代文化センター）

本文・現代語訳

［五］意宇郡の山野

※長江山。郡家の東南五十里の所にある。〔水精がある。〕

※暑垣山。郡家の正東二十里八十歩の所にある。〔※烽がある。〕

※高野山。郡家の正東一十九里の所にある。

※熊野山。郡家の正南一十八里の所にある。〔檜・檀がある。いわゆる熊野大神の社が鎮座していらっしゃる。〕

※久多美山。郡家の西南二十三里の所にある。〔※社がある。〕

※玉作山。郡家の西南二十二里の所にある。〔※社がある。〕

※神名樋野。郡家の西北三里一百二十九歩の所にある。高さ八十丈、周り六里三十二歩ある。〔東に松がある。三方にはいずれも茅がある。〕

およそ、すべての山野にある草木は、麦門冬・独活・石斛・前胡・高梁薑・連翹・黄精・百部根・貫衆・白朮・署預・苦参・細辛・商陸・高本・玄参・五味子・黄芩・葛根・牡丹・藍漆・薇・藤・李・檜・杉〔字を椙とも書く。〕・赤桐〔字を梧とも書く。〕・白桐・楠・椎・海榴〔字を椿とも書く。〕・楊梅・松・栢〔字を榧とも書く。〕・蘗・槻。鳥獣は、鵰・晨風〔字を隼とも書く。〕・山鶏・鳩・鶉・鶬〔字を離黄とも書く。〕・鴟鴞〔字は横致とも書く。害鳥だ。〕・熊・狼・猪・鹿・兎・狐・飛鼯〔字を猵とも蝠とも書く。〕・獼猴の類がいる。非常に種類が多く、全部を記すことはできない。

玉作集団と玉湯の前方後円墳・円墳

現在の松江市玉湯町は、意宇郡記載の拝志郷に相当するエリアにある。碧玉の産出で著名な花仙山を擁したこの地域では、弥生時代後期末以来、平安時代に至るまで、古代出雲の玉作遺跡のメッカであった（→解説15）。

この地域を特徴付ける考古資料が、玉作遺跡の他にも存在する。古墳時代中期から後期に築造されたおびただしい数の前方後円墳や円墳である。意宇郡中枢部の山代郷や朝酌郷では、方墳や前方後方墳が主体的に築造されているのに対して、忌部川以西では神門郡や出雲郡までを含めて、前方後円墳や円墳の築造が主体となっている（→解説71）。この現象は、意宇郡東部の安来市伯太川以東にも見られ、おびただしい数の前方後円墳が築造されている。

巨視的に見れば意宇郡中枢とは異なるパイプをもってヤマト王権との繋がりを有した集団が考えられる。一方、出自や職能集団という視点から見れば、玉湯町の前方後円墳や円墳は、その出自を表徴していた可能性も考える必要がある。

意宇郡の東西周縁部で見られるこれらの前方後円墳の大半は、六世紀代（古墳時代後期）の古墳と目されており、その大きさも一〇～二〇メートル級と小型である点も特徴的である。

出雲では古墳時代後期以降、玉湯町に玉作遺跡が集約されるため、この地域の小型の前方後円墳の被葬者やその集団は、玉作に関わった職能集団である可能性が考えられる。

また、中期には五〇～六〇メートル級の前方後円墳が築造されている。大角山古墳は宍道湖を遠望できる位置に築造されているが、墳丘南側の直下には奈良時代の山陰道が東西に通じている。山陰道の先駆的な古代道の存在は古墳時代に遡る可能性も説かれていることから、大角山古墳は陸路を意識した立地である可能性が考えられる。また、報恩寺一号墳や扇廻古墳も含めて、これら三基の古墳は群集墳の中で突出した規模であることから、盟主墳となるものと考えられる。

［注釈］

※長江山…安来市伯太町南堺の永江山（標高570メートル）。
※暑垣山…安来市能義町の車山（標高207メートル）。
※烽…巻末記載の出雲国の烽に見える暑垣烽を指す。車山山頂の平坦地が比定地。
※高野山…松江市東出雲町東境の京羅木山（標高473メートル）。
※熊野山…松江市八雲町南境の天狗山（標高601メートル）。
※久多美山…松江市東忌部町・同町大谷の間の山（標高230メートル）。
※社…久多見社。詳細は意宇郡の久多見社を参照。
※玉作山…松江市玉湯町玉造東境の花仙山（標高199メートル）。
※社…玉作湯社。詳細は意宇郡の玉作湯社を参照。
※神名樋野…松江市山代町の茶臼山（標高171メートル）。『風土記』では草地の多い山を野と呼ぶ。詳細は解説21を参照。

解説21　神名樋野と出雲のカンナビ

『風土記』には出雲国内の四つのカンナビ野・山の記載がある（意宇郡以外には秋鹿郡→解説53、楯縫郡→解説66、出雲郡）。神が山に宿るという観念は古代においては普遍的で、カンナビ、ミムロ等と称される山は全国各地にある。

出雲郡の神名火山では、カンナビ山＝「神の社」がある山、という図式が明確に述べられる。伎比佐加美高日子命の社が此の山の嶺にある。故、神名火山という、というものだ。この論理に従えば、神の社が存在する山はすべてカンナビ山と記載されても良さそうだ。しかし実際はそうではない。『風土記』を通覧すると四つのカンナビ野・山以外にも、神の社が存在する山は五例、また社の存在にはふれないが「神が鎮座する」山が二例ある。しかしその中に、カンナビ山と呼ばれている山はない。

逆に『風土記』がカンナビと呼ぶ四山についても、その地域では別の、固有の呼び名で呼ばれていた可能性が高い。そもそもカンナビは一般名詞であり、神が坐すという観念の元に固有名詞に転化したものだ。こうしてみると、神が坐す山は随所にある中で、『風土記』は四つの山だけをあえて（本来の山の名ではなく）カンナビと記載していると考えられる。

その背景はなにか。出雲国造神賀詞では大穴持命が自らと御子神の御魂を、宮都を守るように大和の四囲のカンナビに留め、皇孫を守護することが宣言される。これを念頭に出雲のカンナビ四山の位置をみると、ほどよく距離を隔てて宍道湖を囲むような位置関係にあることがわかる。こうしてみると四つのカンナビは出雲世界を守ることを意図して設定されたもの、と見ることができよう。

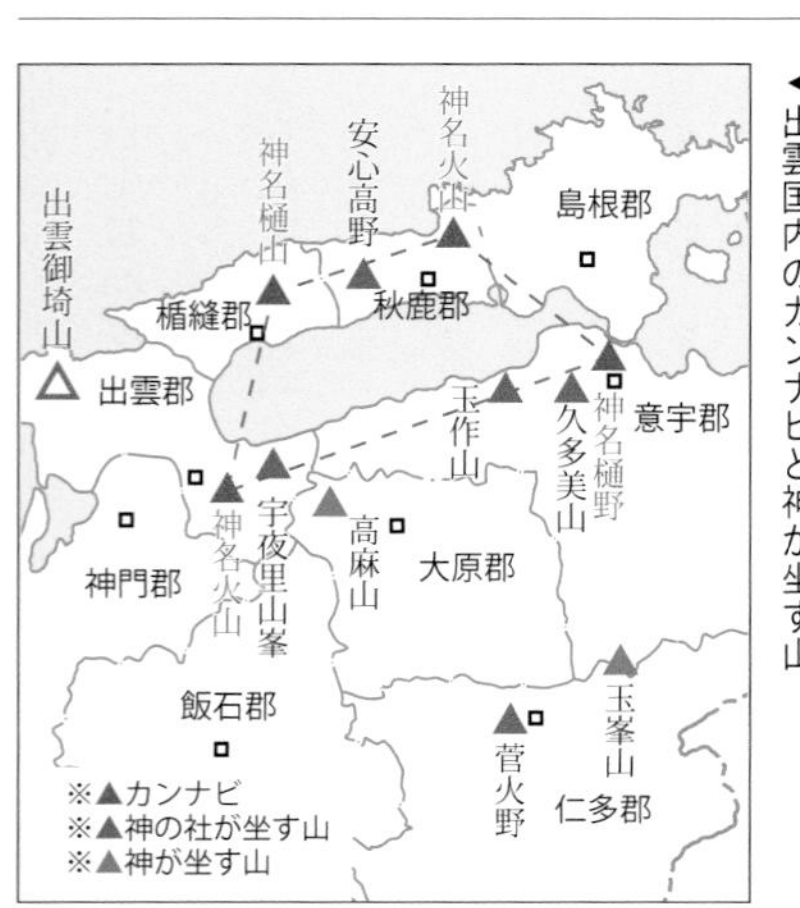

▲出雲国内のカンナビと神が坐す山

本文・現代語訳

[六] 意宇郡の河川・池

※伯太川。源は仁多と意宇との二郡の堺の※葛野山から出て、流れて母理・楯縫・安来の三つの郷を通って入海に入る。〔年魚・伊久比がいる。〕

※山国川。源は郡家の東南三十八里にある※枯見山から出て、北に流れて伯太川に入る。

※飯梨川。源は三つある。〔一つの流れの源は、仁多・大原・意宇三郡の堺の※田原から出て、一つの流れの源は枯見より出で、一つの流れの源は仁多郡の※玉峯山から出る。〕三つが合流し、北に流れて入海に入る。〔年魚・伊具比がいる。〕

※筑陽川。源は郡家の正東一十里一百歩の※荻山から出て、北に流れて入海に入る。〔年魚がいる。〕

※意宇川。源は郡家の正南一十八里にある熊野山から出て北に流れ、東に折れ、流れて入海に入る。〔年魚・伊具比がいる。〕

※野代川。源は郡家の西南一十八里の※須我山から出て、北に流れて入海に入る。

※玉作川。源は郡家の正西一十九里の※阿志山から出て、北に流れて入海に入る。〔年魚がいる。〕

※来待川。源は郡家の正西二十八里の※和奈佐山から出て、西に流れて※山田村に至り、さらに折れて北に流れて入海に入る。〔年魚がいる。〕

※宍道川。源は郡家の正西三十八里の※幡屋山から出て、北に流れて入海に入る。〔魚はいない。〕

※津間抜池。周り二里四十歩ある。〔鳧・鴨・鮒・蓴がある。〕

解説 22

真名猪池

『出雲国風土記』には坡・池・江とよばれる項目があるが（→解説56）、真名猪池は比定地がもっとも確実な「池」の一つである。『風土記』には意宇郡に真名井社・末那為社と同一地域名を冠する社があり、それらと合わせ現在の松江市矢田町〜山代町の字間内周辺に所在したのであろう。同地には現在蟹穴池があり、周り一里という大きさから見てもほぼこの池の前身であったと推定される。この蟹穴池は現在も地区の水田の水源となっており、古代でも谷をせき止めた水田用水池だったと推定できる。

さて、真名井・末那為社と真名猪池はセットで存在したと考えられるわけであるが、真名井とは古代では神聖な泉を指す一般名詞であった。『風土記』の神社は多くが固有名詞＝神社所在の地名を冠しているので、真名井社は数少ない祭祀対象の名を冠した社といえる。さらに真名井社の所在地は神名樋野の中腹の真名井滝に推定されている。これらのことを勘案すると、意宇郡の神名樋山には聖なる水源としての真名井があり、同名の池も存在し意宇平野の水田を潤していた情景が浮かび上がる。意宇郡の神名樋野にも水源地的な性格があったのだろう。

神名樋野　2つの真名井社推定地
真名猪池

▲２つの真名井社と真名猪池の情景
（古代の八雲立つ風土記の丘復元模型より）

◀真名猪池推定地（現在の蟹穴池）

※真名猪池。周り一里ある。

［注釈］

※伯太川…安来市の伯太川。
※葛野山…安来市伯太町と広瀬町比田の間の山（標高735メートル）。
※山国川…安来市の吉田川。
※枯見山…安来市伯太町西境の宇波山（標高360メートル）。
※飯梨川…安来市の飯梨川。中流は富田川とも言う。巻末記載の出雲国の道程にも見える。
※田原…安来市広瀬町田原境の三郡山（標高806メートル）。
※玉嶺山…奥出雲町亀嵩東境の玉峰山（標高820メートル）。
※筑陽川…松江市東出雲町の意東川。
※荻山…松江市八雲町東岩坂の星上山（標高453・7メートル）。
※意宇川…松江市の意宇川。上流は熊野川、下流は出雲郷川とも呼ぶ。
※野代川…松江市の乃白川。忌部川とも呼ぶ。
※須賀山…松江市八雲町熊野西境の八雲山（標高424・1メートル）。
※玉作川…松江市玉湯町の玉湯川。
※阿志山…松江市玉湯町大谷南境の葦山（標高474・1メートル）。
※来待川…松江市宍道町の来待川。
※和奈佐山…松江市宍道町和奈佐北方の山（標高281メートル）。
※山田村…松江市宍道町菅原周辺。
※宍道川…松江市宍道町の佐々布川。
※幡屋山…松江市宍道町上来待南境の丸倉山（標高371メートル）。馬鞍山とも呼ぶ。大原郡の河川・池には「幡箭山」として見える。
※津間抜池…松江市浜乃木ツバにあったとされる。現存せず。
※真名猪池…松江市矢田町の蟹穴池。

本文・現代語訳

［七］意宇郡の海岸地形

北は入海。
※門江浜。〔伯耆と出雲との二国の堺である。※以下東から西へと述べていく。〕
※子島。〔すべて磯である。〕
※粟島。〔椎・松・多年木・宇竹・真前などの草木がある。〕

解説 23

意宇郡の島

『風土記』の海・入海沿岸の郡には、海岸地形がまとめて記載され、これも他の『風土記』にない特色である。「東から西に行く」と記されるように、郡毎に船からの実査がなされ、海から見た状況が重視されている。

出雲国全体にそうであるが、河口付近の地形は現在と大きく異なる。安来市荒島町の岩屋遺跡では、崖下の標高〇・七メートル地点で岩盤が波で洗われた痕跡である縄文時代の波食台が確認され、それを覆う腐植土層から弥生時代から奈良時代の遺物が出土した。現在は谷奥の水田であるが『風土記』当時は芦原であったのであろう。

安来平野は、近世に最盛期を迎えた鉄穴流しによる土砂の堆積で三角州が発達し、海岸線は『風土記』の頃より大きく後退し『風土記』に登場する島で陸続きとなっているものも多い。なかでも砥神島は島根郡蜛蝫島・蜈蚣島・和多々島に次いで大きく、神の名を持っていることが特徴的である。正確な出土地は不明であるが、印面が「佐主」と読める銅印（安来市清水寺所蔵）が出土したと伝えられており、注目される。

［参］安来市教育委員会 二〇〇〇

▲岩屋遺跡の波食台（提供　安来市教委）

▲安来市十神山（砥神島推定地）

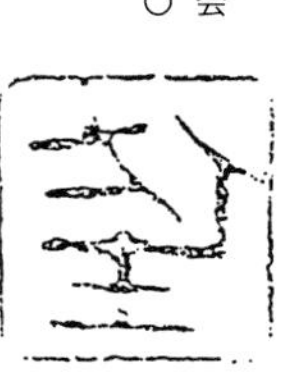

▲伝出土銅印

※砥神島。周り三里一百八十歩、高さ六十丈ある。〔椎・松・莘・薺頭蒿・都波・師太などの草木がある。〕

※加茂島。〔すべて磯である。〕

※羽島。〔椿・比佐木・多年木・蕨・薺頭蒿がある。〕

※塩楯島。〔蓼螺子、水蓼がある。〕

※野代海の中に※蚊島がある。周り六十歩ある。中央は黒土で、四方はみな磯だ。〔中央にひと握りほどの木が一本あるだけである。その磯に螺子・海松がある。〕ここから西の浜は、険しいところもあり、平坦なところもありで、※通道はそのどちらも通過する。

［注釈］

※門江浜…安来市門生町・吉佐町。
※以下東から西へ…　…海岸地形は海岸沿いに東から西に記載されている。
※子島…安来市須崎町沖の松島。
※粟島…鳥取県米子市彦名町の粟島神社のある丘（標高38メートル）。現在は地続きになっている。伯耆国風土記逸文にも相見郡家東北の余戸の粟島として登場、少日子命が粟にはじかれ、常世に渡ったとする伝承が見える。
※砥神島…安来市安来町の十神山。現在は地続きになっている。
※加茂島…安来市安来町の亀島。
※羽島…安来市飯島町の権現山（標高18・7メートル）。現在は地続きとなっている。
※塩楯島…松江市竹矢町の大橋川の中にある島。塩楯の名は、中海からの海水の上昇を防ぐ役割を果たしたからか。
※野代海…入海（宍道湖）のうち乃白川などの河口付近を指す。
※蚊島…松江市嫁島町の嫁ケ島。蚊島は小さい島の意。
※通道…出雲国府からの正西に延びる石見に向かう山陰道。詳細は巻末記載の出雲国の道程正西道を参照。

解説 24

入海・蚊島

蚊島は現在の嫁ケ島で、宍道湖の夕日を背景にした風景は有名である。遠くに出雲市の北山、『風土記』で言う出雲御埼山（出雲郡の山野）が見えるのは、古代と変わらない風景であろう。今も昔も変わらない『風土記』の景観が残っていると言いたいところであるが、本当にそうであろうか。

蚊島は広さの記載はあるが、高さの記載がない。これは島が平坦であるためと思われるが、松江城の築城の際に嫁島付近の石材を搬出したとの話もあり、島の形は現在と異なっていた可能性もある。島の中央は小さな木が一本あるとされ、現在の松林とはかなり趣が違う。

そして一番異なるのは湖を行き交う船の様子であろう。現在はシジミ漁船が浮かぶ程度であるが、近代以前は物資の運搬に多くの船が利用されていた。『風土記』の意宇郡忌部神戸・島根郡朝酌促戸には市で賑わっている記事がある（→コラム5）。古墳時代には、玉湯町に産する来待石で造られた石棺が、対岸の宍道湖北岸の古墳にも使用され、重量のある石材を船や筏で運搬したと考えられ、多くの産物を載せた船が入海を走っていたであろう。

現在では浜や昔ながらの船着き場・船小屋を見つけるのは容易ではない。入海は、日本海最大級の「潟」であり、国内外交易の重要拠点のひとつであった。出雲、あるいは日本の歴史にとって重要な役割を果たしたと思われるが、現代人はそのことを忘れがちである。この水上交通という視点は、『風土記』を読む場合に欠かせない要素である。

▲宍道湖岸の船小屋

本文・現代語訳

[八] 意宇郡の通道

通道。国の東の堺の※手間剗に行く道は、四十一里一百八十歩である。
大原郡の堺の※木垣峯に行く道は、三十三里二百歩である。
出雲郡の堺の※佐雑埼に行く道は、四十二里三十歩である。
島根郡の堺の※朝酌渡に行く道は、四里二百六十歩である。
前述の一郡は入海の南にある。ここは国の※廊である。

[注釈]

※手間剗…出雲国と伯耆国の国境の出雲側にあった関。安来市伯太町安田関が比定地。
※木垣峯…松江市玉湯町大谷から雲南市大東町遠所に抜ける峠。大原郡の通道には木垣坂として見える。
※佐雑埼…松江市宍道町佐々布、伊志見間の山。当時は入海（宍道湖）の岬であった。巻末記載の出雲国の道程にも見える。
※朝酌渡…松江市朝酌町。詳細は島根郡の海岸地形の朝酌渡、解説37、コラム5参照。
※廊…細殿。廊下の意味で、意宇郡が出雲国各郡の入り口になることの比喩。

解説25 古代の関所

『風土記』には全部で一二か所、剗に関する記述が登場する。剗とは関所の一種で、国境などの軍事・交通上の要衝に設置された施設である。『日本書紀』大化二年（六四六）条の改新詔に、関塞を置くことが記されているが、実際に設置されたのはもう少し後の天武天皇の頃（七世紀後半）と考えられている。

関所は主に反乱の対策や、税収の減少につながる浮浪や逃亡などの人の流れを制限する機能を担っていた。関を通過する際には、理由や目的地、通過する人物などについて記された過所と呼ばれるものが必要であった。これは律令で定められ、過所を持たずに通過すると、厳しい罰則が科せられた。

『風土記』には剗は二種類記されている。「常に置く剗」（常剗）と「権に置く剗」（権剗）である。前者は他国につながるなどの重要な道路上に常に設置されている剗の事を指す。後者は一般民衆が使用するような生活道路上に、有事の際に臨時に設置される剗のことを指す（→右地図）。

地方の関所の様子がこれほど多く記されているのは『風土記』のみである。

◀出雲国の道と剗

『風土記』に登場する剗

	常剗/権剗	名称	その剗がある道が繋がる地域
意宇郡	常剗	手間剗	伯耆国相見郡
島根郡	常剗	戸江剗	伯耆国夜見島
神門郡	常剗	記載なし	石見国安濃郡の境の多伎々山
	権剗	記載なし	石見国安濃郡川相郷
飯石郡	常剗	記載なし	備後国恵宗郡の境の荒鹿坂
	常剗	記載なし	備後国三次郡の境の三坂
	権剗	記載なし	波多径（飯石郡内の道）
	権剗	記載なし	須佐径（飯石郡内の道）
	権剗	記載なし	志都美径（飯石郡内の道）
仁多郡	常剗	記載なし	伯耆国日野郡の境の阿志毘縁山
	常剗	記載なし	備後国恵宗郡の境の遊託山
	権剗	記載なし	備後国恵宗郡の境の比市山

二　意宇郡

本文・現代語訳

［九］意宇郡の郡司

郡司　主帳　无位※海臣
无位※出雲臣
少領　外従七位上勲十二等出雲臣
主政　外少初位上勲十二等※林臣
擬主政　无位出雲臣

［注釈］
※海臣…海産物を後納する部民海部を出雲で管掌する氏族。詳細はコラム2参照。
※出雲臣…出雲国造出雲臣の一族。詳細はコラム2参照。
※林臣…意宇郡拝志郷を本拠とする氏族。

解説 26

郡司の署名

各郡の末尾に記載されているのが、郡の役人である郡司の署名で、各郡の執筆責任者として記されたものである。

律令国家の官職制度では、それぞれの官司は長官・次官・判官・主典まで四等の官人からなる四等官制をとり、郡では長官から順に大領・少領・主政・主帳と呼ばれていた。記載は書記に当たる主帳からはじまるが、これは当時の公文書の書式のうち、上申文書の解式に類似しており、『風土記』の各郡の記載が、本来は郡からの上申文書であったことを推測させる。また署名には姓はみえるが名がない。これは最終的に各郡司が記載内容を確認し自署するべく空けていたと考えられる。意宇郡の郡司記載では大領の記載がないが、これは大領が出雲国造出雲臣広島として『風土記』巻末に署名しているためか、あるいは写本の過程での脱落と考えられる。そしてこの大領出雲臣広島を入れると、六人の郡司うち実に四人が同じ氏族の出雲臣である（→コラム2）。

律令の規定では同一官司に三等親以内の親族が任じられることは禁止されていたので、同一氏族が大多数を占める状況は普通ではないのだが、これは、意宇郡が特別に親族同士による郡司の独占を許されていたことによる。また、大領の出雲臣広島は出雲国造を兼ねていた。これも、本来兼任が禁止されていたが、慶雲三年以降認められていた（延暦一七年（七九八）に再び禁止される）。『風土記』では出雲臣氏は出雲国内の六郡で郡司としてみえ絶大な力を持っていたが、特に意宇郡がその本拠地だったことが、この郡司記載からもうかがえる。

◀意宇郡の郡司署名と巻末の国造署名（古代文化センター本　所蔵 古代文化センター）

国引き神話

国引き神話は、『風土記』の中でも最も著名な神話である。意宇郡の由来として記されているが、内容は出雲国の成り立ちに関わる物語である。そして、この国引き神話は、まとまったかたちで現代に伝わる、古代唯一の地域における国土創世神話である。その内容は一般的には狭い国であった出雲国を広くするために、海の向こうから余った土地を引っ張ってきて出雲国を大きくした神話であるとされている。出雲の古代史を研究していく上で、この神話についてどのようなアプローチができるか考えてみたい。

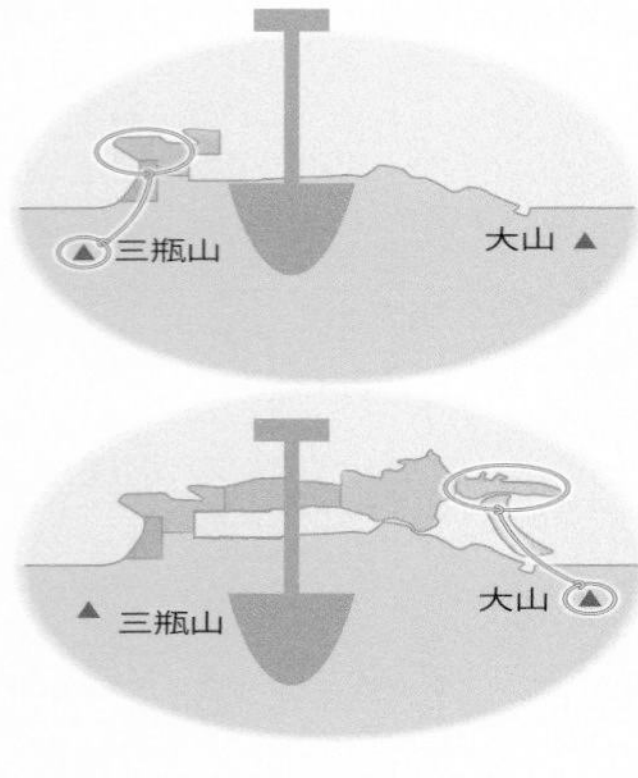

▲国引き神話概念図

● 国引き神話が語る交流

国引き神話によって引き寄せられた土地は、朝鮮半島・隠岐・北陸地方にあったと考えられ、それらの地域と出雲との壮大な交流が想定されている。まず北陸地方との関わりであるが、神門郡古志郷や同郡狭結駅によれば、古志の人びとが同地にやって来たことが記されている（↓解説87）。『古事記』の神話においては、ヤチホコ（オオクニヌシ）が高志のヌナカワヒメに求婚している。このような神話や伝承が成立するための歴史的条件として、出雲と北陸地方とは弥生時代の終わりから密接な交流があった。両地域に共通する墓制として四隅突出型墳丘墓があり、山陰から北陸へ伝播したと考えられる。また、北陸地方では、山陰（出雲地域）から影響をうけたと思われる土器も出土している。さらに、出雲大社付近の命主神社境内から出土したと伝えられる勾玉の材質のヒスイは、新潟県の姫川産である。一方、朝鮮半島との交流であるが、『日本書紀』によると崇神天皇の時代にツヌガアラシトという王子が意富加羅国より渡来し出雲経由で笥飯浦（福井県敦賀市）に到着したと書かれている。考古学的には、古墳時代中期に朝鮮半島で作られた陶質土器が島根県内の各地で出土しているのである。いずれも断片的な情報ではあるが、古代において出雲と北陸地方や朝鮮半島との交流が展開していたことは疑いない。

▲命主神社境内出土銅戈と勾玉（所蔵　出雲大社）

● 国引きの神の素顔

次に国引き神話を古代人はどのようなイメージでとらえていたか、確認しておこう。

まず、国引きの神様であるが、その神名は「八束水臣津野」と表記される。原文では「ヤツカミズオミヅヌ」という。その神名には「たくさんの水をつかさどる神様」という意味が込められている。そのため、「国引き」については、本来島であった島根半島が徐々に対岸と結びついていった地形の変化を意味するのではないかというイメージが一般的には流布している。しかし、国引きの場面では、この神が水を操って大地を引き寄せたとは書かれていない。国引きの様子を再度整理すると、この神は最初に出雲を見渡して狭い国であることを実感し、海の向こうに余った土地があることを確認した上で、乙女の胸のように幅広い鋤を手にし、大きな魚の鰓を一気に突くようにすばやく海の向こうの土地を突き刺した。そして鱸を屠るように切り分けた上で、何度もねった綱を切り分けた大地に引っかけて、河船を引っ張るようにゆっくりゆっくりと切り分けた大地を引き寄せたのである。ヤツカミズオミヅヌは、この動作を四回繰り返し、国引きをおこなった。スピーディーなしぐさとスローなしぐさ、緩急入り交じった形で国引きがなされたのである。そこに盛り込まれた表現は、古代人の労働と深く関わっている。たとえば、鋤は開発の際に用いられる道具であり、大量に使用することで大地をすきはねる威力を持つものと認識されていた。大魚の鰓を一気に突くという行為は漁業である。鱸を切り分ける行為は料理である。河船を引くという行為は陸上から船をゆっくりと引く様子を示している。国引き神話は一見するとヤツカミズオミヅヌが単独でおこなった国引きのように思えるが、成立の歴史的条件として地域社会における集団労働があったのである。具体的には地域社会における開発の歴史であろう。国引き神話は、それを象徴的に示したものと見ることもできる。

▲意宇杜伝承地の一つ　松江市東出雲町客の森

国引きの神のふるさと

国引き神話によれば、ヤツカミズオミヅヌが最後に降り立った場所は「意宇杜」である。しかし、出雲東部にこの神を祭る神社はない。また国引きは西から東に向かって順番におこなわれている。加えて、この神話は意宇という地名の起源伝承であるにも関わらず、国引きが終わった後、この神は「意宇」ではなく「意恵」という言葉を発している。このような点を踏まえると、この神はもともと出雲東部ではなく出雲西部で信仰されていたのではないか。出雲西部には、冨神社や長浜神社などヤツカミズオミヅヌを祭神とする神社がある。出雲西部では、『出雲国風土記』成立以前に小山を作った神としての素朴な神話が存在した可能性もある。**出雲国造**が出雲全体を掌握した時に、この神も小地域の国作りの神へと変貌したのではないかという考え方もできるのではないだろうか。

［参］石母田正二〇〇〇

出雲国造出雲臣

出雲国造出雲臣氏は、『風土記』の編集責任者であり、当然『風土記』には編者出雲臣の世界観が反映されていると考えられる。出雲臣とはどのような氏族なのであろうか。

◎出雲国造

大化改新より以前、ヤマト王権が地方を支配するために、地方で特に有力な豪族を国造という役職に任命し、その地域におけるヤマト王権への奉仕・貢納の統括をさせた。出雲地域の国造が出雲国造で、出雲臣はこの出雲国造を氏族内で世襲していた。また、奈良・平安時代には、出雲国造は任命されるとき、都に上京し天皇に対して**神賀詞**という天皇の長寿と繁栄を祈る寿詞を奏上した。このような儀式を義務づけられた国造は全国でも出雲国造だけであった。

また、律令制の施行に伴って、各地の国造は実質的支配権を失い名誉職的存在となるが、出雲国造は上述の神賀詞奏上にあたり国内の神社の**祝**（神職）を率いて上京しており、宗教的な権威を有していた。『風土記』の編纂責任者であるのも他の**郡司**に対して統率力を持っていたためと考えられる。

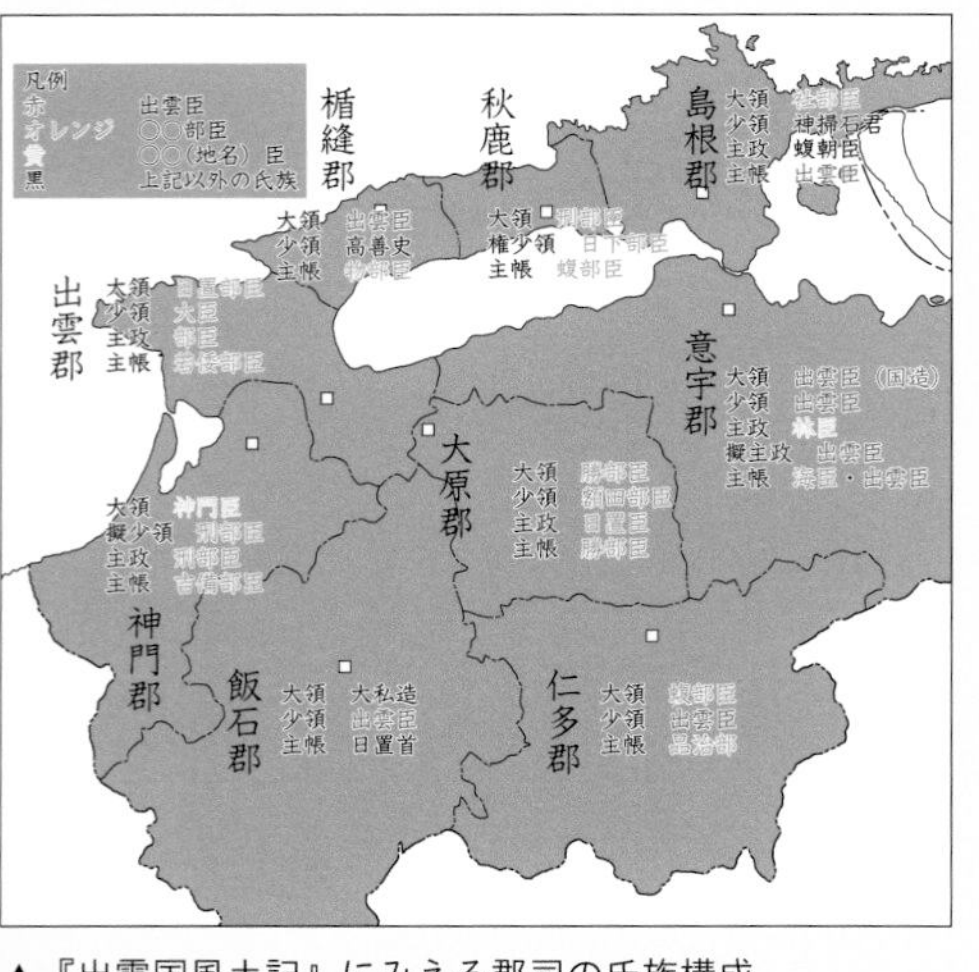

▲『出雲国風土記』にみえる郡司の氏族構成

◎出雲臣と○○部臣姓氏族

この出雲臣の本拠地は、広島が**大領**を兼任し郡司に四人の出雲臣がみえる意宇郡である（→解説26）。ただし、『風土記』では他の四郡の郡司にも出雲臣氏がみえ、その勢力は意宇郡に留まらない。また、出雲国の郡司は○○部臣という、**部民**を管理し出雲臣と同じ**カバネ臣**を有する氏族が多い。例として大原郡の郡司額田部臣を取り上げてみたい。この氏族は、額田部という部民の集団の出雲における統括責任者で、額田部から貢物を徴収し中央の額田部連氏に貢納したり、あるいは軍役・労役にあたる人を派遣したりした。額田部自体は出雲以外にも分布し、同様の地方統括者は全国にいた。だが、カバネ臣の額田部は出雲にのみ存在し、カバネ臣は出雲臣との同族関係から与えられたのだろう。出雲国造は、同族を地方の部民管理者として配置して○○部臣とすることで、部民制を出雲国で円滑に展開したとみられる。

この額田部臣の銘文を記した大刀が、松江市岡田山一号墳から出土している。この古墳は意宇郡最大の古墳群の山代・大庭古墳群に隣接し、古墳の形も同時代の意宇郡に特徴的な前方後方墳だ。銘文大刀の所有者、すなわち額田部臣は、古墳から見て意宇郡の最大の豪族（出雲臣）の配下の豪族だったと考えられる。このように○○部臣と出雲臣を同族とみると、出雲国内の郡司はそのほとんどが出雲国造出雲臣を頂点とした、出雲臣の同族となり、出雲臣の勢力の大きさが理解されよう。

奈良時代の出雲臣

ただし、奈良時代、出雲国造はすべてが親子のような狭い血縁内だけで継承されたのではなさそうである。出雲臣広島の次の国造出雲臣弟山は、広島が国造の時に独自に新造院を建立しているので（意宇郡山代郷南新造院）、広島と異なる勢力基盤を有していたのだろう。また、天平五年（七三三）に意宇郡兵衛として都に上った出雲臣国上は広島の子弟だが、国造に任じられるのは、じつにその四〇年後の宝亀四年（七七三）、還暦を迎えた後だった。国造位の継承は複雑だったと想定される。

出雲臣の起源

出雲臣の起源はどこにあるのであろうか。出雲臣の主張は、『日本書紀』神代下第九段第二の一書に記され、出雲臣の祖先神天穂日が天日隅宮（杵築大社）で大穴持を奉祭する、と明確に述べている。杵築大社の造営、大穴持の奉祭が出雲臣の任務なのである。

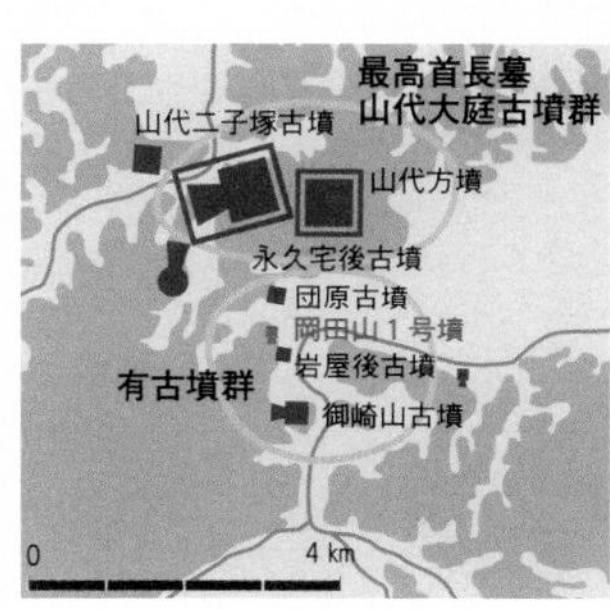

▲岡田山１号墳の位置

しかし、『日本書紀』にはこれと無関係の氏族説話もある。一つは相撲の開祖、埴輪の創始者の野見宿禰を介して中央の土師氏と同族とする説話群である。この説話は奈良・平安時代、事実かどうかは別として広く認知されていた。埴輪の起源説話では、出雲の土部を呼んで埴輪を造ったとされ、本来出雲から大王の元へ人が赴き労役に従事した、上番の伝承とみられる。

次に仁徳天皇即位前紀には、出雲臣の祖の淤宇宿禰が登場、屯田司であり、朝鮮半島と往来したとの記述がみえる。淤宇は出雲の地名意宇に由来するので、出雲臣とは本来、松江市山代・大庭・大草町など、意宇川流域の豪族だったこと、大王の屯田（屯倉）、家産経営に関与し、大王に近侍する存在だった。

これに対応するかのように、意宇川流域から古墳時代中期の渡来系の遺物が集中的に出土し、同じ頃意宇平野の水利を管理する豪族居館（出雲国府跡下層遺跡）が成立している。

東西出雲と出雲臣

以上のことから、出雲臣とは本来出雲東部の意宇郡の豪族で（淤宇氏）、五世紀には大王に上番・近侍し、朝鮮半島との交通に関与して技術を習得、地域開発を進める存在であったようである。それが後に出雲西部の地名、「出雲」を冠した氏族となり、同じく出雲西部に存在する杵築大社の大穴持奉祭を任務とするようになった。この間には、氏族の質的な変化があったのだろう。またその過程は、出雲東部の豪族淤宇氏による出雲西部を含む出雲全域の統合過程、大穴持祭祀の掌握と捉えられる。

しかし出雲西部にも独自の出雲臣の始祖伝承があり（→解説77）、出雲臣の成立過程については検討すべき課題は多い。

［参］岸俊男一九八八・島根県教育委員会二〇一三
高嶋弘志一九九五・武廣亮平一九九五
平石充一九九七・森公章一九九二
渡邊貞幸一九八六

新造院と出雲の仏教施設

『出雲国風土記』には一一か所の古代寺院の記述があり、それぞれ建立者や主要伽藍・僧の数を記し、当時の出雲国の寺院の全貌が一定の基準で理解できる。このような詳細な寺院記載は他国の『風土記』にはない。建立者を見ると多くが郡司あるいは位階やカバネを持つ有力氏族で、『風土記』は奈良時代の地方寺院が、主に地方豪族の氏寺であったことを実証する重要な史料なのである。

ただし、「○○寺」と書かれているのは、意宇郡山国郷の教昊寺のみで、後の一〇か所は新造院と書かれている。では、この新造院とは何だろうか。またこれら以外に仏教施設はなかったのであろうか。

● 新造院の定義をめぐる諸説

新造院については、実はその定義だけでも諸説紛々、百家争鳴の状態が続いている。貧しい人びとを救済する布施屋と考える説、国家によって公認されていない私寺という説、霊亀二年（七一六）に出された寺院併合令の後で新たに造られた寺院と見る説。あるいは、荒廃した私寺や非公認の私寺を吸収併合し改修新造されたもしくは改修新造されつつある途中の寺を指すという説もある。また、「院」という言葉の本来の意味は、垣や溝で囲まれたエリアを意味するものであるから、新造院とは垣に囲まれた寺域を含めた建造物群であるという指摘もある。

● 寺と新造院のちがい

まず新造院について確認しておくべきことは、○○寺と書かれていないことである。『風土記』は中央の命令を受けて、出雲国造が編纂の責任者としてまとめた公的な書物である。そこに○○寺と書くことができないということは、新造院がお寺として国家には認められていないということになる。では、認められていないものを、なぜ『風土記』はわざわざ書く必要があったのか。それは、国家にその存在を認知して欲しいからと考えることはできないだろうか。そのために『風土記』では、新造院の所在地を郡の役所である郡家からの方位と距離で示し、そこにはどのような建物が建っているのか、僧がいるのか、誰が造営したのか、といった情報を盛り込んでいる。これらは、新造院をお寺として認可してもらうために申告しなければならない記載事項なのであろう。

▲『風土記』意宇郡新造院条（古代文化センター本　所蔵　古代文化センター）

このような点を踏まえると、『風土記』の新造院とは、いまだ律令国家に寺として公認されていないが、公認されることを意思表示している寺院と考えておきたい。

● 山代郷の二つの新造院の実態

『風土記』によれば北の新造院（日置君鹿

▲堤平遺跡出土の鉄鉢形須恵器（奥）と灯明皿（所蔵　埋文センター）

麻呂の祖である日置君目烈が建立）には厳堂（金堂）が建てられており、僧はいなかったという。一方、南の新造院（飯石郡少領であった出雲臣弟山建立）の場合は、『風土記』は教堂（講堂）が建てられていて僧が一人いたと記す。

ここで想起すべきことがある。それは剃髪して仏道修行に励みさえすれば僧尼になれたわけではないということである。

古代においては、得度（＝出家して僧尼になること）するためには、教団の承認だけではなく律令国家の許可を必要とした。その際に律令国家が発行した証明書を度縁という。このようにして国家が得度させた僧を官度僧という。ところが、国家の許可を得ないで私的に得度した者もいた。このような存在は私度僧と呼ばれ、かつては課役免除を目的とする者として国家による処罰の対象となったと考えられていた。

しかし近年の研究成果によれば、必ずしも私度僧は全面的に禁じられていたわけではなく、ある程度容認され、その活動によって褒賞された者や公文書に署名している者がいたことが明らかにされている。このような点を踏まえるならば、意宇郡山代郷の南新造院には、私的に得度を受けた私度僧がいた可能性もあるだろう。

◉新造院以外の仏教施設、「村落内寺院」

さて、次に注意すべきは、『風土記』に登場する教昊寺と新造院だけが仏教関係の施設ではないということである。平安時代前期に成立した仏教説話集である『日本霊異記』には、瓦葺きではない寺院が多く存在していた。それは「堂」と呼ばれており寺院とは区別されている。

出雲において瓦が出土した遺跡は、平成二二年（二〇一〇）の時点で四九か所にのぼる。このすべてが寺院であるとは限らないが、該当するものもあったであろう。ましてや瓦葺きではない寺院となるとその数はもっと多かったのではないか。

こういった寺院は「村落内寺院」と呼ばれており、瓦葺きではなくても仏教関係の遺物が出土する場合がある。たとえば灯明皿や鉄鉢形土器が発見されることがある。これらの土器は仏教に深く関わるものと思われ、それが大量に出土するということは、仏教に関係した遺跡である可能性が高いといえよう。現状ではこれらの出土遺跡すべてを仏教関係遺跡とすることはできないものの、その可能性がある遺跡として、安来市の才ノ神遺跡・島田黒谷Ⅲ遺跡、松江市東出雲町の島田池遺跡、同市宍道町の堤平遺跡、出雲市の三田谷Ⅰ遺跡などがある。出雲における「村落内寺院」は、時には神社に併設される形でも存在し、僧侶が仏に自ら犯した罪業を懺悔しその功徳によって除災招福を祈る悔過法会などがおこなわれていたと考えられる。

【参】荒井秀規一九九四・久保智康二〇一二・花谷浩二〇一〇
林健亮二〇〇〇・吉田一彦一九九五

三

島根郡

しまねぐん

島根郡の海岸（松江市島根町加賀から大芦を望む）

島根郡地図（東）
三穂の埼（意宇郡条）
夜見島（意宇郡条）
宇気島
屋島
周り 0.200
高さ 20.0
久宇島
周り 1.030
高さ 7.0
③
②
①
質留比浦
神社
0.220
御前小島
比佐島
比売島
周り 2.030
高さ 10.0
結島門島
長島
0.200
這田浜
③赤島
②船島
①加多比島
黒島
0.100
久毛等浦
土島
美保埼
美保浜
神社
0.160
正東 27.164
美保郷
加努夜浜
0.060
胆由比浜
0.050
塩道浜
0.080
宇由比浜
0.080
美保湾
境港市
米子空港
米子市
弓ヶ浜（夜見浜）
一般財団法人 日本地図センター
段彩・陰影画像を利用
0
2km

勝間埼
窟 高さ 1.5 裏周り 0.020
高さ 1.5 裏周り 0.018
黒島
亀島
黒島
周り 0.082
高さ 15.0
鳥島
黒島
周り 0.280
高さ 10.0
粟島
葦浦浜
0.120
赤島
周り 0.100
高さ 1.6
加志島
周り 0.056
高さ 3.0
周り 0.120
高さ 5.0
衣島
周り 0.120
高さ 10.0
鳩島
周り 0.240
高さ 10.0
小島
0.180
玉結浜
野浪川
周り 0.048
高さ 6.0
稲積島
大島
稲上浜 0.162
須義浜 0.280
方結浜 1.080
東北 17.180
千酌駅家
湊
千酌浜 1.060
中殿遺跡（解説 45）
修理田遺跡（解説 45）
千酌宇駅家浜
隠岐渡千酌駅（巻末）
宇波折絶（意宇郡条）
正東 20.080
方結郷
東北 12.110
▲墓野山
島 根 郡
前原埼（万原説）
前原坡
浜
周り 0.280 深さ 1.5
長さ 0.100 広さ 0.006
尾崎遺跡（解説 41）
東北 26.030
▲糸江山
東北 9.180
▲大倉山
正東 10.264
手染郷 正倉
大鳥川
栗江埼
大島
促戸渡
0.216
鯉石島
夜見島（意宇郡条）
正東 20.180
戸江剗
字関谷
字古関
杜北道（巻末）
長見川
和多々島
周り 3.220 渡 0.010
美佐島
周り 0.260 高さ 4.0
夜見島
2.000 広さ 0.060
磐石
芝原遺跡（解説 27）
郡家（福原説）
畑下峠池
口池 周り 1.180
東前田遺跡
大谷口遺跡
中嶺遺跡
金クソ谷遺跡
（解説27）
周り 5.130 高さ 2.0
蜈蚣島 神社
島里
▲女岳山（荒船山説）
正南 0.230
周り 18.100 高さ 3.0
蜛蝫島 牧
正南 7.210 高さ 270.0 周り 10.000
▲布自枳美高山 ●四反田窯跡
烽
正南 0.230
▲女岳山（和久羅山説）
大井窯跡群（解説 38）
前原埼（大海崎説）
前原坡
浜
正南 10.064
朝酌郷
目無水
●キコロジ遺跡
大井浜
邑美冷水
塩楯島
南北二浜
朝酌促戸
広さ 0.080 渡船 1
（巻末）
朝酌渡
11.220
P94
コラム5 朝酌地域の景観 範囲

島根郡地図（西）
大海
入海
鶴島 周り 0.210 高さ 9.0
毛都島
周り 0.080 高さ 8.0 松島
周り 0.086 高さ 5.0 真屋島
東北 19.180
瀬埼戍（巻末）戍
附島 周り 2.018 高さ 1.0
瀬埼
蘇島
0.208 野浪浜
神社
黒島
亀島
黒島
周り 0.100 高さ 1.6
葦浦浜 0.120
赤島
加志島 周り 0.056 高さ 3.0
野浪川
窟 高さ 1.5 裏周り 0.020
高さ 1.5 裏周り 0.018
勝間埼
周り 0.082 高さ 15.0 鳥島
黒島
周り 0.120 高さ 5.0 衣島
周り 0.120 高さ 10.0 鳩島
須義浜 0.280
周り 0.048 高さ 6.0
稲積島
稲上浜 0.162
大島
東北 17.180
千酌駅家湊
千酌浜 1.060
中殿遺跡（解説 45）
修理田遺跡（解説 45）
千酌駅家浜
隠岐渡千酌駅（巻末）
宇波折絶（意宇郡条）
加賀川
東北 12.110
▲墓野山
東北 26.030
▲糸江山
東北 9.180
▲大倉山
前原埼（万原説）
前原坡 周り 0.280 深さ 1.5
浜 長さ 0.100 広さ 0.006
正東 10.264
手染郷 正倉
尾崎遺跡（解説 41）
大鳥川
正北 1.000
▲毛志山
枉北道（巻末）
和多々島 周り 3.220 渡 0.010
長見川
美佐島 周り 0.260 高さ 4.0
島 根 郡
水草川の源 正北 6.160
水草川の源 東北 3.180
蜈蚣島 神社
島里
周り 5.130 高さ 2.0
水草川
水草川
郡家（福原説）
芝原遺跡（解説 27）
畑下峠池
口池 周り 1.180
東前田遺跡
大谷口遺跡
中嶺遺跡
金クソ谷遺跡
（解説 27）
郡家（納佐説）
闇見国（意宇郡条）
▲女岳山（荒船山説）
正南 0.230
周り 18.100 高さ 3.0
蜛蝫島 牧
布自枳美烽（巻末）
正南 7.210
正南 4.298
山口郷
枉北道（巻末）
正南 7.210 高さ 270.0 周り 10.000
▲布自枳美高山 烽
四反田窯跡
正南 0.230
▲女岳山（和久羅山説）
邑美冷水
P94 コラム 5 朝酌地域の景観 範囲
大井窯跡群（解説 38）
目無水
正南 10.064
朝酌郷
前原埼（大海崎説）
前原坡 周り 0.280 深さ 1.5
浜 長さ 0.100 広さ 0.006
一般財団法人 日本地図センター
段彩・陰影画像を利用
0 2km

大海
①御島
周り 0.280 高さ 10.0
②葛島
周り 1.110 高さ 5.0
③櫛島
周り 0.240 高さ 10.0
④許意島
周り 0.080 高さ 10.0
⑤真島
周り 0.180 高さ 10.0
⑥名島
周り 0.180 高さ 9.0
小黒島
加賀神埼
窟
高さ 10.0 許 周り 0.502 許
比羅島
黒島
赤島
1.100
川来門大浜
北西 24.160
加賀郷
加賀川
須須比埼
大埼浜 1.180
窟 高さ 1.0
裏周り 0.0030
手結埼
0.120
虫津浜
三島
0.208
御津浜
手
0.042
結浦
久宇島
周り 0.130
高さ 7.0
西北 24.160
小倉山▲
恵曇郷
深田池
佐久羅池
恵曇陂
恵曇浜
杜石池
多久の折絶（意宇郡条）
渡村
余戸里
多久川
島根郡
奥才古墳群（解説58）
狭田の国（意宇郡条）
●奥才古墳群
（古代道路）
▲神名火山
佐太橋（巻末）
長さ 3.0 太さ 1.0
秋鹿郡
神戸里
正北 16.209
生馬郷
周り 1.030
半田池
張田池
敷田池
周り 1.000
西南 3.100
△毛野
枉北道（巻末）
15.080
佐太橋（秋鹿郡堺）
佐太川
周り 1.000
美能夜池
蚊が池
正西 14.230
法吉郷
郡家
周り 1.110 匏池
●
石田遺跡
（解説58）
柄杓池
周り 5.000 深さ 0.7
法吉陂
佐太水海
水門

島根郡の解説

島根郡
しまねぐん

『風土記』記載の概要

島根郡は『風土記』では八郷二四里・余戸一・駅家一からなり、同じく八郷から構成される出雲・神門・大原郡と同様に律令規定の郡の等級では中郡にあたる。人口は一里を約四〇〇人として、一〇四〇〇人程度である。

郡の領域は島根半島の東端を含み、特に東側の四郷、手染・美保・加賀・方結地域は平野の少ない地勢で、研究上も非農業的な性格を持つとされてきた（関和彦）。楯縫郡以西にも浜・浦・島など当郡同様の海岸地形記載があるが、郷の所在地は入海側にあるよう記載されており、海浜部直近に郷が所在するのは当郡の特色といえよう。

つづいて、郡の西側は現在の現朝酌川流域の平野部と、現佐陀川流域右岸を含んでいる。このうち朝酌川流域は、出雲国造出雲臣の本拠地で国府のある意宇郡の北に位置して、奈良時代前半の須恵器生産の中心地で、市もある生産流通の拠点の一つであった。また、歌垣の場所でもあり人々の交流の場が展開していた（↓解説38・39、コラム5）。次に佐陀川流域は隣郡秋鹿郡との郡界が不明瞭で、秋鹿郡側の恵曇郷・神戸里推定地域には、これらの地域が当郡と一体であったことを暗示する伝承が多く残されている（↓解説52・53・58、コラム7）、両郡が当初一郡（一評）で、『風土記』までに分割されたとする見解がある（荒井秀規）。

郡の範囲

島根郡の範囲は、松江市の大橋川以北、佐太川より東で、鹿島町の恵曇・武代・佐陀本郷を除いた地域に当たる。鹿島町名分は、不在神祇官社の一夜社・加都麻社が所在するので島根郡域とみられる（ただし、島根郡の不在神祇官社の記述には問題がある↓解説33）。一方、秋鹿郡の大井社の現社地は名分だが、これは移転したとされる（関和彦二〇〇六）。秋鹿郡との境界は、江戸時代に宍道湖と日本海を連絡する現在の佐陀川が開削され、『風土記』と現状は地形が大きく異なる。なお水域の広がりについては、島根県河川課作成の昭和四七年七月洪水の浸水実績などを参考に作成した。

郡への交通路

意宇郡堺の朝酌渡から隠岐国に向かう道路が郡家を経由して千酌駅に至っている。この千酌駅家は港湾的機能も有している（↓解説45）。さらに途中で入海の北側を通る道路（枉北道）が分岐している。この分岐点と郡家の関係については、郡家が分岐点にあると理解されることが多い。しかし、巻末記載の枉北道の記載では島根郡家で道が二つに分かれる、郡家と別に街（分岐点）がある、のいずれとも明記されておらず、分岐点でない可能性もある。これらの道路について、朝酌渡―現在の福原町までは中村太一・谷重豊季の説に、福原町から千酌駅家までの間は概略服部旦の説に、秋鹿郡家への通道は内田律雄の説によった。

このほか、現境水道に面して戸江剗、栗江埼には渡があり、現在の国道四三一号線に当たる道路もあったと推定される。鹿島町名分の奥才古墳群では道路の切通遺構が発掘され、原の前遺跡では平安時代の橋脚が出土（↓解説59）する。朝酌川遺跡群では船着き場の遺構もあり、タテチョウ遺跡では「駅」墨書土器が出土する（↓解説124）。河口部が「潮」と記載される佐太水海に近い石田遺跡では「宿泊」「泊」の墨書土器が出土（↓解説58）、いずれも内水面を利用した交通に関わるものと推測される。

有力な氏族

郡の大領は社部臣氏で秋鹿郡にも祖先が登場し、島根半島の有力豪族だったと考えられる（↓解説60）。少領の神掃石君も大和国の三輪氏との関係がある有力氏族である（↓解説48）。三輪（神）氏は須恵器の生産とも深い関係があるとの指摘があるが（菱田哲郎）、当郡が奈良時代前半の出雲国における須恵器生産の一大拠点だった点は興味深い。

『風土記』以外の歴史

島根郡の初見は、藤原宮出土の荷札木簡にみえる「島根郡副良里」である。副良里は現在の美保関町福浦に当たるが、『風土記』には同じ郷名はない（↓解説112）。『和名抄』では、新たに多久（郷）がみえ、『風土記』の余戸が多久郷になったと理解される。このため、『風土記』では方位里程記載のない余戸里を多久川周辺に比定している。

郡内の遺跡

島根郡家所在地については、福原町とする説、持田町納佐とする説があり郡家の東北と西北にあったとされる水草川の水源の比定などと関連して議論がある。福原町では居宅や官衙の様相を持つ芝原遺跡が調査され、周辺にも官衙関連遺跡があるが（↓解説27）、郡家所在地の断定には至っていない。

『風土記』には新造院の記載はないが、松江市坂本町に坊床廃寺・福原町往生院廃寺が、東生馬町には平ノ前廃寺と瓦窯跡が存在する。前者は平安期の山岳寺院、後者も九世紀以降の寺院とされる。

生産遺跡では、「陶器を造る」とされる大井浜で大規模な須恵器窯跡群が確認されており、まさに『風土記』の記載を証明したものである（↓解説38）。集落遺跡の発掘調査は多数の事例がある。丘陵の縁辺の傾斜地に平場を造成、建物を建てており、これは意宇郡の集落遺跡とも共通する様相を示す。

記載の特徴

島根郡の記載を特徴付けるのはまず、詳細を究める海岸地形の記載で、この海岸地形の記述によって、当郡の記載は『風土記』記載中最長である。海浜部記載の詳細さは、現実の地形によるともいえるが、海浜部に郷があることとも相まって、漁業上の権益などと関連していると推察される（↓解説47）。また、朝酌郷周辺の記載について（朝酌促戸・邑美冷水・前原埼）、特に詳細な記載が集中すること、蜛蝫・蜈蚣島（有人島）のみ、島名の由来が記されている。神話・伝承では、加賀神埼の金の矢が洞窟を貫いたとき佐太大神が誕生したとする説話が著名である（↓解説46）。

[参] 荒井秀規二〇〇九・内田律雄二〇〇四
鹿島町教育委員会二〇〇二
関和彦一九八四a・二〇〇六
谷重豊季一九九三・中村太一一九九二
服部旦一九八五・菱田哲郎二〇〇五

本文・現代語訳

[一] 島根郡の総記

島根郡

合わせて郷八（里二十四）、余戸一、駅家一。

朝酌郷　今も前のままの字を用いる。
山口郷　今も前のままの字を用いる。
手染郷　今も前のままの字を用いる。
美保郷　今も前のままの字を用いる。
方結郷　今も前のままの字を用いる。
加賀郷　もとの字は加加。
生馬郷　今も前のままの字を用いる。
法吉郷　今も前のままの字を用いる。
〔以上の八郷は、郷ごとに里三ずつ。〕

余戸里
千酌駅家

島根と名づけるわけは、国引きをなさった八束水臣津野命がおっしゃられて、名を負わせなさった。だから、島根という。

島根郡家の所在地…松江市下東川津町・東持田町とする説、福原町とする説の二説が有力で福原町では関連する遺跡も発掘されているが（芝原遺跡）確定していない（↓解説27）。

本文・現代語訳

[二] 島根郡の郷

※朝酌郷。郡家の正南一十里六十四歩の所にある。

解説 27

島根郡家と芝原遺跡

島根郡家の所在は、天和三年（一六八三）に岸崎時照による「本庄新庄両村之中間」説以来議論されてきた。

現在有力とされるのは、郡家は枉北道の分岐点にあるとする松江市下東川津町・東持田町と福原町に比定する説である。福原町説は一九二六年に野津左馬之助によって提唱され、服部旦が補強した。服部は『風土記』記載の経路を自ら踏査・測量し検討したものである。

一方、一九八四年度に福原町で調査された芝原遺跡では、二五棟の掘立柱建物をはじめ、柵列や溝、井戸・湧水祭祀が見つかった。また「出雲家」「校尉」といった墨書土器も出土する。「出雲家」は、島根郡司に出雲臣が見られ、これに関係するものと思われる。「校尉」は軍団の官職名である。『風土記』では島根郡に軍団はないが、蜛蝫島（大根島）では当時軍需物資と考えられていた馬を飼育する牧が置かれており、島根郡に軍団関係者が常駐していた可能性が高い。

芝原遺跡では典型的な郡家遺跡の中心施設である郡庁（↓解説85）や正倉（↓解説10・70）は確認されず、豪族居宅とする説もある。しかし周辺には、須恵器多口瓶・墨書土器などの出土する東前田遺跡、木簡状木製品の出土する大谷口遺跡、石を集積した祭祀のある中嶺遺跡、須恵器蔵骨器の出土した金クソ谷遺跡など、官衙の縁辺的要素のある遺跡が広がっており、総体として郡家遺跡の存在が推定される。芝原遺跡は島根郡家の中でも館や厨、あるいはその周辺に併存した郡司居宅なども考えられるだろう。

〔参〕島根県教育委員会二〇〇七
松江市教育委員会一九八九

▲芝原遺跡総柱建物群跡（提供　松江市教委）

※熊野大神命がおっしゃられて、※朝御饌勘養、夕御饌勘養のために、五つの※贄を奉仕する集団の居所をお定めになった。だから、朝酌という。

※山口郷。郡家の正南四里二百九十八歩の所にある。須佐能袁命の御子、※都留支日子命がおっしゃられたことには、「わたしが治める山口のところである。」とおっしゃられて、だから、山口という名を負わせなさった。

※手染郷。郡家の正東一十里二百六十四歩の所にある。所造天下大神命がおっしゃられたことには、「この国は丁寧に造った国である。【原文…丁寧に造れる】」とおっしゃられて、だから、丁寧という名を負わせなさった。しかるに今の人がただ手染郷と言っているだけである。この郷には正倉がある。

※美保郷。郡家の正東二十七里一百六十四歩の所にある。所造天下大神命が、高志国にいらっしゃる※神意支都久辰為命の子、俾都久辰為命の子、奴奈宜波比売命と結婚してお産みなさった神、※御穂須須美命、この神が鎮座していらっしゃる。だから、美保という。

※方結郷。郡家の正東二十里八十歩の所にある。須佐能袁命の御子、※国忍別命がおっしゃられたことには、「わたしが治める地は、地形がよい【原文…国形宜し】。」とおっしゃった。だから、方結という。

※加賀郷。郡家の北西二十四里一百六十歩の所に

解説 28

熊野大神と朝酌郷

朝酌郷の地名の由来は、この地に生活していた人々が朝夕に熊野大神のために食物を奉ったことにあるという。朝酌郷には、豊富な漁場があり、四方から人々が集まって市が開かれた。さらに隠岐国へ向かう船の出港地である千酌浜へ向かう道路も走っていた。言わば交通の要衝であり、交流の場所であり、物資の集まる場所でもあった（→コラム5）。こういった場所に住む人々が熊野大神に食物を奉ることは何を意味していたのであろうか。

注意すべきは、熊野大神が出雲国造出雲臣（→コラム2）の祭る神であったということである。出雲国造は、その地位に就いた時や天皇の即位や遷都の折に自らが上京し、天皇の面前で出雲国造神賀詞を奏上する。その中で、熊野大神とオオナモチの二神を始めとする出雲国内の一八六の神社に鎮座している神々を一年間にわたって潔斎してお祭りし、忌み鎮め仕え奉った「返り事」（＝復命）として神賀詞を奏上する旨を述べる。この神賀詞において、熊野大神は、杵築大社の祭神で国作りの神として位置づけられているオオナモチ（＝オオクニヌシ）よりも先に登場するのである。

このように見ていけば、朝酌郷は出雲国造が祭る神と関わりを持っていたことがわかる。出雲国造は、熊野大神を祭ることを通して漁場や交通の要衝である河川を掌握していたのである。

『風土記』によれば、熊野大神の社は意宇郡の熊野山（現天狗山）にあった（→解説18）。山頂近くには磐座があり、ここから中海の方へ眼を向けると、宍道湖と中海とを結ぶ大橋川。そして松江市朝酌町が視界に入ってくる。

［参］森田喜久男二〇〇〇a・b

▲天狗山

ある。佐太大神のお生まれになった所である。御母である神魂命の御子、※支佐加比売命が「※暗い岩穴である。」とおっしゃって、金の弓をもって射られた時に、光かがやいた【原文…光加明けり】。だから、加加という。〔神亀三年に字を加賀と改めた。〕

※生馬郷。郡家の西北一十六里二百九歩の所にある。神魂命の御子、※八尋鉾長依日子命がおっしゃられたことには、「わたしの御子神は、心やすらかで憤らない【原文…憤まず】。」とおっしゃった。だから、生馬という。

※法吉郷。郡家の正西一十四里二百三十歩の所にある。神魂命の御子、※宇武賀比売命が※法吉鳥になって飛んで来て、ここに鎮座なさった。だから、法吉という。

※余戸里。〔名の説明は意宇郡に同じ。〕

※千酌駅。郡家の東北一十七里一百八十歩の所にある。※伊差奈枳命の御子、※都久豆美命がここに鎮座していらっしゃる。それなので都久豆美というべきであるが、今の人はただ千酌と呼んでいるだけである。

［注釈］

※朝酌郷…今の松江市朝酌町・福富町・大井町・大海崎町の地域。

※熊野大神命…熊野大神は、イザナキの子で熊野加武呂ともいい（意宇郡の郷記載の出雲神戸条）、天神に位置づけられる。熊野大神が祀られている熊野大社については解説18参照。出雲国において「大社」の名称を冠しているのは杵築大社と熊野大社のみで、国神の大穴持と天神の熊野大神は出雲の最高神と考えられる。

※朝御饌勘養、夕御饌勘養…御饌とは神饌、すなわちお供え物のこと。勘養

解説 29 御穂須々美命と美保郷

鎮座する神の名で地名由来を説く類型の、代表的な事例である。この「ミホススミ」の神名は、稲穂の豊かなみのりが進むことに通じる。他の文献史料にはみえない神で、豊穣を守護する地域神という神格がうかがえよう。『風土記』にはこの郷名「ミホ」と同じ名を冠する美保社が記されており、現在の美保神社につながる社とみられている。前述の郷名由来に従えば、美保郷域の地域神として郷内に広く、御穂須々美命が祀られていたことが想定されよう。

『風土記』は御穂須々美命の父を所造天下大神、また母は越（北陸）の河川神である奴奈宜波比売命とする。『古事記』にみえる大国主命の妻問いの物語と重なることがわかる。意宇郡母理郷・拝志郷にも大神が越に出向いた伝承があるが、『風土記』でヌナカワヒメの御子は、この御穂須々美命だけだ。この神は越で生まれた神、と認識されていたかもしれない。日本海に張り出した美保関は古代より海を介した広域交通の中継地であり、出雲と北陸を結ぶ文物の交流が美保郷を経由して実際におこなわれていたことが想定されよう。御穂須々美命の系譜は、そうした美保郷の地域性、地理的実情を反映したものである。さらにこうした歴史的基盤が中世以降、水運上の要地である美保関の発展、そして海上交通の守護神としての美保神社の信仰の展開につながっていく。

なお『日本書紀』の巻二第九段の一書第二には同様に「ミホ」を名とする三穂津姫が登場する。この神は高皇産霊尊の娘で、国譲りの際に大物主神の信服を証すためにその妻となる。美保神社の主祭神は事代主命とこの三穂津姫で、いずれも大国主命、国譲り神話とゆかり深い神である。

▲御穂須々美命を祀る地主社（手前左）と美保関の街並み

は穂の付いた稲のこと。朝と夕で対句的表現をとったのは、祝詞でも使われる荘重な表現。
※贄…神に供える食料のこと。
※山口郷…松江市上東川津町・下東川津町・西川津町・西尾町・東持田町と西持田町の東南部の一帯の地域。
※都留支日子命…他の史料には見えない神。剣彦、すなわち刀剣の神であろう。島根郡の布自伎弥社の祭神として祀られている。
※手染郷…松江市上宇部尾町から美保関町下宇部尾までの海沿いの地域。
※美保郷…松江市美保関町東部。
※神意支都久辰為命の子、俾都久辰為命の子、奴奈宜波比売命…意支都久辰為の子である俾都久辰為、その子である奴奈宜波比売という意味。意支都久辰為は沖つ奇居、すなわち沖の海上に神秘な御魂をとどめている神、俾都久辰為は辺つ奇居、すなわち海辺に神秘な御魂をとどめている神。いずれも海上神で御魂を守る神。奴奈宜波比売は『古事記』にも沼河比売として登場する女神。『古事記』においても大国主の求婚の相手、妻として記述されている。
※御穂須須美命…ここにしか見えない神。豊穣の神とみられる。解説29参照。
※方結郷…松江市美保関町七類から北浦までの北岸付近の地域。
※国忍別命…『古事記』に国忍富とも見えるが、同一神かは不明。島根郡の方結社の祭神として祀られている。
※加賀郷…松江市島根町加賀から鹿島町手結までの日本海に面した各地を含む地域。
※支佐加比売命…『古事記』に蚶貝比売と見え、赤貝の女神とみられる。『古事記』によれば、大穴牟遅が八十神に迫害され、焼石により殺された時、蚶貝比売と蛤貝比売が遣わされ、大穴牟遅を治療し、蘇らせた。
※暗い岩穴…加賀神埼の岩窟。今の加賀潜戸のこと。
※生馬郷…今の松江市東生馬町・西生馬町・薦津町・比津町・浜佐田町・法吉町西部を含む地域。
※八尋鉾長依日子命…ここにしか見えない神。鉾の神とみられる。
※法吉郷…松江市春日町・法吉町を中心とした地域。
※宇武賀比売命…『古事記』に蛤貝比売と見え、蛤の女神とみられる。『古事記』での記述は加賀郷の支佐加比売命を参照。
※法吉鳥…ウグイスのこと。鳴き声に由来する。
※余戸里…松江市鹿島町上講武・南講武・北講武を中心とした地域。
※千酌駅…松江市美保関町千酌、笠浦、島根町瀬崎、野井の浦を駅戸の領域としたとみられる。なお、千酌駅は船と馬がいたことが確認可能で（厩牧令）、港と陸駅を兼ねていたとみられる。
※伊差奈枳命…イザナミと共に国生みをおこなった。イザナキとイザナミの御子にアマテラス、ツクヨミ、スサノオがいる。
※都久豆美命…ここにしか見えない神。しかし、都久は月、豆は助詞、美は見るの意であるから、月つ見となり、『古事記』に見えるイザナキの御子の月読（月夜見）と同格神と考えられる。潮の干満に関係が深いこの神を仰いだか。

解説 30

加賀郷の記載

『出雲国風土記』は唯一の完本である」と紹介されることが多い。しかし厳密に言えば脱落部分が存在する。その一つが加賀郷の記載である（↓解説33・36）。

具体的には、脱落本系（↓コラム4）において、加賀郷の名称の後に生馬郷の郷名伝承が続き（写真右）、加賀郷の郷名伝承と生馬郷の名称が脱落していることである。おそらく「加賀郷」と書写した後に誤って生馬郷の郷名伝承を書写してしまったということであろう。

一方で補訂本系（↓コラム4）では、加賀郷の郷名伝承については記されているものの、その後に続くはずの生馬郷の本文が加賀郷の本文の前に記されてしまっている（写真左）。島根郡の総記に加賀郷、生馬郷の順序で記されていることからも本来の順序は加賀郷、生馬郷であったことは明らかであろう。この順序の入れ替えおよび加賀郷の郷名伝承の記載については、近世すでに伝わっておらず、新たに補訂されたことが指摘されている。その理由として、補訂本系では、補訂した部分は伝わっている部分の後に記すというルールのようなものが見て取れるのである。そのため新たに補訂された加賀郷の本文がオリジナルの生馬郷の本文の後に記されるという現象が起きているのである。

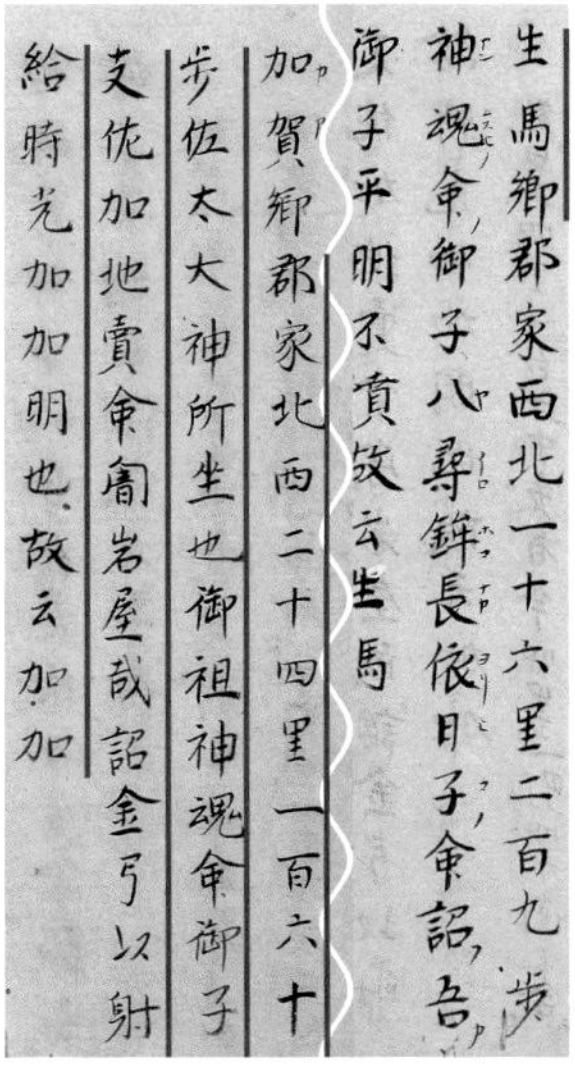

なお、本書は加藤義成の校訂に従い、加賀郷（郷名伝承含む）、生馬郷の順序で注釈をおこなった。

[参] 平野卓治一九九七

加賀郷郡家西北一十六里二百九歩神魂命御
子八尋鉾長依日子命詔吾御子平明不憤詔故
云生馬

生馬郷郡家西北一十六里二百九歩
神魂命御子八尋鉾長依日子命詔吾
御子平明不貴故云生馬
加賀郷郡家北西二十四里一百六十
歩佐太大神所生也御祖神魂命御子
支佐加地賣命闇岩屋哉詔金弓以射
給時光加加明也故云加加

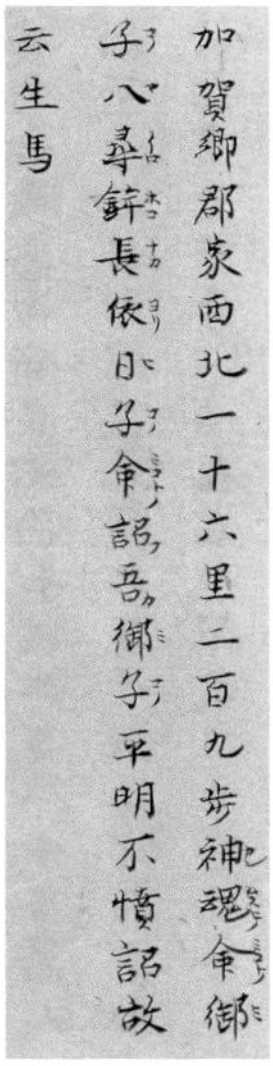

◀右…脱落本系（古代文化センター本　所蔵　古代文化センター）
左…補訂本系（『出雲風土記抄』　所蔵　出雲歴博）
—…補訂された部分

本文・現代語訳

［三］島根郡の神社

※布自伎弥社　※多気社　※久良弥社　※同波夜都武志社　※川上社　※長見社　※門江社　※横田社　※加賀社　※爾佐社　※爾佐加志能為社　※法吉社　※生馬社　※美保社
〔以上一十四所はいずれも神祇官社である。〕

※大井社　※阿羅波比社　※三保社　※多久社　※蜛蝫社　※同蜛蝫社　※質留比社　※方結社　※玉結社　※川原社　※虫野社　※持田社　※加佐奈子社　※比加夜社　※須義社　※伊奈頭美社　※伊奈阿気社　※御津社　※比津社　※玖夜社　※同玖夜社　※田原社　※生馬社　※布奈保社　※加茂志社　※一夜社　※小井社　※加都麻社　※須衛都久社　※大埼社　※大埼川辺社　※朝酌社　※朝酌下社　※努那彌社　※椋見社
〔以上四十五所はいずれも不在神祇官社。〕

［注釈］

※布自伎弥社…布自伎美神社（松江市上東川津町）。
※多気社…多氣神社（松江市上宇部尾町）、嵩社（同市上東川津町　布自伎美神社境内）。
※久良弥社（在1不1）・同波夜都武志社…久良彌神社（松江市新庄町）。
※川上社…川上神社（松江市上本庄町）。
※長見社…長見神社（松江市長海町）。
※門江社…布自伎美神社（松江市上東川津町）に合祀。
※横田社…横田神社（松江市美保関町森山）、横田神社（同町下宇部尾）。
※加賀社…加賀神社（松江市島根町加賀）。
※爾佐社…爾佐神社（松江市美保関町千酌）。
※爾佐加志能為社…尒佐加志能爲神社（松江市島根町野井）。

解説 31

法吉郷と宇武賀比売命

法吉郷の「ほほき」とは、法吉鳥（ウグイス）の鳴き声である「ホホケキョ、ホッキョ」に由来する。この地名伝承は、神魂命の御子神である宇武賀比売命（『古事記』に登場する大国主命を蘇生させた蛤貝比売）が法吉鳥となって空を飛び、この郷に落ち着いたことに由来する。

この法吉郷は、現在の松江市法吉町に相当する場所で、『出雲風土記抄』（天和三年〔一六八三〕成立）にも「宇武賀比売命飛び度りて坐す所は、法吉村の中、宇久比須谷是なり」と考えられている。松江市法吉町の鶯谷に向けて伸びる谷平野の奥には、かつて、伝宇牟加比売命御陵古墳と伝えられてきた古墳が存在し、うぐいす台団地の開発に伴い、発掘調査がなされた。現在は、うぐいす台の住宅地に実物大模型として復元されている。一辺約一六メートル、高さ二メートルの方墳で、南側墳裾に幅五メートル、奥行き二メートル、高さ〇・三メートルの造出しが付いた古墳時代後期前半の古墳である。

ところで、古墳の古名として陵という表現が『古事記』『日本書紀』に見られるが、「みささぎ」の「ささぎ」とは小鳥を意味する言葉である記紀には仁徳天皇が大雀命と記されるなど、天皇の陵は、やがて森のような小山になり、小鳥などが住処とするなどの連想から、その親和性が指摘されている。『風土記』に記載される宇武賀比売命と法吉鳥の伝承も、古墳と小鳥の親和性を物語る好例といえる。

▲現在の伝宇牟加比売命御陵古墳

※法吉社…法吉神社（松江市法吉町）。
※生馬社(在1不1)…生馬神社(松江市東生馬町)、生馬神社(同市西生馬町)。
※美保社…美保神社（松江市美保関町美保関）。
※大井社…大井神社（松江市大井町）。
※阿羅波比社…阿羅波比神社（松江市外中原町）。
※三保社…三保神社（松江市美保関町福浦）。
※多久社…多久神社（松江市鹿島町南講武）。
※蜛蝫社（不2）…蜛蝫神社（松江市八束町江島）、三所神社（同町入江）。
※質留比社…質留比神社（松江市美保関町七類）。
※方結社…方結神社（松江市美保関町片江）。
※玉結社…玉結神社（松江市美保関町片江）。
※川原社…川原神社（松江市川原町）。
※虫野社…虫野神社（松江市福原町）。
※持田社…持田神社（松江市西持田町）。
※加佐奈子社…加佐奈子神社（松江市東持田町）。
※比加夜社…比加夜神社（松江市坂本町）。
※須義社…須義神社（松江市美保関町菅浦）。
※伊奈頭美社…伊奈頭美神社（松江市美保関町北浦）。
※伊奈阿気社…伊奈阿気神社（松江市美保関町北浦）。
※御津社…御津神社（松江市鹿島町御津）。
※比津社…比津神社（松江市比津町）。
※玖夜社（不2）…玖夜神社（松江市国屋町）。
※田原社…田原神社（松江市奥谷町）。
※布奈保社…布奈保神社（松江市浜佐田町）。
※加茂志社…加茂志神社（松江市上佐陀町）。
※一夜社…多久神社（松江市鹿島町南講武）に合祀。
※小井社・加都麻社…大井神社（松江市鹿島町名分）に合祀。
※須衛都久社…須衛都久神社（松江市西茶町）。
※大埼社…大埼神社（松江市島根町大芦）。
※大埼川辺社…大埼川邊神社（松江市島根町大芦）。
※朝酌社・朝酌下社…多賀神社（松江市朝酌町）。
※努那彌社…奴奈弥神社（松江市島根町大字野波）。

解説 32

編戸と余戸

律令制下において、戸とは地方行政組織の最小で基本となる単位であり、おおよそ家族を単位とした。戸は戸主と呼ばれる家長を中心として編成される。基本的には戸主に加え、戸口と呼ばれる戸主の親族で構成される。その他寄口や奴婢とされる戸主との血縁関係が希薄なもの、または血縁関係が見えない者がある場合もあった。この戸をもとに税が収取されることになる。

編戸は人々をこの戸に編成することを指す。それをもとに戸籍が作成されることとなるため、戸籍の作成と一体の作業となる。これらの責任者は国司であるが現地の実情に通じた郡司が主導していたと考えられる。

現存している八世紀の戸籍は複数あり、これまで調査・研究がなされてきた。ただし実際の編戸がどのようなルールに基づいていたかは定説を得ていない。

編戸で戸が確定すると、五〇戸で一つの集団を作り、それが郷となる。しかし、郷を作る中で、郡内の戸は五〇で割り切れず、余剰が発生する場合がほとんどである。また『風土記』の書かれた時代には郷を二～三の里に分割していた（郷里制という）。もし、余剰が九戸までは別の里に編入し、一〇戸を超えた場合は新たに一里を建てることが認められ、新たに建てられたものを余戸里といった。出雲の余戸里は神亀四年（七二七）郷里制下最初の戸籍作成・編戸で発生したと記されているが、余戸だけでなく神戸や駅家も、このとき郷が解体され成立したとの説がある。

［参］杉本一樹二〇〇一
関和彦一九八四a

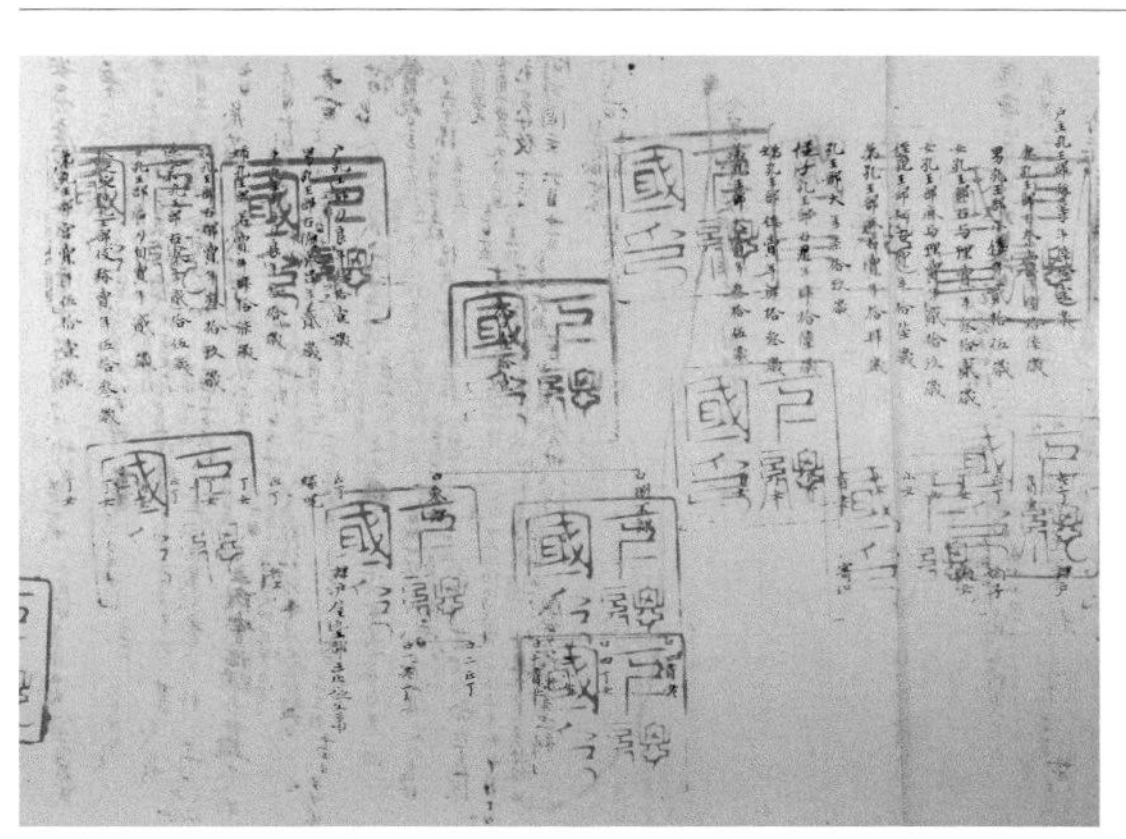

▲下総国葛飾郡大嶋郷戸籍（所蔵　宮内庁正倉院事務所）

本文・現代語訳

[四]島根郡の山野

※布自枳美高山。郡家の正南七里二百一十歩の所にある。高さ二百七十丈、周り一十里である。〔※烽がある。〕
※女岳山。郡家の正南二百三十歩の所にある。
※蝨野。郡家の西南三里一百歩の所にある。〔樹木がない。〕
※毛志山。郡家の正北一里の所にある。
※大倉山。郡家の東北九里一百八十歩の所にある。
※糸江山。郡家の東北二十六里三十歩の所にある。
※小倉山。郡家の西北二十四里一百六十歩の所にある。
およそ、すべての山野にある草木は、白朮・麦門冬・藍漆・五味子・苦参・独活・葛根・署預・卑解・狼毒・杜仲・芍薬・茈胡・百部根・石斛・高本・藤・李・赤桐・白桐・海柘榴・楠・楊梅・松・栢。鳥獣は、鷲〔字を鵰とも書く。〕・隼・山鶏・鳩・鶉・猪・鹿・猿・飛鼯がいる。

［注釈］

※布自枳美高山…松江市東部の嵩山（標高331メートル）。
※烽…出雲国の烽に見える布自枳美烽を指す。
※女岳山…松江市東部の和久羅山（標高244メートル）、荒船山。
※蝨野…毛志山の南麓を毛志原といったものが転訛したものか。郡家からの里程を考えると松江市西持田町和田上、和田下、和田中付近の岡で、草山であったか。
※毛志山…松江市坂本町の澄水山（標高507メートル）。
※大倉山…松江市枕木町の枕木山（標高453メートル）。

解説 33

島根郡の神社記載の脱落

『出雲国風土記』は完本ではなく、脱落している部分があることはすでに述べた（→解説30）。脱落の最も顕著な例は、島根郡の神社に関する記載で、ほとんどが脱落している。

『風土記』出雲国の総記において、神社の総数が記されている。総数は三九九社で、内訳は神祇官社が一八四社、不在神祇官社が二一五社となる。そこから島根郡以外の郡の神社を引くと、神祇官社が一四社、不在神祇官社が四五社、計五九社となり、これらが脱落部分に該当する。

脱落本系では不在神祇官社の大埼社など五社がみられるものの、それ以外の神社については脱落している。

一方補訂本系ではこの神社の部分は補われている。神祇官社については他の郡の神社の記載順と異なり、『延喜式』の記載順と似ていることから、神祇官社は『延喜式』によって補訂されていると考えられる。不在神祇官社については、脱落本系に見える五社に加え三〇社が補訂されている。四五社ではなく、合わせて三五社となる。先述の通り計算では四五社のはずであり、古い形態を保つ細川家本でも不在神祇官社の総数は四五社とされている。一方、日御碕神社本では不在神祇官社が五社記された後、その総数は三五社とされていることから、補訂をおこなった人物は日御碕神社本のような、不在神祇官社が五社記されており、かつその総数を三五社とするものを所持していたと考えられる。その三五社にあわせて三〇社が補訂されたと考えることも可能である。つまり補訂本は近世以降に補訂された可能性を考えることができる。

なお、加藤義成の校訂では『出雲風土記抄』によって補訂しており、本書ではそれにならって注釈をおこなった。

［参］平野卓治一九九六a

阿羅波比社　三保社　多久社
蜛蝫社　同蜛蝫社　質簡比社
方結社　玉結社　川原社
虫野社　持田社　加佐奈子社
比加夜社　須義社　伊奈須美社
伊奈阿気社　御津社　比津社
玖夜社　同玖夜社　田原社
生馬社　布夜保社　加茂志社
一夜社　小井社　加都麻社
須衛都久社　以上卅五所並不在神祇官

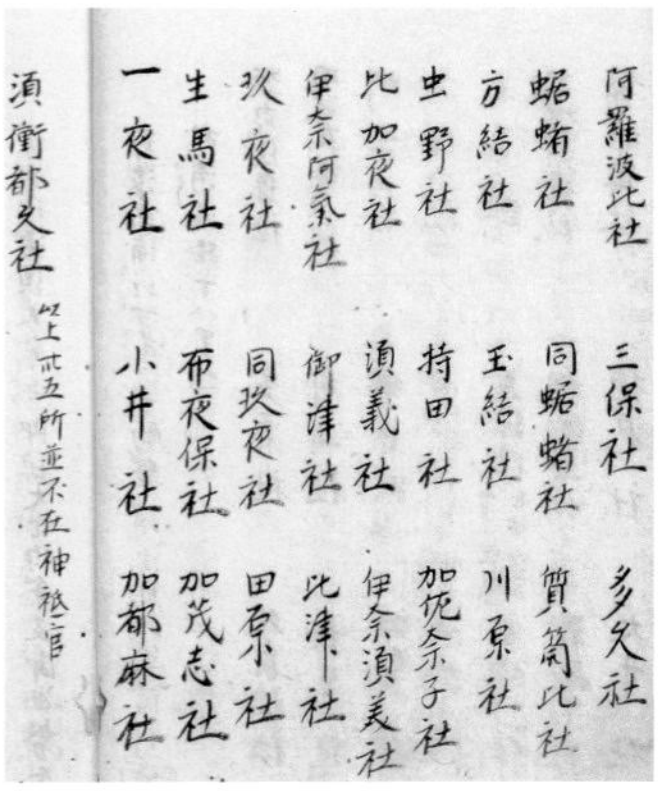

▲『出雲風土記抄』島根郡の神社の部分（所蔵　出雲歴博）

※糸江山…松江市島根町の三坂山（標高536メートル）。
※小倉山…松江市島根町の大平山（標高503メートル）。

本文・現代語訳

[五] 島根郡の河川・池

※水草河。源は二つある。〔一つの流れの源は、郡家の東北三里一百八十歩の毛志山から出て、一つの流れの源は、郡家の西北六里一百六十歩の同じ毛志山から出る。〕二つが合流し、南に流れて入海に入る。〔鮒がいる。〕

※長見川。源は郡家の東北九里一百八十歩の大倉山から出て、東に流れる。

※大鳥川。源は郡家の東北一十二里一百一十歩の※墓野山から出て、南に流れ、以上の二つが合流し東に流れて入海に入る。

※野浪川。源は郡家の東北二十六里三十歩の糸江山から出て、西に流れて大海に入る。

※加賀川。源は郡家の正北二十四里一百六十歩の小倉山から出て、北に流れて大海に入る。

※多久川。源は郡家の西北二十四里の小倉山から出て、西に流れて秋鹿郡の※佐太水海に入る。〔以上の六つの川はいずれも魚がいない。〕

※法吉陂。周りは五里、深さは七尺ほどある。鴛鴦・鳧・鴨・鯉・鮒・須我毛がいる。〔夏になると非常にうまい菜がある。〕

※前原坡。周りは二百八十歩ある。鴛鴦・鳧・鴨などの類がいる。

※張田池。周りは一里三十歩ある。

解説 34

佐太大神の信仰圏

佐太大神が生まれた加賀神埼（↓解説46）は島根郡に属すが、祀られている佐太御子社はとなりの秋鹿郡に鎮座している（↓解説53）。このようにひとつの神の活動伝承が複数の郡にまたがるのはなぜであろうか。結論からいえば、それは本来広く及んでいた佐太大神の信仰圏を、ある時期に別々の郡に分割した結果、と考えるのが適当だ。

『風土記』に登場する神々の中で「大神」と尊称されるのはわずか四柱で、所造天下大神、熊野大神、野城大神と、この佐太大神だけである。非常に高い地位の神とされたことがわかる。島根郡、秋鹿郡には多くの地域的な神が認められるが（恵曇郷の磐坂日子命↓解説50）、佐太大神はそれらを包括して上位に立つ広域の神といえる。

その信仰圏は、律令制下の地域区分が完成する以前の、人的集団、首長の支配エリアに対応するものだ。そのエリアのことを、国引き神話（↓コラム1）では「狭田国」と呼んでいる。狭田国は島根半島中央部の一帯を占め、具体的には佐太神社が鎮座する松江市鹿島町から島根町にかけての日本海側と、佐陀川流域を介してつながる松江市浜佐田町、古曽志町あたりまでを含む。この地域は出雲の中でも弥生文化を早くに受容し、青銅器埋納や権力の存在を示す首長墳が築かれた有力なエリアだ。墓制の共通性からも、早くからこの地域の一体性を見いだすことができよう（↓解説58）。この領域を掌握したのは、後に島根郡の郡司大領の社部臣となる有力氏族であり（↓解説60）、彼らが奉斎し統属する人々によって信仰された神が佐太大神であったのだ。このように、『風土記』からは律令制以前の地域社会のあり方までも、読み取ることができる。

◀佐太大神の信仰圏と狭田国の領域

三 島根郡

※匏池。周りは一里一百一十歩ある。〔蒋が生えている。〕
※美能夜池。周りは一里ある。
※口池。周りは一里一百八十歩ある。〔蒋・鴛鴦がいる。〕
※敷田池。周りは一里ある。〔鴛鴦がいる。〕

［注釈］

※水草河…松江市の川津川。朝酌川の上流での名称。
※長見川…松江市の長海川。かつては大鳥川と合流し入海に流れていた。
※大鳥川…加藤義成は独立した小川で、近世までは長見川に合流していたとする。
※墓野山…松江市美保関町にある忠山（標高290メートル）。
※野浪川…松江市の里路川。
※加賀川…松江市の澄水川。
※多久川…松江市の講武川。秋鹿郡の河川・池にも見える。
※佐太水海…詳細は秋鹿郡の佐太河、解説58参照。
※法吉陂…松江市内中原町、外中原町の北部から法吉にかけて広がっていた池。坡については、解説56参照。
※前原坡…松江市大海埼町、上部尾町の小さい湾。
※張田池…松江市西生馬町の半田池。
※匏池…松江市浜佐陀町の柄杓池。
※美能夜池…松江市生馬の蛍が池と考えられる。
※口池…松江市上本庄町の畑下峠池（関和彦二〇〇六により補足）。
※敷田池…松江市東生馬町敷井谷にあったか（関和彦二〇〇六により補足）。

本文・現代語訳

［六］島根郡の海岸地形

南は入海である。〔以下※西から東へと述べていく。〕

※朝酌促戸。東に※通道があり、西に平原がある。中央は渡し場である。ここは※筌を東西に設けている。春秋に出入りする大小さまざまな魚が時として筌のあたりに集まって、飛び跳ねて風を圧し水を突く勢いで、あるものは筌を破り、あるもの

解説35

布自枳美高山と烽

布自枳美高山は現在の松江市上東川津町の嵩山にあたる。晴れて空が澄み渡った日には嵩山から立ち上る煙が遠く国府跡からも見えるという。

個別の烽の名称、その位置を記しているのも『風土記』の特徴で、一国単位の烽連絡路網がわかるのは出雲だけである。『風土記』にみえる烽は、暑垣烽（意宇郡）、布自枳美烽（島根郡）、馬見烽・多夫志烽（出雲郡）、土椋烽（神門郡）の五烽である。ただし、出雲郡と神門郡の烽は各郡の記載には現れず、巻末記載の烽一覧部分にのみ見える。一方、暑垣烽・布自枳美烽は各郡の山野に「烽がある。」と見える。出雲国内でも東西で烽や烽の所在する山の記載に違いがあり、興味深い。

烽は古代における緊急通信手段である。情報は烽から烽へと伝えられ、国府や隣国・都などにもたらされた。

出雲国内の烽の伝達経路について、門井直哉は馬見烽→多夫志烽→布自枳美烽→暑垣烽の順を想定し、土椋烽は飯石郡の熊谷軍団へ伝達する役割を担ったとしている。

ちなみに出雲国と隣国との文書のやりとりを記した「出雲国計会帳」によると、天平六年（七三四）二月六日に「出雲国と隠伎国とに烽を置くべきの状」という命令が出されている。ここから、『風土記』が完成した直後に、隠岐国と出雲国との通信のために新たに烽が設置されたと推定されている。

〔参〕門井直哉二〇一一

◀出雲国内の烽の位置

は陸に跳ね上げられて千魚となって鳥に捕獲される。大小さまざまな魚で、浜辺は騒然とし、家々はにぎやかで、人々は四方から集まってきて、自然に※鄽ができる。〔ここから東に入って、※大井浜に至るまでの間の南北二つの浜は、みな白魚を捕り、水が深い。〕※朝酌渡。広さは八十歩ほどである。国庁から海辺に通う道である。

※大井浜。海鼠・海松がいる。また※陶器を造っている。

※邑美冷水。東と西と北は山でみなけわしく、南は海で広々とし、中央に沢があって、泉がきらめき流れている。男も女も、老人もこどもも、時節ごとに集まって、いつも宴会をする地だ。

※前原埼。東と西と北はみなけわしく、麓には※陂がある。周り二百八十歩、深さ一丈五尺ほどである。三方のほとりには草木が自然と岸に生えている。鴛鴦・鳧・鴨が、時節ごとにいつも来て棲んでいる。陂の南は海である。陂と海との間の浜は、東西の長さ一百歩、南北の広さ六歩である。松並木が茂り、浜の渚は深く澄んでいる。男も女も時節ごとに群がり集い、あるいは楽しんで家路につき、あるいは遊びふけって帰ることを忘れる者もいる。いつも宴会を楽しむ地である。

※蜛蝫島。周りは一十八里一百歩、高さは三丈ある。古老が伝えて言うことには、出雲郡の※杵築御埼に蜛蝫がいた。それを※天羽々鷲がさらって、つかんで飛んできて、この島にとどまった。

解説 36

六つ目の川

島根郡の脱落部分について、加賀郷の本文（→解説30）と神社（→解説33）の他にもう一か所確認できる。それがこの河川に関する記述である。脱落本系の写本には、水草河・長見川・大鳥川・野浪川・加賀川の五河川が記されている。しかしその後に「以上の六つの川はいずれも魚がいない」と記されており、本来は六つの川について記されていたと考えられる。

脱落本系を見ると、加賀川の記載の最後に「西に流れて秋鹿郡の佐太水海に入る。」とあるが、加賀川（澄水川）は日本海に向かって流れ出る川である。これは「加賀川」と「西に流れて…」の間にわずかに脱落があるものと考えられる。

補訂本系には多久川が補訂されており、六つの川となる。多久川は現在の講武川で、西に流れて佐陀川に合流し、南に流れている。また、秋鹿郡の佐太河にも多久川の名称が見え、やはり西に流れて佐太河に合流していると記されている。補訂本系はこれらを踏まえて補訂したと考えられ、現在でも脱落した川を多久川とすることに異論はない。しかし続く「源は郡家の西北二十四里の小倉山から出て」は補訂の際作成された可能性もあり、注意が必要である。なお本書では加藤義成の校訂に従って多久川（本文含）を補訂して注釈をおこなった。

多久川を補訂したとしても、水草河には「鮒がいる」と記載されており「以上の六つの川はいずれも魚がいない」とする本文に合わない。そのため、もう一つ川を補訂すべきとの考えもある。その場合、神社記載に「大埼川辺社」とあることから、大埼川が補訂されるべきとされるが、この点についての詳細は不明なため、本書では取り上げなかった。

［参］平野卓治二〇〇〇

◀現在の多久川（講武川）

だから、蜛蝫島という。今の人は、ただ誤って栲島と名づけている。土地は豊かに肥え、島の西のほとりに松が二本ある。このほか茅・沙・薺頭蒿・路などの類が生え、風に靡いている。〔※牧がある。〕陸地からの距離は三里ある。

※蜈蚣島。周りは五里一百三十歩、高さは二丈ある。古老が伝えて言うことには、蜛蝫島にいた蜛蝫が、蜈蚣をくわえてきて、この島にとどまった。だから、蜈蚣島という。東のあたりに※神社がある。そのほかは、すべて百姓の家である。土は豊かに肥え、草木が繁茂し、桑や麻が豊富である。いわゆる島の里がこれである。〔津からの距離は二里一百歩である。〕この島から伯耆国郡内の※夜見島に至るまでの間には岩盤がある。二里ほど、広さは六十歩ほどで、馬に乗って往来する。満潮の時は、深さが二尺五寸ほど、干潮の時は、ほとんど陸地のようである。

※和多々島。周りは三里二百二十歩ある。〔椎・海石榴・白桐・松・芋菜・薺頭蒿・路・都波・猪・鹿がいる。〕陸からの距離は、渡で一十歩ある。深さ浅さは不明。

※美佐島。周りは二百六十歩、高さは四丈ある。〔椎・橿・茅・葦・都波・薺頭蒿がある。〕

※戸江剗。郡家の正東二十里一百八十歩の所にある。〔島ではない。陸地の浜であるだけである。伯耆国郡内の夜見島と向かいあう間にある。〕

※栗江埼。〔夜見島と向かいあっている。※促戸渡は二百一十六歩ある。埼の西は、入海の東の堺である。〕

解説 37

朝酌渡

まず、従来『風土記』本文とされてきた朝酌促戸渡について説明する。加藤義成は「朝酌促戸」の下に「渡」の文字があるとし、朝酌促戸渡と朝酌渡の二つの渡しがあったとした。しかし、最古の『風土記』写本などでは「朝酌促戸」の下に「渡」の文字はなく、本書ではこの部分を「朝酌促戸」とする。

さて、朝酌渡は朝酌促戸に続いて記されている。そこには「国庁から海辺に通う道」とあり、現在の大橋川を渡河する朝酌渡は、国庁から島根郡家を経由し隠岐国への渡海点（隠岐渡）である千酌駅家へ向かう杠北道上に位置づけられている。また巻末記載では朝酌渡について「渡船が一隻ある。」と見え、官用の渡船が備えられていたことがわかる。

朝酌促戸には「東に通道があり、西に平原がある。中央は渡し場である。」とある。この中央の「渡し場」が朝酌渡であり、朝酌促戸という水辺の景観の一要素に組み込まれている。では朝酌渡はどこにあったのであろうか。現在も大橋川の両岸、松江市朝酌町と矢田町とを結ぶ矢田の渡しが運行されている。また江戸時代には井ノ奥渡や、馬潟渡が古代の朝酌渡であるとする説もあったようである。

古代の朝酌渡の位置について確定するのは難しいが、出雲国庁から延びる杠北道は矢田の渡しから井ノ奥地区にかけての辺りで渡河することになると想定されるので、このあたりに朝酌渡が推定できるであろう。

〔参〕関和彦一九九七a
森田喜久男二〇〇〇a

▲朝酌促戸の地図

およそ南の入海でとれるさまざまな産物は、入鹿・和爾・鯔・須受枳・近志呂・鎮仁・白魚・海鼠・鰝鰕・海松などの類で、極めて種類が多いので名を全部はあげきれない。

北は大海で、埼の東は大海との堺である。〔なお西から東へと述べていく。〕

※鯉石島。〔海藻が生えている。〕

※大島。〔磯である。〕

※宇由比浜。広さは八十歩ある。〔志毘魚を捕る。〕

※塩道浜。広さは八十歩ある。〔志毘魚を捕る。〕

※胆由比浜。広さは五十歩ある。〔志毘魚を捕る。〕

※加努夜浜。広さは六十歩ある。〔志毘魚を捕る。〕

※美保浜。広さは一百六十歩ある。〔西に※神社がある。北に百姓家がある。志毘魚を捕る。〕

※美保埼。〔周りの岸壁はきりたって、けわしい海ぎわの山である。〕

※等々島。〔※禺々が常に棲んでいる。〕

※土島。〔磯である。〕

※久毛等浦。広さは一百歩ある。〔※東から西へと述べていく。十隻の船が泊まることができる。〕

※黒島。〔海藻が生えている。〕

※這田浜。長さは二百歩ある。

※比佐島。〔紫菜・海藻が生えている。〕

※長島。〔紫菜・海藻が生えている。〕

※比売島。〔磯である。〕

※結島門島。周りは二里三十歩、高さは一十丈ある。〔松・薺頭蒿・都波がある。〕

※御前小島。〔磯である。〕

解説 38

大井浜の須恵器生産

『風土記』島根郡大井浜には「陶器を造っている」との記述がある。簡単な記述であるが、全国的に見ても、地方における土器生産の場所を記した、奈良時代のほぼ唯一の文字の記録である。

さて、「陶器」であるが、現在須恵器と呼んでいる、窖窯で焼く灰色の土器を指すとみられる。大井町周辺には須恵器を焼いていた窯跡が集中しており、大井窯跡群と呼ばれている。

大井窯跡群での須恵器生産は、古くは五世紀の末頃にはじまる。そして六世紀後半には出雲最大の須恵器生産地になり、以後、八世紀の前半まで、出雲国内の須恵器生産の中心である。

窯の展開をみると、当初大井町の中心近くで生産が始まるが、六世紀後半以降、窯の場所が山の奥と中海沿岸に拡散する。山奥への窯の展開は、燃料である薪の供給場所を追い求めて山奥へ移動した結果である。一方、中海沿岸の窯は、現在でこそ山際にしかみえないが、『風土記』の頃はまさに「浜」に当たる場所であった。また、『風土記』の「浜」とは小さな漁港もある地名と考えられるので（↓解説43）、中海沿岸の窯（図中赤文字の窯跡）では、須恵器の出荷、燃料となるマキの供給に水上交通が利用されたことが推定される。

以上のことからみて、大井浜での須恵器生産は国内への供給を引き受ける、集中的生産地であった。このほか、大井地域では土師器も生産していたようである。大井浜は水上交通で各地とつながる出雲の手工業生産地であったのだろう（↓コラム5）。

〔参〕丹羽野裕・平石充二〇一〇
丹羽野裕二〇一二

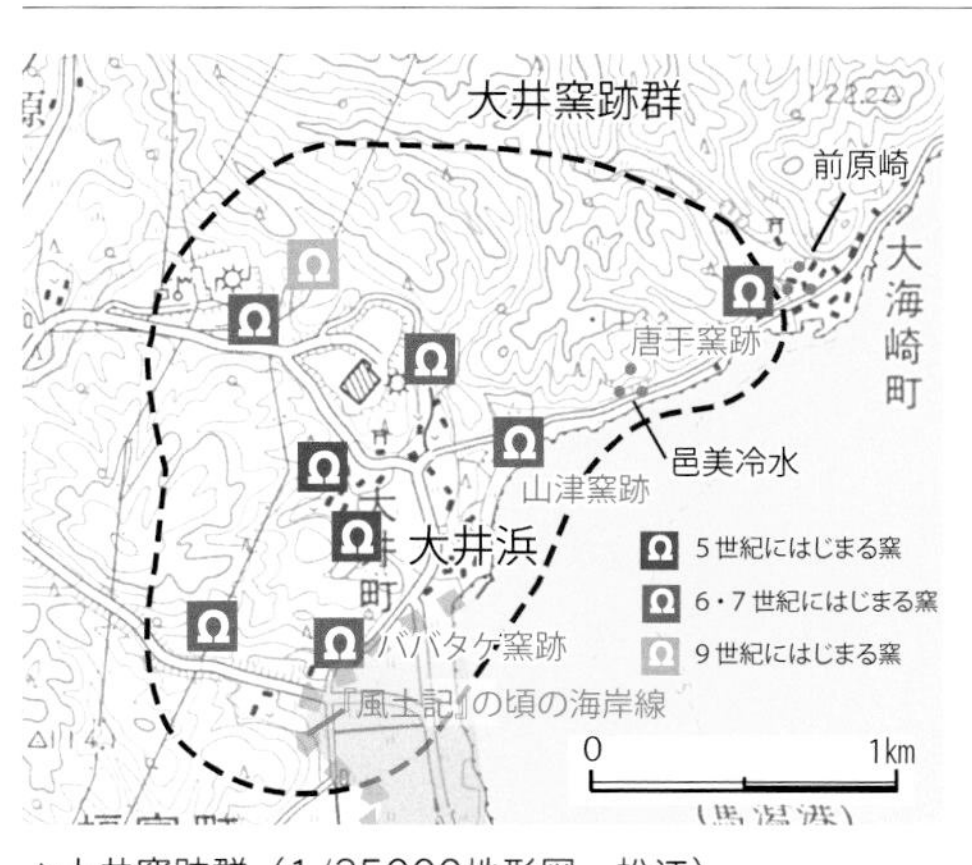

▲大井窯跡群（1/25000地形図　松江）

※質留比浦。広さは二百二十歩ある。〔南に※神社がある。北に百姓の家がある。三十隻の船が泊まることができる。〕

※久宇島。周りは一里三十歩、高さは七丈ある。〔椿・椎・白朮・小竹・薺頭蒿・都波・茅などがある。〕

※加多比島。〔磯である。〕

※船島。〔磯である。〕

※屋島。周りは二百歩、高さは二十丈ある。〔椿・松・薺頭蒿がある。〕

※赤島。〔海藻が生えている。〕

※宇気島。〔前に同じ。〕

※黒島。〔前に同じ。〕

※粟島。周りは二百八十歩、高さは一十丈ある。〔松・芋・茅・都波がある。〕

※玉結浜。広さは一百八十歩ある。〔※碁石がある。東のあたりに※唐砥がある。また百姓の家がある。〕

※小島。周りは二百四十歩、高さは一十丈ある。〔松・茅・薺頭蒿・都波がある。〕

※方結浜。広さは一里八十歩ある。〔東西に家がある。〕

※勝間埼。二つの※窟がある。〔一つは高さは一丈五尺、裏周りは一十八歩ある。一つは高さは一丈五尺、裏周りは二十歩ある。〕

※鳩島。周りは一百二十歩、高さは一十丈ある。〔都波・苡がある。〕

※鳥島。周りは八十二歩、高さは一十五丈ある。〔鳥の巣がある。〕

※黒島。〔紫菜・海藻が生えている。〕

※須義浜。広さは二百八十歩ある。

※衣島。周りは一百二十歩、高さは五丈ある。中を掘り通して、南北に船が往来している。

解説 39

邑美冷水と歌垣

『風土記』は、入海沿岸に宴や若い男女の出会いに関わる場所をいくつか記している。邑美冷水もその一つである。そこは、東西北を山に囲まれ、南には海が広がっており、中央には沢があって清らかな泉が湧き出ていたという。そこでは老若男女が集まり宴をおこなっていた。その場所は現在の松江市大海崎町の目無水に比定されている。

このような場所では歌垣がおこなわれていた可能性が高い。歌垣とは、若い男女が集団で飲食を共にし、気に入った相手に対して歌を通して求愛する儀礼である。互いに歌によって気持ちが通じ合えば一夜を共にすることもあった。もともと、春に山遊びや野遊びの行事としておこなわれたもので、今日でも中国や東南アジアの少数民族の儀礼として残っている。

歌垣の場においては、男性も女性も放髪が原則であった。またグループで食事や音楽を楽しむこともあった。そのような場所において女性の気を引くために若い男が奏でた楽器が琴である。『播磨国風土記』揖保郡琴坂条によれば、出雲からやって来た男が水田で作業をしている若い女を見て琴を奏でている。

目無水に立つと、背後を山に囲まれ、前面に中海が見える。まさに島根郡邑美冷水の記述のとおりで「東と西と北は山でみなけわしく、南は海で広々とし」ている。背後を山に囲まれた空間は、若い男女の語らいの場にふさわしい。またこのような場所は、陸路では行くことは難しい。『常陸国風土記』茨城郡高浜条などの事例を踏まえ、人びとは邑美冷水に船で接近した可能性が指摘されている。

〔参〕関和彦一九九七c

▲入海の宴の様子（所蔵　出雲歴博）

※稲上浜。広さは一百六十二歩ある。〔百姓の家がある。〕

※稲積島。周りは四十八歩、高さは六丈ある。〔松林・鳥の巣がある。〕中を掘り通して、南北に船が往来している。

※大島。〔磯である。〕

※千酌浜。広さは一里六十歩ある。〔東に松林、南方に※駅家、北方に百姓の家がある。郡家の東北一十七里一百八十歩の所にある。いわゆる隠岐国に渡る津がこれである。〕

※加志島。周りは五十六歩、高さは三丈ある。〔松林がある。〕

※赤島。周りは一百歩、高さは一丈六尺ある。〔松がある。〕

※葦浦浜。広さは一百二十歩ある。〔百姓の家がある。〕

※黒島。〔紫菜・海藻が生えている。〕

※亀島。〔前に同じ。〕

※附島。周りは二里一十八歩、高さは一丈ある。〔椿・松・薺頭蒿・茅・葦・都波がある。その薺頭蒿は正月元日に生え、長さは六寸である。〕

※蘇島。〔紫菜・海藻が生えている。〕中を掘り通して、南北に船が往来している。

※真屋島。周りは八十六歩、高さは五丈ある。〔松がある。〕

※松島。周りは八十歩、高さは八丈ある。〔松林がある。〕

※立石島。〔磯である。〕

※瀬埼。〔磯である。いわゆる瀬埼戍がこれである。〕

※野浪浜。広さは二百八歩ある。〔東のあたりに※神社がある。また百姓の家がある。〕

※鶴島。周りは二百一十歩、高さは九丈ある。〔松

解説 40

蜛蝫島・蜈蚣島

中海にあるこの二つの島は、現在の松江市八束町の大根島と江島にあたる。島は火山活動によって形成され、特別天然記念物の溶岩隧道があるほか、ボタンや朝鮮人参の栽培で有名であるが、奈良時代の様子は相当違っていたようである。

『風土記』によれば、大根島は「牧」すなわち官営の牛馬牧場として利用されており、「家」の記載は江島側にしか見られない。この牧の具体的な姿は不明であるが、なだらかな地形から、島全体が牧となっていたと想像したい。当時の様子を知る手がかりとして知られている古墳二基は、いずれも江島に存在し、「家」の存在を示す数少ない遺跡である。牧には公の管理施設があり、管理者が常駐していたと考えられている。

馬は、四世紀頃に大陸から導入された乗り物であり、全国的に普及するのは五世紀以降とされる。八雲立つ風土記の丘展示学習館には、古墳時代の馬を模した馬形埴輪が展示されている。馬の国内導入に当たっては、馬だけでなく、乗馬技術や馬養技術を持った人々が必要である。初期の技術者は渡来人であったと考えられ、最初の牧は彼らによって経営されていたであろう。この島にいつから牧が置かれたのかは定かではないが、前記した古墳の存在から、六世紀後半には存在していた可能性がある。また、島の西にある大井町は古墳時代から平安時代に須恵器が焼かれた地域であり、古墳で使用する陶棺まで生産・使用している。その一部に馬が描かれており（写真）、発見当時は蜛蝫島の「牧」を想起させるとして話題になった。この陶棺作成には中央の先進情報が伝わっていたと考えられ、当時の最先端技術者の間で交流があったことを意味するかもしれない。

▲人に曳かれた馬の絵のある陶棺　松江市大井町イガラビ古墳群出土（所蔵　松江市教委）

がある。〕
※間島。〔海藻が生えている。〕
※毛都島。〔紫菜・海藻が生えている。〕
※川来門大浜。広さは一里一百歩ある。〔百姓の家がある。〕
※黒島。〔海藻が生えている。〕
※小黒島。〔海藻が生えている。〕
※加賀神埼。窟がある。高さは一十丈ほど、周りは五百二歩ほどである。東と西と北とに貫通している。〔いわゆる佐太大神がお産まれになった所である。お産まれになろうとするときに、弓矢がなくなった。その時御母である神魂命の御子、※枳佐加比売命が祈願なさったことには、「わたしの御子が※麻須羅神の御子でいらっしゃるならば、なくなった弓矢よ出て来なさい。」と祈願なさった。その時、角の弓矢が水のまにまに流れ出た。その時弓を取っておっしゃったことには、「これはあの弓矢ではない。」とおっしゃって投げ捨てられた。また金の弓矢が流れ出て来た。そこで待ち受けてお取りになり、「暗い窟である。」とおっしゃって、射通しなさった。そこで御母の支佐加比売命の社がここに鎮座していらっしゃる。今の人はこの窟のあたりを通る時は、必ず大声をとどろかせて行く。もし密かに行こうとすると、神が現われて突風が起こり、行く船は必ず転覆するのである。〕
※御島。周りは二百八十歩、高さは一十丈ある。中は東西に貫通している。〔椿・松・栢がある。〕
※葛島。周りは一里一百一十歩、高さは五丈ある。〔椿・松・小竹・茅・葦がある。〕
※櫛島。周りは二百四十歩、高さは一十丈ある。〔松林がある。〕
※許意島。周りは八十歩、高さは一十丈ある。〔松林・茅・澤がある。〕
※真島。周りは一百八十歩、高さは一十丈ある。〔松がある。〕

解説41 戸江剗・促戸渡

戸江剗は現在の松江市美保関町森山の南の浜辺、字関が推定地である。剗は交通検察をおこなう施設で（→解説25）、対岸の伯耆国の夜見島との間の交通を取り締まったとされる。現在、島根県側に戸江の地名はないが、対岸の鳥取県境港市に外江があり、両岸から監視した可能性もある。また隣接する松江市美保関町上宇部尾の尾崎遺跡では墨書土器「門家」が出土し、関連が考えられる。

出雲国の剗は節度使体制下に臨時的に設置されたと考えられている。節度使とは天平四～六年（七三二～七三四）に、辺境防備の目的で設けられた軍事職制である。『風土記』は節度使体制下で完成したため、里程の記載や道路網・軍団・烽・戍など軍事に必要な情報記載があるとされる。戸江剗は島や浜・埼と異なり、郡家からの位置を記しており、国郡の管轄下にある検察用の施設の位置を指している。

さて、渡河交通を担ったのは促戸渡である。やはりこちらも夜見島の対岸に位置するとされ、栗江埼に所在する。「栗」は岩礁を指すことから、舟の停泊しやすい場所が渡し場であったのであろう。一方、交通検察を担う戸江剗は「島ではない。陸地の浜であるだけである」とあるように、「浜」と形容される地点に所在した。促戸渡と剗はやや離れた場所にあったと推定される。

現在も境水道は島根県と鳥取県の県境である。ここにはかつて境水道渡船が運行されていた。境水道大橋の開通・無料化などの影響により二〇〇七年三月に休止されている。

〔参〕門井直哉二〇一一　関和彦一九九七c

▲現在の境水道の景観（右側：島根県、左側：鳥取県）

※比羅島。〔紫菜・海藻が生えている。〕
※黒島。〔前に同じ。〕
※名島。周りは一百八十歩、高さは九丈ある。〔松がある。〕
※赤島。〔紫菜・海藻がある。〕
※大埼浜。広さは一里一百八十歩ある。〔西北に百姓の家がある。〕
※須々比埼。〔白朮がある。〕
※御津浜。広さは二百八歩ある。〔百姓の家がある。〕
※三島。〔海藻が生えている。〕
※虫津浜。広さは一百二十歩ある。
※手結埼。浜辺〔二本の檜がある。〕に窟がある。〔高さは一丈、内周りは三十歩ある。〕
※手結浦。広さは四十二歩ある。〔船が二隻ほど泊まることができる。〕
※久宇島。周りは一百三十歩、高さは七丈ある。〔松がある。〕
およそ北の海でとれるさまざまな産物は、志毘・朝鮐・沙魚・烏賊・蜛蝫・鮑魚・螺・蛤貝〔字は蚌菜とも書く。〕・蕀甲蠃〔字は石経子とも書く。〕・甲蠃・蓼螺子〔字は螺子とも書く。〕・螺蠣子・石華〔字は蠣・犬脚、或いは犬曠とも書く。犬脚は勢である。〕・白貝・海藻・海松・紫菜・凝海菜などの類で、非常に種類が多くて、名を全部あげることはできない。

[注釈]
※西から東へと述べていく…海岸地形は美保関まで海岸沿いに西から東に記

志毘魚を捕る

志毘（魚）はマグロのことである。現在も境港には年間で数百トンの水揚げがある。

現在おこなわれているマグロ漁は、定置網漁や船からの釣りであるが、古代では一本釣りであったと考えられる。当時の漁法を確かめるのは困難であるが、刳り舟（丸木舟）かそれをベースとした小型の準構造船での漁をイメージするしかない。

どのような釣道具でマグロを釣っていたのか解明することは難しいが、ヒントとなる資料がある。縄文時代や弥生時代の貝塚などから出土した釣り針がそれである。有名なのは、松江市西川津遺跡の弥生時代前期（およそ二五〇〇年前）の貝塚から出土した、長さ十数センチメートルもある大型の結合式釣り針という逸品である。針先はイノシシの牙、基部は鹿角でつくり、両者を結合して一つの釣り針としたものである。鳥取県の青谷上寺地遺跡でも同類が出土しており、弥生時代には山陰で普及していたと考えられる。このタイプの結合式釣り針は、縄文時代の前期に朝鮮半島から九州西北部に導入されたと考えられており、弥生時代に入ると山陰地域に普及するものである。このことがマグロ漁法の伝播、すなわち漁民の移動を意味しているかどうかは即断できないが、そうした歴史を考えるうえで注目すべき遺物である。その意味で、『風土記』に志毘漁の記事が美保関町の美保湾側にのみ記載されていることは興味深い。

さて、釣ったマグロはどうするのだろうか。マグロやカツオは燻製にして保存食となる魚である。干しアワビが奈良の都に運ばれたことを考えれば、マグロも想像以上に広い範囲に流通していたと考えるべきであろう。

◀西川津遺跡出土結合式釣り針（所蔵 埋文センター）

載されている。
※朝酌促戸…加藤義成は細川家本、倉野本以外の写本により朝酌促戸渡としているが、『風土記』には渡条が存在しないため、細川家本に従い朝酌促戸とし、渡を削除した。朝酌促戸は、中海と宍道湖の間の両岸が迫って門のように狭くなっていることから、朝酌郷の南の海の狭いところの意味をもつ。今の松江市朝酌町矢田の周辺。
※通道…枉北道のことか。詳細は巻末記載の出雲国の道程の枉北道を参照。
※筌…竹を編んで川に仕掛ける漁労具。わな。籠状、箱状のものなど数種類ある。
※廛…店舗。
※大井浜に至るまでの間の南北二つの浜…中海に面する福富の浜とその北の浜。近世末の埋め立てにより、現在は水田となっている。
※朝酌渡…朝酌促戸という地域のなかにあった。詳細は解説37参照。また、巻末記載の出雲国の道程に船が一隻置かれていることが書かれている。
※大井浜…松江市大井町の海岸。
※陶器…土器のこと。須恵器。詳細は解説38参照。
※邑美冷水…松江市大海崎町にある目無水と呼ばれる泉の場所。邑美は「生ふ水」の意味。
※前原埼…島根郡の河川・池の前原坡を含む岬。「さきはら」と読み松江市大海崎にあてる説、「まえはら」と読み同市美保関町下宇部尾の万原にあてる説がある。
※陂…河川・池にみえる前原坡のこと。
※蜛蝫島…中海に浮かぶ大根島。蜛蝫と栲と大根が発音が通じており、大根島になったと考えられる。
※杵築御埼…今の島根半島西端の日御碕。意宇郡の総記の国引き神話の中にも「八穂米支豆支の御埼」という表現で記載されている。
※天羽々鷲…天は大空を飛ぶという意味の接頭語で、羽の広い大鷲の意味。
※牧…律令制下において、兵部省に属し、軍団で使用する馬や牛を飼育したところのこと。良馬はすべて軍団や駅に提供された。なお、蜛蝫島と牧の関係については解説40参照。
※蜈蚣島…中海に浮かぶ江島。現在は東部が埋め立てられ、八世紀当時より大きくなっている。埋立地を除いた島の形がムカデを連想させたため蜈蚣島と名づけられたか。
※神社…島根郡の蜛蝫社。
※夜見島…鳥取県境港市、米子市北部の弓ヶ浜半島。詳細は意宇郡の総記の夜見島を参照。
※和多々島…松江市美保関町下宇部尾にある和田多鼻。当時はまだ島の形状を保っていたが、近世になると本土に連なって半島となっていた。
※美佐島…松江市美保関町下宇部尾にある和名鼻。これも当時は島だった。
※戸江剗…松江市美保関町森山の西南岸、サルガ鼻洞窟住居遺跡付近。剗についての詳細は解説25参照。
※粟江埼…松江市美保関町森山南方の岡が岬になっていた。

解説 43 百姓之家・社と浦

島根郡をはじめ、島根半島に位置する秋鹿郡・楯縫郡・出雲郡には浜や浦など海に深く関連する記述が多く登場する。中でも特徴的な記載の一つが、「百姓之家」である。

百姓とは、当時は良民すべてを指す広い意味を持つ語として理解されているが、『風土記』においては海岸線に記載されている事例が多い。

具体的には、「百姓之家」がある浜・浦は広さ一二〇歩以上に限られていることなどから、漁業に関する一定規模の集落が「百姓之家」として記載されていると考えられる。さらに、浜とは区別されている浦については、停泊可能な船の数が記載されていることから、大規模な港のようなものであることが推定される。しかし浦の詳細な性格は、漁港とする説、水軍基地とする説など諸説あり、分からない点も多い。

「百姓之家」の記載がない浜・浦についても、神社が近くにある例もあることから海に関する信仰があった可能性を示唆しており、集落がないということではなく、集落や港湾の規模が小さいため、記載から漏れた事も考えられる。

これらを踏まえると、例えば島根郡の海岸地形に見える質留比浦は浦である上に「百姓之家」・神社があることからかなり大きな集落・漁港を形成していたと判断でき、実際に七類は現在も隠岐航路の主要港湾である。

こういった記載は、出雲国の日本海側に見える生活空間を伝える重要な部分であろう。

［参］瀧音能之一九九八a

◀百姓之家のある浦・無い浜

※促戸渡…島根半島が夜見島と非常に近く、渡場があった。
※鯉石島…当時は島であったが、現在では沈下し、松江市美保関町森山の南方の海に入道礁と呼ばれる暗礁として残っている。
※大島…これも当時は島であったが、現在ではほとんど沈下し、松江市美保関町森山の南方の海に保久島として残る。
※宇由比浜…松江市美保関町森山宇井の海岸。
※塩道浜…「塩」の字は細川家本や倉野本では「盗」と書かれている。加藤義成は「盗」を「塩」の誤写として訂正している。しかし誤写と判断するには根拠が薄く、断定はできない。今回は加藤の校訂に従うが、「盗」の可能性も十分にあると考えられる。なお、場所は、松江市美保関町福浦のあたりの海岸であろう。
※胆由比浜…松江市美保関町福浦長浜の海岸。
※加努夜浜…松江市美保関町美保関海崎の海岸。
※美保浜…松江市美保関町美保関の東端の海岸。
※神社…島根郡の美保社。
※美保埼…松江市美保関町美保関の地蔵崎。
※等々島…松江市美保関町美保関地蔵埼沖にある沖の御前島。
※禺々…ニホンアシカのこと。解説82参照。
※土島…松江市美保関町美保関地蔵埼沖にある地の御前島。
※久毛等浦…松江市美保関町雲津の雲津漁港付近の海岸。
※東から西へと述べていく…美保関まで記載が終わったので、ここからは折りかえして東から西へ日本海側を述べていく。
※黒島…松江市美保関町雲津の北方にある小青島。
※這田浜…松江市美保関町諸喰法田の法田港付近の海岸。
※比佐島…松江市美保関町諸喰法田の法田湾口にある法田平島。
※長島…松江市美保関町諸喰法田の法田湾の北方にある松島。
※比売島…右の松島の北方にある市明島。
※結島門島…右の松島の南方にある青木島。
※御前小島…松江市美保関町七類の七類湾中の宇杭島。
※質留比浦…松江市美保関町七類の七類港付近の海岸。
※神社…島根郡の質留比社。
※久宇島…松江市美保関町七類の沖にある九島。
※加多比島…右の九島の東端に近い片島。
※船島…右の九島の北方にある船島。
※屋島…右の九島の西方にある八島。
※赤島…右の九島の西方にある赤島。
※宇気島…加藤義成は松江市美保関町七類の沖にある八島西方の押島とする。
※黒島…松江市美保関町七類の沖の西にある大黒島。
※粟島…松江市美保関町七類の惣津港の北方にある青島。
※玉結浜…松江市美保関町七類、片江の玉結湾に面する海岸。
※碁石…囲碁用の石。詳細は解説44参照。

解説 44

玉結浜の碁石

『風土記』の玉結浜、松江市美保関町の玉江浦では、黒色頁岩の露頭があり、丸くなった碁石状の石が採集できる。同様のものが松江市出雲国府跡などで出土するので、まさに『風土記』の記載通りである。玉結とは、玉が生じることの意なので、玉結浜は奈良時代の玉素材の産地の記載である。

一方で、古代の玉としてよく知られる勾玉には、黒いものはない。実は、出雲の玉作は古墳時代までと奈良時代で大きく異なる。古墳時代後期の出雲の玉はめのう製勾玉・碧玉製管玉、水晶製切子玉などを中心とし、色も赤や緑のカラフルな装身具であった。素材産地も玉作遺跡の集中する松江市玉湯町の花仙山である（↓解説15）。

これに対し、奈良時代の玉作は、碁石状の玉や丸玉で、素材も水晶・頁岩など白と黒である。また、文献にみえる製品の用途は装身具から祭祀具に替わる。そして、素材産地も文献上は玉結浜と意宇郡長江山になる。

このように、古墳時代までの玉と奈良時代の玉は大きく内容が異なるが、その生産地は同じ松江市玉湯町（『風土記』の忌部神戸）周辺で、また、文献上、奈良時代の製品も「玉」で、その製作を「玉作」と呼んでいたことも確かだ。ただし、奈良時代の出雲の玉作の意味を考えるうえでは、まず古墳時代の玉作と違いを認識しておく必要がある。

[参] 平石充二〇一二
米田克彦二〇〇九

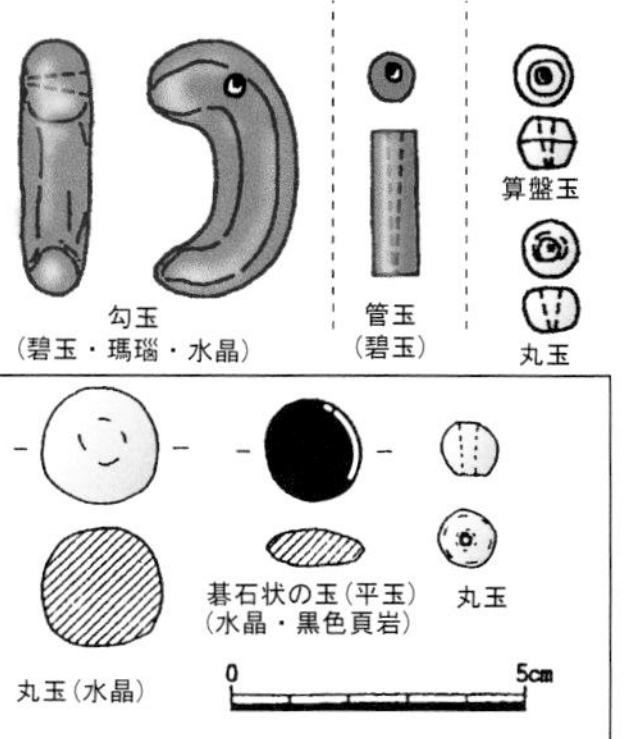

▲玉江浦の黒色頁岩

▼古墳時代の玉（古墳時代後期）

勾玉（碧玉・瑪瑙・水晶）
管玉（碧玉）
算盤玉
丸玉
平玉
丸玉（水晶）
碁石状の玉（平玉）（水晶・黒色頁岩）
丸玉
切子玉（水晶）
0　5cm

▲奈良時代の玉（米田2009より加筆転載）

※唐砥…本来は中国伝来の砥石の意味。ここではそれに匹敵する良質の砥石という意味。
※小島…松江市美保関町片江の玉結湾内の中島。
※方結浜…松江市美保関町片江の片江湾の海岸。
※勝間埼…松江市美保関町片江と菅浦の堺に突出した岬。蜂巣島南方の岬。
※窟…美保関町北浦の巻ヶ鼻を海岸沿いに東に500メートル進んだ所にある。
※嶋島…松江市美保関町片江と菅浦の沖にある蜂巣島。
※鳥島…右の蜂巣島の西北方にある鬼島。
※黒島…右の鬼島の北方にある大黒島。
※須義浜…松江市美保関町菅浦の海岸。
※衣島…松江市美保関町菅浦の菅浦湾内の鞍島。
※稲上浜…松江市美保関町北浦の稲積の海岸。
※稲積島…松江市美保関町北浦の稲積湾内の二つの小島。
※大島…松江市美保関町北浦の名倉鼻。今はつながっているが、当時は島だったと考えられる。
※千酌浜…松江市美保関町千酌の千酌港。駅との関係については解説45参照。
※駅家…千酌駅家のこと。
※加志島…松江市美保関町笠浦の笠浦漁港の沖にある白カスカ島。
※赤島…右の白カスカ島の北方の黒カスカ島。
※葦浦浜…松江市美保関町笠浦の笠浦漁港。
※黒島…松江市美保関町笠浦の津ノ和鼻の北方にある黒嶋。
※亀島…松江市美保関町笠浦北方のサザエ島。
※附島…松江市島根町野井の沖の築島。
※蘇島…右の築島の西南方にある二つの小島。
※真屋島…右の築島の北方にある横島。
※松島…松江市島根町野波瀬崎北方の松島。
※立石島…加藤は松島南方の楯島とするが、詳細は不明。
※瀬埼…松江市島根町野波瀬崎の海岸。戍が設置された場所。戍については用語解説を参照。
※野浪浜…松江市島根町野波小波の海岸。
※神社…島根郡の努那彌社。
※鶴島…松江市島根町多古沖泊の東北に浮かぶ大鶴島。
※間島…鶴島の西方にある間島とするが、詳細は不明。
※毛都島…松江市島根町多古の多古鼻の西方に浮かぶ六ッ島。
※川来門大浜…松江市島根町加賀の加賀漁港付近の海岸。
※黒島…野浪浜と川来門大浜の間の北岸の沖黒島。
※小黒島…松江市島根町野波の白滝鼻の西方に浮かぶオグリ島。
※加賀神埼…松江市島根町加賀の加賀潜戸のある岬。詳細は解説46参照。
※枳佐加比売命…島根郡の加賀郷の支佐加比売命を参照。
※麻須羅神…勇健な男神の意味。他の史料には見えない。
※御島…松江市島根町加賀の加賀漁港付近の半島。今は陸続きとなっているが、当時は陸と島の間が東西に通じていたと考えられる。

解説 45

千酌浜と駅家・駅戸

千酌浜は現在の松江市美保関町千酌浦にあたり、島根半島における隠岐への玄関口であった。出雲国府から北へ延びる枉北道の北端で駅家が設けられ、渡船が置かれた「隠岐渡」であった。隠岐国司や隠岐国への使者は、ここで船に乗り隠岐国へと向かったのである。

駅家は、文書逓送と使者の交通に利用された施設である（→解説12）。駅家には駅馬の飼養施設や使者の宿泊施設などがあり、それらを維持・管理する必要があった。それを担ったのが駅戸である。

駅戸は駅長と駅子から構成され、駅馬の飼養や駅田の耕作にあたった。駅田からの収穫は駅家運営のための財源に充てられた。千酌駅家の場合、駅馬だけでなく渡船の管理も担ったと考えられる。

『風土記』では駅家は①各郡の郷の記載と、②巻末記載出雲国の道程にみえ、両者で郡家からの里程が違うものもある。結論を述べれば①は駅戸集団の位置、②が駅家施設の位置を示しているとみるべきだろう。

千酌浜と①②の里程を併せると、百姓の家（駅戸集団）は浜の北側に、駅家は浜の南方に所在したことになる。このうち駅家の推定地が修理田遺跡である。遺跡は現在の海岸線から八〇〇メートルほど内陸の千酌馬見谷川沿いに位置し二〇〇八年から発掘調査がおこなわれている。明確な駅家の遺構は発見されていないが、奈良平安時代の多数の遺物が出土した。その中には一般的な集落遺跡では出土しない須恵器獣脚や托などが含まれていた。また、近くの中殿遺跡からは木簡も出土していることから、この付近には駅家など役所の施設が存在していたと推定されている。

［参］松江市教育委員会・松江市教育文化振興事業団二〇一〇
松江市史編集委員会二〇一二

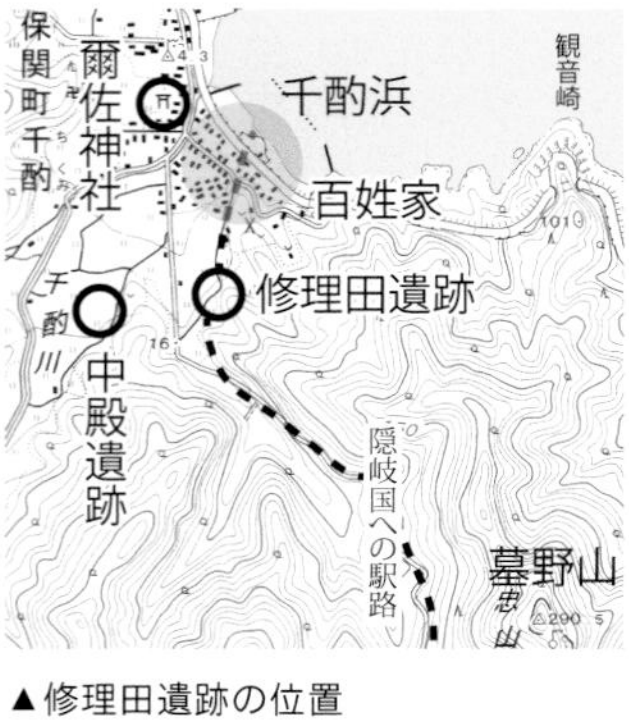

▲修理田遺跡の位置

※葛島…松江市島根町加賀の沖の桂島。
※櫛島…右の桂島の東方にある櫛島。今は桂島とつながっている。
※許意島…右の桂島の西北方にある栗島。
※真島…右の桂島の西北方にある馬島。
※比羅島…右の桂島の西方の平島。
※黒島…右の桂島の西方の黒島。
※名島…松江市島根町大芦の沖にある二つ島。
※赤島…右の桂島の西南方の赤島。
※大埼浜…松江市島根町大芦の大芦漁港付近の海岸。
※須々比埼…右の大芦漁港に突出している岬。
※御津浜…松江市鹿島町御津の御津漁港付近の海岸。
※三島…松江市鹿島町御津の沖に浮かぶ島。
※虫津浜…松江市鹿島町片句の片句港付近の海岸。
※手結埼…松江市鹿島町手結の北方に突出している犬堀鼻。
※手結浦…松江市鹿島町手結の手結港付近の海岸。
※久宇島…右の手結港の西方に浮かぶ寺島。

解説 46

加賀神埼と加賀潜戸

『風土記』によれば、加賀神埼は佐太大神が誕生した場所である。この時、佐太大神の母神であるキサカヒメは、この窟に黄金の矢を放った。こうして出来上がったのが、松江市島根町の加賀鼻の下にある海蝕洞窟、加賀潜戸のうちの新潜戸（神潜戸）であると伝えられる。

この新潜戸は、高さ四〇メートル、長さ二〇〇メートルの海中の大洞窟で、東西北の三方向に穴があいて海水が流れ込んでいる。これは、『風土記』の記述、「東と西と北とに貫通している」という記述とも合致する。また、『風土記』には、「御母の支佐加比売命の社がここに鎮座していらっしゃる」と記すが、実際に新潜戸に西側から入ると、左側に鳥居が見える。そこは佐太大神誕生の地であり、鳥居の立つ場所は誕生岩と呼ばれている。

加賀神埼を舞台とした佐太大神の誕生神話については、加賀神埼を女性器、キサカヒメが射た黄金の矢を男性器と見なし、黄金の弓矢を射通す行為は性交を意味し、その結果、佐太大神の誕生に至るのではないかという説がある。

また、神埼という古代地名は全国各地にあり（『肥前国風土記』神埼郡など）、神が宿る障害地形で、しばしば神が交通を妨害する場所である。大声を上げないと船が転覆するという説話も、交通障害神の説話の一種と見られる。

ちなみに加賀には、もう一つの海蝕洞窟があり、「旧潜戸」（仏様の潜戸）と呼ばれている。賽の河原のように石が積まれ、「旧潜戸」は幼くして死んだ子ども達の魂が集まる場所とされる。今でも愛児をなくした親たちが遺品を持って訪れる。

［参］関和彦一九九七ｆ

◀加賀潜戸

本文・現代語訳

[七] 島根郡の通道

通道。意宇郡の堺の※朝酌渡に行く道は、一十一里二百二十歩のうち、海上八十歩である。秋鹿郡の堺の※佐太橋に行く道は、一十五里八十歩である。※隠岐渡の※千酌駅家の湊に行く道は、一十七里一百八十歩である。

[注釈]

※朝酌渡…島根郡の海岸地形の朝酌渡を参照。
※佐太橋…松江市鹿島町佐陀宮内の佐太橋より南にあったと考えられる。秋鹿郡の通道、巻末記載の出雲国の道程にも見える。
※隠岐渡…隠岐への渡場という意味。巻末記載の出雲国の道程にも見える。
※千酌駅家…千酌駅のこと。島根郡の郷、巻末記載の出雲国の道程にも見える。詳細は解説45参照。

荘園になった御津

島根郡の記載は、特に海岸部の地形について詳しく書かれている。一見、生活する場所とは離れた小島の記載も多いが、なぜだろうか。

ここでは三島を取り上げてみる。『風土記』では集落（百姓の家）のあった御津浜の次にあるので、松江市鹿島町御津の沖にある島だろう。ポイントは「海藻（ワカメ）が生えている」の記載である。

ワカメは、海の中で自然に生え、逃げることもない。場所を知っていれば、育てる労力もなく採集も容易、乱獲される可能性もあるだろう。古代ではワカメは租税である調の代納品にも指定されているからなおさらである。

このような海藻採取の特質から、近世～現代の漁業では、漁村毎に採集する場所（縄張り）や日時（解禁日を「スダテ」という）が決まっており、解禁日に一斉に採集がおこなわれる。古代の三島も集落によって占有されているワカメの採取場所とは考えられないだろうか。

それを窺わせるのが、平安時代の文書「天台座主良源遺告」（松江市史編集委員会二〇一二）である。この文書によると、大弩師貫邦によって、出雲国島根郡にあったワカメを貢進する三津御厨という荘園が比叡山に施入されている。この三津御厨とは、まさに『風土記』の三島と御津浜がセットとなった荘園で、ワカメ採集が大弩師貫邦（出雲国司の下僚である弩師の土着したものか）によって独占され、荘園化したものであろう。

『風土記』の海岸の記載、特に海藻があるとされる場所については、単なる海藻が生えている場所ではなく、近傍の海浜集落に占有され、採集が管理されていた場所を指すのであろう。

【参】篠原哲一九八二

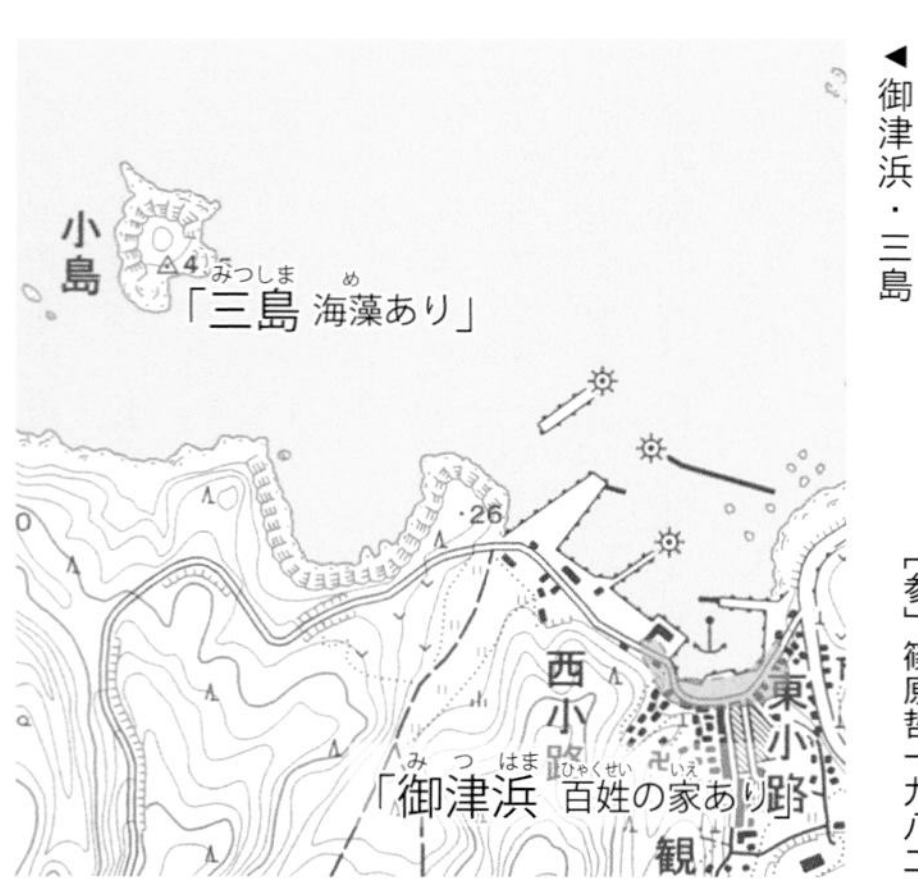

◀御津浜・三島

本文・現代語訳

［八］島根郡の郡司

郡司　主帳無位※出雲臣
大領外正六位下※社部臣
少領外従六位上※神掃石君
主政従六位下勲十二等※蝮朝臣

［注釈］

※出雲臣…出雲国造出雲臣の一族。詳細はコラム2参照。

※社部臣…ここで大領として記載されていること、他に秋鹿郡に許曽志社が神祇官社として見えることを踏まえると秋鹿郡から島根郡にかけて勢力をほこっていた氏族と考えられる。なお、秋鹿郡の恵曇浜に社部臣訓麻呂という人物が見える。詳細は解説60参照。

※神掃石君…加藤義成は社部石臣と校訂しているが、他の史料に「神掃石公」「大神掃石朝臣」と見えることから神掃石君と校訂した。詳細は解説48参照。

※蝮朝臣…タヂヒ姓でカバネ朝臣の例は他にみえず、詳細は不明である。

解説 48

謎の氏族　神掃石君

島根郡少領は、今回加藤義成の読みを訂正し、神掃石君とした。これは細川家本を「社部石臣」と判読することはできず、島根郡有力氏族、神掃石君氏が『風土記』以外の史料にしばしばみえるからである。

神護景雲二年（七六八）八月に島根郡の人外従六位上神掃石公久比麻呂（カバネ君は天平宝字三年（七五九）以降に公と表記）、意宇郡の神人公ほか二六人に大神掃石朝臣が賜姓されている。このほかに島根郡の人外正六位上大神掃石朝臣継人もみえる。

彼らの持つ位階に注目すると、ただ者ではない。継人の外正六位上は貴族の目安である五位の直前の位階で、『風土記』を編纂時の出雲国造出雲臣広島と同じである。たとえば、郡司の大領に任官すると与えられる位階はその一〇階下の外従八位上で、外正六位上になるためには、そこから四〇～五〇年の勤務が必要となる。私財を国家事業に提供し見返りに位をもらったなど、特殊な事情があったのだろう。彼らは、島根郡郡司とは記されていないが、郡司相当の有力者なのである。

また彼らは、（大）神掃石・神人氏などとしてみえるが、まとめるとミワ系氏族ということができる。ミワ系氏族の中心は大和国の三輪山周辺を本拠とする三輪君（のちに朝臣）で、久比麻呂らが朝臣へ改姓したのも中央の三輪朝臣氏との関係を重視していたからだろう。カバネが出雲臣と同じ臣ではなく君である点も出雲国の郡司としては異例であり、出雲国造出雲臣とは距離をおいた存在であった点も特筆されよう。

［参］内田律雄一九九七

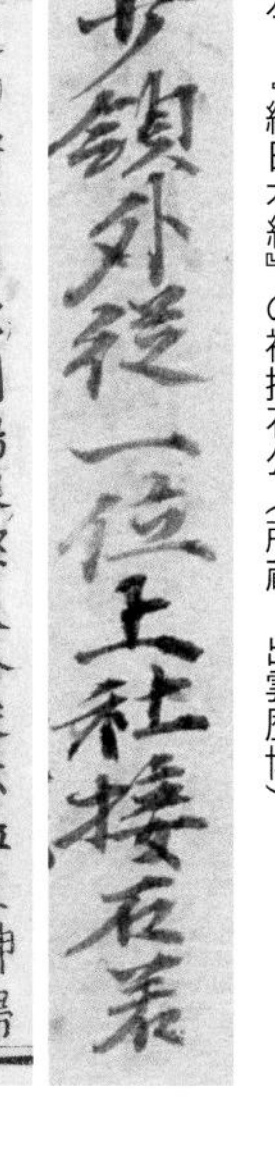
少領外従六位上社部石臣

之○癸卯出雲國嶋根郡人外従六位上神掃石公文麻呂意宇郡人外少初位上神人公人足同郡人神人公五百成等卅六人賜姓大神掃石朝臣○己酉参河國獻白烏○癸丑賜大

◀右…細川家本　島根郡少領（所蔵　永青文庫）
左…『続日本紀』の神掃石公（所蔵　出雲歴博）

コラム column 4 脱落本と補訂本

島根郡の解説では、『出雲国風土記』は実は完本ではなく、島根郡の神社など、一部脱落が見えると述べた（→解説30・33・36）。各脱落部分についてはそれぞれの解説を参照していただきたい。ここでは『出雲国風土記』写本の種類および現在の各写本の記載内容について考えてみたい。なお、伝来過程については本書はじめに3「『出雲国風土記』の伝来」を参照していただきたい。

『出雲国風土記』は現在約一五〇の写本が伝わっている。当然八世紀に提出された原本が伝わっているわけではない。現在伝わっている写本は大きく二種類に分けられる。

○脱落本

細川家本や**日御碕神社本**、古代文化センター本に代表されるように、島根郡加賀郷の本文、島根郡の神社の大部分などが脱落しているものを指す。これらを**脱落本**と呼ぶ。特に細川家本は、近年刊行されている『出雲国風土記』の校訂では最善本とされ、底本として扱われることも多い。ここではその記載内容がどこまで遡るか考えてみたい。

◀細川家本奥書（所蔵　永青文庫）

細川家本は、細川幽斎の筆により奥書に「慶長二年（一五九七）一〇月に書写し終えた」ということが記されており、書写された年代が確認できる最も古いものとされる。また、その元となった写本は細川家本の奥書にある「江戸内府御本」と呼ばれるもので、おそらく徳川家が所蔵していたものと考えられる。

一方で徳川家にそのまま伝わった写本もある。**蓬左文庫本**（通称徳川家本）と呼ばれるものがそれである。これも脱落本に分類される。徳川家本には「御本」の印があり、徳川義直が入手したと考えられる。

細川家本と徳川家本はおそらく江戸内府御本をルーツとするものであるが、江戸内府御本は現在残っていない。しかし、京都大学日本史研究室所蔵の古田氏本の奥書には注目すべきである。

古田氏本はやはり脱落本で、永仁五年（一二九七）に浄阿という人物がそこに伝わっていた写本を書写し、浄阿の書写したものを文禄四年（一五九五）に梵舜が書写していることが奥書から判断できる。それがさらに書写を経て古田氏本として現在に至っている。文禄四年に書写した梵舜は徳川家康と深い関係にあり、かつ『古事記』や『続日本紀』など多くの史料を書写した記録が残っている。中でも『続日本紀』は家康に献上したという事実を踏まえると、梵舜が書写した写本が徳川家に渡っていたことは容易に想像がつく。つまり、梵舜本と江戸内府御本は非常に近い関係にあるものであろう。おそらくはこれが細川家本や蓬左文庫本として受け継がれてきたのだろう。

おそらく梵舜本、江戸内府御本は永仁五年にまで遡ることが可能で、このことからも細川家本が現存する脱落本の中でも最も古い状態を保っていることが推測できる。

◉補訂本

脱落本に対して、脱落した部分を何らかの形で補訂し、できるだけ完本に近づけたものが補訂本と呼ばれる。代表的なものは、『万葉緯』や『出雲風土記抄』であろう。特に後者は天和三年（一六八三）の日付が入っており、補訂本では最古のものであるとされている。

補訂本で問題となるのは、脱落した部分を補ったのはいつごろか、ということである。島根郡の神社に関する記載の部分を例にとると、おおよそ『延喜式』を参考にして補訂されていることがわかっている。ただし、だからと言って『延喜式』が編纂された時期まで遡るものではない。例えば、先ほど述べた島根郡の神社に関する記載を考えると、記載されている順序は『延喜式』と同じことが明らかになっているが、その用字法は統一されていないことも明らかである。

『出雲風土記抄』の跋文によれば、著者である岸崎時照が是正を求めた写本に宏雄が修色を加えて返す時に、宏雄の手元に写し取ったものか、北島伝之丞の要請により写し与えたものであるとする。そして序文には岸崎時照が現地調査をしたことが知られる。これに注目すれば、この段階で補訂がなされたと考えることもできる。つまり、『出雲風土記抄』の執筆時期に補訂がなされたと考えられる。

その場合、補訂本のルーツは全くわからないことになる。脱落本の梵舜本、江戸内府御本にルーツを持つ可能性もあれば、脱落本系とは全く異なるルーツをもつ可能性も否定できない。

このように、『出雲国風土記』には脱落本系と補訂本系の二種類が存在し、それぞれ異なる内容を含むものであった。近年刊行されている『出雲国風土記』の校訂は基本的に脱落本系をベースに、補訂本系で補訂するという立場がとられている。「『出雲国風土記』は実は完本ではない」というフレーズの背景には、このような写本の違いがあるのである。

［参］平野卓治一九九六a

▲『出雲風土記抄』跋文（所蔵　出雲歴博）

朝酌地域の景観

島根郡の朝酌郷周辺（朝酌地域とする）は『風土記』の記載も多く、当時の特徴的な遺跡も数多く見つかっている。『風土記』の記事をまとめ、地質や遺跡調査などの情報とあわせ、朝酌地域の景観を復元し、地域の特質を考えてみたい。

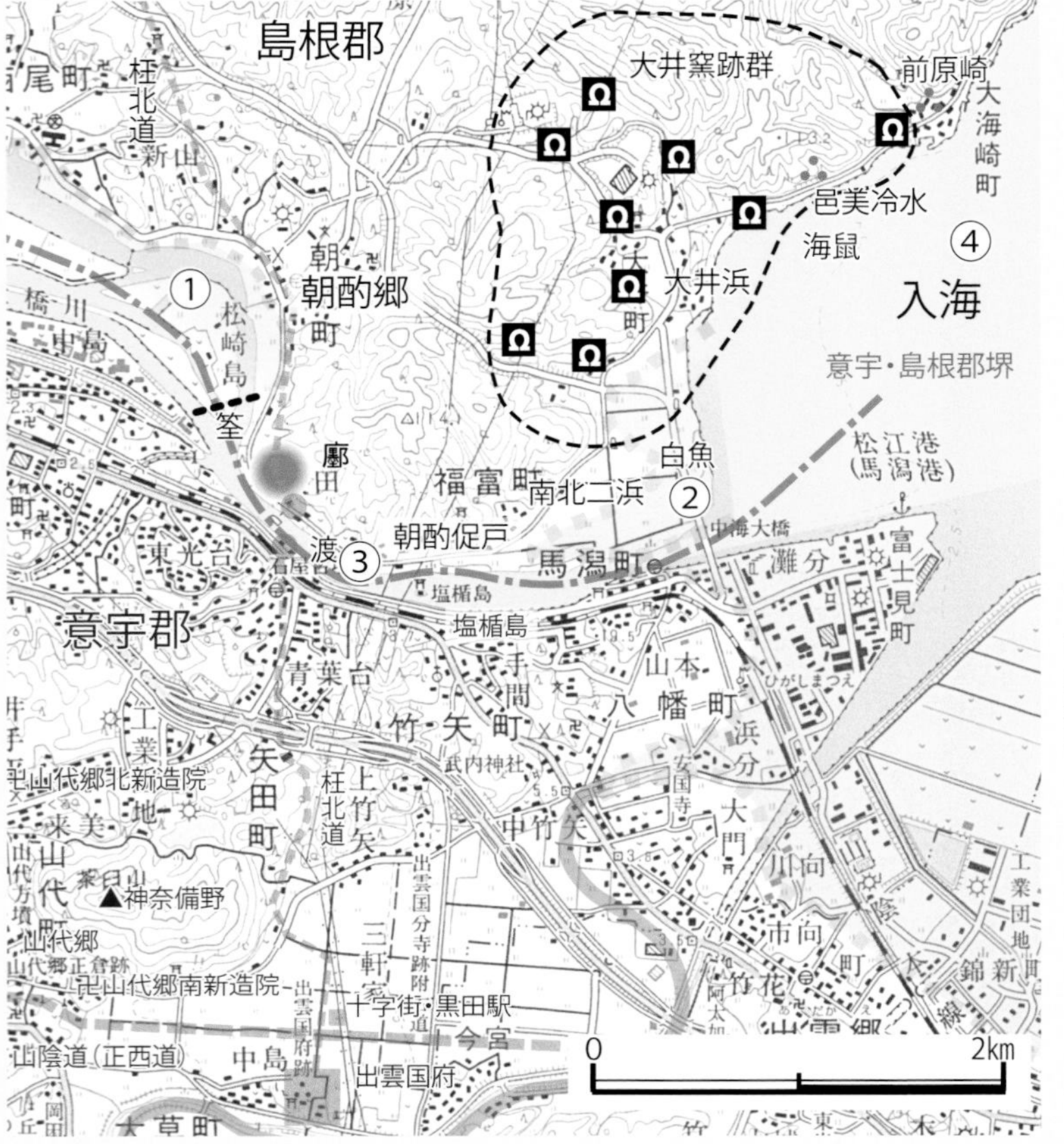

▲朝酌地域の景観

豊かな自然環境

朝酌郷の自然景観は今と大きく異なっている。①大橋川の朝酌町より西側一帯は、当時は現在の松崎島の前身になる小島のほか、江戸時代までほとんど水面だった。②大井町の中海大橋周辺も今は水田であるが、これは埋め立てによるもので、当時は大橋川の堆積物による砂浜が延びていたほか、いくつかの岩礁・小島があった。『風土記』で白魚が捕れるとされたのもこのあたりである。③大橋川も今より浅かった（大正時代に松江に汽船を入れるため川底を爆破し、深くしている）。④入海と呼ばれた現在の中海も完全な湾であり、『風土記』にみえる産物は海のそれである。また、朝酌促戸を中心に、筌漁や白魚・海鼠の記載、盛んな漁業の様子が丁寧に記されている。これも、大橋川が東の入海（中海）の海水と西の入海（宍道湖）の淡水の混ざり合う場所で、プランクトンや魚貝類をはじめとする生物の生産量が多いという自然条件が反映されているとみられる。

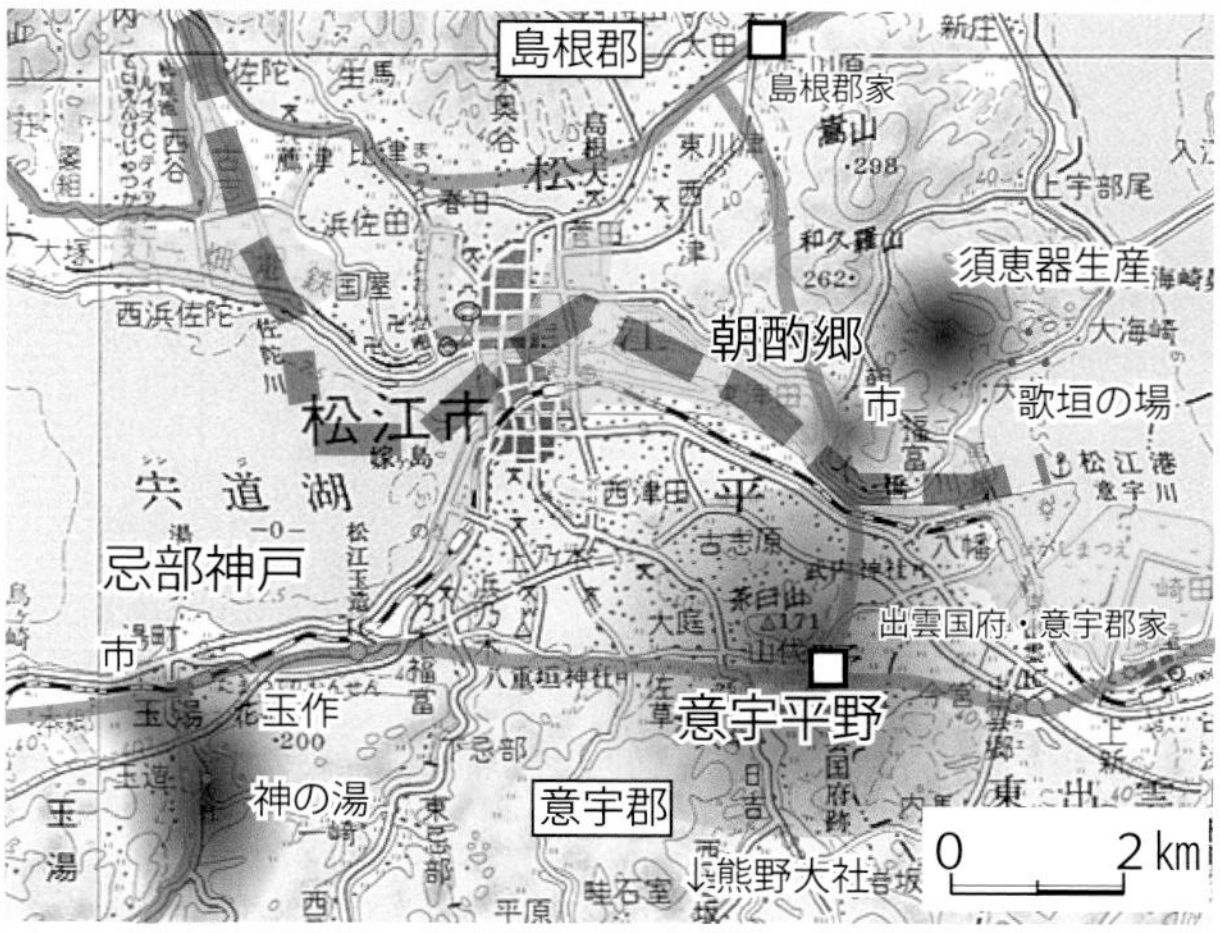

▲朝酌地域の位置

交通の要衝

朝酌促戸の名の通り、中国山地と島根半島側が接する場所で、出雲国府と隠岐国府を連絡する山陰道の枉北道の渡河点、朝酌渡があった（→解説37）。同時に大橋川は東の入海（中海）と西の入海（宍道湖）を結ぶ東西の水上交通路でもある。

他地域と交流する地域

このような自然環境と交通体系から、朝酌地域は、他地域との交流が顕著である。まずは、大井浜にみえる須恵器生産で、特に八世紀前半には、須恵器窯は中海沿岸に営まれ、水上交通を利用してその製品が国内に流通していたとみられる（→解説38）。

前述の漁業についての記載も、入海沿岸で唯一の充実した記載を持っており、朝酌地域の主要な産業であったのだろう。また、朝酌促戸条には、四方から人々が集まり市をなし、いわゆる店舗を指す「廛」ができたとされる。

このように、朝酌地区には、手工業生産・漁業・交易など、いずれも、広域の人々の交流が前提となる産業が集中しているのである。

境界領域としての朝酌地域

この理由を考えるうえで参考になるのが、邑美冷水・前原埼である。二か所とも遊興の場であり、男女の出会い、歌垣の場で、出雲国内外からの参加者が想定されている（→解説39）。歌垣の場は交通の要衝そのもの、市の場合もあるが集落や耕地などから離れた、海浜や山岳などの風光明媚な場所が選ばれる場合もある。農業を中心とした当時の生活の中心から離れているといえるだろう。

ここでふたたび朝酌地域の位置を確認してみると、島根郡の中心から離れ、意宇郡との境に位置する。同じように手工業生産と市や遊興の場を持つ地域として忌部神戸が挙げられる（→解説15）が、両者に共通する地理的特徴は、当時の政治的中心の意宇平野の縁辺・境界領域に当たることである。そして地名朝酌は出雲国造が奉祭する熊野大神に朝御饌・夕御饌を納めるためであるとされ（→解説28）、意宇郡・出雲国造との関連が深い。さらに、手工業生産が集約される時期は六世紀代に遡る。

朝酌地域の特殊性は、『風土記』編纂以前に遡り、出雲国造出雲臣の本拠地の縁辺部・境界領域に、非農業的な他地域との交流する場として設定されたことに由来し、それが奈良時代に連続しているのであろう。

［参］森田喜久男二〇〇〇a・b

コラム
column
6

島根郡、北海の産物

島根半島には無数と言ってよいほどの島や岩礁が存在しており、『風土記』においても多数の島の記載が見られる。なかでも島根郡には、異常なほどの海岸部の記事があり、特徴となっている。これらの島や、浜、浦、埼などには、その規模や地形の状況が比較的詳しく述べられており、さらにそこで捕獲・採取される多くの産物も書かれている。松などの樹木については、江戸時代に燃料として船出しされていたことから、同様の用材としてあえて記載されていたことも考えられるが、実証することは難しい。ここでは、今でも身近な海産物について触れてみたい。

▲クロマグロ（提供　水産技術センター）

海産物は、マグロ、フグ、サメ、イカ、タコ、アワビ、サザエ、ハマグリ、ウニ、カセ、ナガニシ、カキ、カメノテ、オオノガイ、ワカメ、ミル、ノリ、テングサなどが代表品として挙げられ、全てを書くことはできないほど多様であると注意書きされるほどである。

これらの産物は、半島西側の三つの郡とほとんど同じであるが、楯縫郡のノリ（現在の十六島海苔）や出雲郡（日御碕辺）のアワビは、他より勝っていると特筆されている。そういう意味では、島根郡にのみ記載されている志毘（マグロ）は、この郡の特産であったと考えられる（→解説42）。これらは現在もふつうに見られる魚貝類であり、『風土記』の時代と変わらない海の幸を現在の我々も食することができるのは、幸福と言っていいだろう。

しかし、よく見ると、現在我々がスーパーで一般的に買うことができるアジ、イワシ、ブリ、マダイなどは記載されていない。このことは、貝塚で多量に見られ、食されていたのが確実である宍道湖のシジミが『風土記』に記載されていないことと共通するのかもしれない（→解説95）。保存が容易で比較的広域に流通する物のみ産物としている可能性がある。あるいは漁法の違いから生じる部分もあったであろう。現在豊富に流通するものは、古代には無かった底引き網漁や、外海の定置網漁で捕獲されることが多いからである。ちなみに、サメは「ワニ」の名前で塩漬けされた物が近年まで石見地域の山間部にまで流通

▲トラフグ（提供　水産技術センター）

していた。

さて、外海に面した貝塚ではないが、松江市の西川津遺跡の弥生時代貝塚や、境水道に面した縄文時代の権現山洞窟遺跡、小浜洞穴遺跡では豊富な魚貝類が出土しており、古代の食生活は現在よりも贅沢であったと言えるかもしれない。小浜洞穴からは『風土記』に記載されていないマゴチやダツ、マダイ、ナマズ等の魚類のほか、アシカと考えられる哺乳類の骨が出土している。さらに貝類に至っては、多様な種類が確認されており、入手できるものは全て食料としていたようである。これらは縄文時代や弥生時代のものとはいえ、おそらく『風土記』の時代においても変わらなかったものと考えられる。

このように、豊富な海産物を採取していた中で、『風土記』にあえて記載された産物は、比較的広域に流通可能な物を取り上げていたと考えておきたい。しかし、保存方法や漁の実態が不明な物も多く、これも重要な研究課題の一つと言えよう。奈良時代の平城京からは隠岐国から運ばれた産物に付けられていた木札（木簡）が複数出土しており、そこにはワカメやアワビの記載が見られる。乾物としてはるばる都まで税として納められたのである。平成一〇年に、島根県の埋蔵文化財調査センターで隠岐産アワビを帯状に刻んで干した干しアワビ「熨斗」を作成して、古代食を再現したことがあるが、その味はまさに美味で評判となった。アワビはともかく、乾物の板ワカメやノリは、今でも山陰を代表する土産品である。

さて、魚類の保存方法ですぐに思い浮かぶのは、塩漬けであろう。塩造りは縄文時代からおこなわれているが、ここ美保関町でも森山地区の郷の坪遺跡から古墳時代の製塩土器が出土しており、奈良時代には県内各地の遺跡でも見られるようになることから、保存方法の一つとして塩漬けが普及していたと考えておきたい。では、味噌漬けはどうであろうか。隠岐国における地方行政の財源となる正税の出納を記録した隠伎国正税帳には、正倉に備蓄されたものとして、稲や粟以外に「醤（醤油）」や「未醤（味噌）」の記載が見られる。これらは当然ながら、食料保存には欠かせないものであり、その重要性と普遍性を示していると考えたい。ちなみにこの正税帳によれば、天平四年（七三二）に隠岐国全体で備蓄されていた醤油と味噌の量は、それぞれ八石五斗、二石であり、隠岐全体の総生産量は意外に多かったと考えられる。

このように海産物は想像以上に多様な形で保存食として広域流通していた可能性が高く、『風土記』の産物を考えるとき、我々の食生活を振り返り比較するのも楽しいが、その流通と保存食のあり方を考えると、さらに奥深い面白さがあるのではないだろうか。

▲スルメイカ（提供　水産技術センター）

秋鹿郡

あきかぐん

入海からみた神名火山（宍道湖・朝日山　松江市）

秋鹿郡地図
大海
恵曇郷
東北 9.040
深田池
在家
磐壁
佐久羅池
峰崎池
恵曇浜
2.180
麻・桑
恵曇陂
杜原池
渡村
P116
コラム 7
恵曇郷の景観 範囲
多久川
奥才古墳群（解説 58）
（古代道路）
島根郡
西北 7.000
▲湯火山
高さ 170.0 周り 10.200
正北 7.000
▲足日山
高さ 230.0 周り 14.000
東北 9.040
▲神名火山
山下に佐太大神の社
松江市
神戸里
佐太橋（巻末）
長さ 3.0 広さ 1.0
秋鹿郡
8.200
佐太橋（島根郡堺）
山田川
西北 5.120
多太郷
佐太河
郡家
多太川
長江川
●石田遺跡
（解説 58）
周り 7.000
佐太水海
水門
長さ 0.150
広さ 0.010
入海
一般財団法人 日本地図センター
段彩・陰影画像を利用
0
2 km

大海
自毛埼（楯縫郡堺）
佐香浜
都於島
高さ 6.0 周り 0.080
御島
白島
正西 13.000
▲磐門山
正西 14.000
▲大継山
正西 16.000
▲伊農山
周り 7.000
正西 10.020
▲今山
秋鹿郡
高さ 180.0 周り 6.0
正西 10.020　神社
安心高野
高さ 110.0 周り 5.000
正西 10.020
△都勢野
正西 10.020
大野郷
楯縫郡
麻奈加比池
伊農川
正西 14.200
伊農郷
大野川
草野川
▲神名樋山
15.100
伊農橋（楯縫郡堺）
佐香郷
伊農川（秋鹿郡堺・楯縫郡条）
楯縫郷
多久川
佐香川
入海

秋鹿郡

秋鹿郡の解説

あきかぐん

『風土記』記載の概要

秋鹿郡は『風土記』では四郷一二里と神戸からなる郡で、律令に規定された郡の等級では、小さい方から二番目の下郡になる。出雲国の九郡のうち、郷数では楯縫郡・仁多郡と同じ四郷であるが、神戸里があるので、仁多郡よりはやや大きいか。人口は一里を約四〇〇人として、五二〇〇人程度である。

次に郡内の四郷の分布を見ると、大海（日本海）に面した恵曇郷と、入海（宍道湖）・枉北道沿いの多太・大野・伊農郷にわかれている。そして、池（→解説56）の記載はすべて恵曇郷、川の記載はすべて入海側のものと考えられるなど、二つの地域は『風土記』記載上も異なる様相を持つ。

さらに恵曇陂には隣郡島根郡郡司の先祖の説話がみえ（→コラム7）、当郡内にある佐太御子社の祭神の佐太御子神の説話が島根郡加賀神埼に登場する。この佐太御子神は佐太大神とも記され（神名火山・島根郡の加賀神埼）、『風土記』に四例しかみえない「大神」の称号を持つ、島根半島側の有力な神であった（→解説53）。また後述するように、島根―秋鹿郡堺は不安定で、歴史的に見ても島根郡域との一体性が強い。

郡の範囲

秋鹿郡の範囲は、東端は現在の松江市のうち、旧八束郡鹿島町の佐太川左岸地域と北岸の佐陀本郷・武代・恵曇を含む。また当郡大井社を加藤義成のように現在の名分の大井神社とした場合、鹿島町名分も秋鹿郡だったことになる。また恵曇浜では岩壁を掘り抜いた川の東側（実方位では北側）が島根郡とするが、現在の恵曇神社は島根郡側に位置することになる。島根―秋鹿郡堺には相当の変動があったようである。西端は出雲市の地合町・野郷町・美野町を含むが、自毛埼（出雲市坂浦町の牛の首）・伊農川の伊農橋が郡堺とされるので、若干出入りがある。また、恵曇陂の復元案は高安克己の研究によっている。

郡への交通路

『風土記』巻末記載には島根郡家から分岐する枉北道が、郡を東西に横断していたと記されており、秋鹿郡の通道にみえる通道もこれに当たる。当郡では郡堺を橋と記載する方針だったようであるが、このことは、他郡の通道でも川と書かれている箇所にも橋があった可能性を示唆する。水上交通を考える上では、佐太河の河口の潮、大野津社という社名にみえる津（港湾）の存在が注目される。

なお、秋鹿郡地図・出雲国風土記地図などに図示した秋鹿郡内の道路については内田律雄の説を採用した。

有力な氏族

『風土記』では、郡の大領に蝮部臣、権任少領に刑部臣、主帳に日下部臣が確認される。このほか、恵曇陂には島根郡大領社部臣の祖、波蘇が登場する。他に出雲国計会帳に匠丁として額田部首が見える。

『風土記』以外の歴史

秋鹿郡の初見は『風土記』で、藤原宮などから出土する七世紀の評の木簡にも秋鹿評はみえない。

当郡は先にも記したように『風土記』の記述からも島根郡との一体性がうかがえるわけであるが、このことは、特徴的な埋葬施設を持つ奥才古墳群（『風土記』の島根郡内に所在）が、松江市鹿島町全域の首長墓群と考えられることや（→解説58）、奥才古墳群のある丘陵の下に広がる講武平野（『風土記』の島根郡内）から見る神名火山が、もっとも秀麗（三角錐に近く）にみえること（→解説53）、同平野の河川多久川は下流が島根―秋鹿郡界となっていることにも表れている。また『釈日本紀』に引用された尾張国風土記逸文には「多具国」の国神「阿麻乃彌加都比女」が登場するが、これは当郡伊農郷のアメノミカツヒメと同神で、島根・秋鹿郡域を一体とした「国」があったことを推測させる（→解説52）。これらを踏まえ、郡に先行する評段階を中心に、のちの島根郡・秋鹿郡が一郡（評）であったとする説も、荒井秀規によって提起されている。

『風土記』以後の秋鹿郡については『和名抄』では、秋鹿の読みとして音便化した現在と同じ「安伊加」の訓が附されている。郷数は四郷で『風土記』と同じである。

郡内の遺跡

秋鹿郡家の遺跡は発見されておらず、所在地は不明であるが、東長江町にある郡崎をその遺称とみる説が有力である。郡家の北にあったとされる秋鹿社については、加藤義成は秋鹿社はかつて東長江町にあったとする。

秋鹿郡域は全体として発掘調査の事例が少ない。奈良平安時代の集落遺跡としては、松江市古曽志町の古曽志遺跡群があり、意宇郡・島根郡同様に丘陵に平坦部を作り出して建物を建てた状況が確認できる。他に松江市大野町の丁の坪遺跡からは墨書土器「舘」が出土している。奈良時代の明確な寺院跡は確認されていないが、松江市西長江町の常楽寺瓦窯跡は意宇郡山代郷南新造院と同類の瓦や国分寺と同じ瓦が出土し、寺院跡の可能性もある（大橋泰夫二〇〇九）。

記載の特徴

『風土記』秋鹿郡記載の特徴は、すべての郷名の由来が「○○神が○○した時に、○○とおっしゃった、だから○○（郷）という」という共通した様式で書かれている点であり、これは巻末記載に出雲国造と並んで勘造者としてみえる神宅臣金太理が当郡の記載にも関わったためと考えられる（→解説126）。大海（日本海）の海岸地形についても記述は少なく、海浜村落を示す「浜」は恵曇一か所である。現在でも六坊と恵曇の間はたいへん地形が険阻で、集落も存在していない。

また、概要に記したように池の記載は恵曇郷に、川の記載・山の記載は南の三郷に集中しているほか、恵曇郷に当たる地域では細かい情景描写がある（恵曇陂・恵曇浜）。二地域では情報収集担当が異なったか。

伝承としては、恵曇陂の記事が著名で、隣郡島根郡の郡司の祖先が、潟湖であった恵曇陂に排水路を設けて水田化したという、地域の豪族による開発伝承が記される。

【参】荒井秀規二〇〇九・内田律雄二〇〇四
関和彦一九九五・高安克己一九九七b
谷口雅博二〇〇九・中川ゆかり二〇一〇

本文・現代語訳

［一］秋鹿郡の総記

秋鹿郡

合わせて郷四〔里一十二〕、神戸一。

恵曇郷　もとの字は恵伴。

多太郷　今も前のままの字を用いる。

大野郷　今も前のままの字を用いる。

伊農郷　もとの字は伊努。

〔以上の四郷は、郷ごとに里三ずつ。〕

神戸里

秋鹿と名づけるわけは、郡家の正北に※秋鹿日女命が鎮座していらっしゃる。だから秋鹿という。

［注釈］

※秋鹿日女命…他に見えない神。固有の説話がないことを考えると、地名が先にあって、後から神が祀られたか。郡と同名の神にはほかに飯石郡のイイシツベがある。

秋鹿郡家の所在地…松江市東長江町の郡崎が遺称地とされるが、遺跡は発見されていない。

解説 49

郡家と神社

秋鹿郡の由来は、郡家の正北に秋鹿日女命が鎮座するため、とされる。秋鹿日女命は秋鹿社の祭神とみられるので、秋鹿社は郡家が近傍にあったことになる。

『風土記』にはこのように郡家に社が附属していた事例が他にもみえる。すなわち、①意宇郡家の東北の田の中には意宇杜が存在、②大原郡家の所在する斐伊郷には樋速日子命が鎮座するとされる。意宇社については該当する『風土記』記載の社はみえないが、大原郡の樋速日子命は同郡の神祇官社樋社の祭神と推定されるので、社が附属していた。また、③土佐国風土記逸文には、土佐郡家内に社があり、神の名を天河命といったとされ、④武蔵国入間郡の郡家には北西隅に出雲伊波比の神がいたとの文書もある。

▲現在の秋鹿神社

これらのことから、郡家に神やその社が附属する事例は相当あったとみられる。その神の性格をみると②・④はいわゆる官社で、特に④は宝亀三年（七七二）当時武蔵国で四社しかなかった官社のうちのひとつである。一方、秋鹿社は不在神祇官社、①と③は他の史料にみえず、どのような社なのか不明で、全体として郡家に附属する神は様々である。

特に秋鹿社の場合、郡名の由来となった神であるので有力な社と思われがちであるが、同社は秋鹿郡の不在神祇官社の一番最後に登場する。秋鹿郡は島根郡から分離して成立したとの説もあり、郡家に附属する社のあり方は、その郡や前身である評の成立の特色を反映しているのかもしれない。

〔参〕平石充二〇〇七
平川南二〇〇三b
関和彦一九九七f

本文・現代語訳

[二] 秋鹿郡の郷

※恵曇郷。郡家の東北九里四十歩の所にある。須佐能乎命の御子、※磐坂日子命が国をめぐりなさった時に、ここにいらしておっしゃられたことには、「ここは国が若く美しいところである。地形は※画鞆のようである。私の宮はここに造ることにしよう。」とおっしゃられた。だから、恵伴という。〔神亀三年に字を恵曇と改めた。〕

※多太郷。郡家の西北五里一百二十歩の所にある。須佐能乎命の御子、※衝桙等番留比古命が国をめぐりなさった時に、ここにいらしておっしゃられたことには、「私の心は明るく正しく【原文…照明く正真しく】なった。私はここに鎮座しよう。」とおっしゃられて鎮座なさった。だから多太という。

※大野郷。郡家の正西一十里二十歩の所にある。和加布都努志能命が狩りをなさった時に、郷の西の山に※狩人をお立てになって、猪を追って北の方にお上りになったが、※阿内谷に至ってその猪の足跡がなくなってしまった。そのときおっしゃられたことには、「自然と猪の足跡が失せてしまった。【原文…亡失せき】」とおっしゃられた。だから内野という。それが、今の人は誤って大野と呼んでいるだけである。

※伊農郷。郡家の正西一十四里二百歩の所にある。

解説 50

磐坂日子命と恵杼毛社

スサノオの御子とされる磐坂日子命は他の史料にはみえない神で、「若々しく美しい、絵に描いた鞆のようだ」と国ぼめしてその土地に鎮まる、恵曇郷の地域神である。神名のイワサカとは、社部臣波蘇が岩を開削した伝承（→コラム7）にからめ「磐裂」にちなむとする解釈もあるが、神が鎮まるために斎い浄めた境域「磐境」に通じるとする理解が一般的であろう。現在、磐坂日子命を祀る恵曇神社の本殿右手後背の斜面には巨岩が祀られている。磐坂日子命（『雲陽誌』ではスサノオ）が巡行の際に腰掛けた岩とされ、信仰の対象となっている（座王権現）。この岩こそが社殿が建てられる以前の、恵杼毛社の起源にかかわる祭祀対象、すなわち磐座であろう。

ところで注目されるのは、磐坂日子命が「私の宮はここに造ろう」と言った、とされていることである。宮とは「御屋」であり、建造物としての社殿のことを指す。風土記で「宮」という表現はほかに所造天下大神の宮（楯縫郡の総記、出雲郡杵築郷）、すなわち杵築大社のような特別な神社を除き、『風土記』段階の地域社会に多数ある神社は、社殿をもたず自然物を社としたもの、と考えられてきたが、この伝承は恵杼毛社が既に社殿を有して磐坂日子命を祀っていたことを示唆している。八世紀前半に社殿化していた事例が一定数あったことをうかがわせる（→コラム10）。

この説話は伝統的な祭祀対象（磐座）→イワサカヒコの神格と説話形成→社殿の創建といった時間経過を推察させ、しかも社殿に祀られて以降は神蹟である「神が腰掛けた岩」として、磐座への祭祀が併存したまま現在に引き継がれている、という点で重要な事例である。

◀恵曇神社の磐座

※出雲郡伊農郷に鎮座していらっしゃる※赤衾伊農意保須美比古佐和気能命の后、※天瓱津日女命が国をめぐりなさった時に、ここにいらしておっしゃられたことには、「伊農よ【原文…※伊農波夜】。」とおっしゃられた。だから、※足怒る伊努という。〔神亀三年に字を伊農と改めた。〕

※神戸里。〔※出雲神戸のことである。名の説明は意宇郡に同じ。〕

【注釈】

※恵曇郷…松江市鹿島町恵曇・武代・古浦・佐陀本郷を中心とした地域。

※磐坂日子命…他に見えない神。解説50参照。

※画鞆…絵に描いた鞆のこと。鞆は弓を射る時に左手につけるもので、弦の跳ね返りで腕を打つのを防ぐためのもの。

※多太郷…松江市東長江町・西長江町・秋鹿町の地域。

※衝桙等番留比古命…諸写本には衝杵等乎而留比古命とあるが、ここでは加藤義成の校訂に従った。

※大野郷…多太郷の西、松江市大野町を中心とする地域。

※狩人…当時の狩りは、弓に優れた狩人を立たせてそこへ獲物を追うという方法を取っていたと考えられる。解説51参照。

※阿内谷…秋鹿郡の宇智社近くの谷を言ったと考えられる。

※伊農郷…出雲市野郷町・美野町の伊農川以東の地域。

※出雲郡伊農郷…出雲郡の伊努郷を参照。

※赤衾伊農意保須美比古佐和気能命…出雲郡の伊努郷にも見える。赤衾は赤い寝具、伊農は寝る（寝ぬる）、意保須美比古は大洲見日子すなわち沖積地を見守る彦神（男神）、佐和気は分け掌る、分担して見守るすなわち守護神の意味を持つ。つまり、赤い寝具で寝る沖積地を守護する男神となる。

※天瓱津日女命…天は天つ神の接頭語、瓱は御食に通じ、津は助詞であるから、穀霊神である。楯縫郡神名樋山条にみえる天御梶日女と同神か。解説52参照。

※伊農波夜…「はや」は感嘆の助詞。

※足怒る…加藤義成の校訂では削除されているが、ここは古い写本（細川家本・倉野本）に従い改訂した。

※神戸里…松江市佐田宮内、古志町付近の地域。

※出雲神戸…神戸については用語解説を、名称の由来は意宇郡出雲神戸を参照。

解説 51

大野郷の狩猟伝承

『風土記』に書かれた大野郷の地名由来記事は、和加布都努志がおこなった猪猟の失敗談で、わずか数行の文章であるが、いろいろな説が出されており、『風土記』解釈の面白さを提供する条といえる。地元の『続大野郷土史』によると、安心高野（現在の本宮山）麓の東村地域にこの猪猟伝説の地名が散在しているとされ、猪を見失った阿内谷がこの辺りとされている。その猟も、西の山に狩人（あるいは待人）を立たせているのに、南から北に猪を追い上げていることの不自然さに、見張りを立たせておこなう「巻狩猟」とする説もある。いずれにせよ、この伝説は大野町一帯の地形、つまり西に都勢野（現在の十膳山か）の山塊があり、大野川や草野川が流れる南北に細長い谷が多くみられる地形にうまく整合している。さらに『風土記』では、安心高野や都勢野は樹木がなく、前者は畑地、後者は低木・湿地と説明されていることから、畑地を荒らす猪と、猪が隠れ棲むのに都合の良い場所に狩人を立たせたことも、一帯の状況を説明するのに相応しい。

なお、『風土記』によれば、和加布都努志は大穴持命の御子神で、出雲郡の美談郷に鎮座して天つ神の御料田を管理していたとされている。その神がこの郷で猪猟をおこなっていることの意味は、さらに奥の深い解釈ができるかもしれない。

〔参〕大野郷土誌編修委員会一九七八

▲現在の大野郷比定地の様子

本文・現代語訳

［三］秋鹿郡の神社

※佐太御子社　※比多社　※御井社　※垂水社
※恵杼毛社　※許曽志社　※大野津社　※宇多貴社
※大井社　※宇智社
［以上一十所はいずれも神祇官社。］
※恵曇海辺社　※同海辺社　※奴多之社　※那牟社
※多太社　※同多太社　※出島社　※阿之牟社
※田仲社　※彌多仁社　※細見社　※下社　※伊努
社　※毛之社　※草野社　※秋鹿社
［以上一十六所はいずれも不在神祇官社。］

［注釈］

※佐太御子社…佐太神社（松江市鹿島町佐陀宮内）。
※比多社…日田社（佐太神社境内）。
※御井社…秋鹿神社（松江市秋鹿町）、御井社（佐太神社境内）に合祀。
※垂水社…垂水社（佐太神社境内）。
※恵杼毛社・恵曇海辺社（不2）…恵曇神社（松江市鹿島町恵曇）、恵曇神社（同町佐陀本郷）、恵曇海辺社（同町恵曇）。
※許曽志社…許曽志神社（松江市古曽志町）。
※大野津社…大野津神社（松江市大野町）。
※宇多貴社…宇多紀社（佐太神社境内）。
※大井社…大井神社（松江市鹿島町名分）、五十田神社（松江市古志町）。
※宇智社…内神社（松江市大垣町）。
※奴多之社…奴多之神社（松江市大垣町）。
※那牟社…草野神社（松江市上大野町）に合祀。
※多太社（不2）…多太神社（松江市岡本町）。
※出島社…出島神社（松江市西浜佐陀町）。
※阿之牟社…森清神社（松江市大垣町）。
※田仲社…田中社（松江市鹿島町佐陀宮内）。
※彌多仁社…彌多仁神社（松江市荘成町）。
※細見社…細見神社（松江市大野町）。
※下社…草野神社（松江市上大野町）に合祀。

解説52

二つのイヌ郷

出雲国に限らないが、律令国家の郡・郷には、離れている場所に同じ名がみえる場合がしばしばある。『風土記』には意宇郡楯縫郷と楯縫郡・同郡楯縫郷、意宇・大原両郡にある屋代郷、そして秋鹿郡伊農郷と出雲郡伊努郷の二つのイヌ郷の三例がある。最後のイヌ郷をみると、秋鹿郡の伊農郷で出雲郡伊努郷との関係が語られるので、同じ地名の場所には何らか関係があったのだろう。

さて、二つのイヌ郷にかかわる神が赤衾伊努意保須美比古佐和気命とその后の天瓺津日女命である。興味深いのは、アメノミカツヒメが出雲から遠く離れた尾張国風土記逸文の丹羽郡吾蔓郷（愛知県一宮市）条にも「多具国の神阿麻乃彌加津比女」として登場することだ。この多具国は、秋鹿郡～島根郡の多久の折絶・多久川周辺をさすか楯縫郡の多宮村をさすのであろう。また、この逸文はホムチワケ伝承（→コラム15）のひとつで、阿麻乃彌加津比女に祝（祭祀を執りおこなう人）を用意すると、ホムツワケが言葉を話したという物語である。

▲浜佐田町で越冬する白鳥

秋鹿郡とホムチワケ伝承は関係があるのであろうか。出雲郡の伊努郷は出雲神戸に隣接し、出雲神戸には鳥取部氏がいた（→解説75）。秋鹿郡の出雲神戸はその所在が明確ではないが、多具国の推定地の一つ、多久川流域にあったと見る説は多い。ホムチワケ伝承には鳥取部氏の祖が白鳥を捕えた説話もあるが（→コラム15）、現在も松江市浜佐田町では越冬する多数の白鳥を見ることができる。

［参］関和彦二〇〇七a
関和彦二〇〇八
吉井巌一九六七
吉井巌一九七六

※伊努社…伊努神社（出雲市美野町）。
※毛之社…杢屋神社（松江市古志町）に合祀。
※草野社…草野神社（松江市上大野町）。
※秋鹿社…秋鹿神社（松江市秋鹿町）。

本文・現代語訳

［四］秋鹿郡の山野

※神名火山。郡家の東北九里四十歩の所にある。高さは二百三十丈、周りは一十四里ある。いわゆる※佐太大神の社は、その山の麓にある。

※足日山。郡家の正北七里の所にある。高さは一百七十丈、周りは一十里二百歩ある。

※安心高野。郡家の正西一十里二十歩の所にある。高さは一百八十丈、周りは六里ある。土地がよく肥え、人々にとって肥沃な園である。樹木はないが、頂上の方には林がある。これが※神社である。

※都勢野。郡家の正西一十里二十歩の所にある。高さは一百一十丈、周りは五里ある。樹林はない。

※嶺の中に澤がある。周りは五十歩ある。四方の岸に藤・荻・芦・茅などの植物が群生し、あるものは群がり立ち、あるものは水に伏しかぶさっている。鴛鴦が棲んでいる。

※今山。郡家の正西一十里二十歩の所にある。周りは七里ある。

およそ、すべての山野にある草木は、白朮・独活・女青・苦参・貝母・牡丹・連翹・伏令・藍漆・

解説 53

佐太御子社と神名火山

出雲国内にある四つのカンナビ（→解説21）のひとつである。山の説明の後に続く「いわゆる佐太大神の社（＝佐太御子社）は、その山の麓にある」という記述は、その山がなぜカンナビなのかを説くものだ。つまり、佐太大神が坐す山だからカンナビなのである。

この山は、松江市鹿島町古浦と東長江町の境にある朝日山とする理解が一般的だが、いくつかの疑問点も示されている。最大のなぞは、佐太神社の鎮座地が麓（原文は「山下なり」）と言うにはあまりに朝日山から遠く、その間にはいくつも谷があるので厳密には朝日山の麓ではないことだ。そこで佐太神社背後にある形の良い山（標高九八メートル）をあてる見方もあるが、出雲の他のカンナビはそれぞれ規模が大きく、また宍道湖を囲むような広域的な視点から設定されているとみられることからも、妥当ではない。結論から言えば、やはり朝日山こそが神名火山と理解すべきだろう。

朝日山は山並みの中でひときわ高くそびえ、しかも北（恵曇）、東（講武）、南（古曽志・長江）と眺望できるエリアが広い。佐太大神が古「狭田国」を主宰する地域神であったこと（→解説34）を考慮すれば、その領域のどこからも仰ぐことのできる朝日山が佐太大神の坐す山と認識されていたこと、また朝日山の山体を一体的にカンナビととらえていたことが想定できる。特に東側の講武平野から望む朝日山は神々しい山容を誇るが、この方角から佐太神社の鎮座地はちょうど山塊の麓に見なされ、『風土記』の記述と整合する。

こうした視点は、出雲郡条において一連の山並みを出雲御埼山と呼び、その西の下に杵築大社がある、とした表現と共通するものであろう。

◀講武平野から望む朝日山

女委・細辛・蜀椒・署預・白斂・芍薬・百部根・薇蕨・薺頭蒿・藤・李・赤桐・白桐・椎・椿・楠・松・栢・槻。鳥獣は、鵰・晨風・山鶏・鳩・鴙・猪・鹿・兎・飛𤢖・狐・獼猴がいる。

［注釈］

※神名火山…松江市東長江町の朝日山（標高341メートル）。

※佐太大神の社…秋鹿郡の佐太御子社を指す。

※足日山…松江市鹿島町古浦と松江市秋鹿町の境にある経塚山（標高316メートル）。

※安心高野…加藤義成は「女心高野」とする。細川家本などには「一女心高野」とある。秋鹿郡の神社に阿之牟社が記載されていることから、ここでは「安心高野」と校訂する。なお、この山は松江市岡本町、上大野町、大垣町の境にある本宮山（標高279メートル）。解説54参照。

※神社…秋鹿郡の宇智社を指す。

※都勢野…松江市大野町と出雲市美野町の境にある十膳山（標高193メートル）。

※嶺の中に澤…現在はない。

※今山…十膳山の北の室山（標高252メートル）。

解説54

安心高野　樹林と神社

安心高野について、『風土記』には「土地がよく肥え、人々にとって肥沃な園である」と書かれている。安心高野には、樹林がある場所とない場所とがあり、樹林のある場所に神社があったという。

この安心高野に相当する場所は、本宮山である。今日では「○○山」と呼ばれている存在が、『風土記』において「○○野」と表記されている理由はどこにあるのか。これは、『風土記』における「山」と「野」の表記の違いに起因する。『風土記』では、樹木のある山が「山」であり、樹木のほとんどない草山が「野」なのである。意宇郡の「神名樋野」について、東方に松があり南西北の三方には茅が生えていると書かれている（→解説21）。注意すべき点は、松にしろ茅にしろ二次林であることである。すなわち、「野」には人間の手が入っているのである。では人間にとって「野」はいかなる存在であったのか。これは、水稲栽培の発達につれて必要な肥料として、また牛馬の飼養に必要な飼料の供給源として活用されたと考えられている。

安心高野に鎮座する神社は、秋鹿郡神祇官社の「宇智社」、『延喜式』では「内神社」と表記されている。これは、松江市大垣町の内神社に比定されている。その鎮座地は、中世以降は「高野宮」・「阿内大明神」・「足高大明神」と称されており、内神社が安心高野と深い関わりがあったことを示している。山頂に樹林があり、そこに神社があったという『風土記』の記述は、神社の一つの形態を示すものであろう。

［参］加藤義成一九九六a

▲本宮山

本文・現代語訳

[五]秋鹿郡の河川・池

※佐太河。源は二つ。〔東の流れの水源は島根郡のいわゆる※多久川、これである。西の流れの水源は※秋鹿郡渡村から出る。〕二つの流れが合流し、南へ流れて※佐太水海に入る。その水海の周り七里。〔鮒がいる。〕水海は入海に通じている。※潮の長さは一百五十歩、広さは一十歩ある。

※山田川。源は郡家の西北七里の※湯火山から出て、南に流れて入海に入る。

※多太川。源は郡家の正西一十里の※安心高野から出て、南に流れて入海に入る。

※大野川。源は郡家の正西一十三里の※磐門山から出て、南に流れて入海に入る。

※草野川。源は郡家の正西一十四里の※大継山から出て、南に流れて入海に入る。

※伊農川。源は郡家の正西一十六里の※伊農山から出て、南に流れて入海に入る。

※長江川。源は郡家の東北九里四十歩の※神名火山から出て、南に流れて入海に入る。〔以上の七つの川は、みな魚はいない。〕

※恵曇陂。〔もとの字の恵伴を恵曇に改めた。〕周りは六里ある。鴛鴦・鳧・鴨・鮒がいる。まわりには芦・蔣・菅が生えている。養老元年(七一七)より前は、荷葉が自然に群生し、とてもたくさんあった。養老二年からは自然となくなり、全く茎もない。土地の人が言うには、池の底に※陶器や※瓱、※甓など

解説 55

『風土記』の村

現代において、村と言えば地方自治体を指し、最近は市町村合併もあり数は減少しているが、いまだ多くに残っている。

村の存在は、非常に古く遡る。『日本書紀』や『古事記』はもちろん、『風土記』にも登場する。都で出土する荷札木簡にはサト（郷や里）と一致する村もある。しかし、国や郡、郷のように律令に村の定義がなされているわけではない。古代において村とは多様な意味を持つようであるが、以下『風土記』の村をみてみよう。

『風土記』で村は、ほとんどが郡境を示す箇所に記載されている。郡堺につながる道や川のコースをより限定し、特定するため郷や里でなく村が使用されていることからすると、村名によって地点が特定できたとみられる。要するに郷や里が編戸による人間集団とすると、村は家屋の集まり、いわゆる集落を指すのだろう。もちろん集落と人間集団が重なることもあったろうし、集落と行政的な編成である戸や里や郷が一致した場合もあるだろう（大原郡の斐伊村と斐伊郷など）。『風土記』の村の記載は断片的でその内実を明らかにすることは難しい。また、村名と同じ神社も知られているが、知られている一七村のうち同名の社があるのは二村のみでじつは多くない。ただし、地域社会側で編纂された『風土記』の中に、行政単位と異なる名称の村の記載が少しでもあるということは重要で、実際は地域社会の中に、郷里と異なる「村」というコミュニティが多数存在していたことを暗示しているとみられる。

▲古代の村の様子（復元）（所蔵　出雲歴博）

[参] 平川南二〇〇三a
宮瀧交二二〇〇五

がたくさんあるという。昔から時々、人が溺れ死ぬ。水の深さ浅さは不明である。

※深田池。周りは二百三十歩ある。〔鴛鴦・鳧・鴨がいる。〕

※杜原池。周りは一里二百歩ある。

※峰峙池。周りは一里ある。

※佐久羅池。周りは一里一百歩ある。〔鴛鴦がいる。〕

［注釈］

※佐太河…松江市の佐陀川。巻末記載の出雲国の道程にも見える。加藤義成の校訂をあらため「河」とした。

※多久川…松江市の講武川。島根郡の多久川を参照。

※秋鹿郡渡村…松江市鹿島町佐陀宮内仲田付近の古地名。

※佐太水海…現在潟ノ内として一部が残るほか松江市古曽志町、古志町、薦津町、西浜佐陀町、浜佐陀町の水田一帯（佐太川河口）を指す。このあたりの水田は古代において湖であったと考えられる。解説58参照。

※潮…水の出入り口の意味。

※山田川…松江市の秋鹿川。

※湯火山…松江市秋鹿町の山中に湯屋谷という地名があるが、その名残か。

※多太川…松江市の岡本川。

※安心高野…秋鹿郡の山野にも見える。詳細はそちらを参照。

※大野川…松江市の大野川。

※磐門山…加藤義成は譲葉山とする。ジャバミ山と呼ばれる標高232メートルの山。

※草野川…松江市の草野川。

※大継山…加藤は松江市大野町上根尾北方の山とするが、『続大野郷土誌』（一九七八）によって大空山とする。

※伊農川…出雲市の伊野川。

※伊農山…出雲市野郷町にある秋葉山（標高243メートル）。

※長江川…松江市の東長江川。長江川は細川家本になく、江戸時代に「七つの川」から補訂されたか。

※神名火山…秋鹿郡の山野にも見える。詳細はそちらを参照。

※恵曇陂…松江市鹿島町佐陀本郷の中央一帯を含む池。コラム7参照。

※陶器…土器。須恵器。

※甈…酒を醸すのに使用する大甕。

※甎…敷き瓦のこと。寺院などの地面に敷き並べた。

※深田池…松江市鹿島町佐陀本郷深田付近にあったか。現在消滅。コラム7参照。

※杜原池…松江市鹿島町佐陀本郷の森田池。コラム9参照。

解説 56

『風土記』の坡・池・江

『出雲国風土記』には坡・池・江とよばれる項目が設けられているのもほかの風土記にみえない特色で、意宇（二）・島根（七）・秋鹿（二）・楯縫（五）・出雲（四）・神門（四）の六郡で二四か所の記載がある。

まず、坡（陂・隄なども表記）は、人工的に形成された池の事を指すとみる説がある。『和名抄』においても、「水を蓄えることを陂という」と記され語義としては正しい。ただし、坡の比定地は何れも河川河口部、あるいはその後背の排水の必要な低湿地で、貯えた水を他に供給するような施設・地形は想定しづらい。また水量の増減がある用水池に深さの記載や「深さが不明」という記載はそぐわない。

次に池であるが「坡」と対比させ自然の池とみる見方もある。しかし『日本書紀』の「池」は何れも築堤を伴う人工池で『風土記』でも「池」を築いたと記す（神門郡古志郷）。小規模で一般的な人工池の遺跡である奈良県薩摩遺跡出土木簡（八世紀前半）にも「作池」がみえる。八世紀の「池」は人工の池を指すのであろう。『風土記』の「池」比定地も多くが谷地形の出口に築堤した池である。

最後の「江」は出雲郡にのみ見られる記載で、記載順から見て川ではなく坡・池と同類視されていたようである。比定地は不明であるが、池類で唯一「入海」に流れると記されているので、宍道湖に接したいわゆる潟湖的地形を指すのであろうか。

なお、『風土記』に記載はないが、安来市吉佐町の陽徳寺遺跡では、谷地形に存在した古代の池跡（幅二〇メートル・長さ四五メートル以上・深さ二メートル）が確認されている（平安末に埋め立て。築堤は未確認）。

［参］島根県教育委員会一九九六
関和彦一九九七e

▲杜原池推定地の森田池

四 秋鹿郡

※峰崎池…松江市鹿島町佐陀本郷峰谷付近にあったものであろう。現在はすでに消滅している。コラム7参照。
※佐久羅池…松江市鹿島町佐陀本郷佐久羅谷付近にあったものであろう。現在はすでに消滅している。コラム7参照。

本文・現代語訳

［六］秋鹿郡の海岸地形

南は入海である。春は鯔魚・須受枳・鎮仁・鰝鰕などの大小さまざまの魚がいる。秋は白鵠・鴻雁・鳧・鴨などの鳥がいる。北は大海である。※恵曇浜。広さは二里一百八十歩ある。東と南にはどちらも家がある。西は野、北は大海である。浦から人家までの間はまわりに石も木もなく、白い砂が積もっているようである。大風が吹くと、その砂はあるときは風に吹かれて雪のように降り、あるときにはそのまま流れ動いて蟻のように散り、桑や麻を覆ってしまう。ここに磐壁を彫り抜いたところが二か所ある。〔一か所は厚さは三丈、広さは一丈、高さは八尺ある。もう一か所は厚さは二丈二尺、広さは一丈、高さは一丈ある。〕その中を通じている川は、北に流れて大海に入る。〔川の東は島根郡、西は秋鹿郡に属する。〕川口から南方、田のほとりまでの間は、長さは一百八十歩、広さは一丈五尺、源は田の水である。上に記した文に言う佐太川の西の源はここと同じ場所である。ただ渡村の田の水が、南と北に分かれているだけである。古老が伝えて言うことには、島根郡の大領、※社部臣訓麻呂の先祖の※波蘇たちが※稲

解説 57

ミステリアスな恵曇陂

恵曇陂は、恵曇郷の内陸部に入ったところにある低湿地で、松江市鹿島町の佐陀本郷一帯に広がっていたと考えられている（→解説56）。一九九四年、島根県古代文化センターと島根大学汽水域研究センターは、佐陀本郷の稗田と舟津でボーリングを実施し、深度六メートルの土壌を採取した。分析の結果、佐陀本郷の地層は、潟の時代、池の時代、田園または湿地の時代、と推移していることが判明した。このうち池の時代は深度約五・三メートルから二・二メートルの地点に相当し、深度三・七メートル前後の地点が八世紀ごろになる。この池の時代は、他の時代に比べて含水率や強熱減量が極めて高かった。これは池の時代の土壌が大量の水分を含んで「底なし沼」の状態にあったことを意味しており、「水の深さ浅さは不明である」という『風土記』の記述とも合致する。

恵曇陂については、「昔から時々、人が溺れ死ぬ」、また「池の底に陶器や瓱、甎などがたくさんある」とも書かれている。このミステリアスな記述については陂に潜む神に対して捧げ物をおこなった儀礼と考える説がある。時には人間が生け贄となる場合もあったのかも知れない。『三代実録』仁寿二年（八五二）二月壬戌条によれば、美濃介藤原高房が安八郡（岐阜県大垣市西方の郡）の陂を修理しようとして、人々に「水を渇かすことを望まない神がいる」という具合に止められている。地域社会において、陂は超自然的な存在が宿る場所であると認識されていたのである。

［参］関和彦一九九七e
高安克己一九九七a・b

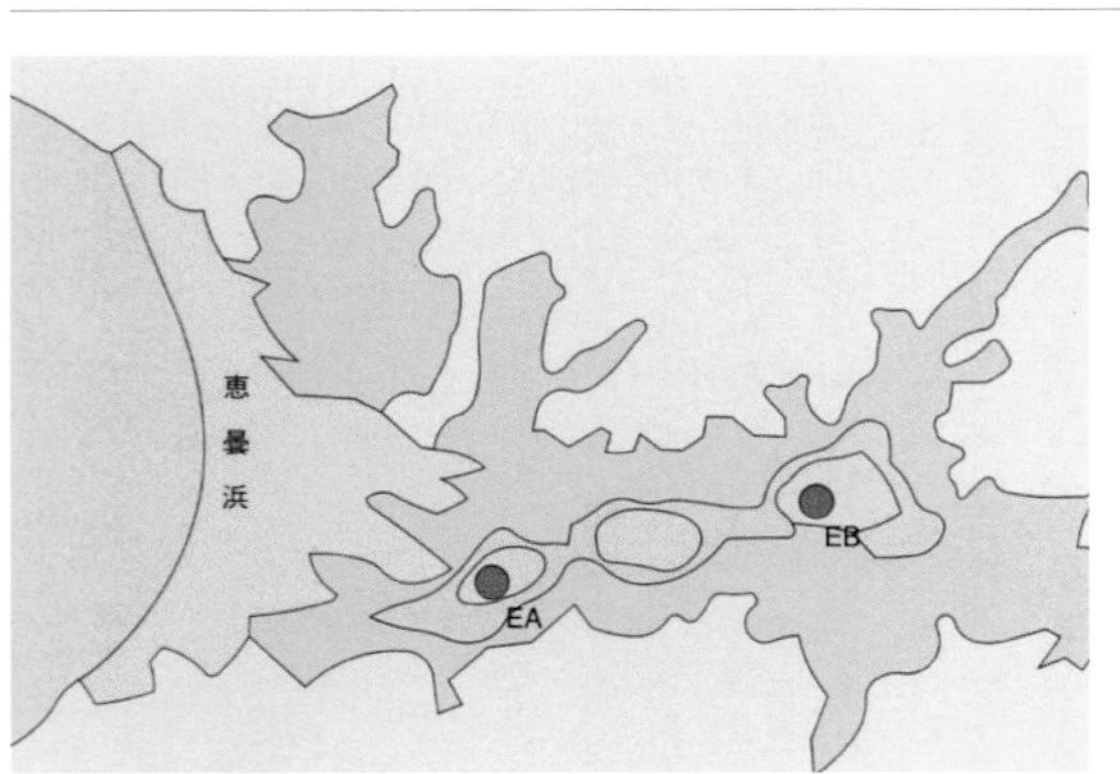

▲恵曇陂推定地のボーリング調査
（赤がボーリングをおこなった場所）

田の澇をはけるために掘り抜いたものである。浦の西の磯から楯縫郡の堺の※自毛埼までの間の浜は、岸壁が切り立ってけわしく、風が静かでも、往来の船を停泊させるところがない。

※白島。〔紫苔菜が生える。〕

※御島。高さは六丈、周りは八十歩ある。〔松が三本ある。〕

※都於島。〔磯である。〕

※著穂島。〔海藻が生える。〕

およそ北海でとれるさまざまな産物は、鮐・沙魚・佐波・烏賊・鮑魚・螺・貽貝・蚌・甲蠃・螺子・石華・蠣子・海藻・海松・紫菜・凝海菜。

〔注釈〕

※恵曇浜…松江市鹿島町恵曇、古浦の恵曇漁港一帯の海岸。
※社部臣…詳細は島根郡の郡司の社部臣、解説60を参照。
※波蘇…社部臣訓麻呂の先祖の名前。「はそ」は鯉科の淡水魚。
※稲田の澇…稲田の湛水。当時この地域は低湿で排水が困難だったため、岩壁を穿って排水路を設けた。
※自毛埼…出雲市坂浦町の牛の首。
※白島…松江市秋鹿町芦尾の鼻繰島。
※御島…松江市魚瀬町の女島。
※都於島…出雲市地合町の大黒島とするが、魚瀬町沖の烏帽子岩を指すとみられる（関和彦二〇〇六により補足）。
※著穂島…『古今著聞集』に天慶三年（九四〇）一二月に出雲国秋鹿郡の黒嶋が消えうせたと見えるのがこの島か。あるいは、出雲市地合町沖の沖辻石・灘辻石、二ッ島の可能性もある（関和彦二〇〇六）。

解説 58

佐太水海と狭田国

佐太水海の範囲は、現在の松江市古曽志町の佐陀川流域、宍道湖につながる河口部を中心にした水田地帯一帯に相当する。毎年シベリアから飛来する白鳥の越冬地としても知られているが、当時は宍道湖の北に広がる入り江状の湿地帯であった。入り江の周辺には、古墳時代前期から後期に至る様々な古墳が継起的に築造されており、出雲でも有数の有力集団が基盤としていた地域でもある。

これらの古墳は、日本海に抜ける佐陀川の分水嶺ルートにあり、宍道湖と佐太水海を望む立地であることから、これらの古墳を築造した集団は、日本海につながるこの地域の水上交通を統べていたと考えられる。

また、佐太水海の東北岸の石田遺跡は、島根郡内に当たるが、古墳時代中期の祭祀遺跡で湧水などの井泉に関わる水辺の祭祀がおこなわれており、須恵器や土師器の他、実用品の琴、扉などの建物ないし囲繞施設の部材も見つかっている。

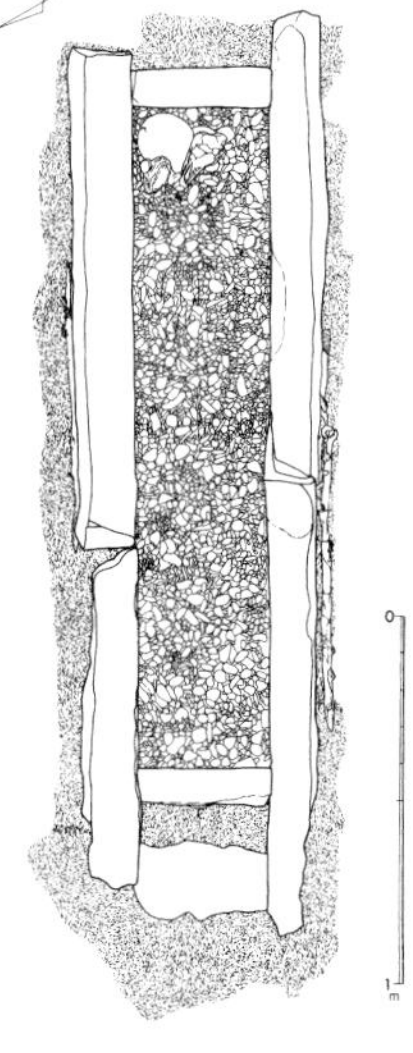

◀奥才古墳群一四号墳出土礫敷石棺（鹿島町教委一九八五を改変）

また、奈良時代には同遺跡から「宿泊」「泊」の墨書土器が出土する点も注目される。

『風土記』の国引き神話に登場する狭田国は、この佐太水海を含めた島根半島中央部に相当すると考えられている。狭田国の形成時期を考える上で大きなヒントになるのが、前述の古墳である。古墳時代前期から中期に築造された松江市鹿島町域に所在する奥才古墳群では、棺の中に丸く角のとれた小さな石を敷き詰めた埋葬施設が造られている。この特異な埋葬施設をもつ古墳が集中的に造られる範囲が、佐太水海周辺を含めた島根半島中央部に相当することからも、『風土記』に記される狭田国以前から一定の地域的まとまりが存在していたものと考えられている。

【参】鹿島町教育委員会一九八五
松江市教育委員会二〇〇四

本文・現代語訳

［七］秋鹿郡の通道

通道。島根郡の堺の※佐太橋に行く道は、八里二百歩である。
楯縫郡の堺の※伊農橋に行く道は、一十五里一百歩である。

［注釈］

※佐太橋…詳細は島根郡の通道を参照。

※伊農橋…出雲市東端を流れる伊農川にかかっていたと考えられる。なお、楯縫郡の通道では秋鹿郡の堺は「伊農川」として記載される。

解説 59

『風土記』の橋と水上交通

記載の整った『出雲国風土記』からは、他国では知り得ない情報が読み取れる。その一つが、橋である。古代の橋については、律令では都城や畿内で国司に相当する官人（京職・摂津職）の職務にみえる「道橋」が一般の国司の職務にみえないことなどから、律令国家は渡河点の整備に消極的だとみる見解もある。

さて『風土記』には左表のような橋の記載がある。野城橋は特に大きな橋で、同橋のかかる飯梨川は、鉄穴流しの影響もあるが、近世でも架橋されず、舟を並べて上に板を渡した舟橋であった。『風土記』で橋がなく渡が置かれた、と明記される斐伊川・神門川は、記載から筏流しが想定され、上下の河川交通が重視されたとも考えられるだろう。

また、楯縫郡と秋鹿郡の境は楯縫郡では伊農川とするが、秋鹿郡の通道では伊農橋と記載される。秋鹿郡は郡堺を橋で記載したようで、『風土記』に記載がなくても橋のあった可能性は高い。実例としても、松江市朝酌川（『風土記』水草河）の原の前遺跡からは平安時代の橋脚が、出雲市山持遺跡では、『風土記』の頃の幅六メートルの土橋も検出され、何れも『風土記』に記載はない橋の実例である。

国司の職掌にない「道橋」のうち、「道」すなわち道路については、史料に記載がなくても、全国的に大規模に造営されていることが発掘調査で明らかになっている。道とセットとなる橋についても、同様に整備された可能性を考える必要があるのではないか。

道路記載にみえる渡河点

番号	名称	川名	規模	通過する道路
1	野城橋	飯梨川（飯梨川）	長91.8m、幅7.8m	山陰道
2	野代橋	野代川（乃白川）	長18m、幅4.5m	山陰道
3	来待橋	来待川（来待川）	長24m、幅3.9m	山陰道
4	渡	出雲河（斐伊川）	幅90m、渡船１	山陰道
5	渡	神門川（神戸川）	幅45m、渡船１	山陰道
6	朝酌渡	入海（大橋川）	幅144m、渡船１	山陰道隠岐道
7	千酌駅家浜（津）	北ッ海（日本海）	渡船	山陰道隠岐道
8	佐太橋	佐太川（佐太川）	長９m、幅３m	通道（島根－秋鹿）
9	渡	斐伊河（斐伊川）	幅45m、渡船１	通道（大原－飯石）

道路記載以外にみえる渡河点

番号	名称	所在地	規模	記載条文
10	津	島根半島－蜈蚣島	幅216m	島根郡蜈蚣島条
11	渡	栗江崎－夜見島	幅389m	島根郡栗江崎条
12	伊努橋	秋鹿郡－楯縫郡		秋鹿郡通道条

［参］島根県教育委員会一九九五
島根県教育委員会二〇〇九a

本文・現代語訳

［八］秋鹿郡の郡司

郡司　主帳　外従八位下勲十二等※日下部臣
大領　外正八位下勲十二等※刑部臣
※権任少領　従八位下※蝮部臣

［注釈］

※日下部臣…仁徳天皇の皇子大草香または同じく皇女草香幡梭にちなんで名付けられた部民である。ここにみえる郡司主帳の日下部臣は、出雲の日下部集団の中で上位に位置し集団を統括するリーダー的存在と推定される。

※刑部臣…この氏の由来は允恭天皇の皇后忍坂大中姫の領有する部民、敏達天皇皇子押坂彦人の部民を設置したとする説など諸説がある。ここに郡司大領の刑部臣は、出雲の刑部集団の中で上位に位置し集団を統括するリーダー的存在でカバネ臣を有する出雲臣の同族と推定される。他に神門郡の郡司にも見える。

※権任…「権」は「仮の」という意味で、仮に任じられた官職に付される。写本により加藤義成の校訂より少領の上の「外」の字を除いた。

※蝮部臣…丹治比瑞歯別天皇（反正天皇）にちなんだ部民、蝮部を統括する人物である。カバネ臣を有していることから出雲臣とも同族とみられる。

解説 60

島根半島の雄族　社部臣

『風土記』では島根郡大領は社部臣で、隣郡の秋鹿郡恵曇浜条には訓麻呂と実名がみえる。位階は外正六位下で、当時の出雲国造出雲臣広島より一階下ではあるが、広島は国造就任・神賀詞の奏上で特別に叙位されているので、やはり正六位下は高い位階である（↓解説48）。また、神亀元年（七二四）に全国の官人に与えられた勲十二等を帯びておらず、郡司就任もそれ以降のようだ。とにかく有力な人物である。

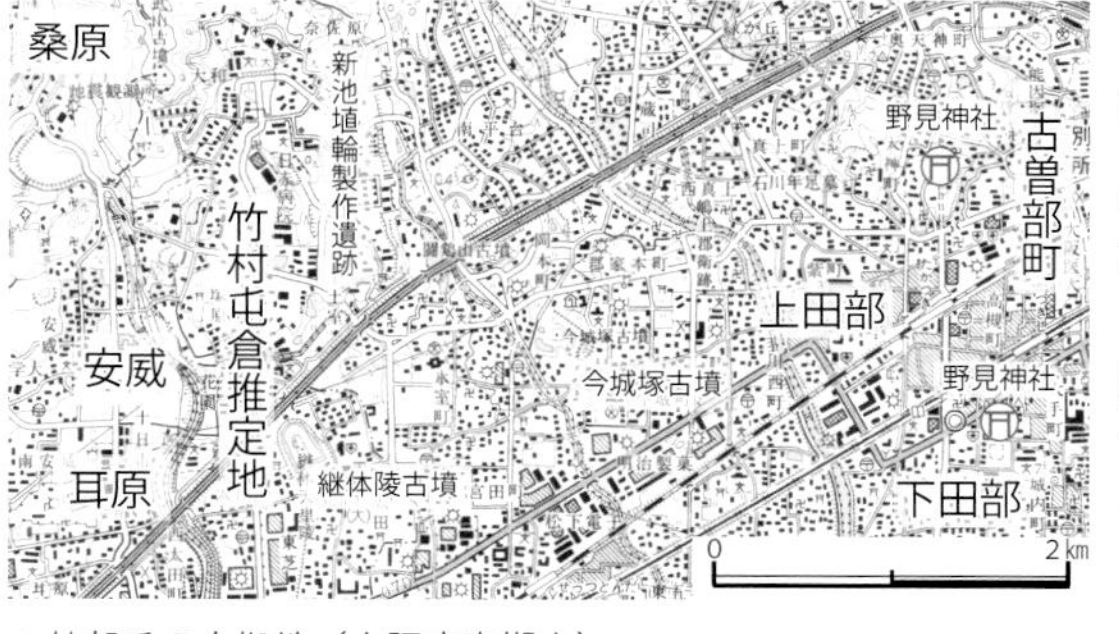

▲社部氏の本拠地（大阪府高槻市）

この社部臣氏は、出雲臣と同様にカバネ臣を有し、出雲臣の同族とみられるが、いくつかの特徴を示しておこう。

まず、その先祖の波蘇等が隣郡秋鹿郡恵曇浜の開発をおこなっており、社部臣の勢力は郡境を越え秋鹿郡の一部にも及んでいたとみられる。このことから『風土記』以前に秋鹿郡（評）が島根郡（評）から分割されたとする見解もある（荒井秀規）。

また、中央の社部氏の本拠地は摂津国の三嶋地域、現在の大阪府高槻市古曽部町で、ヤマト王権の竹村屯倉推定地にも近い。出雲国造の先祖、淤宇宿禰は屯倉を管理する屯田司だったとの伝承をもち（『日本書紀』仁徳天皇即位前紀）、出雲国造系図では、淤宇宿禰の一代前は三嶋宿禰という人物である。古曽部町周辺には土師氏も分布する。島根半島の豪族（後の社部臣）と意宇の豪族（後の出雲臣）が、倭王権の屯倉管理の職掌を通して、古くから密接な関係を持っていたことも想像される。

［参］荒井秀規二〇〇九
関和彦一九九七b
丹羽野裕・平石充二〇一〇

恵曇郷の景観

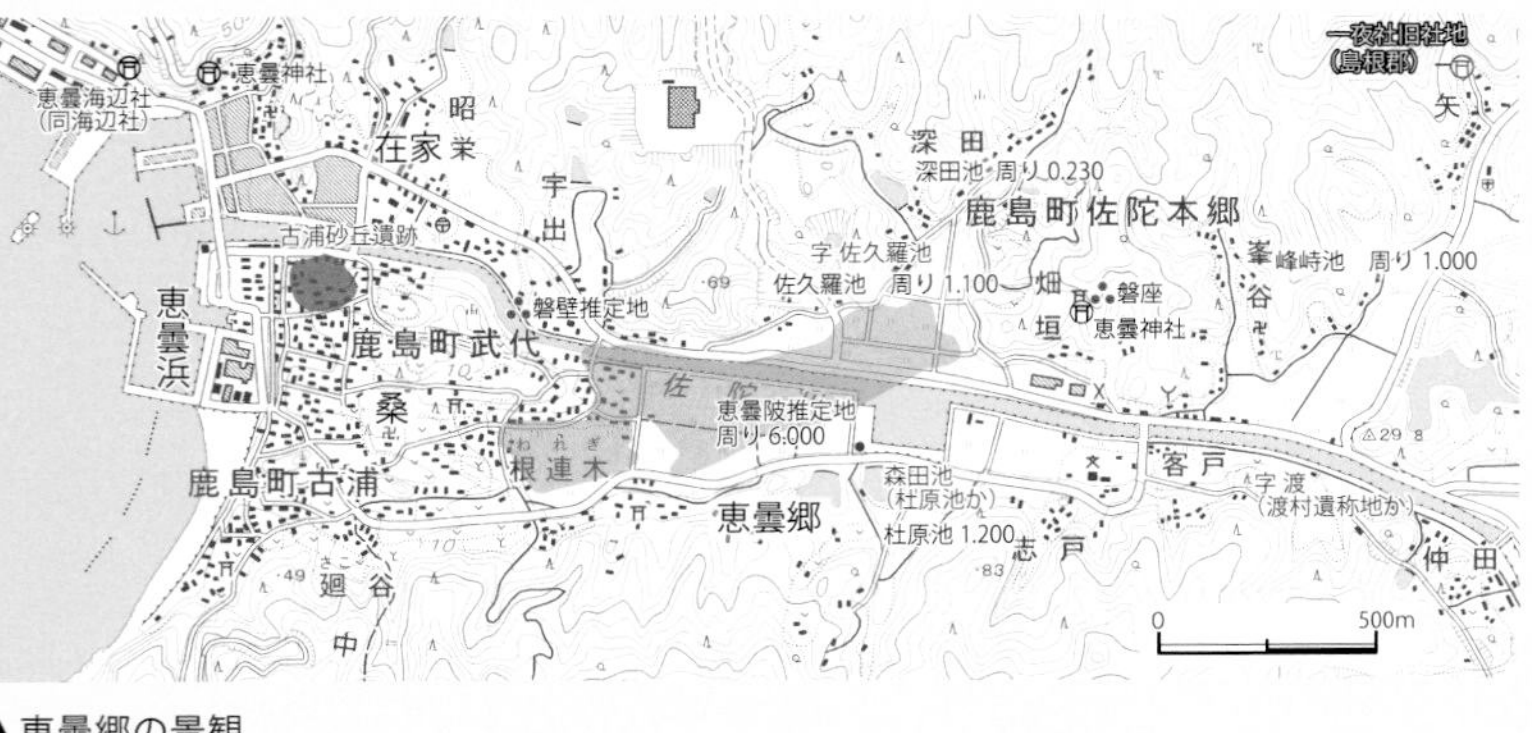

▲恵曇郷の景観

秋鹿郡恵曇郷は、松江市鹿島町の古浦・江角・武代・佐陀本郷を含む地区である。『風土記』によれば、その地名の由来はイワサカヒコが「ここは国が若く美しいところである。」と述べたことに因むという。地形は恵鞆のようである。鞆は弓を射る時に弦で左手を打たないように保護する革製の武具のことで、手に巻くと円弧を描く。恵曇地域をどの場所から見たらそのように見えるのか。イワサカヒコの目線は、今日の恵曇漁港の背後の山から見た景観ではないかと思われる。

● 恵曇郷の人家

恵曇郷で人々が住む人家（百姓の家）は、『風土記』によれば、東と南で、西は野、北には海が広がっていたとされる。実際の方角は、それよりも九〇度東にずれているから、古代人は、北を海とする方位感覚を持っていたのであろう。

さて『風土記』の記述で言う東の部分、現在の古浦地区では、一九六一年から六四年にかけて発掘調査がおこなわれ、弥生時代から奈良時代にかけての集落跡が発見された（古浦砂丘遺跡）。同遺跡からは、埋葬人骨が六〇体以上検出された他、奈良時代の土師器や**須恵器**、**土製支脚**なども出土している。『風土記』によれば、恵曇浜は岩石も草木もなく、ただ一面に白砂を積んだような浜として描かれるが、そういった場所でも人々は確実に暮らしていたのである。

● 恵曇郷の生業

恵曇郷に暮らす人々の生業として、まず想定できるのは漁業であろう。『風土記』によれば、秋鹿郡では各種の海産物が列挙されている。恵曇浜の海人はこれらの海産物を採取していたに違いない。

しかし、恵曇郷で営まれていたのは、漁業だけではない。『風土記』によると、恵曇浜の様子は「大風が吹くと、その砂はあるときは風に吹かれて雪のように降り、あるときはそのまま流れ動いて蟻のように散り、桑や麻を覆ってしまう」と記されている。この記述から砂丘では桑畑が営まれていたことが知られるのである。このような事例は他地域でも見られる。鳥取県中央部の湯梨浜町長瀬高浜遺跡では、砂丘上に営まれた平安時代の畑が発見されている。また、おなじく鳥取県の東端、鳥取砂丘がある鳥取市福部町（古代

▲空からみた恵曇浜付近

で言えば因幡国法美郡服部郷）には、『延喜式』神名帳にみえる服部神社が所在する。服部とは、まさに桑や麻の生産に関わる部民である。つまり、鳥取砂丘の東端は、ヤマト王権の段階から桑や麻を生産し、中央へ貢納していたのである。

このように一見すると厳しい環境に置かれながらも恵曇浜に暮らす人々は、まさに与えられた環境を活かしながら多様な生業を営んでいた。

砂浜の後背湿地は、『風土記』によれば、「稲田の澇」と記され、水はけの悪い土地を排水するために開発もおこなわれた。再び、秋鹿郡の恵曇浜を参照すると、島根郡大領社部臣の祖である「波蘇」という人物が岩壁を掘り抜き、湿地帯の水を排水したことが記されている。その結果、新たに成立したのが「渡村」であった。岩壁の候補地としては、佐陀川が日本海へ注ぐ直前に大きく蛇行する武代付近がある。

このような開発は、出雲に固有のものではなく、砂丘や潟湖周辺に後背湿地を抱える日本海沿岸において、広くおこなわれた出来事であった可能性が高い。

そして、それは確実に律令国家成立以前まで遡るのではなかろうか。すでに見たように、恵曇浜の岩壁をくり貫いた人物は、島根郡大領社部臣の祖として位置づけられている（↓解説60）。すなわち、出雲国島根郡の成立に先行するのである。律令国家成立以前、出雲国島根郡の地は、『風土記』の国引詞章に姿を見せる「狭田国」であった（↓解説58）。

恵曇郷の神社

『風土記』によれば、恵曇郷には神祇官社として恵杼毛社、不在神祇官社として恵曇海辺社と同海辺社の三社のエトモ社が記載されている。このうち、海辺を冠さないエトモ社が渡村など内陸の人々に信仰され、『風土記』に海辺社と記載されたエトモ社二社は海人によって信仰されたのであろう。

恵曇郷では漁業、養蚕、水田耕作など多様な生業が展開していたのである。

［参］関和彦一九九七a・d
鳥取県教育文化財団一九九七

▲恵曇の岸壁推定地

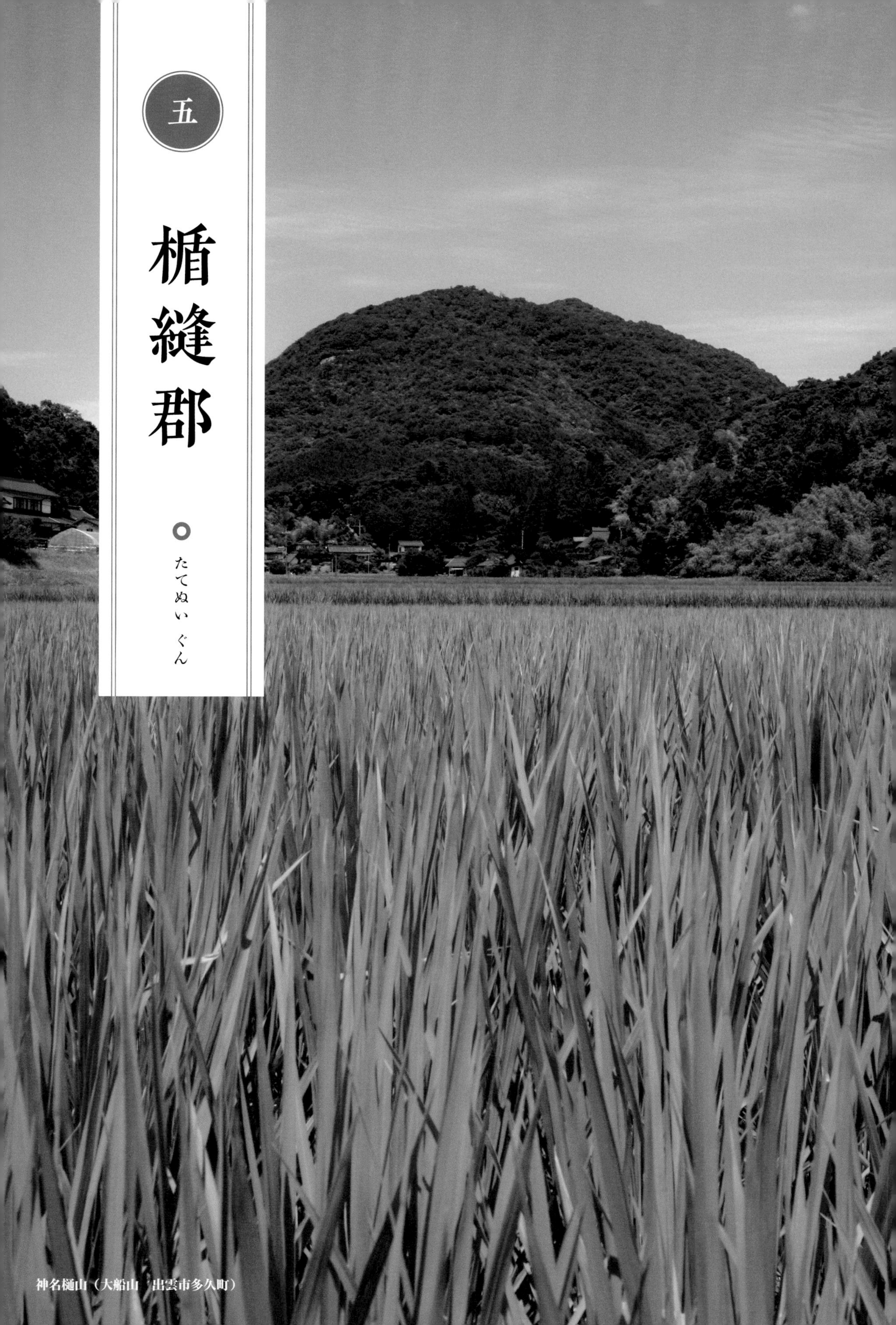

五 楯縫郡

たてぬいぐん

神名樋山（大船山　出雲市多久町）

大海
自毛埼
広さ 0.050
佐香浜
広さ 0.092
己自都浜
大海
広さ 0.038
御津浜
御津島
秋鹿郡
▲伊農山
今山▲
8.264
伊農川
(秋鹿郡堺)
都勢野△
伊農郷
伊農橋
(秋鹿郡条)
正北 5.040
▲阿豆麻夜山
周り 1.000
大東池
(解説 65)
虹か滝
高さ 120.5 周り 21.180
東北 6.160
烏帽子岩
(解説 66)
▲神名樋山
麻奈加比池
周り 1.010
真那神池
正東 4.160
佐香郷
周り 1.000
大東池
神戸里
楯縫郡
多宮村
多久川
都宇川
周り 1.200
赤市池
明地池
属郡家
楯縫郷
郡家
正西 5.200
玖潭郷
古殿
佐香川
入海
楯縫郡地図
一般財団法人 日本地図センター
段彩・陰影画像を利用
0
2 km

大海
能呂志島
広さ 0.008
能呂志浜
広さ 0.100
鎌間浜
長さ 2.200 広さ 1.000
許豆埼
許豆島
楯縫郡
西北 7.000
▲見椋山
許豆浜
余戸里
広さ 0.100
周り 1.100
長田池
都宇
意保美浜
宮松埼
去豆の折絶（意宇郡条）
周り 1.050
沼田池
奈良尾池
正西 8.060
沼田郷
宇賀郷
西西郷廃寺（解説 64）
沼田郷新造院卍
正西 6.160
宇加川（出雲郡堺
7.160
意保美小川
出雲郡
多布志烽（巻末）
美談郷 正倉
出雲御埼山

楯縫郡

楯縫郡の解説

たてぬいぐん

『風土記』記載の概要

楯縫郡は『風土記』では四郷一二里・余戸一・神戸一からなる郡で、同じく四郷から構成される秋鹿・仁多郡と並んで郡の等級では下郡にあたる。人口は一里を約四〇〇人として、五六〇〇人程度である。

郡は島根半島中部にあたり、特徴は『風土記』のなかで、杵築大社と出雲臣を関連づける伝承があることである。まず郡名の楯縫の由来は、天御鳥命が杵築大社へ楯を奉納、現在に至るという『風土記』時点で実際におこなわれていた杵築大社への奉仕の起源となっている（→解説61）。いちおう国内他郡の由来と同様、神の所作を引用するが、部民制に相当する「楯部」と表現されているように、現実の奉仕と強い関係にある点は特筆されるだろう。またこの伝承は『日本書紀』のいわゆる国譲り神話（神代下第九段第二の一書）と類似しており、出雲国造出雲臣の主張を汲んだものと考えられる（→解説61）、そして当郡の大領は出雲臣なのである。

郡の範囲

楯縫郡の範囲は、おおむね旧平田市の東部に当たる。東端は伊農川とされ、伊農川は野郷・美野町内を流れているので、これら町内の伊農川右岸域は楯縫郡域であった。また、北海の郡堺である自毛埼も近世以降の郡域とは若干出入りがあるようだ。西側の出雲郡堺については、近世の郡堺や現代の市町村堺とも異なり、平田船川が堺であった（南は入海）。

なお、近世には島根半島側の出雲郡は消滅し、神門郡と楯縫郡となっている。この時の楯縫―神門郡堺が旧平田市と旧出雲市の堺であるが、地理的に見てもおおむね簸川平野における平地分水界に当たる（楯縫郡側では川は東流、神門郡側では西流する）。古墳時代後期の有力古墳をみると、意宇郡・島根郡など出雲東部に中心的に分布する石棺式石室を有する古墳は、古代の楯縫―出雲郡堺を越え、この平地分水界（国富町・美談町）までは分布している（寺山1号墳→解説64、コラム11）。また国富町の有力古墳である国富中村古墳も、採用された石棺に出雲東部の影響が認められ（出雲市教委二〇一二）、楯縫郡の前身となった豪族の支配領域は、一部出雲郡域に及んでいた可能性もある。

水域については、林正久の研究を参照した。

郡への交通路

意宇郡家からはじまり現在の島根半島側を経由、出雲郡家に至る枉北道が郡内を東北から南西に通っていた。東の堺は秋鹿郡の通道によれば伊農橋が架橋されていたようである。出雲郡側の南は郡の範囲で述べたように入海であったとみられ、『風土記』以後の斐伊川の堆積作用もあり、当時の地形等は完全に現地表下に埋没していると考えられている。風土記地図に示した道路の表示は、内田律雄の推定により、実際の道路位置というよりも、概念的に表示したものである（一部が推定水域と重なるがいずれも推定なのでそのまま表示している）。

有力な氏族

郡の大領は出雲国造と同じ出雲臣で出雲臣同族の中でも特に有力であった（→解説69）。出雲臣は出雲国内の五郡にみえるとはいえ、入海沿岸の六郡をみると、出雲西部の出雲・神門郡、また秋鹿郡にもみえず、飛び地的にこの楯縫郡にみえる。これは、先に述べた石棺式石室の分布も同様で、要するに、出雲東部の意宇・島根郡の様相が、当郡域周辺のみ見られるのである。その郡名が、杵築大社への奉仕に由来することは、出雲国造出雲臣がオオクニヌシの祭祀をおこなうことや、杵築大社の創始にも関わる重要な意味があると思われる。

少領高善史氏は大和国の渡来系氏族で、移住者か。また主政の物部臣は出雲の物部を統括した人物であるが、出雲臣と同じカバネ臣を有しており、出雲臣とも関係がある。ただし、出雲西部には物部関連の部民が多く分布しており（→コラム11）、それらとの関係も推測される。このほか、延暦二〇年（八〇一）に当郡の人品治部真金が悪行をなした国司介石川浄主・島根郡の人従六位上神掃石朝臣継人（→解説48）、出雲郡の人若和部臣真常とともに長門に流されているが（『類聚国史』）、関係者はいずれも国司や郡司層で品治部真金も相当な有力者であったのだろう。品治部は、ホムチワケ伝承に登場する氏族でもあるが（→コラム15）、当郡の神名樋山にみえる天御梶日女命もホムチワケ伝承と接点があり（→解説52・65）、天御梶日女命の信仰に関係するのであろうか。このほか『三代実録』元慶元年（八七七）九月二七日条には白水郎海部金麿・黒麿が珊瑚を採集した話がみえ、海部氏もいた。

『風土記』以外の歴史

楯縫郡の初見は、藤原宮出土の「楯縫評乃呂志里物部知米」の荷札木簡で七世紀末頃には楯縫評として成立している。乃呂志里は『風土記』の能呂志浜・能呂志島に関連する里で『風土記』にはみえない（→解説67）。一〇世紀の『和名抄』にみえる郷名は、『風土記』と同じ四郷で、記載順も同じである。

郡内の遺跡

楯縫郡家所在地は各種里程から、出雲市多久谷町灘と推定する説があるが遺跡などは発見されていない。郡大領出雲臣大田の建立した新造院については、西郷町の西西郷廃寺と推定される（→解説64）。生産遺跡については、『風土記』の頃の遺跡は確認されていないが、九世紀頃になると郡の東端、出雲市小境町の木舟窯跡で須恵器が生産される。

記載の特徴

楯縫郡の記載では、郡名由来にみえる杵築大社への楯桙貢納の伝承、また神名樋山条にみえる石神の神格（多伎都比古命）や雨乞いの伝承である。前者は『日本書紀』の一書との関連がある貴重な記載である。後者は、なかなか実態の分からない石神や、神がこもる山とされる神名樋山の信仰の実相を考える上でも重要な記載である。

【参】出雲市教育委員会二〇一二
内田律雄二〇〇四
林正久一九八九
平田市教育委員会二〇〇四

本文・現代語訳

[一] 楯縫郡の総記

楯縫郡

合わせて郷四（里一十二）、余戸一、神戸一。

佐香郷　今も前のままの字を用いる。

楯縫郷　今も前のままの字を用いる。

玖潭郷　もとの字は忽美。

沼田郷　もとの字は努多。

〔以上の四郷は、郷ごとに里三ずつ。〕

楯縫と名づけるわけは、神魂命がおっしゃられたことには、「わたしの十分に足り整っている※天日栖宮の縦横の規模が、※千尋もある長い※栲紲を使い、※桁梁を何回も何回もしっかり結び、たくさん※結び下げて作ってあるのと同じように、この※天御量をもって、所造天下大神の住む宮を造ってさしあげなさい。」とおっしゃられて、御子の※天御鳥命を楯部として天から下しなさった。そのとき天御鳥命が天から退き下っていらして、大神の宮の御装束としての楯を造り始めなさった場所がここである。それで、今にいたるまで楯や桙を造って神々に奉っている。だから楯縫という。

【注釈】

※天日栖宮…天つ神が住む宮。

※千尋…長さの単位。千尋とはとても長いという意味。

※栲紲…楮の皮で作った強い縄。

解説 61

楯縫郡の伝承と『日本書紀』

楯縫郡の総記は、楯縫郡が「大神宮」すなわち、杵築大社（出雲大社）に奉納する楯や桙を今に至るまで造っているというものである。『延喜式』の臨時祭式には神祇祭祀に用いる楯を諸国の神戸、すなわち神社に従属する戸から調達するという類似の規定がある。楯縫郡の楯の奉納も実際におこなわれていたのであろう（↓コラム8）。

一方で、この条文は『日本書紀』神代下第九段の第二の一書の表記と類似し、アメノヒスミノミヤ・チヒロタクナワなど共通する語句が見える（左）。この神代下第九段の第二の一書は、『日本書紀』本文でなく、『日本書紀』編者が参考とした異伝であるが、国譲りに際して、出雲での大きな社殿の建設と、その祭祀を出雲国造の先祖のアメノホヒが掌ることが明記されており、出雲国造出雲臣の主張と考えられている。

一般に『風土記』は『古事記』『日本書紀』の出雲神話とは異なる神話が多いとされる。しかし、杵築大社を巡る巨大な社殿の造営伝承は、出雲臣にとって氏族の成り立ちや、当時の実際の大神宮への奉仕者との関わりも説明する、きわめて重要な神話伝承であった。このため楯縫郡の総記には『風土記』より先に完成した『日本書紀』と同様の文章が採用されているのである。

【参】荻原千鶴一九九九・伊藤剣二〇一一

（楯縫郡の総記読み下し本文）楯縫と号くる所以は、神魂命詔りたまいしく、吾が十足天日栖宮の縦横の御量、千尋栲紲持ちて、百結びに結び八十結びに結び下げて、此の天御量持ちて、所造天下大神の宮を造り奉れ、と詔りたまひて、御子天御鳥命を楯部と為て、天降し給いき。爾の時、退り下り来坐して、大神宮の御装束の楯造り始め給いし所是なり。仍りて、今に至るまで、楯桙を造りて、皇神等に奉る。故、楯縫と云う。

（『日本書紀』神代下第九段第二の一書）又、汝が応に住むべき天日隅宮は、今当に供造らむこと、即ち千尋栲縄を以て、百八十紐にせん。其の宮を造る制は、柱は則ち高く大く、板は則ち広く厚くせむ。（中略）又、百八十縫の白楯を供造らん。又汝が祭祀を主らむは、天穂日命是なり。

※桁梁…建造物において、柱を結ぶ水平方向の部材。
※結び下げて…長い栲紲の橋を美しく垂らすこと。
※天御量…高天原の尺度。
※天御鳥命…他に見えない神。アメノホヒの子、アメノヒナトリと同一視する説もある。
楯縫郡家の所在地…出雲市多久谷町灘古殿が推定地だが、遺跡は発見されていない。

本文・現代語訳

[二] 楯縫郡の郷

※佐香郷。郡家の正東四里一百六十歩の所にある。佐香の河内に※百八十神たちがお集まりになって、※御厨をお建てになり、酒を醸造させなさった。そして百八十日にわたって酒盛りをして解散なさった。だから、佐香という。

※楯縫郷。郡家に属する。〔郷名の説明は、郡名に同じ。〕※北海の浜の紫菜磯に窟がある。内側の縦横は一丈半、高さと広さはそれぞれ七尺である。内側の南の壁に穴がある。穴の口の周り六尺、径二尺あり、人は入ることができない。奥行の深さは不明である。

※玖潭郷。郡家の正西五里二百歩。所造天下大神命が、※天御飯田の御倉をお造りになるための場所を求めて巡りなさった。そのとき、「※はやさめくたみの山【原文…波夜佐雨久多美乃山】」とおっしゃった。だから、忽美という。〔神亀三年に字を玖潭と改めた。〕

※沼田郷。郡家の正西八里六十歩の所にある。※宇

解説 62

佐香郷伝承と古代の酒

「酒盛り」というように「サカ」＝酒である。ここでは佐香郷の郷名「サカ」の由来として、神々の酒宴にまつわる興味深い伝承が語られている。百八十神たちが集って酒を醸し、なんと百八十日もの間「喜讌」をしたというのだ。「みづく」とは水浸しになる、という意であるから、「さかみづき」とは酒に浸るがごとき盛大な酒宴、ということであろう。

神々の酒宴の場である佐香の河内とは現在の小境川あるいは鹿園寺川の流域内にある平地（中島のような地形か）を指す。山の峰のような神の空間ではなく、人々が暮らす村の中に酒を醸す酒屋を立てて、神を招来し酒を捧げて祀りをおこなう、そして祭祀が終わると神は去っていなくなる、という古代の神まつりのあり方がよく読み取れる。この伝承には書かれていないが、その後には祭祀に参加した村の人々の共同飲食、すなわち直会が賑やかにおこなわれたに違いない。酒と神まつりの密接な関わりを示す伝承である。

さて、ここでは神の柱数、酒宴の日数とも百八十という数字であることが注目される。一般には数が多いことの象徴的な表現と理解され、「天日栖宮の御量」の長さ（→解説61）にも用いられるなど楯縫郡に多出する。百八十神たちが集う、という点は『古事記』国譲りの場面で大国主神が宣言した「僕が子等百八十神」にも通じ、国内の神々が一所に集まるという後の神在祭にも通じる観念であることは興味深い。

なお『風土記』に記載のある佐加社は『延喜式』にある佐香神社であり、中世以降は松尾大明神とも称し、現在に至るまで酒造の神として信仰されている。

▲佐香の河内推定地の景観

乃治比古命が、「湿地【原文…爾多】の水で※乾飯をやわらかくふやかして食べることとしよう。」とおっしゃられて爾多と名を負わせなさった。そういうことなので爾多郷というべきなのだが、今の人はただ努多と言っているだけである。〔神亀三年に字を沼田と改めた。〕

※余戸里。〔名の説明は意宇郡の余戸里に同じ。〕

※神戸里。〔※出雲神戸である。名の説明は意宇郡の神戸に同じ。〕

［注釈］

※佐香郷…出雲市小境町・鹿園寺町・園町・坂浦町一帯の地域。
※百八十神…非常に多くの神の意味。
※御厨…神々の飲食物（神饌）を調理する場。
※楯縫郷…出雲市小伊津町から塩津町までの海岸沿いと多久町・多久谷町・岡田町一帯の地域。
※北海の浜の紫菜磯…出雲市美保町唯浦漁港付近の海岸。
※玖潭郷…出雲市東郷町・野石谷町の一部・久多見町・東福町一帯の地域。
※天御飯田…天つ神の食糧となる米を作る田。
※はやさめ…にわか雨のこと。
※沼田郷…出雲市平田町から万田町・本庄町までの一帯の地域。
※宇乃治比古命…大原郡の海潮郷にも見える。他には見えない神。海の神か。
※乾飯…米を蒸して乾かしたもの。水をかけて軟らかくして食べる。
※余戸里…出雲市十六島町付近の地域。
※神戸里…野石谷町の一部の地域。
※出雲神戸…神戸については用語解説を、名称の由来は意宇郡の出雲神戸を参照。

解説63 国覓

玖潭郷の地名の由来は、所造天下大神が「天御飯田」の倉を造るための場所をさがしてこの地にやって来たことにちなむという。このような神の巡行が国覓である。

国覓は一見すると農耕に適した土地を探す旅のように思えるが、それだけではない。国にするのにふさわしい場所を探し求める旅である。ここで言う「国」とは、国家としての「国」ではなく故郷としての「国」を指し、人々の生活空間である。

地域社会の人々にとって、自分達が生活する「国」は、始祖の神が住むべき土地を探して巡行した果てに見出した場所であると認識していた。

たとえば、『風土記』の秋鹿郡恵曇郷によれば、イワサカヒコがこの地にやって来て、国見をおこない、「ここは国が若く美しいところである。地形は恵鞆のようである」と述べて鎮座する（→コラム7）。また、飯石郡須佐郷では「この国は小さい国だが、国として良いところである。だから私の名前は、木や石にはつけまい」と述べて鎮座している（→解説97）。そして神が鎮座した後に、水田が切り開かれるのである。飯石郡須佐郷の場合は、「大須佐田」「小須佐田」が定められている。

国見歌は、豊穣を願った単なる予祝の歌ではなく、神が見出した土地を賞める歌なのである。

【参】古橋信孝一九八九

▼玖潭郷の故地

本文・現代語訳

[三] 楯縫郡の寺院

※新造院一所。沼田郷の中にある。厳堂を建立している。郡家の正西六里一百六十歩の所にある。大領※出雲臣大田が造った寺である。

[注釈]

※新造院（沼田郷新造院）…出雲市西郷町の西西郷廃寺。詳細は解説64参照。
※出雲臣大田…当郡の郡司大領。出雲臣についてはコラム2参照。

本文・現代語訳

[四] 楯縫郡の神社

※久多美社　※多久社　※佐加社　※乃利斯社
※御津社　※水社　※宇美社　※許豆社　※同社
[以上九所はいずれも神祇官社。]
※許豆乃社　※又許豆社　※又許豆社　※久多美社
※同久多美社　※高守社　※又高守社　※紫菜島社
※鞆前社　※宿努社　※埼田社　※山口社
※葦原社　※又葦原社　※又葦原社　※峴之社
※阿年知社　※葦原社　※田々社
[以上一十九所はいずれも不在神祇官社。]

[注釈]

※久多美社（在1不2）…玖潭神社（出雲市久多見町）、久多美神社（出雲市東福町）。
※多久社…多久神社（出雲市多久谷町）。
※佐加社…佐香神社（出雲市小境町）。

解説 64

沼田郷新造院と出雲臣

沼田郷新造院は大領出雲臣大田によって建てられた。その比定地は、出雲市西郷町西西郷廃寺と考えられている。この地では古くから多量の瓦が採集されており、大正時代には礎石も見つかったという。瓦の年代や出土地については諸説あるが、おおむね奈良時代のものであることは間違いなく、『風土記』の里程記載とも合致するので、当地が沼田郷新造院であった可能性は高いだろう。

一方、古墳時代の終わりごろには、西西郷廃寺の東方に山崎古墳と奥屋敷古墳、西方に寺山一号墳が築かれた（寺山一号墳は出雲郡内）。これらの古墳の石室は石棺式石室と呼ばれる特殊な形態の石室をもつ。この石室は出雲東部、意宇郡と島根郡を中心に分布し、意宇平野の後の出雲臣へとつながる大首長の奥津城、山代・大庭古墳群でも採用されている。そして意宇郡・島根郡以外で典型的な石棺式石室が分布するのは西西郷廃寺周辺のみである。

思い返せば沼田郷新造院の建立者は出雲臣であった。沼田郷新造院と石棺式石室。時代の離れた両者をつなぐ鍵は出雲臣にあるのかもしれない。

[参] 出雲考古学研究会一九八七
林健亮一九八八

▲西西郷廃寺出土軒平瓦（上）と文様塼（下）（林1988）

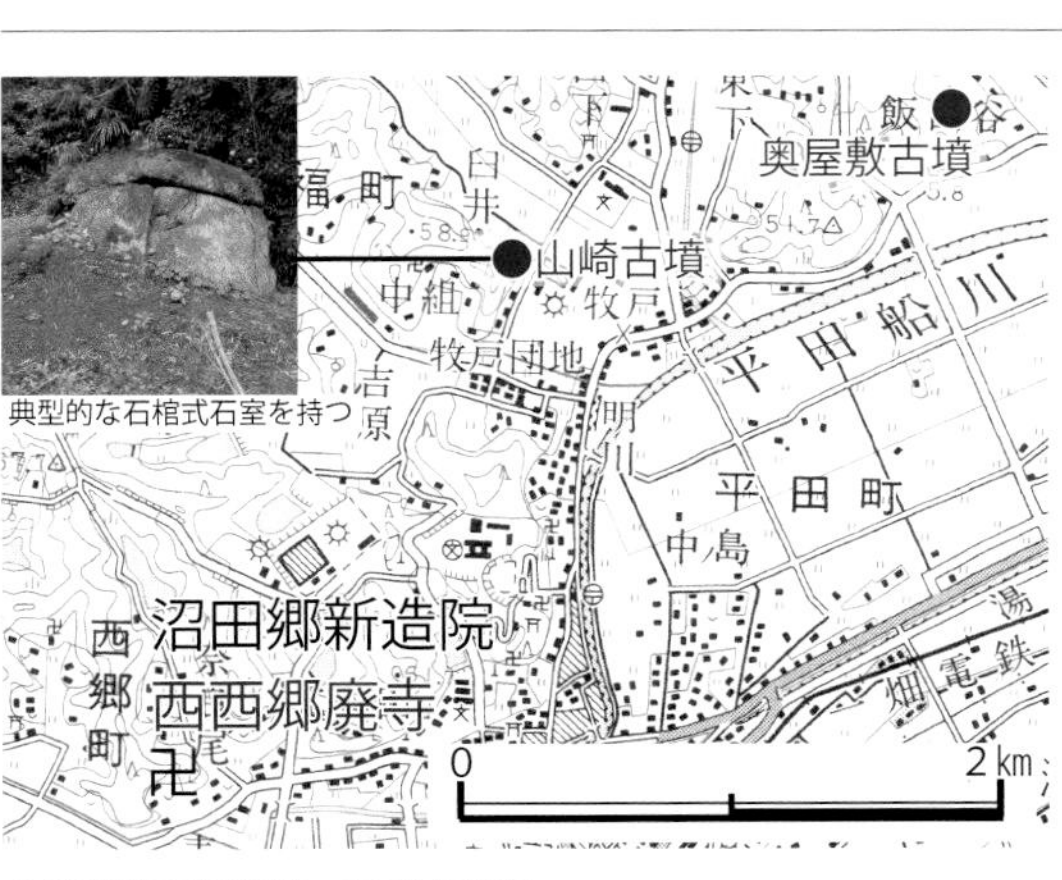

▲楯縫郡の新造院・石棺式石室

※乃利斯社…能呂志神社（出雲市野石谷町）。
※御津社…御津神社（出雲市三津町）。
※水社…水神社（出雲市本庄町）。
※宇美社…宇美神社（出雲市平田町）。
※許豆社（在2不3）…許豆神社（出雲市小津町）、許豆神社（同）、許豆神社（同市十六島町）。
※高守社（不2）…山口神社（出雲市鹿園寺町）に合祀。
※紫菜島社…紫菜島神社（出雲市十六島町　許豆神社境内）。
※鞆前社…鞆前神社（出雲市坂浦町）。
※宿努社…宿努神社（出雲市多久谷町）。
※埼田社…埼田神社（出雲市園町）。
※山口社…山口神社（出雲市鹿園寺町）。
※葦原社（不4）…葦原神社（出雲市西郷町）。
※峴之社…峴神社（出雲市万田町）。
※阿牟知社…能呂志神社（出雲市野石谷町）に合祀。
※田々社…田々神社（出雲市美保町）。

本文・現代語訳

［五］楯縫郡の山野

※神名樋山。郡家の東北六里一百六十歩の所にある。高さは一百二十丈五尺、周りは二十一里一百八十歩ある。嵬の西に石神がある。高さは一丈、周りは一丈、径の側に小さい石神が百余りある。古老が伝えて言うには、阿遅須枳高日子命の后の※天御梶日女命が、※多宮村までいらっしゃって※多伎都比古命をお産みになった。そのときお腹のこどもに教えておっしゃられたことには、「汝のお母様が※御祖の向位に生もうと思うが、ここがちょうどよい。」とおっしゃられた。いわゆる石神は、これこそ多伎都比古命の御魂である。日照りのときに雨乞いをすると必ず雨を降らせてく

解説 65

宿努神社とタキツヒコ

楯縫郡の神名樋山（→解説66）に祀られている多伎都比古命は、その名が示すように滝が神格化された神で、「雨乞いに祈ると雨を降らせる」と記されるとおり水をつかさどる神である。ところが神名樋山の多伎都比古命の依り代は岩（石神）であって、滝そのものではない。山の中腹には古墳時代から祭祀をおこなっていた小さな滝があるが『風土記』段階では滝そのものではなく、それらを含む山全体として水神の坐すところと意識されていたのであろう。その南麓には山を背後に負うようにして、楯縫郡の神社の多久社にあたる多久神社が鎮座している。山裾の左右から流れ来る谷川がここで交わり、多久川下流域に広がる水田へ水の恵みをもたらす。多伎都比古命と、母神である天御梶日女命を祭神として祀る空間にふさわしい。

　一方、大船山西側にあたる多久谷町に鎮座する、宿努神社も注目される。この神社は楯縫郡の神社の宿努社にあたると考えられ、多久神社と同じくやはり多伎都比古命、天御梶日女命を祀っているのだ。本殿奥の谷には高さ一五メートルの虹が滝があって、瀧大明神として古くから雨乞い信仰の場であったという。本来はこの滝こそが直接的な祈りの対象であり、多伎都比古命への信仰が広がる根源のひとつとなっているものとみられる。

　一方、母神である天御梶日女命は、秋鹿郡伊農郷の郷名伝承に登場する天瓺津日女命、また尾張国風土記逸文にあらわれる多具国の阿麻乃彌加津比女と同神（または同じ神話伝承に由来する神）であり、秋鹿郡から出雲郡伊努郷にあたる一帯に濃い信仰圏をもつ地域神である。

［参］関和彦一九九七g

◀宿努神社近くの虹が滝

れる。
※阿豆麻夜山、郡家の正北五里四十歩の所にある。
※見椋山、郡家の西北七里の所にある。
およそ、すべての山にある草木は、蜀椒・藍漆・麦門冬・伏令・細辛・白歛・杜仲・人参・升麻・署預・白朮・藤・李・榧・楡・椎・赤桐・白桐・海榴・楠・松・槻。鳥獣は、鵰・晨風・鳩・山雞・猪・鹿・兎・狐・獼猴・飛鼯がいる。

［注釈］

※神名樋山…出雲市多久町の大船山（標高327メートル）。
※天御梶日女命…秋鹿郡の伊農郷の天瓺津日女命と同一の神か。この神と同様に御食すなわち穀料神と考えられる。解説52を参照。
※多宮村…出雲市多久町付近。
※多伎都比古命…多伎は滝に通じ、都は助詞であることから、水の神であると考えられる。
※御祖の向位…御祖は父神、向位は向かい合った位置のこと。出産は父親に向かった所でおこなう風習があったと考えられる。
※阿豆麻夜山…出雲市多久谷町、三津町、上岡田町の境にある桧ヶ山（標高333メートル）。
※見椋山…出雲市本庄町と塩津町の境にある摺木山（標高415メートル）。なお、加藤義成は高野寺山とよんでいる。

解説66

神名樋山の石神

楯縫郡の神名樋山の記載は「山がなぜカンナビ（→解説21）なのか」を説く必要上、祭祀の実態を具体的に述べている。祀る神の神格（多伎都比古命）とその系譜（阿遅須枳高日子命と天御梶日女命の御子神）だけでなく、祭祀の対象（寸法を詳細に記載した石神＝神が依る岩）、祭祀の目的と神威のはたらき（祈雨祭祀、水の恵み）といった要点が的確に述べられている。一般に、『風土記』は地名由来の記述に重きを置いているため、地名に関わりのない個別の神、神社についてはほとんど具体情報がない。その点で、この箇所は『風土記』の中でも極めて稀少な事例である。ここで述べられている内容は、編纂方針により記載されなかった他のカンナビ・神が坐す山を考える上でも貴重な手がかりとすることができる。

さらに楯縫郡の神名樋山で特筆されるのは、『風土記』記載と現地の対応関係が確認されていることだ。神名樋山に比定される大船山（出雲市多久町）は多久川沿いに谷を進むとお椀を伏せたような秀麗なカンナビ型の山容を見せる（119頁）。山の中腹から嶺付近には岩が露出しており、そのうち、現在は烏帽子岩と呼ばれる岩が、『風土記』の石神にあたるとみられている。付近には岩塊が点在し、「百あまりの小石神がある」という『風土記』の記述が的確な表現であることを実感できる。

また、この山嶺に点在する岩塊や小さな滝付近では古墳時代前期〜後期の土器が採取され『風土記』編纂より四〇〇年近く前から祭祀の場であったことが判明している。この点でも、楯縫郡の神名樋山はカンナビの実態を示す貴重な事例なのだ。

［参］西尾克己・大国晴雄一九七九

◀石神とみられる烏帽子岩

本文・現代語訳

［六］楯縫郡の河川・池

※佐香川。源は郡家の東北のいわゆる神名樋山から出て、東南へ流れて、入海に入る。
※多久川。源は同じ神名樋山から出て、西南に流れて入海に入る。
※都宇川。源は二つ。〔東の水源は※阿豆麻夜山から出て、西の水源は※見椋山からでる。〕二つの流れが合流し、南に流れて入海に入る。
※宇加川。源は同じ見椋山からでて、南に流れて入海に入る。
※麻奈加比池。周りは一里一十歩ある。
※大東池。周りは一里ある。
※赤市池。周りは一里二百歩ある。
※沼田池。周りは一里五十歩ある。
※長田池。周りは一里一百歩ある。

［注釈］
※佐香川…出雲市の鹿園寺川。
※多久川…出雲市の多久川。
※都宇川…出雲市上岡田町から出る東郷川と、久多見町を流れる久多見川。
※阿豆麻夜山…楯縫郡の阿豆麻夜山を参照。
※見椋山…楯縫郡の見椋山を参照。
※宇加川…出雲市本庄町から流れ、口宇賀町で合流し、平田船川に注ぐ宇賀川。出雲郡と楯縫郡の境であった。
※麻奈加比池…出雲市鹿園寺町の真名神池か。
※大東池…出雲市多久町の北方の野田場池。上岡田中にあったとする説もある。
※赤市池…出雲市野石谷町の赤市池（現明地池）。
※沼田池…出雲市西郷町の北のナラオ（奈良尾）池か。
※長田池…出雲市久多美町の池田池か。

解説 67

能呂志浜と乃呂志里

律令国家の地方行政組織は時代によって変遷があり、『風土記』以前、七世紀の終わり近く、藤原宮に都があった頃は郡を評、郷を里と表記していた。そしてこの時期の荷札木簡には、『風土記』にみえない楯縫評乃呂志里が登場する。『風土記』以前の里名には『風土記』郷名と一致しない事例がみえるが（→解説112）、乃呂志里もその一つである。

一方『風土記』には能呂志浜・能呂志島・乃利斯社がみえる。乃呂志里は、これらのノロシ地名の存在する地域にあったのであろう。また、関和彦は神戸・駅家がある郡（意宇・島根・楯縫・神門）には余戸があり神亀四年（七二七）の編戸で（意宇郡余戸条）、郷が解体され神戸・駅家・余戸等になったのではないかとする。これに従えば、乃呂志（郷）が、神亀四年に余戸と神戸になったと推測することもできる。

さて、乃呂志里の能呂志浜は、『風土記』記載の浜の中でもっとも小さな浜でそこで里が完結したとは思われず、現在の野呂志神社の所在地、近世には海苔石谷と呼ばれた出雲市野石谷町など宍道湖側も含んでいたのであろう。また類似の神社名に紫菜島社もある。いずれも海苔にちなんだ地名・社名で、乃呂志里も含め、当郡では海苔の収取が重要であったことがうかがえる（→解説68）。

［参］関和彦一九八四a

▲能呂志浜・能呂志島推定地（唯浦）

▲藤原宮跡出土木簡「楯縫評乃呂志里物部知米□」（所蔵 奈文研）

本文・現代語訳

［七］楯縫郡の海岸地形

南は入海。さまざまな産物は秋鹿郡で説明したのに同じである。北は大海。

※自毛埼。〔秋鹿と楯縫の二郡の堺。けわしく松・栢が繁っている。時には晨風の巣もある。〕

※佐香浜。広さは五十歩ある。

※己自都浜。広さは九十二歩ある。

※御津島。〔紫菜が生える。〕

※御津浜。広さは三十八歩ある。

※能呂志島。〔紫菜が生える。〕

※能呂志浜。広さは八歩ある。

※鎌間浜。広さは一百歩ある。

※許豆埼。長さは二里二百歩、広さは一里ある。〔周りはけわしい。上に松・菜・芋がある。〕

※許豆島。〔紫菜が生える。〕

※許豆浜。広さは一百歩ある。〔出雲と楯縫の二郡の堺。〕

およそ北海でとれるさまざまな産物は、秋鹿郡で説明したのに同じである。ただし紫菜は楯縫郡がもっとも優れている。

［注釈］

※自毛埼…出雲市坂浦町の牛の首。
※佐香浜…出雲市坂浦町坂浦漁港付近の海岸。
※己自都浜…出雲市小伊津町の海岸。
※御津島…出雲市三津町沖の小さい岩島であるが、どれを言ったかは不明。
※御津浜…出雲市三津町の海岸。
※能呂志島…出雲市美保町唯浦漁港沖にある天狗島。

解説 68

楯縫郡の海苔

「北海」（日本海）に面している、島根郡・秋鹿郡の「北海でとれるさまざまな産物」項目には「紫菜」があり、島根・秋鹿・出雲各郡の島のなかには「紫菜」記載がみえるものもある。また、楯縫郡では記載されている三つの島とも「紫菜」が生えており、この郡のものが最も優れているとする。「紫菜」は紅藻植物門のウシケノリ科の総称で、アサクサノリ・ウップルイノリなど種類が多く、海苔とともに食用にされている。

ところで、出雲郡では鰒が諸郡のなかでは最良のものとされており、それは日御碕の海子が捕っている。『風土記』には記載がないが、『三代実録』元慶元年（八七七）九月条に、楯縫郡の白水郎海部金麿らが魚釣りの際に石一枚に三株の珍しい菌のような草の載ったものが上がったことが記されている。白水郎とは海人のことである。この史料から楯縫郡に漁業に携わる海部がいたことがわかる。

また、平城宮跡から「出雲国交易紫菜三斤　太」表記の荷札木簡が出土している。『延喜式』主計式の出雲国条には、中男作物の一つの品目として「紫菜」がみえる。中男作物とは、一七歳から二〇歳までの男子である「中男」が雑徭により調達した郷土の産物を貢進させる税のことである。この木簡の記載については中男作物の不足分を補うために交易で求めたものであろうとされている。

なお、『風土記』の許豆埼にあたる十六島で採集される十六島海苔は、現在でも最高品質の海苔とされる当地の特産品で、少彦名命が美保関から出雲大社を訪問する途中、この地で香り高い海苔があるのを見て岩からはぎ取りこれを出雲大社へ土産として持参したという伝承がある。

［参］荒井秀規二〇〇四

◀平城宮出土木簡「出雲国交易紫菜三斤　太」（所蔵　奈文研）

※能呂志浜…出雲市美保町唯浦漁港付近の海岸。
※鎌間浜…出雲市釜浦町釜浦漁港付近の海岸。
※許豆埼…出雲市十六島町の西端。
※許豆島…出雲市小津町の十六島鼻突端の経島（関和彦二〇〇六により補足）。
※許豆浜…出雲市小津町の海岸。許豆の地域は意宇郡の総記の去豆の折絶と深く関連するか。

本文・現代語訳

［八］楯縫郡の通道

通道。秋鹿郡の堺の※伊農川に行く道は、八里二百六十四歩である。
出雲郡の堺の※宇加川に行く道は、七里一百六十歩である。

［注釈］
※伊農川…出雲市伊野・美野町を流れる伊野川。
※宇加川…詳細は楯縫郡の宇加川を参照。

本文・現代語訳

［九］楯縫郡の郡司

郡司　主帳　无位※物部臣
大領　外従七位下勲十二等※出雲臣
少　領　外正六位下勲十二等※高善史

［注釈］
※物部臣…物部氏のなかでも出雲国造と同じカバネ臣を有する物部氏で、ある段階で出雲臣氏と同族化したか。解説69、コラム11参照。
※出雲臣…出雲臣大田（楯縫郡の寺院参照）。出雲国造出雲臣の一族。
※高善史…大和国を根拠地とする渡来系氏族か。解説69参照。

解説69

楯縫郡の郡司

楯縫郡の郡司大領は出雲国造と同じ出雲臣氏の大田という人物である。出雲臣は国内五郡で郡司にみえるが、他は次官である少領以下で長官は国造と彼だけである。また、出雲臣が造営した新造院も意宇郡山代郷新造院と大田が建立した沼田郷新造院だけである。また、郡名の楯縫は、杵築大社の造営に由来するもので、楯の奉納が実際にあったと推定されるように（→解説61）、杵築大社でオオナモチを奉祭し、巨大な社殿を造営した出雲臣にとって重要な地域の一つであった。石棺式石室の分布も合わせ（→解説64）、意宇郡の出雲臣についで有力な一族だったことが推測される。

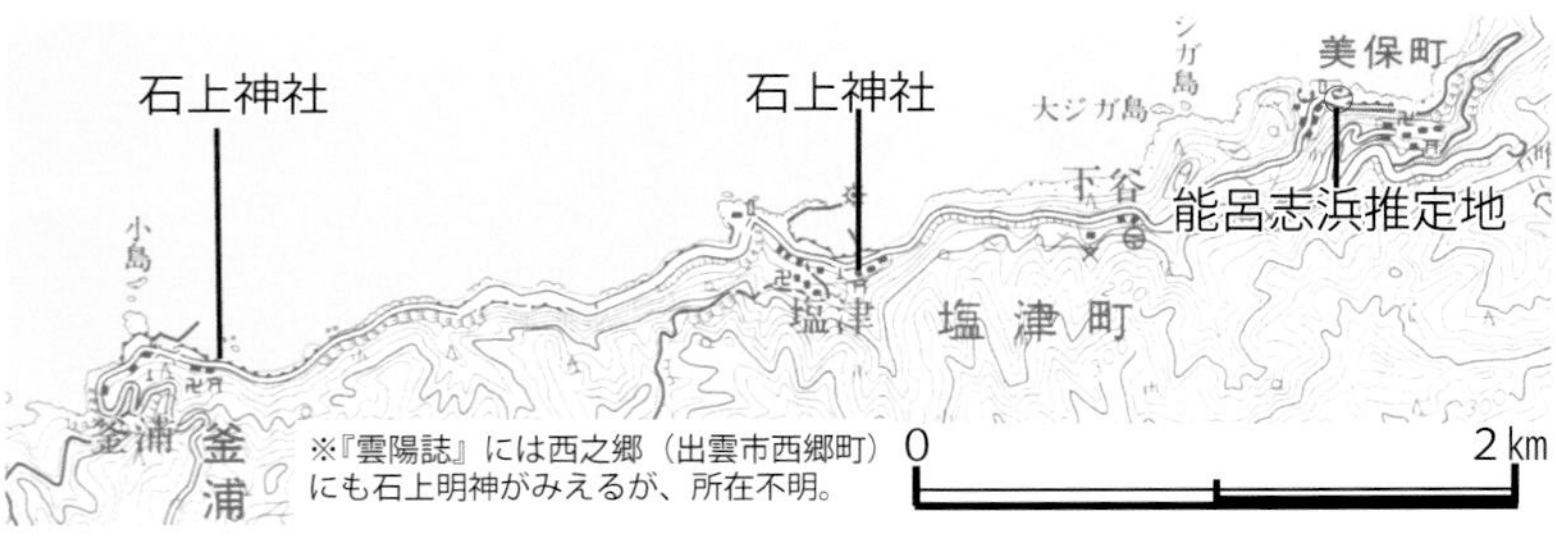

石上神社
石上神社
美保町
大ジガ島
下谷
能呂志浜推定地
塩津
塩津町
釜浦
0　2km
※『雲陽誌』には西之郷（出雲市西郷町）にも石上明神がみえるが、所在不明。

▲楯縫郡の石上神社所在地

次に少領の高善史氏は、『続日本紀』天平神護二年（七六六）四月甲寅条にみえる大和国の人高善毘登（カバネ史は天平勝宝九歳（七五七）に毘登に表記が変更されている）の同族であろうか。高善氏は都の下級官人にもみえるが、その本拠地や系譜は不明である。ただしカバネ史はほとんどが渡来系氏族であり、高善姓も渡来系的で、大和の渡来系氏族が出雲に土着した可能性が高い。

最後に主帳には物部臣氏がみえる。物部氏は乃呂志里の木簡（→解説67）にも登場しているほか、『風土記』にはみえないが現在出雲市塩津町・釜浦町など楯縫郡海浜部に石上神社（石上は物部が改姓した姓）が集中しており、この周辺が本拠地だったと推定される。

［参］加藤謙吉二〇〇二

コラム column 8

もう一つの大社創建神話

『風土記』楯縫郡の総記の地名起源神話は、大社すなわち杵築大社（出雲大社）の創建に関わる神話でもある。そこでは、高層神殿としての杵築大社のイメージが活き活きと描き出されている。ここでは、『風土記』における大社のイメージを、『古事記』『日本書紀』に描かれた大社のイメージと比較しつつ、この神話が成立した背景について考えてみたい。

● 記紀の大社のイメージ

『古事記』によれば、**オオクニヌシ**は国譲りを迫った高天原の使者に対して、「国を譲る代わりに、**天つ神**の御子がお住まいになる宮のように、土の底の磐根に届くまで宮柱をしっかりと据え、高天原に届くほどに高々と氷木（千木）を立てた宮を築いて欲しい」と述べる。実は同様の表現は、**スサノオ**がオオクニヌシに対してスセリヒメとの婚姻を認めた時の以下の言葉にも現れる。「宇迦の山の麓に土深く掘りさげて底の磐根に届くまで宮柱を太々と突き立て、高天の原に届くまでに屋の上に氷木（千木）を立てて住め」。『古事記』の表現では、大地にしっかりと根を下ろし、天まで届くようなイメージで大社を描き出している。

では、『日本書紀』の場合はどうか。『日本書紀』神代下第九段第二の一書に記された大社のイメージは、なかなか国譲りを承諾しないオオナモチに対し高天原の**タカミムスヒ**は、次のような約束をする。「あなたの住むことになる天日隅の宮は、千尋もある長い栲縄でたくさんの結び目を作って大規模に造り奉ることにする。その宮を造るにあたっては、柱は高く、また太くし、板は広く、また分厚くする」。このように『日本書紀』では、柱と板のような建造物の部材についてより突っ込んだ記述となっている。

● 『風土記』との比較

これらの記述を踏まえ改めて、楯縫郡の総記を読み直すと、「わたしの十分に足り整っている天日栖宮の縦横の規模が、千尋もある長い栲紲を使い、桁梁を何回も何回もしっかり結び、たくさん結び下げて作ってあるのと同じように、この天御量をもって、**所造天下大神**の住む宮を造ってさしあげなさい」と書かれている。

ここに見える大社のイメージは、『日本書紀』のイメージに近い（→解説61）。天の日栖宮を千尋もある栲紲で何度も結ぶという表現はまさに『日本書紀』の「千尋もある長い栲縄でたくさんの結び目を作って大規模に造

▲カムムスヒを祭る出雲大社の摂社、命主神社

り奉る」という表現と類似する。

ただし、注意すべき点は、この言葉を誰が発したかという点である。ここに『日本書紀』と『風土記』の大きな違いがある。前者はタカミムスヒ、後者は**カムムスヒ**なのである。この違いをどのように理解すべきなのだろうか。

ここで想起すべきは、『古事記』におけるオオクニヌシとカムムスヒの関わりである。すなわち、『古事記』ではオオクニヌシがオオナモチと呼ばれていた頃、兄弟の八十神の試練をしばしば受けたが、命を落としかけた時、カムムスヒの遣わしたキサカイヒメとウムカイヒメにより蘇生したこと、国作りのパートナーであったスクナヒコナもカムムスヒの子であったという点である。オオクニヌシの国作りには、絶えずカムムスヒのサポートがあった。これが『古事記』の論理である。『風土記』は、このような『古事記』の影響を明らかに受けている。故に、出雲大社の造営がカムムスヒの主導でおこなわれたかのような書き方になるのである。その一方で、高層神殿のありさまを語る時は、『日本書紀』の表現も用いている。

つまり、楯縫郡の地名起源伝承に登場する出雲大社の創建神話は、記紀の両方の神話の影響を共に受けているのである。否、単なる影響にとどまらない。記紀の両方の神話を受容しながら、**出雲国造**家の論理で再構成した「もう一つの大社創建神話」であると言えよう。

● 楯と桙

ところで、『風土記』の楯縫郡の地名起源伝承におけるもっとも核心的部分は、実は大社の創建神話そのものではない。カムムスヒが大社創建の命令を下した後で、アメノヒナトリが楯部として降臨し、大神の宮のご装束としての楯と桙を造り始めたという。これこそが楯縫という地名の由来である。『日本書紀』神代下第九段第二の一書にも類似の表現があり、そこでは革を繰り返し繰り返し縫い合わせた白楯を造ったと書かれている。

なぜここで楯を造る必要があるのか。また桙にはどのような意味があるのか。これについては、大阪府八尾市の美園遺跡から出土した家形埴輪の二階の中心に楯の模様が書かれていることから、楯とは神社の本殿の壁を意味し、壁と壁を付ける柱としての役割を果たした存在が桙ではないかという説がある。

この説でいけば楯縫郡は、かつて出雲大社の本殿の部材を供出した重要な場所であったことになるが、『風土記』それ自体は、大社の部材は神門郡の吉栗山から供出したと書かれている（→解説92）ので、楯と桙は宮を荘厳な空間として演出する威儀具として用いられた可能性もある。

［参］関和彦二〇〇二

▲大阪府八尾市美園遺跡出土家形埴輪
（大阪府立近つ飛鳥博物館保管　所蔵　文化庁）

出雲郡

いずも　ぐん

神名火山（仏経山　出雲市斐川町）

出雲郡拡大図（東）
出雲郡全体図
北海
等々島
杵築大社
▲出雲御埼山
多夫志烽
（巻末）
楯縫郡
宇賀郷
宇加川
島
根
出雲郡
伊努郷
美談郷
正倉
杵築郷
神戸郷
漆治郷
健部郷
黒見烽
（巻末　二説あり）
西北 32.240
出雲市
潮
神門水海
出雲郷
郡家
出雲大河
渡（巻末）
▲神名火山
大原郡
多義村
（大原郡堺）
河内郷
佐雑村
（意宇郡堺）
神門郡
飯石郡
入海
0
4 km
楯縫郡
宇加川
14.220
美談郷
入海
佐雑埼（意宇郡条）
軍原古墳（解説71）
神庭岩船山古墳（解説71）
宇夜江（解説75）
佐雑村（意宇郡堺）
13.064
健部郷
正東 12.224
小丸子山古墳（解説71）
意宇郡
漆治郷
正倉
正東 5.270
杉沢Ⅲ遺跡
三井Ⅱ遺跡
御井神社
杉沢遺跡
宇夜里
三メ田遺跡
山陰道調査地点（コラム18）
出雲郷
属郡家
郡家
後谷遺跡
稲城遺跡
小野遺跡
（解説70）
曽枳能夜神社（解説77）
出雲郡
大原郡
▲神名火山
東南 3.150
高さ 175.0 周り 15.060
嶺に伎比佐加美高日子の社
卍 天寺平廃寺（解説79）
出雲大川
多義村（大原郡堺）
15.038
河内郷
正南 13.100
一般財団法人 日本地図センター
段彩・陰影画像を利用
0
2 km

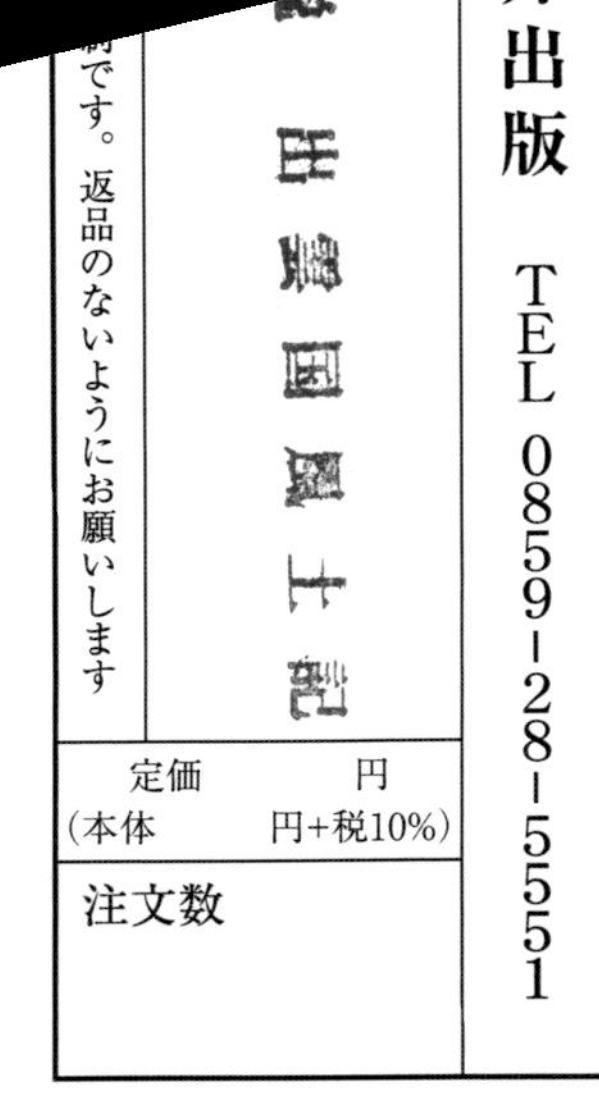

井出版　TEL 0859-28-5551

制です。返品のないようにお願いします

定価　　　円
(本体　　　円+税10%)

注文数

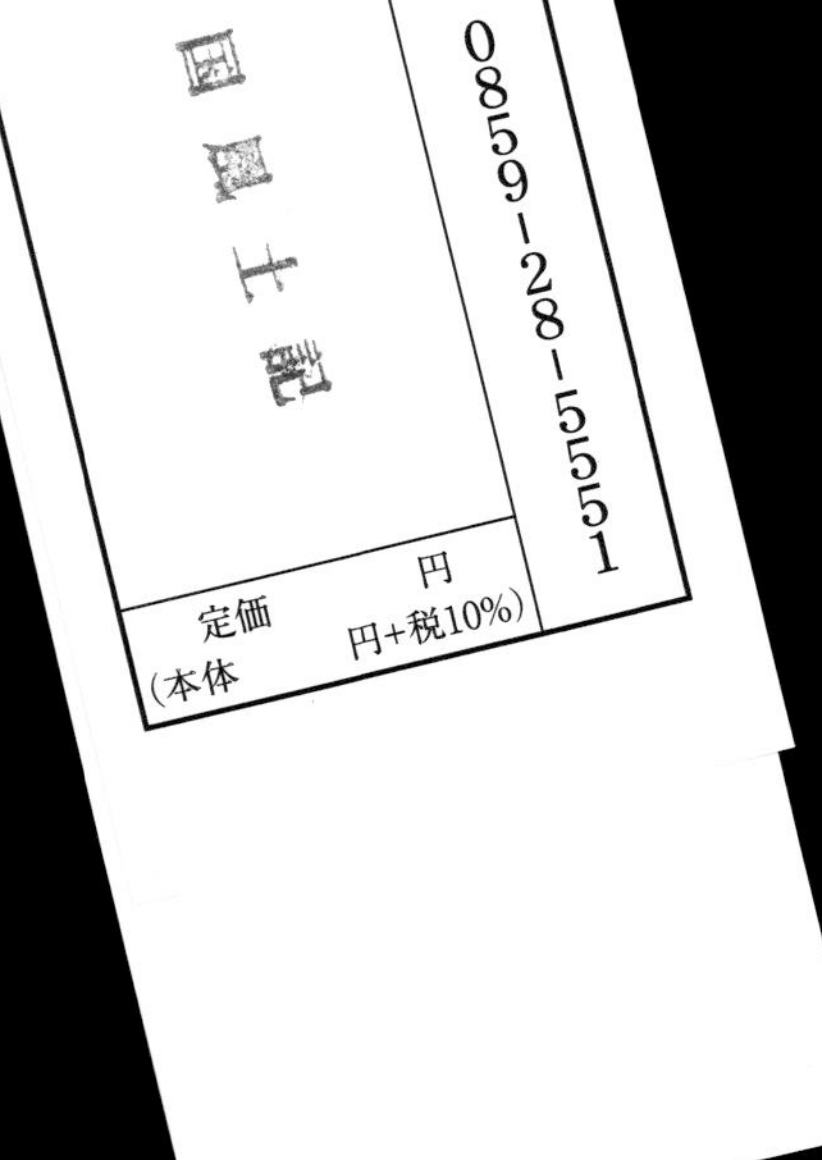
0859-28-5551
定価　円
（本体　円+税10%）

大海
気多島
2.120 意保美浜
宮松埼
楯縫郡
去豆の折絶（意宇郡条）
宇賀郷
正北 17.025
宇加川
意保美小川
多夫志烽
（巻末）
正北 13.040
大寺一号墳（解説 73）
出　雲　郡
美談郷 正倉
正北 9.240
大寺薬師卍
大寺谷遺跡
青木遺跡
（解説 73・コラム 10）
伊努郷
正北 8.072
山持遺跡（解説 75）
神戸郷
西北 2.120
出雲郡
神門郡
矢野遺跡
馬見烽
（巻末　浜山説）
西北 32.240
中野清水遺跡
出雲大河
2.060
渡
（巻末）
広さ 0.050
渡船 1
出雲郷
八野郷
塩冶郷
大念寺古墳
正西道（山陰道）（巻末）
天神遺跡
高岸郷
日置郷
神門軍団（巻末）
比屋淵推定地
卍神門寺境内廃寺
渡
（巻末）
広さ 0.025
渡船 1
神門郡家
古志本郷遺跡
古志郷
属郡家
狭結駅
三田谷Ⅰ遺跡
河内郷

出雲郡拡大図（西）
大海
大前島
高さ 1.0 周り 0.250
脳島
黒島
宇太保浜 0.035
猪目洞窟（解説 74）
井呑浜 0.042
高さ 4.0 周り 0.020
長さ 1.040 広さ 0.020
御厨家島
御厳島
子負島
高さ 39.0
周り 1.250
山埼
爾比埼
米結浜 0.020
鷺浜 0.200
宇礼保浦 0.078
御前浜 0.120
大椅浜 0.150
八穂米支豆支の御埼（意宇郡条）
馬見烽（巻末　坪背山説）
西北 32.240
意能保浜 0.018
栗島
黒島
這田浜 0.100
怪聞埼
長さ 0.030
広さ 0.032
二俣浜 0.098
出雲御埼山
西北 27.260
高さ 360.0 周り 96.165
杵築大社
門石島
高さ 5.0 周り 0.042
鹿蔵山遺跡（解説 78）
杵築郷
西北 28.060
薗の長浜（意宇郡条）
出雲郡
薗
長さ 3.100 広さ 1.200
馬見烽（巻末　浜山説）
西北 32.240
潮
長さ 3.000 広さ 0.120
神門郡
神門水海
上長浜貝塚
神門水海
周り 35.074
薗松山
長さ 22.234
広さ 3.000
一般財団法人 日本地図センター
段彩・陰影画像を利用
0
2 km

出雲郡

出雲郡の解説

いずもぐん

◎『風土記』記載の概要

出雲郡は『風土記』では八郷・二三里に神戸一（二里）からなる郡で、律令制の郡の等級では島根・大原郡と同じ中郡に当たる。郡の総記では、郷数は八郷とされ神戸は郷と区別されているが、名称を列記したところでは神戸についても「神戸郷」として記載される。実際のところ神戸について「郷」と記した史料はこれだけであり、「郷」を誤写とみる理解もある（→解説75）。人口は一里を約四〇〇人として、一〇〇〇〇人程度になろうか。

出雲郡の由来は『風土記』にしたがえば国名のとおり、ということだが、出雲郡・出雲郷もあり、そちらが国名に転じたとする見方もある。国名の「八雲立つ出雲」と言った八束水臣津野命は国引き神話に登場し、『風土記』中で「国引きをした」と冠せられる特別な神であって、『風土記』の論理としては国名由来に登場するにふさわしい。一方で、当郡の地名、出雲御埼山・出雲大川は他の山川と異なり、出雲御埼山は北山山塊全体を指し、出雲大川は鳥上山を発し五郡を流れる川としてみえ、出雲郡の記述のなかに出雲国を代表する山川としてふさわしい記載がなされている（→解説80）。そして出雲御埼山の麓に所造天下大神の社（杵築大社）が坐す。これらは出雲郡域が地名出雲の発祥であったことを窺わせる。

◎郡の範囲

出雲郡はおおむね出雲市の旧斐川町・大社町・奥宇賀町・口宇賀町・国富町・美談町以西、及び合併前の出雲市の矢尾・西林木・東林木町などの北山沿いの地域に当たる。郡域は一一世紀頃にははやくも変化が見られ、中世には北山山系沿いの地域が神門郡に属している。以後の郡域の変遷は省略するが、近世初頭の斐伊河の流路変更に伴い、東流して宍道湖に注ぐ現在の斐伊川の北岸が楯縫郡と神門郡に編入され、旧斐川町域のみが近世の出雲郡となった。また、東の意宇郡堺の松江市宍道町佐々布の一部、西側では斐伊川左岸の出雲市船津・上島町も出雲郡で、ともに合併前後の市町村界とは異なる。現在の出雲市街地北辺での出雲―神門郡堺は『風土記』編纂時の出雲大川（斐伊川）の本流路によって区分されていたが、この流路については山田和芳・高安克己の説を参考とした（→解説94）。大社町杵築西の現在の海浜砂丘は当時は存在していない。入海（宍道湖）も大きく異なり、当時の地表は以後の斐伊川の堆積作用でほぼ埋没している（入海側の地形は林正久によった）。例として天平一一年（七三九）の出雲国大税賑給歴名帳では、『風土記』に記載のない郷の下の里名が分かるが、簸川平野部の里名は現在に残っていない。これは里名が中世史料や現在地名として残る神門郡とは大きく異なる。このように『風土記』以後の地形の改変の影響は大きく、古地形・古環境の復元は、『風土記』の出雲郡を考える上での課題の一つである。

『風土記』の時代の前後の出雲郡に直接関わる問題としては、隣接する楯縫郡大領に出雲臣がみえ、後期古墳などに出雲東部の要素があるが、これが美談郷周辺にまで及ぶことがあげられる（→楯縫郡の解説）。また、美談郷の伝承に天の御田（天皇や神の関わる水田）をおいたこと、周辺にアガタ社があることか

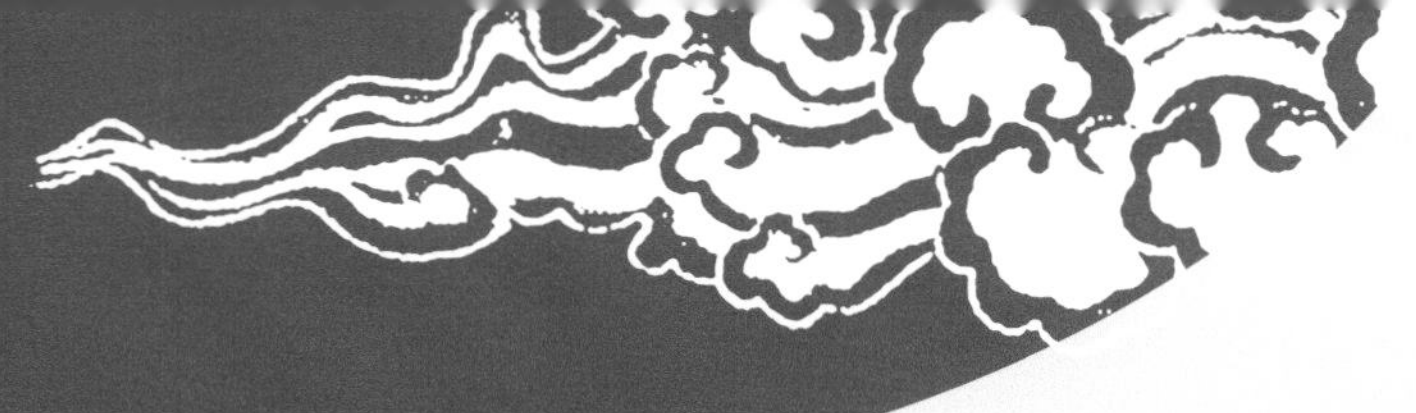

ら、ヤマト王権の直轄地である県がおかれたとの見解もある（花谷浩）。

郡への交通路

意宇郡から神門郡へ通じる山陰道（正西道）と、楯縫郡側から郡家に至る枉北道がある。このうち前者については、本書では池橋達雄の説を発展させた木本雅康の案を採用した。実際に道路遺構が斐川町直江で発見されている（→コラム18）。このほかに奈良時代の山陰道をさらに南側に推定する池田敏雄、出雲郡家を斐川町神守地内の長ヶ坪とみて同地を通過する池橋達雄説がある。枉北道については全く不明であり、内田律雄案に従い表記したが、概念的なものである。

有力な氏族

郡の大領は日置部臣で出雲国内に多く分布、出雲臣を補佐する地位にあったと見る説もある（森公章）。少領大臣は大和国十市飯富郷（奈良県田原本町）を本拠地とする太安万侶で著名な太氏の一族かと思われるが、出雲国内では他にみえない。主帳の若倭部臣は当郡内の鰐淵寺で発見された壬辰年（六九二）の年紀を持つ銅造観音菩薩立像銘文に造像者として若倭部臣徳太理がみえ、延暦二〇年（八〇一）には若和部臣真常が長門に配流されている（『類聚国史』）。いずれも郡司相当の有力者で、出雲市東林木町の青木遺跡（→コラム10）の出土木簡にも「郷長」としてみえ、美談・伊努郷周辺が基盤であろうか。このほかに鳥取部臣などの鳥取部も重要氏族で、『新撰姓氏録』では鳥取連氏は、白鳥を出雲国宇夜江で捕らえたことを氏族の由緒とする。この宇夜江は出雲郡健部郷の前身宇夜里周辺で、出雲国大税賑給歴名帳から当郡神戸郷の主要な構成員だったことが分かる（→解説75）。鳥取部はいわゆるホムチワケ伝承、また六世紀後半には物部氏とも関係する氏族である（→コラム11・15）。

さて、出雲国号や当郡と同じ出雲を冠した氏族、出雲国造出雲臣との関係は明確でなく、『風土記』の郡司に出雲臣はみえない。唯一、出雲郡の神名火山に登場する伎比佐加美高日子は『古事記』垂仁天皇段のホムチワケ伝承に登場する国造の祖支比佐都美と同一で国造の祖先とみられる。しかし、このキヒサツミも『日本書紀』には登場せず、奈良時代に一般的であった鸕濡渟を先祖とする出雲国造出雲臣の伝承とは異なる祖先伝承のようだ（→解説77）。このほか、出雲市日下町には『風土記』記載の久佐加社・来坂社が所在し、日下部氏も有力氏族だった。また、後述する鱸の貢進から海部の存在を重視する説もある（森田喜久男）。

『風土記』以外の歴史

出雲郡といえば杵築大社の所在地で、大社の西側にあたる稲佐浜はオオクニヌシが天孫に国を譲った国譲り神話の舞台である。しかし、すでに多くの論者が述べているように、『風土記』の出雲郡の記載の中には、国譲り神話に直接関連する記述はない（楯縫郡の説話は国引き神話に関係する→解説61）。稲佐浜も海浜地形には登場せず、わずかに神祇官社伊奈佐乃社の社名、また杵築郷所属の里名に因佐里がみえるばかりである（出雲国大税賑給歴名帳）。しかし、出雲郡の記述のなかには出雲の特殊性とされる要素が多数編み込まれており、『風土記』の分析は古代出雲の解明に欠かせないといえる。

出雲郡の初見は藤原宮出土の荷札木簡にみえる「出雲評支豆支里大贄煮魚須々支」で、出雲郡の前身である七世紀の出雲評、ならびに杵築大社（出雲大社）が所在した支豆支里が存在したことが分かる。さらに貢納している須々支は、『古事記』上巻の国譲り神話の中で国を譲ったオオクニヌシが天神に対して奉納した品物の一つであり、この木簡から『古事記』の伝承やその元となった贄（天皇や神へ奉納する食品）の貢納は七世紀にはじまっていたとする見方もある。一〇世紀の『和名抄』では、神戸郷がみられず、郷の記載順も異なっている。

郡内の遺跡

出雲市斐川町出西の後谷Ｖ遺跡で発見された規則的に配置された大型倉庫群が出雲郡家の正倉遺構と考えられる。周辺には官衙的要素を持つ遺跡群が広がり、この周辺に出雲郡家があったのであろう（↓解説70）。

次に出雲市東林木町で調査された青木遺跡は、調査された部分は八世紀の神社跡と推定される（↓コラム10）。また出土した遺物の中には鍛冶滓・銅滓、紡織具、漆土器、当遺跡特有の木製品（曲物）などの手工業を示す遺物があり、奢侈品も出土するので周辺に官衙（美談郷にあったとされる正倉や郡家の出先機関）・豪族居宅など、地域の拠点的施設があったと推定される。これは、同じく神社の遺跡と考えられる三井Ⅱ遺跡（出雲市斐川町）も同様で、周辺で大型建物・炭焼窯・瓦窯などが確認されている（松尾充晶）。

また、出雲大社の八〇〇メートルほど南に位置する大社町の鹿蔵山遺跡も重要な遺跡で、三彩多口瓶・脚付櫃・金メッキをされた帯金具（五位以上の貴族、出雲国であれば国司の長官や国造だけが着用を許される）、「社」や「堂」を含む多数の墨書土器が出土している。神社の近傍であること、調度品など出土品の傾向から、能登国気多神社や気多神宮司の遺跡とされる寺家遺跡（石川県羽咋市）と類似する。延暦二〇年に廃止された出雲国神宮司と関係するか（『類聚国史』↓解説78）。

『風土記』の同時代史料としては天平一一年（七三九）の出雲国大税賑給歴名帳があり、当郡の一部が残っている。郷の下の里の名称や所属した人々の姓名がわかる。

寺院跡については、古代寺院の天寺平廃寺は河内郷新造院と時期や方位里程が異なる。一方で、出雲郡家の近傍の小野遺跡や先ほどの三井Ⅱ遺跡の近くの御井神社の福井の周辺、また青木遺跡の北側にある大寺谷遺跡からも瓦が出土する。大寺谷遺跡の瓦は出雲臣弟山が建立した山代郷南新造院出土の瓦のうち、七三〇～四〇年頃の瓦と同じ文様で、出雲国造出雲臣との関係もうかがえる（花谷浩）。同地の大寺薬師には、平安前期の阿弥陀如来座像をはじめとする仏像九体が伝えられており、古代寺院の存在はまちがいないだろう。また、平安時代末以降、出雲国の中心的寺院となる出雲市別所町の鰐淵寺は、前記の観音菩薩立像を有するほか、境内地の発掘調査では須恵器の甕も出土し、古代に遡る前身施設があったようだ。

そのほか、青木遺跡の西側に広がる山持遺跡で、木簡や墨書土器、また南北方向の古代道路跡が確認されている。

記載の特徴

前述したように出雲郡には記紀の国譲り神話についての記述はなく、それ自体が『風土記』の一つの特徴といえる。一方、郷名の記載をみると、「郷の中に」と場所を明記して神や神の社が坐すと記す事例が四例と多く、この地域の神社の存在形態と関連するとみられる（↓コラム10）。また、神社記載が極めて多く、同名の社が集中すること（↓解説76）、河川・池の記載に他郡に見られない入海に隣接する「〇〇江」が登場することが挙げられる。

【参】池田敏雄二〇〇一
池橋達雄二〇〇一
内田律雄二〇〇四
岡田荘司二〇〇五
木本雅康二〇〇一
花谷浩二〇〇八
花谷浩二〇一二
林正久一九八九
松尾充晶二〇一〇
森公章二〇〇九
森田喜久男二〇〇五
山田和芳・高安克己二〇〇六

本文・現代語訳

[一] 出雲郡の総記

出雲郡
合わせて郷八〔里二十三〕、神戸一〔里二〕。
健部郷　今も前のままの字を用いる。
漆治郷　もとの字は志丑治。
河内郷　今も前のままの字を用いる。
出雲郷　今の前のままの字を用いる。
杵築郷　もとの字は寸付。
伊努郷　もとの字は伊農。
美談郷　もとの字は三太三。
〔以上の七郷は、郷ごとに里三ずつ。〕
宇賀郷　今も前のままの字を使用している。
里二。
神戸郷〔里二〕。

出雲と名づけるわけは、国の名についての説明に同じ。

出雲郡家の所在地…出雲市斐川町出西の後谷Ⅴ遺跡とその周辺（↓解説70）。

本文・現代語訳

[二] 出雲郡の郷

※健部郷。郡家の正東一十二里二百二十四歩の所にある。先に※宇夜里と名づけたわけは、※宇夜都弁命がその山の峰に天から降っていらっしゃった。その神の社が今にいたるまで、なおこの場所

解説 70

出雲郡家と遺跡

出雲国出雲郡出雲郷。まさに出雲の中の出雲に出雲郡家はあった。

後谷Ⅴ遺跡は出西生姜や出西窯で有名な出雲市斐川町出西の丘陵縁辺部の低地に位置する。周辺を見ると、東側には、呪符木簡の出土した稲城遺跡、さらに東には企画性のある建物群が確認され瓦や鴟尾、木簡の出土した小野遺跡もあり、一連の郡家遺跡と考えられる。

この後谷Ⅴ遺跡を特徴づけるのは、等間隔に配置された大型倉庫や炭化米の出土である。この倉庫は普通の集落遺跡の倉をはるかにしのぐ大きさで、炭化米から多量の米を保管するための高床倉庫と推測される。このような政府の管理する穀物倉庫を正倉と呼び、田租や出挙の稲穀が納められた。そして、炭化米は焼けて炭になったと考えられ、また倉庫の礎石の一部にも焦げた痕があることから、遺跡は火事で焼失したことがわかる。当時、正倉はしばしば不審火に見舞われた。不審火は「神火」と呼ばれ天災とされていたが、中には不正（税の未収未納、横領など）を隠すための人災の場合もあったようだ。果たして後谷Ⅴ遺跡の場合は、如何なる理由で被災したのだろうか。

さて、正倉は本来郡家本体に設置されるが、『風土記』では郡家所在の郷に正倉の記載はなく、郡家に正倉がなかったかのようにもみえる（↓解説10）。後谷Ⅴ遺跡は出雲郷にあった出雲郡家本体であるが正倉は存在した。換言すると後谷Ⅴ遺跡によって、『風土記』に記載はなくても郡家本体に正倉が付属したことが確認できたといえる。

[参] 斐川町教育委員会一九九六
斐川町教育委員会一九九八
斐川町教育委員会二〇〇五

▲後谷Ⅴ遺跡礎石建物（提供　出雲市）

に鎮座していらっしゃる。だから、宇夜里といった。後に改めて健部と名づけたわけは、纏向檜代宮御宇天皇（景行天皇）がおっしゃられたことには、「わたしの御子、※倭健命の御名を忘れまい」と健部をお定めになった。そのとき、※神門臣古彌を健部とお定めになった。健部臣たちが古から今までずっとここに住んでいる。だから、健部という。

※漆治郷。郡家の正東五里二百七十歩の所にある。神魂命の御子、※天津枳値可美高日子命の御名を、また※薦枕志都治値といった。この神が郷の中に鎮座していらっしゃる。だから、志丑治という。〔神亀三年に字を漆治と改めた。〕この郷には正倉がある。

※河内郷。郡家の正南一十三里一百歩の所にある。※斐伊大河がこの郷の中を北へ流れる。だから河内という。ここに※隄がある。長さ一百七十丈五尺。〔うち七十一丈の広さは七丈、九十五丈の広さは四丈五尺ある。〕

※出雲郷。郡家に属する。〔名前の説明は国名の説明に同じ。〕

※杵築郷。郡家の西北二十八里六十歩の所にある。八束水臣津野命が国引きをなさった後に、所造天下大神の宮をお造り申し上げようとして、諸の神々たちが宮の場所に集まり築き【原文…杵築】なさった。だから寸付という。〔神亀三年に字を杵築と改めた。〕

※伊努郷。郡家の正北八里七十二歩の所にある。国引きをなさった※意美豆努命の御子、※赤衾伊努意保須美比古佐倭気能命の社が、郷の中に鎮座していらっしゃる。だから、伊農という。〔神亀三年

解説 71

健部郷と神門臣古彌・神門氏、軍原古墳・神庭岩船山古墳

健部郷の中心である斐川町荘原地区には、健部郷以前の遺称である宇夜里に因む「宇屋」という地名のほか、健部郷あるいは倭健に因む「武部」・「武部峠」の地名もあり、今日まで『風土記』記載以前・以後の地名が伝えられている。

この荘原地区には、古墳時代中期（五世紀）の大型古墳が集中して築造されている。いずれも三〇メートル級の大型円墳（軍原古墳・小丸子山古墳）や六〇メートルに達する前方後円墳（神庭岩船山古墳）という円墳系で占められている。意宇郡では玉湯町周辺（忌部川以西）と飯梨川以東を除き、大型の方墳や前方後方墳の方墳系の築造が盛んであり、健部郷の古墳のあり方とは対照的である。また、神門郡も健部郷と同様に、古墳時代中・後期（六世紀）まで一貫して、円墳や前方後円墳の円墳系の築造で推移している。神門臣古彌を健部臣としたとする『風土記』の記述は、円墳系の古墳の築造という点で、神門郡と健部郷における豪族の同祖・同族的関係（神門臣系譜）を考える上でも示唆的である。『古事記』に記される倭健は、大化前代における王権による地方支配の様子を説話化した伝説的存在であるが、五～六世紀の神門臣の系譜関係が類推される健部郷の集団は、意宇郡の集団とは異なるパイプで、ヤマト王権との関係を取り結んだ存在であった可能性が考えられる。

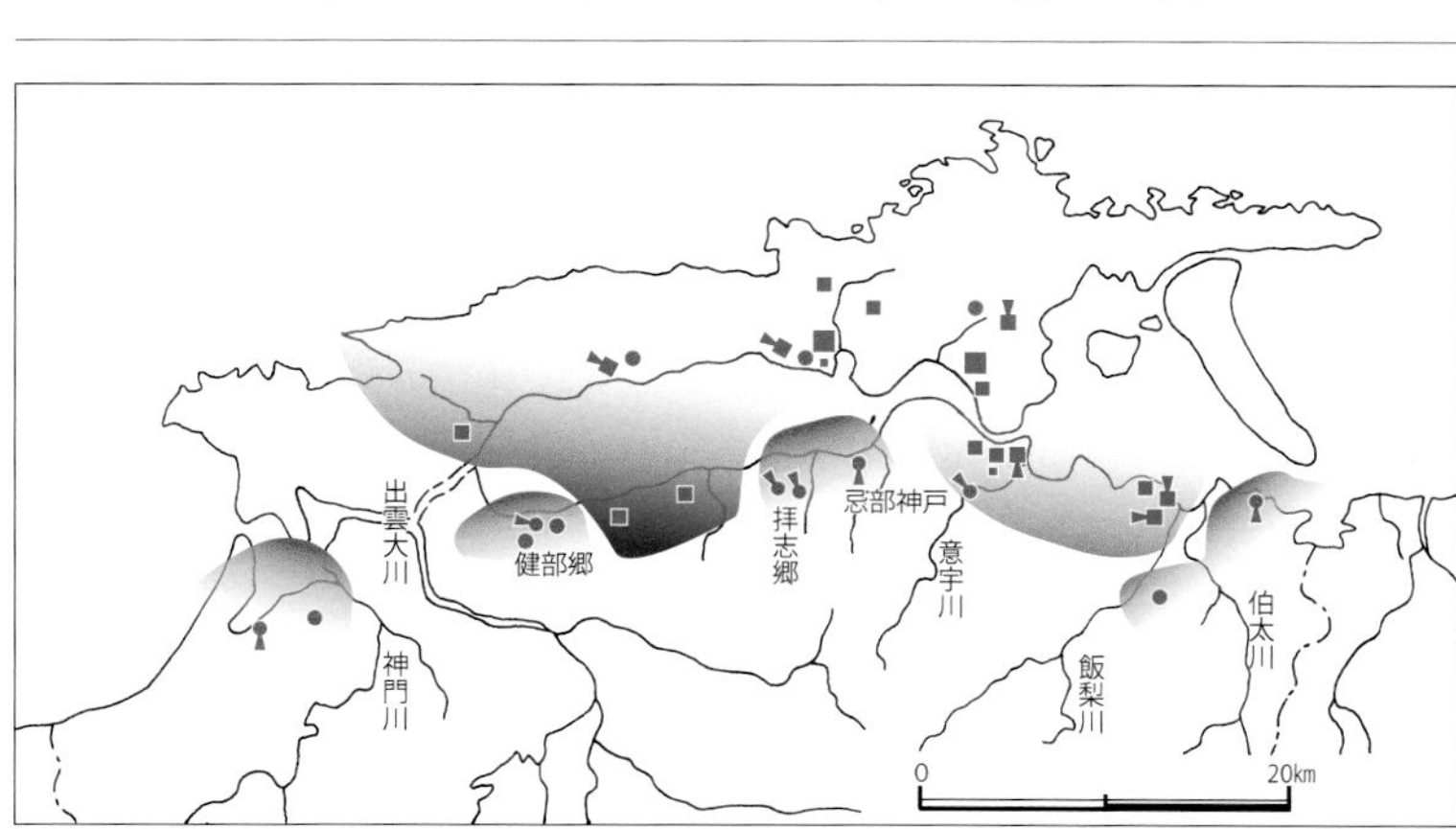

▲前方後方墳・方墳と前方後円墳・円墳の分布域（古墳時代中期）

に字を伊勢と改めた。〕

※美談郷。郡家の正北九里二百四十歩の所にある。所造天下大神の御子、※和加布都努志命が、天と地が初めて分かれた後に※天御領田の長としてお仕えなさった。その神が郷の中に鎮座していらっしゃる。だから、※御田を見る神の意で三太三という。〔神亀三年に字を美談と改めた。〕この郷には正倉がある。

※宇賀郷。郡家の正北一十七里二十五歩の所にある。所造天下大神命が、神魂命の御子、※綾門日女命に求婚なさった。そのとき、女神は承諾せずに逃げ隠れなさった時に、大神がうかがい求められた所【原文…伺い求めたまいし所】がこの郷である。だから宇加という。北海の浜に磯がある。名は※脳磯。高さ一丈ばかり。上に生えた松が生い茂り、磯まで届いている。邑人が朝夕に往来しているかのように、また木の枝は人が引き寄せたかのようである。磯から西の方に※窟戸がある。高さ・広さはそれぞれ六尺ばかりである。窟の中に穴がある。人は入ることができない。奥行きの深さは不明である。夢でこの磯の窟のあたりに行くと、必ず死ぬ。だから土地の人は古より今にいたるまで、黄泉の坂・黄泉の穴と名づけている。

※神戸郷。郡家の西北二里一百二十歩の所にある。〔出雲神戸である。名の説明は意宇郡に同じ。〕

解説 72

漆部と漆治郷

漆治郷の由来は、鷹枕志都治値が郷中に坐すことによるが、この説明では神名のシツジの意味はよくわからない。

漆治の意味を考える手がかりは、同地に居住した氏族であろう。天平一一年（七三九）の出雲国大税賑給歴名帳で判明する漆治郷の住人四七名のうち、漆部が合計一一名を数えている。他に漆治稲置も二名みえ、一四名の姓に漆の文字が付く。漆部は漆工芸の部民であるから、地名漆治は、漆と関係があるとみられる。

ところで、実は出雲は漆との関係が深い。松江市の夫手遺跡からは、全国でも最古段階に属する縄文時代の漆塗土器が出土、弥生時代の漆塗土器も多く、弥生後期には漆貯蔵・運搬用の専門の土製容器が作られ、出雲平野の中心的な集落遺跡から出土する。この段階で漆は一定量使用されていたようだ。

奈良・平安時代には、前述の漆部の分布の他、漆工房の存在を示す漆紙文書など漆関連資料が出土する。古代の漆紙文書は全国的には漆工房の多い東国での出土が圧倒的で、中国地方より西での古代の漆紙出土は極めて少ない。漆関連資料が出土する松江市の出雲国府跡、出雲市の青木遺跡は漆工房が存在した可能性が高く、特に出雲国府から大量の漆運搬用須恵器が出土している。

東国ほどではないが、漆は古代出雲の特産品の一つだったのだろう。

【参】間野大丞・林健亮二〇〇六

▲出雲国府出土の漆土器（所蔵　埋文センター）

▲青木遺跡（出雲市東材木町）出土の漆土器（漆紙文書）と漆刷毛

［注釈］

※健部郷…出雲市斐川町三絡・神庭・学頭・松江市宍道町伊志見付近の地域。波如里が属す（歴名帳）。
※宇夜里…今の出雲市斐川町神庭宇屋谷付近。『新撰姓氏録』右京神別上、鳥取連条に「天湯河桁を出雲国宇夜江に遣わして鵠を捕まえさせた」との説話があり、宇夜谷が宇夜里の遺称地か。コラム15参照。
※宇夜都弁命…他に見えない神。
※倭健命…景行天皇の皇子。『古事記』には倭建、『日本書紀』には日本武尊と表記されている。若干の差異はあるが、両者ともに征西、征東をおこなったことが記されている。なお、『古事記』にのみ九州の帰りに出雲に寄り、出雲建を殺したことが記されている。
※神門臣…神門郡を本拠地とする氏族。氏族の由来は神門郡の総記に記されている。また、他に神門郡の総記に神門臣伊加曾然が、神門郡の寺院に神門臣の集団が、神門郡の郡司にも神門臣（名不明）が見える。
※漆治郷…出雲市斐川町直江・上直江付近の地域。当時は東北は入海（宍道湖）に面していたと考えられる。正倉に関連するものとして、出雲市斐川町神氷三メ田遺跡では比較的大型の倉庫が確認されている。深江里・工田里・犬上里が属す（歴名帳）。
※天津枳値可美高日子命…他には見えない神。漆治郷の鎮守神であったと考えられる。なお、天は天、津は助詞、枳値加美は来近見でこの地に来て見るの意味、高日子は太陽の子の意味を持つ。従って天から降りてこの地に来て見る太陽の御子神となる。
※薦枕志都治値…天津枳値可美高日子命の別名。薦枕はマコモで作った枕で、志都にかかる枕詞。志都治は地名、値は神霊をさす。
※河内郷…出雲市斐川町出西の東南部・阿宮南部・斐伊川を挟み出雲市船津町・上島町北部を含む地域。伊美里・大麻里が属す（歴名帳）。
※斐伊大河…斐伊川。河内郷を横切り、北へと流れる。
※隄…陂。ここではつつみと読み堤防を表す。詳しく長さを記載しているのは、『風土記』中唯一で、当時としては珍しい大規模な土木工事であったためと考えられる。
※出雲郷…出雲市斐川町求院・出西北部・富村・神氷北部付近の地域。朝妻里・伊知里・多級里が属す（歴名帳）。
※杵築郷…出雲市大社町一帯の地域。因佐里が属す（歴名帳）。
※伊努郷…出雲市東林木町・西林木町・日下町・矢尾町一帯の地域。
※意美豆努命…その名称、本文に「国引きをなさった」とあるので、八束水臣津野命のことであろう。なお、他に神門郡の海岸地形にも意美豆努という名称で見える。八束水臣津野命は用語解説「八束水臣津野」の項参照。
※赤衾伊努意保須美比古佐倭気能命…詳細は秋鹿郡の伊農郷の赤衾伊農意保須美比古佐和気能命を参照。
※美談郷…出雲市美談町・斐川町今在家付近の地域。
※和加布都努志命…秋鹿郡の大野郷にも同名の神がみえる。用語解説参照。
※天御領田…天つ神の御領地の意味で、楯縫郡玖潭郷の天御飯田とも同様の意味を持つ。

解説 73 美談郷正倉と大寺古墳、青木遺跡

『風土記』に記された出雲郡美談郷は、古代交通路における要衝の地である。出雲平野南域を東西に横切る山陰道（正西道）と島根半島沿いを東西に走る道が、出雲郡家から北に伸びる枉北道で結ばれる。

美談郷はこの結節点にあたり、ここには出雲郡の斐伊川北部地域の正倉が置かれた。まさに、交通と物流の拠点として、重要視された地域であったといえる。

この地域の重要性は、弥生時代後期にすでに認めることができる。青木遺跡における出雲最古の四隅突出型墳丘墓を含む墳墓群と地域勢力の顕在化、古墳時代にかけては、朝鮮半島との交易をうかがわせる韓式土器が山持遺跡から出土する。古墳時代から古代・中世においては、宍道湖西岸と出雲平野に深く入り込んでいた神門水海（→解説94）をつなぐ海上交通における分水嶺的な役割があった地域である。青木遺跡の奈良・平安時代における遺構からは、奈良時代の神社遺構など（→コラム10）、この地域を統べる氏族の祭祀空間が明らかにされている。

古墳時代前期末葉には、出雲西部最古の前方後円墳である大寺一号墳が築かれる。この古墳は墳長五二メートルの古墳で、後円部全長四メートルの竪穴式石室が造られている。副葬品の多くは散逸しているが、全国で最大の大型鋤先を出土するなど、ヤマト王権との強い関係がうかがえる。地域の富が収められる正倉がこの美談郷に設置された背景には、弥生時代以来、この地域の地理的特性が反映されていたものと考えられる。

▲青木遺跡の四隅突出型墳丘墓（提供　埋文センター）

※御田…天御領田と同一の意味と考えられる。
※宇賀郷…出雲市国富町北端・口宇賀町南部・奥宇賀町南部・別所町東部付近。
※綾門日女命…他には見えない神。綾は文様を織り出した絹織物、門は入口の意味。綾織場の女神か。
※脳磯…加藤義成は出雲市猪目町海岸にある岸壁とする。解説74参照。
※窟戸…洞窟の意味。出雲市猪目町にある猪目洞窟に当てる説のほか、水垂の磯とする説もある。解説74参照。
※神戸郷…出雲市斐川町併川・名島・鳥井付近の地域。唯一神戸「郷」と記した史料であり、「郷」を誤写とする説もある。解説75参照。

本文・現代語訳

[三] 出雲郡の寺院

※新造院一所。河内郷の中にある。厳堂を建立している。郡家の正南一十三里一百歩の所にある。もとの大領の※日置部臣布禰が造った寺である。〔布禰は今の大領佐底麻呂の祖父である。〕

[注釈]

※新造院…『出雲風土記抄』は出雲市上島町の上乗寺観音堂を新造院を継承した寺院とするが、周辺で遺跡は確認されていない。解説79参照。
※日置部臣布禰…祭祀に関わる部民の日置部を統括したリーダー的存在と推定される。布禰が活躍した時期、新造院の建立された時期は『風土記』編纂より遡るものとみられる。

本文・現代語訳

[四] 出雲郡の神社

※杵築大社　※御魂社　※御向社　※出雲社
※御魂社　※伊努社　※意保美社　※曽伎乃夜社
※久牟社　※曽伎乃夜社　※阿受伎社　※美佐伎社

解説74 黄泉の坂、黄泉の穴

宇賀郷の郷名起源の後に続くのは、黄泉の坂、黄泉の穴と呼ばれる窟と穴の記述である。古代、死者の世界である黄泉国とこの世との境には「坂」があると考えられた。イザナキが黄泉国から逃げ帰って岩でふさいだ坂が「黄泉比良坂」であり、『古事記』はこれを出雲国の伊賦夜坂（松江市東出雲町揖屋に比定）とする。一方、『風土記』では「夢でこの窟のあたりに行くと、必ず死ぬ」と述べられるように、宇賀郷の脳磯にある岩窟が死後の世界への入り口と認識されていた。

『風土記』のいう窟が現在どの岩窟にあたるのかは、議論がある。有力視されているのは、猪目漁港の西側にある猪目洞窟。かつては小さな穴口であったが、一九四八年に漁港工事のため窟の堆積土を除いたところ、弥生時代から古墳時代に埋葬された一三体以上の人骨が出土した。『風土記』編纂からそれほど遡らない時期まで墓地であったという事実は、この洞窟が黄泉の穴と認識されていたことの有力な証左となる。一方、猪目洞窟から北西へ一・八キロメートルにある水垂の磯（出雲市大社町鷺浦）の窟を比定する説もある。『風土記』に書かれた穴の形状や島浜の記載順からみれば、こちらの窟のほうが整合性の高い見解だ。

さて、この黄泉の坂の伝承は古代人の他界観を示すものとして著名だが、その前段との関係はあまり注目されていない。『風土記』各郷の地名由来の記述をみると、定型句「故、○○という」の後に地名由来とは無関係の説話を述べる事例は（意宇郡安来郷など）極めて少数である。このことから、宇賀郷の場合も女神が逃げ隠れ、大国主命がうかがい求婚した、という前段をうけてその場所を説明する文と読む事も可能である。とすれば、この説話全体は「幽事を治める」（紀）大国主命が黄泉国との境界域を治す、ことを語っているとも理解しうるだろう。

［参］梶谷実一九九九　勝部昭一九九五

▲猪目洞窟

※伊奈佐乃社　※彌太彌社　※阿我多社　※伊波社
※阿具社　※都牟自社　※久佐加社　※彌努婆社
※阿受枳社　※宇加社　※同阿受枳社　※布世社
※神代社　※加毛利社　※来坂社　※伊農社　※同
社　※同社　※鳥屋社　※御井社　※企豆伎社
※同社　※同社　※同社　※同社　※同社　※阿受枳
社　※同社　※同社　※同社　※同社　※同社　※同
社　※同社　※来坂社　※伊努社　※同社　※同社
※彌陀彌社　※県社　斐提社　※韓銍社　※加佐伽
社　※伊自美社　※波禰社　※立虫社
〔以上五十八所はいずれも神祇官社。〕
※御前社　※同御埼社　※支豆支社　※阿受支社
※同阿受支社　※同社　※同阿受支社　※同阿受支社
※同社　※同社　※同社　※同社　※同社　※同社
※同社　※同社　※同社　※同社　※同社　※同社
※同社　※同社　※同社　※同社　※同社　※同社
※同社　※同社　※同社　※同社　※同社　※同社
※伊努社　※同伊努社　※同社　※同社　※同社
※県社　※彌陀彌社　※同彌陀彌社　※同社　※同社
※同社　※同社　※同社　※同社　※同社　※同社
※同社　※伊爾波社　※都牟自社　※同社　※彌努波社
※山辺社　※同社　※同社　※間野社　※布西社
※波如社　※佐支多社　※支比佐社　※神代社　※同社
※百枝槐社
〔以上六十四所はいずれも不在神祇官社。〕

解説 75

出雲神戸郷

出雲神戸とは、熊野大社・杵築大社の「二所大神等」に付属し、ふつう政府に納める税を、これら神の社に充てるよう指定された集団である（↓解説14）。『風土記』には当条文以外に神戸に「郷」を付した箇所はなく、出雲市西林木町の山持遺跡出土木簡では一般郷は「伊努郷」と記すのに対し、神戸はただ「神戸」と記すことから、平野卓治は「郷」は誤写ではなかったかとする。

神戸郷の構成員は天平一一年（七三九）の出雲国大税賑給歴名帳である程度確認でき、神奴部・鳥取部が多い。

神奴部は文字の意味どおり、神に隷属する人々である。鳥取部は一見すると神社と無関係の氏族にみえる。しかし『古事記』では言葉の話せなかった皇子ホムチワケ（↓コラム14）が出雲大神の祟りを解くため出雲に詣で、「肥河中」（神戸郷推定地か）に仮宮を設ける。そして、これを機に出雲大神宮が造営され、鳥取部も設定されたと伝える。『日本書紀』では、ホムチワケは白鳥をみて言葉を話すが、その白鳥は、鳥取連の先祖が、出雲国で捕らえたとする。さらに鳥取氏の伝承（『新撰姓氏録』右京神別鳥取連条）では捕らえた場所は宇夜江（今の出雲市斐川町宇夜か）と明記している。

このように鳥取部氏には「出雲大神宮」やその造営と深く結びつく説話がある。少なくとも『風土記』の書かれた奈良時代に、部民制に基礎を持つ出雲神戸の集団がいたことは確かであろう。

［参］小倉慈司一九九六
虎尾俊哉一九八二
平石充二〇一三
平野卓治二〇一二

神戸郷の氏族内訳

	神戸郷の氏族
神奴部	12
鳥取部	10
若倭部	5
海部	5
建部	2
大伴部	2
額田部	2
津嶋部	1
合計	39

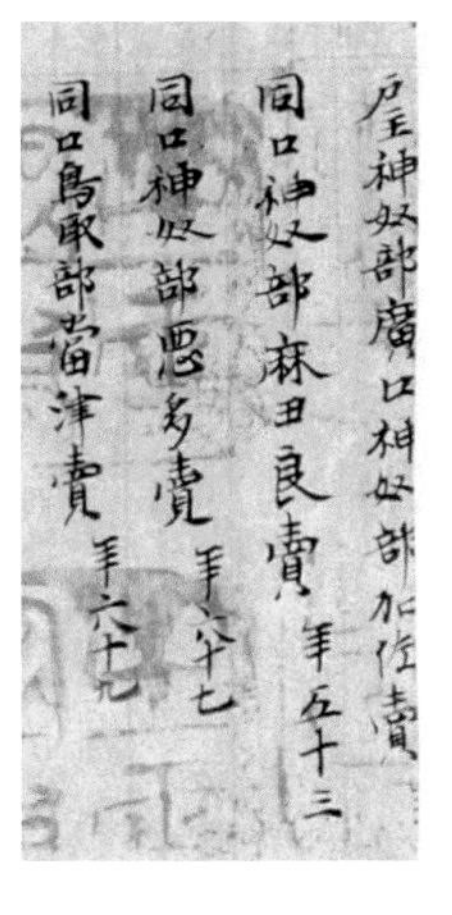
戸主神奴部廣口神奴部加佐賣
同口神奴部麻田良賣　年五十三
同口神奴部悪多賣　年六十七
同口鳥取部當津賣　年六十九

◀出雲国大税賑給歴名帳
（所蔵　宮内庁正倉院事務所）

【注釈】

※杵築大社…出雲大社（出雲市大社町杵築東）。
※御魂社（在2）…神魂伊能知奴志神社（命主社　出雲市大社町杵築東）。このほか加藤義成は神魂伊能知比売神社（天前社　出雲大社境内）をあてる。
※御向社…大神大后神社（御向社　出雲大社境内）。
※出雲社…素鵞社（出雲大社境内）、富神社（出雲市斐川町富村）、長浜神社（出雲市西園町）、諏訪神社（出雲市別所町）。
※伊努社（在7不5）…伊努神社（出雲市西林木町）、都我利神社（出雲市東林木町）。
※意保美社…意保美神社（出雲市河下町）。
※曽伎乃夜社（在2）…曽枳能夜神社（出雲市斐川町神氷）、韓国伊太弖奉神社（曽枳能夜神社境内）。
※久牟社…久武神社（出雲市斐川町出西）。
※阿受伎社（在11不29）…阿須伎神社（出雲市大社町遙堪）。
※美佐伎社（在1不2）…日御碕神社（出雲市大社町日御碕）。
※伊奈佐乃社…因佐神社（出雲市大社町杵築北）。
※彌太彌社（在2不11）…美談神社（出雲市美談町）。
※阿我多社（在2不1）…縣神社（出雲市国富町）、縣神社（同市美談町美談神社境内）。
※伊波社・伊爾波社（在1不1）…伊波神社（出雲市美談町　美談神社境内）、伊爾波神社（同市国富町　縣神社境内）。
※阿具社…阿吾神社（出雲市斐川町阿宮）。
※都牟自社（在1不2）…都武自神社（出雲市国富町）、都牟自神社（同市斐川町福富）、都牟自神社（同町直江）。
※久佐加社（在1）…久佐加神社（出雲市日下町）。
※彌努婆社（在1不1）…奥宇賀神社（出雲市奥宇賀町）に合祀、宇賀神社（出雲市口宇賀町）に合祀。
※宇加社…宇賀神社（出雲市口宇賀町）。
※布世社（在1不1）…奥宇賀神社（出雲市奥宇賀町）。
※神代社（在1不2）…神代神社（出雲市斐川町神庭）、万九千社（出雲市斐川町併川）に合祀。
※加毛利社…加毛利神社（出雲市斐川町神氷）。
※来坂社（在2）…來阪神社（出雲市矢尾町）。
※鳥屋社…鳥屋神社（出雲市斐川町鳥井）。
※御井社…御井神社（出雲市斐川町直江）。
※企豆伎社（在6不1）…神魂御子神社（筑紫社　出雲大社境内）、大穴持御子神社（三歳社　出雲市大社町杵築東）、伊那西波岐神社（出雲市大社町鷺浦）、大穴持御子玉江神社（乙見社　同町修理免）、湊社（同町中荒木）。
※韓銍社…韓竈神社（出雲市唐川町）。
※加佐伽社…伊佐賀神社（出雲市斐川町出西）。
※伊自美社…伊甚神社（松江市宍道町伊志見）。
※波禰社（在1不1）…波知神社（出雲市斐川町三絡）、波迦神社（同町三絡）。

解説 76

『風土記』の同名社

『出雲国風土記』には神社記載があること自体が特色といえるが（→解説19）、ここでは『風土記』の神社記載順と同名の社について、出雲郡彌太彌社を例に挙げて説明する。彌太彌社の社名は郷名美談と同じで、現在も地名が残る。美談地域の神社、という意味だろう。また『風土記』の神社記載では同名の二社の間にほかの社が挟まるので、『風土記』の神社記載順は地域順でないことがわかる。

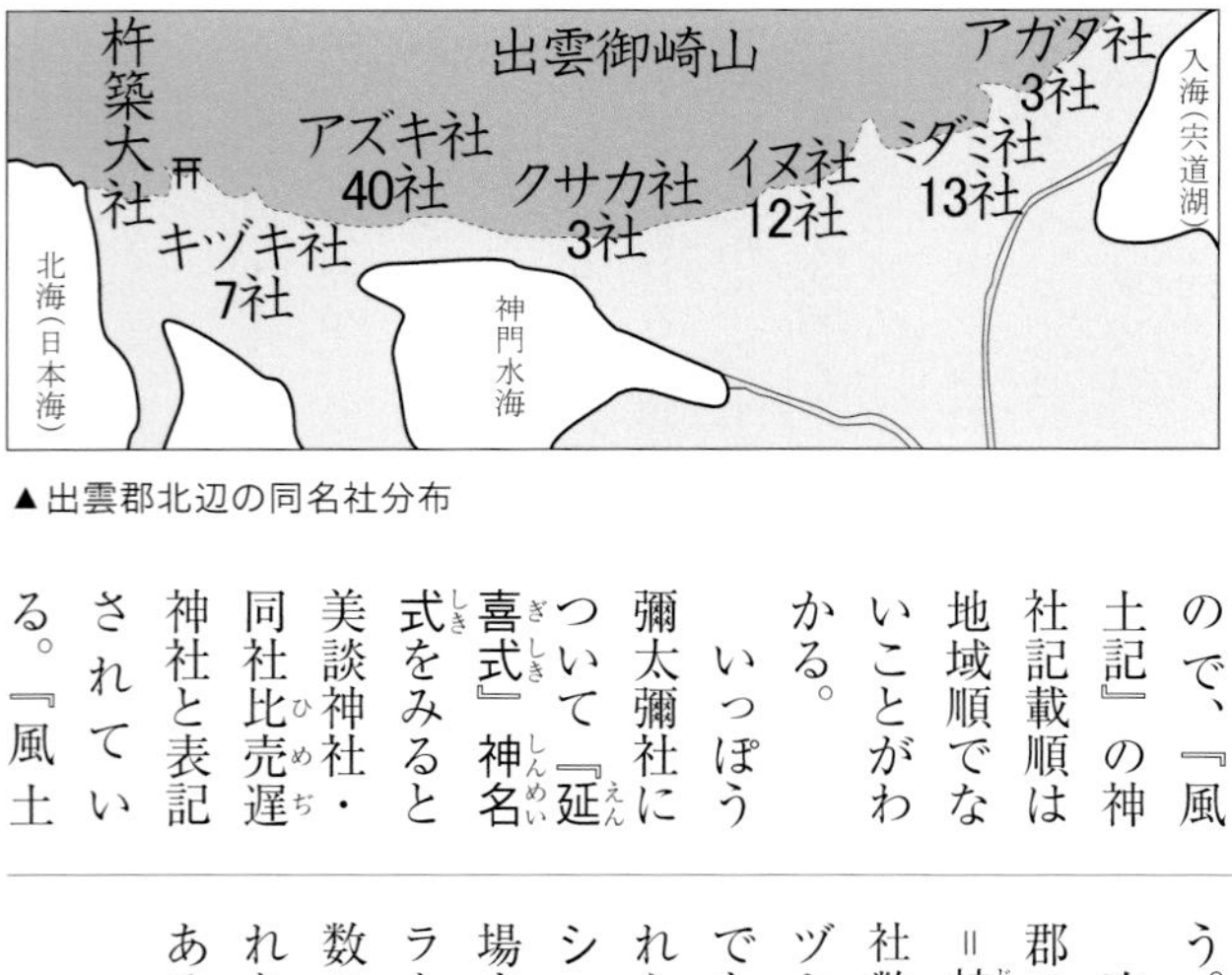

いっぽう彌太彌社について『延喜式』神名式をみると美談神社・同社比売遅神社と表記されている。『風土記』の二つの彌太彌社・彌陀彌社は同じ美談地域の神社だが、祭神が異なっていたのだろう。

では、『風土記』の神社記載順は何に基づくのだろうか。出雲郡の冒頭は杵築大社、意宇郡では熊野大社であり、有力な神社なので社格順とされてきた。しかし奈良時代にそのような社格制度があったことを示す史料はない。解説19でも記したように、当時制度が整備されつつあった官社制・その神社台帳への登録順との考え方もあるだろう。

次に同名の社の意義であるが、出雲郡の北側に際立って多い。キヅキ社（七＝神祇官社・不在神祇官社に見える同名社数。以下同じ）・イヌ社（一二）・アヅキ社（四〇）・ミダミ社（一三）などである。また『延喜式』等によるとこれら神社の祭神・地名にはワカフツヌシ・アメノワカヒコ等国譲り神話に登場する神、またホムチワケ伝承（→コラム15）関連氏族がみえる。この神社数の多さは、国譲りの代償として営まれた杵築大社の存在と何らかの関係があるのであろうか。

［参］朝山晧一九九九　関和彦二〇〇七a・二〇〇八

出雲御崎山
アガタ社 3社
入海（宍道湖）
ミダミ社 13社
イヌ社 12社
クサカ社 3社
アズキ社 40社
杵築大社
キヅキ社 7社
北海（日本海）
神門水海

▲出雲郡北辺の同名社分布

※立虫社…立虫神社（出雲市斐川町併川）。
※山辺社（不3）…山辺神社（出雲市大社町杵築西）。
※間野社…原鹿神社（出雲市斐川町原鹿）。
※佐支多社…佐支多神社（出雲市斐川町荘原）。
※支比佐社…支比佐神社（出雲市斐川町神氷　曽枳能夜神社境内）。
※百枝槐社…日御碕神社（出雲市大社町日御碕）。

本文・現代語訳

[五] 出雲郡の山野

※神名火山。郡家の東南三里一百五十歩の所にある。高さは一百七十五丈、周りは一十五里六十歩ある。※曽支能夜社に鎮座していらっしゃる※伎比佐加美高日子命の社が、この山の嶺にある。だから神名火山という。

※出雲御埼山。郡家の西北二十七里二百六十歩の所にある。高さは三百六十丈、周りは九十六里一百六十五歩ある。西の麓にいわゆる※所造天下大神の社が鎮座していらっしゃる。

およそすべての山野にある草木は、卑解・百部根・女委・夜干・商陸・独活・葛根・薇・藤・李・蜀椒・楡・赤桐・白桐・椎・椿・松・栢。鳥獣は晨風・鳩・山鶏・鵠・鶫・猪・鹿・狼・兎・狐・獼猴・飛鼯がいる。

[注釈]

※神名火山…出雲市斐川町神氷と阿宮の境にある仏経山（標高366メートル）。
※曽支能夜社…出雲郡の神社の曽伎乃夜社。
※伎比佐加美高日子命…詳細は解説77参照。
※出雲御埼山…出雲市東林木町と口宇賀町の境にある旅伏山（標高456メート

解説77 曽伎乃夜社と伎比佐加美高日子

出雲郡の神名火山をみると、曽伎乃夜社に祭られている伎比佐加美高日子の社が山の峰にあったとあるが、神や社が山に坐すと明記する事例は『風土記』でも少なく、熊野大社と熊野山、佐太大神社と秋鹿郡神名火山、杵築大社と出雲御埼山など、重要な神や社の事例が多い。

一方、この記載は伎比佐加美高日子が（かつて）山の上に鎮座したが、（今は）曽伎乃夜社に祭られている、二つの曽伎乃夜社のうち一つが山から下りた伎比佐加美高日子の社とも考えることもできる。ただし、『風土記』には別に支比佐社もみえ、現在、仏経山の尾根付近に支比佐の石神と呼ばれる磐座がある。

この伎比佐加美高日子は、『古事記』の垂仁段のホムチワケ伝承（→コラム15）で出雲大神を祭っていた「出雲国造の祖、支比佐都美」、また出雲国造系図では三嶋足奴・意宇足奴の前にみえる来日羅積がこれに当たると考えられる。そして、出雲臣と土師氏とが同祖であったとする説話群（野見宿禰など→解説100）を載せる『日本書紀』や、その後の氏族系譜（『新撰姓氏録』など）にはキヒサツミは一切登場しない。

一般に出雲国造の本拠地は出雲東部（松江市）とされるが（→コラム2）、キヒサツミは出雲西部を基盤とする出雲臣にかかわる伝承であろうか。

［参］高嶋弘志一九九五

▲曽伎乃夜社（出雲市斐川町神氷）境内社の支比佐社（左）と仏経山の支比佐の石神（右）

ル）から出雲市猪目町、大社町修理免、菱根、遙堪の境にある弥山（標高495メートル）までの山麓を指す。高さはおそらく弥山のものを言ったと考えられる。

※所造天下大神の社…杵築大社のこと。解説78参照。

本文・現代語訳

[六] 出雲郡の河川・池

※出雲大川。源は伯耆と出雲の二国の堺にある※鳥上山から流れ、※仁多郡横田村に出て、横田、三処、三澤、布勢などの四郷を経て、※大原郡の堺の引沼村に出て、来次、斐伊、屋代、神原などの四郷を経て、※出雲郡の堺の多義村に出て、河内、出雲の二郷を経て、※北に折れてさらに西に流れ、伊努、杵築の二郷を経て、※神門水海に入る。これはいわゆる※斐伊の河下である。河の両辺にはあるところは土地が肥え、穀物や桑・麻が枝をたわめるほど稔り、人々の豊かな薗である。またあるところは土地が肥え、草木が生い茂っている。年魚・鮭・麻須・伊具比・魴鱧などの類があり、※潭湍に双び泳ぐ。河口から河上の横田村までの間、五郡の人々は河を便宜に暮らしている〔五郡とは出雲、神門、飯石、仁多、大原郡である。〕。※孟春から季春まで、※材木を流すことを検閲する船が、河の中を上り下りする。

※意保美小川。源は※出雲御埼山から出て、北に流れて大海に入る。〔年魚が少しいる。〕

※土負池。周りは二百四十歩ある。

解説 78

奈良時代の出雲大社

所造天下大神（↓コラム9）を祭り、『古事記』『日本書紀』では国譲り神話と密接に関連する出雲大社（↓解説61）は、『風土記』ではどのように記述されているのだろうか。出雲大社は杵築大社と呼ばれ、出雲郡の神社記載の冒頭にあるが、他の神社と同じく所在地や由来について特別の記述はない。ただし大社という表記は『風土記』では意宇郡の熊野大社（↓解説18）と杵築大社のみで、特別な扱いを受けている。また、出雲郡の出雲御埼山でその麓にあるとされる。この山名の「出雲」は、郡名ではなくより広域な出雲のようで、平安時代以降には「出雲神殿」（出雲国正税返却帳）「出雲大社」（『釈日本紀』）などの呼称もみられる。杵築大社は古代から出雲を代表する神社だった。

また楯縫郡総記・出雲郡杵築郷に宮を築く伝承がみえ、神門郡の吉栗山は用材を切り出す山であるとされる。このような記載はほかにはなく、何れも社殿造営に関わることから、この時代には巨大な社殿は存在したとみて間違いあるまい。

また現在の出雲大社にみられる境内社はどうだろうか。『風土記』では杵築大社につづいて御魂社・御向社・出雲社・御魂社の記載があるが、これらの社名は『風土記』の神社に一般的な地名の神社ではないので、杵築大社（本殿）に附属した神社群と考えられそうだ。

出雲大社境内では、今のところ奈良時代の神社の遺跡は発見されていないが、大きく位置が異なることはないと思われる。また、現在の本殿の南西約八〇〇メートルにある鹿蔵山遺跡で奈良平安時代の高級調度品や多数の墨書土器が出土している。こちらは大社関連の施設の一部と考えられている。

▲鹿蔵山遺跡の三彩多口瓶（前）・復元品（後）（所蔵　出雲市（前）・出雲歴博（後））

〔参〕浅川滋男二〇〇六　京都国立博物館・古代出雲歴史博物館二〇一二

※須々比池。周りは二百五十歩ある。

※西門江。周りは三里一百五十八歩ある。東に流れて入海に入る。〔鮒がいる。〕

※大方江。周りは二百四十四歩ある。東に流れて入海に入る。〔鮒がいる。〕二つの江の源は、田の水の集まる所である。

東は入海。ほかの三方はみな平原がはるかに続く。山鶏・鳩・鳧・鴨・鴛鴦などの類がたくさんいる。東の入海でとれるさまざまな産物は、秋鹿郡で説明したのに同じである。

［注釈］

※出雲大川…斐伊川。仁多郡奥出雲町の鳥上山から出て、現在は宍道湖などを通り、鳥取県境港市と島根県松江市の境界から日本海へ流れ出る。『風土記』には名称を変えて複数見える。詳細は解説80参照。

※鳥上山…仁多郡奥出雲町と鳥取県日野郡日南町の境にある船通山（標高1142メートル）。

※仁多郡横田村…仁多郡奥出雲町横田付近。以下の四郷については仁多郡の郷参照。

※大原郡の堺の引沼村…引沼村は雲南市木次町西日登字引野付近。以下の四郷については大原郡の郷参照。

※出雲郡の堺の多義村…出雲市斐川町阿宮上阿宮の古地名。なお、大原郡の通道にも見える。以下の二郷については出雲郡の郷参照。

※北に折れてさらに西に流れ…現在斐伊川は出雲市武志町付近から東に流れ、入海（宍道湖）に注いでいるが、古代においては西に流れ、神門水海に注いでいた（→解説94）。

※神門水海…神西湖を含む湖。現在とは異なる形をしていたか。詳細は解説94、神門郡の神門水海を参照。

※斐伊の河下…斐伊川の河下。

※潭湍…流れの淀んだ淵と流れの早い瀬のこと。

※孟春から季春…孟春は初春で、太陰暦の正月にあたる。季春は晩春で、太陰暦の三月にあたる。

※材木を流す…材木は「くれぎ」と読み、山から切り出した皮つきのままの材木。官庁・社寺などの建造用材で、川に流して運んだと考えられる。秋・冬に伐採し、雪解けごろに流したか。

解説 79

新造院と天寺平廃寺

『風土記』には一〇か所の新造院（寺院）の記述がある。そのうち、意宇郡山代郷にある二か所の新造院は、発掘調査によって伽藍配置や施設の変遷が明らかになっている（→解説17）。

では河内郷の新造院はどこにあったのか。ここでは候補地の一つである天寺平廃寺を取り上げて、河内郷新造院の諸問題について考えてみたい。

天寺平廃寺は推定河内郷内の斐川町下阿宮の丘陵頂部にある。現地には建物の基壇と礎石が露出しており、礎石の配置から建物が二棟確認されている。古代の瓦も多量に存在し、ここに古代寺院があったことは間違いなさそうである。

一見すると、河内郷に所在する古代寺院ということで河内郷新造院に特定できそうだが、そうは言い切れない。例えば瓦の年代について、今のところ八世紀後半の資料しか認められず、『風土記』が編纂された天平五年（七三三）と微妙にずれる。また出雲郡家との距離（正南一三里一〇〇歩）も問題で、後谷V遺跡を出雲郡家関連の正倉とすると（→解説70）、天寺平廃寺との距離が合致しない。

『風土記』には諸施設の方位里程が記されているので、正確な所在地はすぐに分かる、とお思いかもしれないが、判明している施設は意外に少ない。だがそれも『風土記』を読む醍醐味の一つであろう。

［参］斐川町教育委員会一九八七

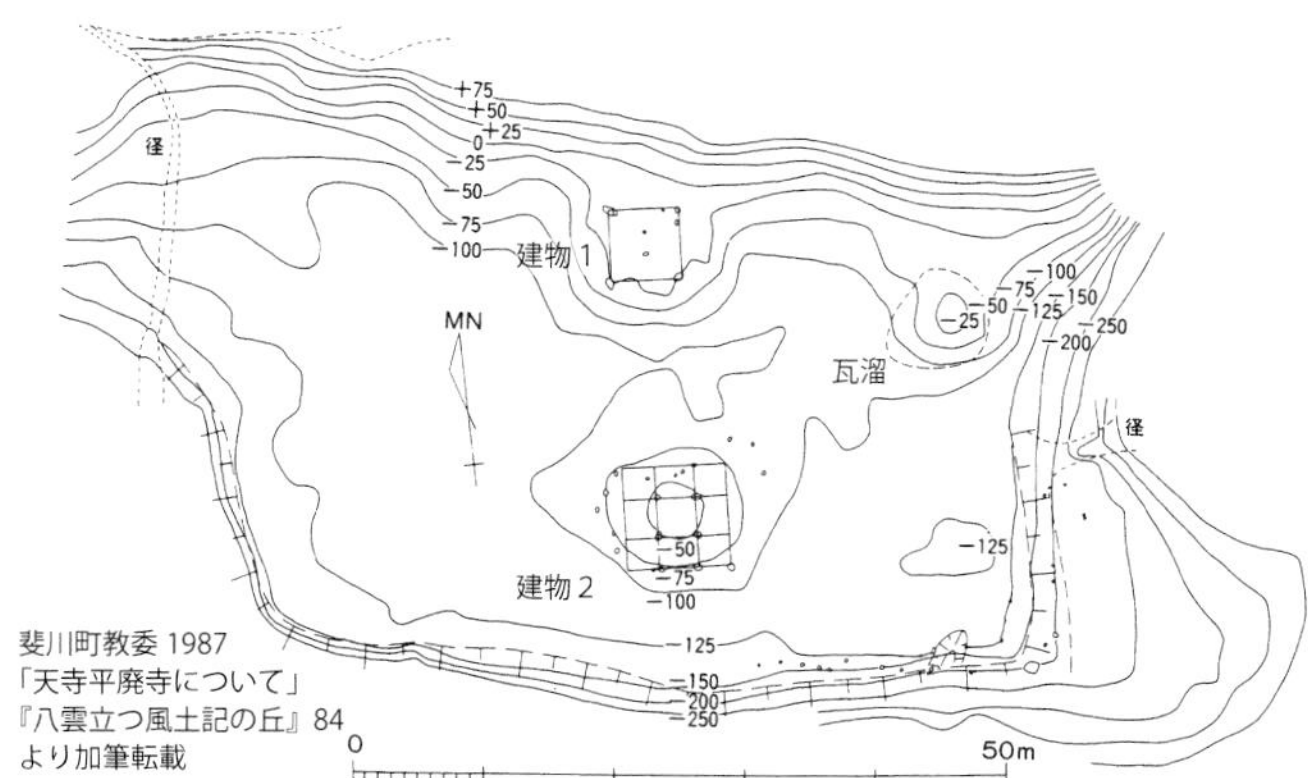

斐川町教委 1987
「天寺平廃寺について」
『八雲立つ風土記の丘』84
より加筆転載

▲天寺平廃寺平面図

※意保美小川…出雲市河下町の唐川川。
※出雲御埼山…詳細は出雲郡の山野の出雲御埼山を参照。
※土負池…詳細は不明。
※須々比池…詳細は不明。
※西門江…加藤義成は出雲市斐川町三分市付近にあったものであろうかとするが、詳細は不明。
※大方江…詳細は不明。

本文・現代語訳

[七] 出雲郡の海岸地形

北は大海。
※宮松埼。〔楯縫と出雲の二郡の堺にある。〕
※意保美浜。広さは二里一百二十歩ある。
※気多島。〔紫菜・海松が生える。鮑・螺・蕀甲蠃がある。〕
※井呑浜。広さは四十二歩ある。
※宇太保浜。広さは三十五歩ある。
※大前島。高さは一丈、周りは二百五十歩ある。〔海藻が生える。〕
※脳島。〔紫菜・海藻が生える。松・栢がある。〕
※鷺浜。広さは二百歩ある。
※黒島。〔海藻が生える。〕
※米結浜。広さは二十歩ある。
※爾比埼。長さは一里四十歩、広さは二十歩ある。埼の南の本は、東西に水門を通して、船も往来している。上には松が生い茂っている。
※宇礼保浦。広さは七十八歩ある。〔船が二十隻ばかり泊まることができる。〕
※山埼。高さは三十九丈、周りは一里二百五十歩

解説 80

出雲大川

現在、宍道湖に注ぐ斐伊川は出雲国と伯耆国の境にある鳥上山を源流とする大河である。江戸時代より以前は、日本海に注いでおり、出雲平野の肥沃な大地を形成し、その歴史と文化を育んできた。

また、出雲大川は『古事記』『日本書紀』の出雲を舞台とした説話にもしばしば登場している。出雲大川の別名である「肥の河」や出雲大川の下流にある「止屋の淵」（→解説93）等が、記されている。

『風土記』の中には、「斐伊川」（大原郡）・「斐伊河」（出雲・飯石・仁多・大原郡・巻末記載）・「斐伊大河」（出雲・仁多・大原郡）・「出雲河」（神門郡・巻末記載）・「出雲大川」（出雲郡・大原郡）・「出雲大河」（出雲郡）と記されているが、「出雲大河」あるいは「出雲河」という表記は、出雲郡条に集中し、大原郡条や神門郡条では、出雲郡との境に関する場合のみ、この表記が記されている。『風土記』では、「斐伊川」は大原郡より上流部を指す語であったとみられる（→コラム16）。

そもそも、『風土記』に記された出雲郡の「出雲」の由来は、出雲国の「出雲」と同義という理由から命名されている。また、出雲郡の山は二つしか記載がなく、現在の北山山系はすべてが「出雲御埼山」と呼ばれていたようだ。このことを考えれば、「出雲」を冠した出雲大河は、出雲国と出雲郡の河川を象徴する特別な河川であったものと言えよう。

▲空から見た斐伊川（雲南市下神原付近）

ある。〔椎・楠・椿・松がある。〕
※子負島。〔磯である。〕
※大椅浜。広さは一百五十歩ある。
※御前浜。広さは一百二十歩ある。〔民家がある。〕
※御厳島。〔海藻が生える。〕
※御厨家島。高さは四丈、周りは二十歩ある。〔松がある。〕
※等々島。〔貽貝・石花がある。〕
※怪聞埼。長さは三十歩、広さは三十二歩ある。〔松がある。〕
※意能保浜。広さは一十八歩ある。
※栗島。〔海藻が生える。〕
※黒島。〔海藻が生える。〕
※這田浜。広さは一百歩ある。
※二俣浜。広さは九十八歩ある。
※門石島。高さは五丈、周りは四十二歩ある。〔鷲の巣がある。〕
※薗。長さは三里一百歩、広さは一里二百歩ある。松が多く繁っている。※神門水海から大海に通じる潮は長さは三里、広さは一百二十歩ある。これは出雲と神門の二郡の堺である。
およそ北海でとれるさまざまな産物は、楯縫郡で説明したのに同じである。ただし、鮑は出雲郡がもっとも優れている。捕る者はいわゆる※御埼海子である。

［注釈］
※宮松埼…加藤義成は出雲市小津町と奥宇賀町和田との間に突き出ている小

解説 81

宇礼保浦・浦と浜

宇礼保浦は日御碕にほど近い出雲市大社町宇龍の漁港がその比定地である。宇礼保浦条は「船が二十隻ばかり泊まることができる。」とあるように、その港に停泊できる船の数が記されていることが特徴である。『風土記』各郡には浜や浦が列挙されているが、そのうち停泊可能な船の数を記したものを整理したのが左表である。これを見ると意外と少ないという印象を受けるのではないだろうか。島根半島の長い海岸線でたった四か所である。しかし出雲国のこれ以外の浦が船を泊めることができないというわけではない。

というのは『風土記』に記された浦の停泊可能な船の数というのは、民衆の常用する小さな船ではなく官用の大型船を念頭に置いているとの指摘がある。官用船が停泊するのに適した港が調査され、それが掲載されたのである。それは島根半島の日本海側沿岸において、厳戒な防備体制が目指された節度使体制下で『風土記』が編纂されたことと密接な関係がある（↓解説41）。

秋鹿郡恵曇浜では秋鹿郡の海岸線について「浦の西の磯から楯縫郡の堺の自毛埼までの間の浜は、岸壁が切り立ってけわしく、風が静かでも、往来の船を停泊させるところがない。」とあるように、日本海側では寄港地となりうる箇所は限られていたため、安全に停泊できるこれらの浦は貴重であったのである。

出雲国の船舶停泊可能な浦

郡名	浦名	現在地名	停泊可能数
島根郡	久毛等浦	松江市美保関町雲津	10隻
	質留比浦	松江市美保関町七類	30隻
	手結浦	松江市鹿島町手結	２隻※
出雲郡	宇礼保浦	出雲市大社町宇龍	20隻

※…20の誤りか

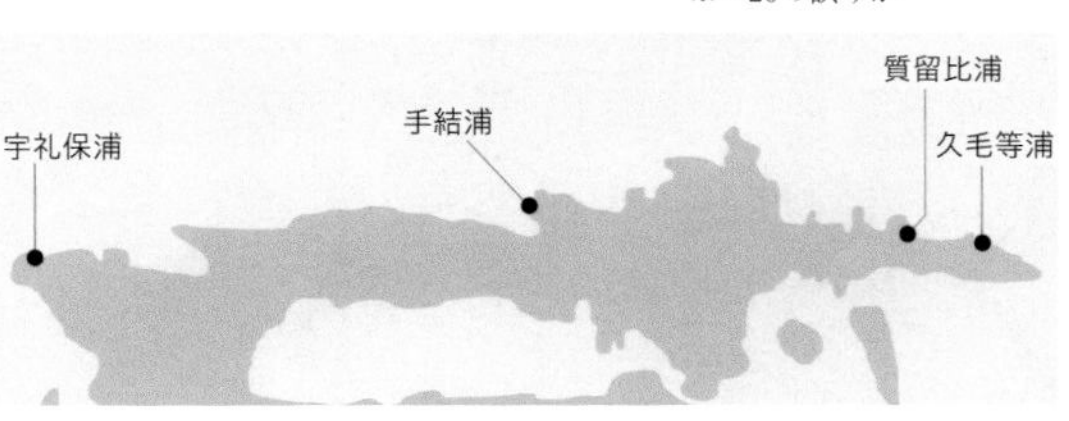

▲船舶停泊可能な浦の位置

〔参〕松江市教育委員会・松江市教育文化振興事業団二〇一〇
松江市史編集委員会二〇一二

岬とする。現在は大きな地形改変がある。
※伊保美浜…出雲市河下町の唐川河口にあたる海岸。
※気多島…出雲市猪目町の平島。
※井呑浜…出雲市猪目町猪目漁港付近の海岸。
※宇太保浜…出雲市大社町鵜峠の海岸。
※大前島…出雲市大社町鷺浦沖の鶴島。
※脳島…出雲市大社町鷺浦の湾に浮かぶ柏島。
※鷺浜…出雲市大社町鷺浦の鷺浦漁港付近の海岸。
※黒島…出雲市大社町鷺浦と日御碕の境にある足毛馬島。
※米結浜…桁掛半島の西にある突き出た岬。
※爾比埼…出雲市大社町日御碕の桁掛半島。
※宇礼保浦…出雲市大社町宇龍の宇龍漁港付近の海岸。詳細は解説81参照。
※山埼…出雲市大社町宇龍の権現島。ここは本来山埼島とあるべきを島の字を脱落したか。
※子負島…加藤義成は出雲市大社町宇龍の海岸西北方の岩島の一つとする。
※大椅浜…出雲市大社町日御碕の日御碕灯台の東北方で、北に面した浜。おわし浜。
※御前浜…出雲市大社町日御碕の日御碕神社のすぐ前の浜。
※御厳島…出雲市大社町日御碕の沖に浮かぶ経島。
※御厨家島…出雲市大社町日御碕の経島の西にある島か。
※等々島…出雲市大社町日御碕の浜の西方に浮かぶ艫島。
※怪聞埼…出雲市大社町日御碕の西南端の突端の追石鼻。
※意能保浜…出雲市大社町日御碕の南方の黒田港付近の海岸。
※粟島…出雲市大社町日御碕の南方の黒田港の東南方にある赤島。
※黒島…出雲市大社町日御碕の南方の御這田の浜の西方にある磯島。
※這田浜…出雲市大社町日御碕の南方の御這田の浜。
※二俣浜…出雲市大社町日御碕の南方の二俣港付近の海岸。
※門石島…出雲市大社町杵築北の稲佐浜海岸近くの弁天島。
※薗…出雲市大社町杵築西の湊原付近。いわゆる薗の長浜の北方。
※神門水海…詳細は解説94、神門郡の神門水海を参照。
※御埼海子…海子は漁業や製塩などに携わる者のこと。当時は御崎の海子といえばすでに世に知られていたことを示すか。

本文・現代語訳

［八］出雲郡の通道

通道。意宇郡の堺の※佐雑村に行く道は、一十三里六十四歩である。

解説 82

等々島

『風土記』には、島根郡と出雲郡に二つの等々島がみえ、前者には禺々が棲んでいたとされる。後者に禺々の記載はないが、島の名前から棲んでいたものと考えられる。

島根郡の等々島は、松江市美保関町の地蔵崎の沖合三キロメートルにある小さな島で、現在は沖の御前島と呼ばれている。島とされるが岩礁で草木は生えていない。磯釣りでは有名ポイントで、島根半島有数のA級磯とされ、渡船で渡る人も多い。釣りの対象魚は、クロダイやスズキ、メバルなど内海的な魚種とされるが、本来は外洋性の回遊魚が釣れてもおかしくない。

ところで『風土記』の禺々とは絶滅危惧種であるニホンアシカのことで、現在はその姿を見ることはできない。ニホンアシカは、朝鮮半島から樺太方面まで、広く日本海沿岸を中心に生息していた。近代以降は乱獲が進み、美保関町では一八八六年に捕獲されたのが最後とされる。戦後にアシカ猟が本格的になされたのは、隠岐の島町旧五箇村の竹島くらいであった。ニホンアシカは食料としてよりも油や皮革採取が目的で乱獲されたようで、出雲大社の古伝新嘗祭では、祭祀者である出雲国造の敷物として現在も使用されている。出雲大社ではこの皮を「ミチ」の皮と呼んでおり、古くから利用されていたことも考えらえる。

島根半島には等々島同様な島や岩礁は無数にあり、禺々が生息していたとみられるが、半島の東西両端の沖合の島だけ等々島と名付けたことは、何か意味があるように感じられる。

▲アシカ猟（提供　竹島資料室）

神門郡の堺の※出雲大河のほとりに行く道は、二里六十歩である。
大原郡の堺の※多義村に行く道は、一十五里三十八歩である。
楯縫郡の堺の※宇加川に行く道は、一十四里二百二十歩である。

[注釈]
※佐雑村…松江市宍道町佐々布付近。意宇郡の通道には佐雑埼とみえる。
※出雲大河…詳細は解説80、出雲郡の出雲大川を参照。
※多義村…出雲市斐川町阿宮上阿宮の古地名。大原郡の通道にもみえる。
※宇加川…詳細は楯縫郡の宇加川を参照。

本文・現代語訳

[九] 出雲郡の郡司

郡司　主帳　无位※若倭部臣
大領　外正八位下※日置部臣
少領　外従八位下※大臣
主政　外大初位下※部臣

[注釈]
※若倭部臣…若倭部は若倭根子（開化天皇）の名にちなんだ部民。後世の史料から、出雲郡や神門郡には若倭部が住んでいたことが確認でき、それらを統括した氏族であると考えられる。
※日置部臣…祭祀に関わる部民の日置部を統括したリーダー的存在と推定される。出雲郡の寺院にもあるように、代々郡司を出していた氏族だと考えられる。
※大臣…神武天皇皇子神八井耳命の後裔とされる。同族とする氏族はきわめて多い。『古事記』編者の太安万侶が著名。ただし歴名帳にはみえない。
※部臣…他に見えない氏。加藤義成は部の前に海が入っていたが写本の過程で脱落したかとする。

薗松山

「薗松山」は、国引き神話に登場する「薗の長浜」の別名である。国引き神話の中ではヤツカミズオミヅヌが引いた綱として登場する。神門郡神門水海においてもオミヅヌが国引きの時に用いた綱であるという説明がなされているが、『風土記』は、その後に続けて、「土地の人は名づけて薗松山という」という文章を付け加える。つまり、「薗松山」の呼称は、古代出雲の中でも神門水海周辺で生活する人々の間で通用した地名だったのである。この点を踏まえるならば、国引き神話とは異なる形での小規模な国作りの神話が、神門水海沿岸の人々の間で語り伝えられた可能性もある。

『風土記』には「松山の南端の美久我林」とあるので、「薗松山」は、今日の神戸川の河口から出雲市湖陵町の彌久賀神社付近まで広がっていたと思われるが、そのエリアの出雲砂丘上の上長浜貝塚の八世紀の動物遺存体は、「薗松山」を舞台とした古代出雲人の生活を知る上で貴重な手がかりを提供してくれる。この中で、特に出土量が多かったのは、ヤマトシジミを除くとクロダイ・スズキ・フグであった。これは神門郡神門水海の記述と一致する。また、ニホンジカやイノシシなども出土している。加工痕跡のある鹿角もあった。この点を踏まえると、上長浜貝塚周辺に住む人々は、「薗松山」において漁業だけではなく狩猟にも積極的に従事していた可能性が出てくる。

「薗松山」には水田に適した土地はないが、山野河海の産物を獲ることができる豊かな空間であったことがわかる。

[参] 森田喜久男二〇〇七a

◀神西湖からみた薗松山

所造天下大神

従来の研究では、『出雲国風土記』に登場するオオナモチについて、「所造天下大神」と書かれていることから、そこに出雲独自の天下観、律令国家が成立する以前に各地に分布した地域国家の存在を証明するための支配イデオロギーを読みとることができるといった理解がなされてきた。しかし、このような理解の仕方は果たして正しかったのであろうか。

● 所造天下大神と治天下大王

ここで、改めて意宇郡の母理郷（↓解説6）を読み返すならば、オオナモチは自分自身が「国作りをして治めている国」を「皇御孫命が平和に世をお治め」くださいと言いながら譲ることを決意している。ここではオオナモチは、国を作り領有する存在、天孫は譲られた国を平和に統治する存在として描かれている。

ここで注意すべきは、オオナモチはあくまでも「天下」や「国」を「作った存在」なのである。一方、天孫は譲られた「天下」や「国」を統治する存在と理解するべきではなかろうか。このように考えていった時、想起すべきは、雄略朝に作成されたと考えられている熊本県の江田船山古墳から出土した銀象嵌をほどこした大刀の銘文である。

ここには、「治天下獲□□□鹵大王世」と記されている。この銘文において、「大王」は「天の下を治めす」べき存在であったことが判明する。それと同時に「大王」は、「天の下を作った」存在ではなかったことも明らかになるであろう。

● 『風土記』の所造天下大神の神話

『風土記』に見えるオオナモチの神話から浮かび上がる行動パターンは次のように整理されている。

①巡行天下
②国讃め
③耕種
④狩猟
⑤和平
⑥追伐
⑦妻問
⑧愛情
⑨神宝
⑩国土奉献

これらのエピソードはいずれも広い意味での出雲の「天下作り」に関わってくるだろう。すなわち、『出雲国風土記』を読むと、一見するとオオナモチは「恋多き神様」のように見えるが、妻をめとり多くの子どもをもうけるのも、広い意味での「天下作り」の一環と考えてよければ、オオナモチという神のキャラクターのバリエーションはさらに広がる。

▲意宇郡出雲神戸条（古代文化センター本　所蔵　古代文化センター）

出雲神戸郡家南西二里廿歩伊弉奈枳乃麻奈子坐熊野加武呂乃命与五百津鉏ニ猶所取ニ而所造天下大穴持命二所大神等依奉故云神戸他郡等神戸且如之

なお、オオナモチの「天下作り」のイメージの一端として、意宇郡の出雲神戸の原文を書き下すと、「五百津鉏々猶取らしに取らして天の下造らしし大穴持命」と書かれている。鉏とは大量に用いることで大地をすきはねるものと認識されていた道具であり、そのような鉏が国引きの神であるヤツカミズオミヅヌと共にオオナモチの持物（＝アトリビュート）と認識されていたのであろう。

● 出雲国造と所造天下大神

『風土記』において体系的な形で行動している神は所造天下大神である。『風土記』の所造天下大神に関わる伝承は、国作りを回想する形で展開している。

所造天下大神と共に大神と命名されているのは、**ノギ大神・サダ大神・クマノ大神**である。しかし、残りの三大神の言動については極めて断片的である。サダ大神の誕生に関わる神話については、島根郡の加賀神埼において、窟における誕生の場面を比較的詳細に述べているものの（→解説46）、この神が出雲の各地を巡行した様子については全く記していない。

また、ヤツカミズオミヅヌについては、確かに国引きの場面が異彩を放っているが（→コラム1）、それ以外にこの神に関わる事跡はない。

オオナモチのごとく、出雲国内を巡行している神としては、**スサノオ**がいる。すなわち、この神は、『風土記』によれば、出雲山間部を中心に出雲東部の意宇郡安来郷まで巡行し、最終的な鎮座地である飯石郡須佐郷では、国褒めをした後、大須佐田や小須佐田を定めている。巡行の末に国処を発見し、水田を作るといった行為は、まさに国作りそのものであろう。

しかし、この神の活動するエリアは基本的に出雲山間部に限定されること、何よりも、オオナモチに対して『風土記』が「所造天下大神」という美称を冠しているのに対し、スサノオについては「神須佐能袁」という表現にとどめている点こそが注目されなければならない。ここに明らかにオオナモチの優越性を見出さざるを得ない。

『風土記』の神々が、このような偏った扱いを受けている理由は、『風土記』の神話それ自体が、出雲国の地域社会の神話ではなく、あくまでもオオナモチを祭る**出雲国造**家の神話として編纂されたことに起因すると考えるべきではなかろうか。

『風土記』は、出雲国造によってまとめられた書物である。それ故に当然、出雲国造が奉仕する**杵築大社**の祭神であるオオナモチが主人公となる。

そのようなオオナモチを中心とする神話の体系の中で、それらと対立する事なく、もともと出雲西部で発生したと推定される国引きの神話や出雲山間部の神話が無理のない形で組み込まれているのである。

［参］加藤義成一九九六b
門脇禎二一九八六

多祢　三年改字。須佐郷。郡家正西一十九里。神須佐能
袁命詔、此國者雖小國々処在。故、我御名者非著
木石詔而、即己命之御魂鎮置給之。然即大須佐
田小須佐田定給。故云須佐。即有正倉　波多

◀飯石郡須佐郷条（古代文化センター本　所蔵　古代文化センター）

コラム
column
10

『風土記』に登場する神社

神の坐す場所

「御穂須々美命が鎮座していらっしゃるのでミホという」（島根郡美保郷↓解説29）のように、そこに坐す神の名（あるいは神の発言）に由来して郷名等の起源を説くパターンは『風土記』では全体の約三割近くの一八例がある。では、神が坐すのは、その郷内のどのような場所、地点だったのだろうか？『風土記』を通覧すると、神の活動は山との関わりが最も多い。たとえば「山嶺に玉上神が在す」（仁多郡玉峯山）のように、神は山野に坐す、という認識が一般的であったようだ。また楯縫郡神名樋山の石神（↓解説66）や神門郡滑狭郷の滑盤石（↓解説90）のように、神の依り代は岩石など自然物であった。人々の生活とは離れた自然空間に、自然物を依り代として神は坐す、というのが『風土記』段階では一般的な神観念だったのである。

出雲郡の「郷中に坐す神」

その点で、出雲郡の三つの郷（漆治郷・伊努郷・美談郷）の郷名由来には他郡にみられない興味深い特徴がある。それは、「郷の中に神が鎮座する【原文…神、郷中に坐す】」とわざわざ明記されていることだ。古代の郷とは人々のまとまりであり、「郷の中」とはその日常的な生活空間の中を指す。今日の町村は領域をもっており、そこには無人の山叢や谷泉も含まれるが、前記の『風土記』の文脈でいう「郷の中」はそうではなく、あくまで人々が起居する空間のことを指すのだ。したがって『風土記』の三つの郷条は「神が自然信仰の場を離れて、人々が生活する空間の中に人工的な神社として祀られている。」ということを強調した記載、とみることができる。山、岩など自然物に神が坐すのが一般的な『風土記』段階において、出雲郡のこうした状況は特筆すべき稀少な事態であったに違いない。

▲墨書土器「美社」
（所蔵　埋文センター）

発掘された『風土記』段階の神社

この記載とぴったり対応する神社跡とみられるのが青木遺跡（出雲市東林木町）だ。この遺跡は伊努郷と美談郷の境に位置し、豪族居宅あるいは正倉などの官衙施設に隣接して人工的に設置された神社と考えられてい

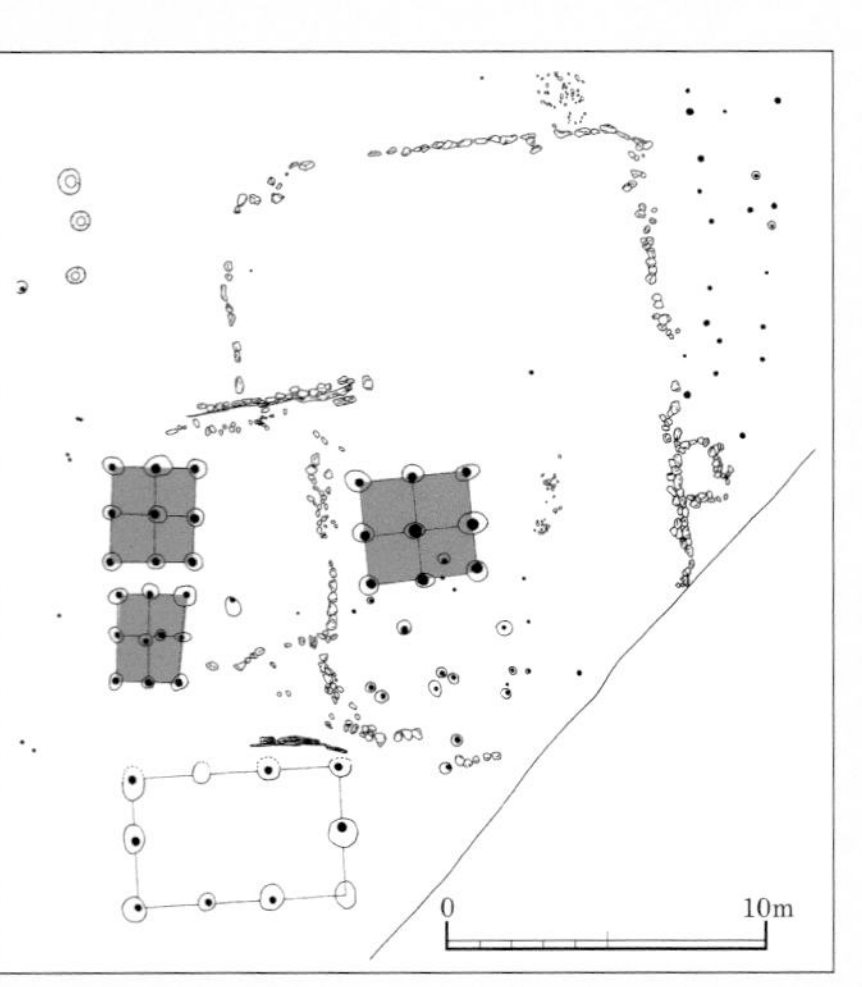

▲青木遺跡の神社遺構平面図

る。その建設時期は八世紀の第２四半期、『風土記』完成の直前の出来事なので、前述のように「郷中に坐す」と特筆されたのも納得がいく。

社殿とみられる複数の建物群があり、『風土記』記載の神社群（イヌ社またはミダミ社か）のうちのいくつかが複合的に一か所にまとめられたものと考えられる。社殿の周囲には石を敷き並べて方形の基壇を設け、正面には目隠しの板塀を置くなど、その姿は現在の私たちがイメージする地域の神社のありかたと極めて近い。付近からは絵馬など祭祀に用いられた道具のほか、「伊」「伊努」や「美社」（＝美談社）などとある墨書土器が大量に出土した。これらの土器は多くの人々が神社に集まって飲食をしたことを示し、農耕に関わる集団労働に際しておこなわれる、春秋の村の共同飲食儀礼で使われたとも解釈されている。出土した木簡の記載をみると、周辺の複数の郷に住む人々がここへ集まってきたようだ。このような地域の社の実態を示す遺跡は数少なく、青木遺跡は極めて重要な事例として注目されている。

▲青木遺跡の神社施設復元模型（所蔵　出雲歴博）

同様に八世紀の神社跡とみられるのが、杉沢Ⅲ遺跡（出雲市斐川町直江）で見つかった建物跡だ。現在の御井神社の背後にある低丘陵の頂に、本殿と拝殿のような二棟の建物が確認された。丘陵斜面からは「三井」と墨書された土器が出土しており、『風土記』に記載のある御井社に比定することができよう。

出雲郡の地域性

『風土記』に記載された多くの神社は、その編纂時点では常設の社殿をともなわない自然物の形態であった。その点で、青木遺跡、杉沢Ⅲ遺跡のように社殿に神を祀るのは地域の神社にとって「新しい」手法であり、これが冒頭で述べたような「郷の中に神が坐す」と『風土記』に特筆された背景であろう。これらの事例がいずれも出雲郡に所在していることは注意される。発掘された社殿の平面形が「田」の字形の九本柱で「大社造」に共通することを重視すれば、同郡内にある杵築大社との関係性、出雲国造と出雲郡内の氏族との関係が反映されたものとみるべきだろう。

0　10m

▲杉沢Ⅲ遺跡の建物平面図

［参］島根県教育委員会二〇〇六a
斐川町教育委員会二〇〇一
松尾充晶二〇一〇

七

神門郡

かんど　ぐん

滑狭郷の稲穂（出雲市湖陵町常楽寺）

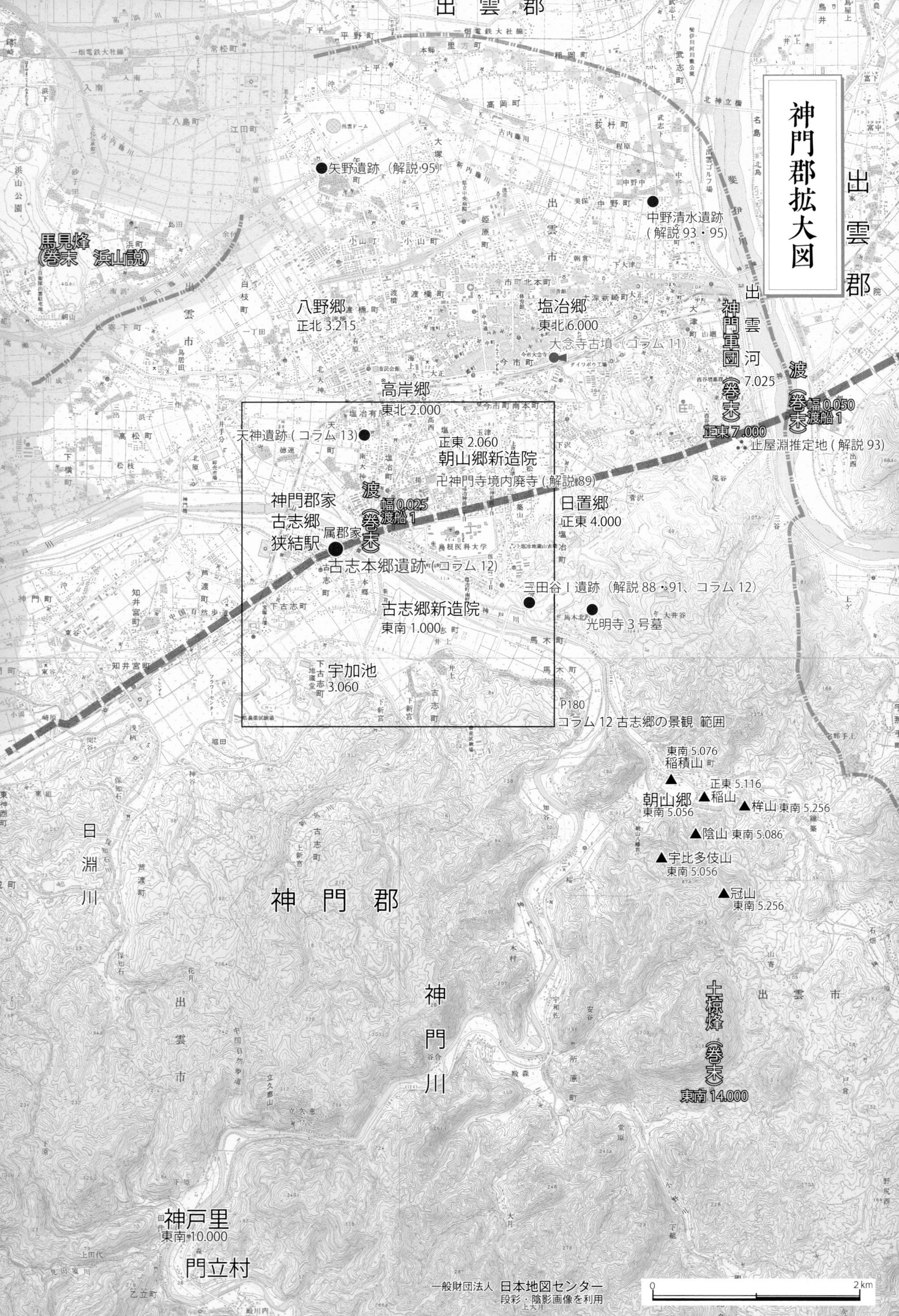
神門郡拡大図
出雲郡
出雲郡
矢野遺跡（解説 95）
中野清水遺跡
（解説 93・95）
馬見烽
（巻末　浜山説）
八野郷
正北 3.215
塩冶郷
東北 6.000
大念寺古墳（コラム 11）
出雲河
7.025
神門軍團
（巻末）
正東 7.000
渡
（巻末）
幅 0.050
渡船 1
止屋淵推定地（解説 93）
高岸郷
東北 2.000
天神遺跡（コラム 13）
正東 2.060
朝山郷新造院
卍神門寺境内廃寺（解説 89）
神門郡家
古志郷
狭結駅
属郡家
渡
（巻末）
幅 0.025
渡船 1
日置郷
正東 4.000
古志本郷遺跡（コラム 12）
三田谷Ⅰ遺跡（解説 88・91、コラム 12）
光明寺 3 号墓
古志郷新造院
東南 1.000
宇加池
3.060
P180
コラム 12 古志郷の景観 範囲
東南 5.076
稲積山
正東 5.116
朝山郷
東南 5.056
▲稲山
▲桙山 東南 5.256
▲陰山 東南 5.086
▲宇比多伎山
東南 5.056
▲冠山
東南 5.256
日淵川
神門郡
神門川
土椋烽
（巻末）
東南 14.000
神戸里
東南 10.000
門立村
一般財団法人 日本地図センター
段彩・陰影画像を利用
0
2 km

出雲郡
潮（出雲郡条）
長さ 3.000
広さ 0.120
神門水海
正西 4.050
周り 35.074
薗松山
長さ 22.234
広さ 3.000
上長浜貝塚（解説 95）
薗の長浜（意宇郡条）
滑狭郷
南西 8.000
美久我林
盤石（解説 90）
神門郡
多伎駅 西南 19.000
多伎郷 南西 20.000
出雲郡
神門軍団 正東 7.000
出雲郡
渡（巻末）
潮（出雲郡条）
薗の長浜（意宇郡条）
神門水海
高岸郷
塩冶郷
神門郡家
古志郷
日置郷
狭結駅家
渡（巻末）
稲積山・陰山・稲山・桙山・冠山
朝山郷
滑狭郷
美久我林
宇比多伎山
西南 31.000
宅伎戍（巻末）
神門郡
日淵川
神戸里
神門川
大神山
十坂烽 東南 14.000
多伎駅
多伎郷
門立村
与曽紀村 25.174
（飯石郡堺）
長柄山
東南 19.000
多岐々山
多岐小川
（石見国安濃郡堺）
西南 33.000
出雲市
田俣山
正南 19.000
堀坂山（飯石郡堺）
19.000
吉栗山
西南 28.000
飯石郡
余戸里
南西 36.000
石見国
佐比売山（意宇郡条）
0
4km
神門郡全体図

神門郡

神門郡の解説

かんどぐん

◎『風土記』記載の概要

神門郡は『風土記』では八郷・二二里に余戸一・駅家二・神戸一からなる郡で、律令制の郡の等級では島根・大原郡と同じ中郡に当たる。朝山郷と滑狭郷の二郷が二里からなる。『風土記』では一般に同一郡に二里からなる郷は一つしかない。これはできるだけ一郷が三里になるよう編戸・郷里編成がおこなわれたためと考えられるが、当郡はその例外である。その理由については神亀三年（七二六）に、三里あった朝山郷から神戸里が割き取られたため、朝山郷が二里となったとする理解もある（関和彦・小倉慈司）。人口は一里を約四〇〇人として、一〇四〇〇人程度である。

郡名の由来は、神門臣伊加曽然が神門を負った、神門臣が居住するためで他郡のように神の言葉や所作が郡名の由来ではない。この説話は神門臣の由緒、氏族が天皇へ奉仕した来歴（奉事根源）で、当郡が神門臣という氏族と深く関係するのは間違いなかろう（→コラム11）。また、「神門を負った」ことを杵築大社の神戸負担と見る説もある（→解説84）。

神門郡は出雲国内でも有数の沖積平野が広がり、隣郡の出雲郡と同じく全くの平野部で丘陵に接しない郷が存在する（八野郷・高岸郷）。特に神戸川右岸の四郷は郷間距離も短かく、出雲東部の意宇郡西部・島根郡とは様相が異なる。有力な後期古墳も分布しており（→コラム12）、出雲西部の中心になる郡である。

◎郡の範囲

神門郡はほぼ現在の出雲市から旧斐川町・旧平田市・旧大社町を除いた地域になるが、飯石郡堺・出雲郡堺・石見国堺は現在の市町村堺とは異なる。すなわち、現在の出雲市佐田町のうち、須佐地区は飯石郡域に当たり、大田市山口町も神門郡域であった。一方、斐伊川左岸の一部（出雲市上島町ほか）は出雲郡であったと推定される。郡の北側は出雲大川（斐伊川）ならびに神門水海と呼ばれる内水面であったが、汀線などは山田和芳・高安克己の復元案によった。

◎郡への交通路

出雲郡堺の出雲大川（斐伊川）を渡り、郡家を通過し石見国安濃郡に向かう山陰道駅路（正西道）と、途中から安濃郡川合郷に連絡する通道、飯石郡家に至る通道の二ルートがあった。山陰道については現在のところ郡内で明確な遺構は確認されていない。出雲郡家が斐川町出西の後谷遺跡周辺に、当郡郡家が古志町古志本郷遺跡に比定されているので、両者を結び朝山郷新造院に推定される神門寺境内廃寺の南を直線的に通る木本雅康の案を採用した。また神戸川左岸ではこの推定山陰道と同じ方向に建物が配置された集落が確認されている。通道は谷重豊季の復元によった。また、神門郡家・狭結駅家は神門川の渡河点でもあり、水上交通も活用されたと推定される（→コラム12）。

◎有力な氏族

郡の大領は神門臣で、出雲西部を代表する有力豪族である（→コラム11）。『風土記』のほか、奈良時代前期の有力貴族である長屋王が出雲国に置いていた資産を管理する役職「出雲国税使」に神戸臣がみえ（→解説84）、出雲国内の有力氏族と中央の有力貴族の関係が窺える。少領・主帳は刑部臣で新造院建立者でもある。主政は吉備部臣で、吉備との関係を窺わせる氏族である。出雲国大税賑給歴名帳では、神奴部の分布が顕著である。神奴部は文字通り下級の神職に与えられた姓で、郡名の由来にみえる「神門を負う」を想起させる。

◎『風土記』以外の歴史

神門郡の初見は藤原宮出土の荷札木簡にみえる「神門評阿尼里」（→解説84）で、神門郡の前身である七世紀の神門評が存在したことが分かる。さらに『日本書紀』推古天皇二五年（六一七）には、「神戸郡」の巨大な瓜の話がみえる。今のところ木簡にみえる出雲国の郡名は、七世紀のものを入れてもすべて『風土記』と同じ漢字表記を用いている。これに対し『日本書紀』では意宇と神門について異なる表記である於友（郡）・神戸（郡）がみえる。この二郡については現在発見されている木簡（評—里段階）よりも古くから評が存在した可能性もありそうだ。木簡の阿尼里は『風土記』の郷名になく、滑狭郷下の里名（阿如里）としてみえる（出雲国大税賑給歴名帳）。『風土記』の同時代史料には天平一一年（七三九）の出雲国大税賑給歴名帳があり、当郡の一部が残る。郷の下の里名や、所属する人々の姓名がわかる。また『風土記』にない伊秩郷がみえ、『風土記』余戸里が郷となったものと推測される。『和名抄』でも伊秩を加えた九郷がみえる（郷名の記載順は『風土記』と異なる）。

◎郡内の遺跡

神門郡家の遺跡は、出雲市古志町の古志本郷遺跡であり、二時期に変遷する郡庁院が確認されている（→解説85）。また、上塩冶町の三田谷Ⅰ遺跡では、木簡・墨書土器・木製祭祀具・鉄鉢などの遺物が出土、神門郡東部の郡の出先機関と推定されている。

寺院跡については、朝山郷新造院に推定される神門寺境内廃寺があるほか、上塩冶町の長者原にも八世紀後半頃前後と思われる瓦が出土、礎石などがあった長者原廃寺が存在した（島根県教委一九八〇）。古志遺跡から瓦が出土する。このほか、同上塩冶町築山遺跡でいわゆる「村落内寺院」が（→コラム3）、大井谷Ⅱ遺跡では、八世紀後半にはじまる山岳寺院跡が発見され、後者は神門寺と同時に開基されたとの伝承がある（『雲陽誌』）。

また、出雲市上塩冶町周辺は、出雲国内でも古代の火葬墓が集中的に分布する地域である。代表的なものは八世紀初頭の光明寺三号墓で一辺七・五メートルの方形のマウンドと石製蔵骨器をもつ有力者の墓である。生産遺跡は、古志本郷遺跡のほか中野清水遺跡でも鍛冶工房が確認され、神門水海縁辺の上長浜貝塚は貝類の加工をおこなっていた可能性が指摘されている（→解説83・95）。貝塚の遺跡が多く確認されているのも特徴の一つである。集落は平地部に営まれ掘立柱建物で構成され、丘陵縁辺に集落が営まれる出雲東部とは異なる。

◎記載の特徴

神門郡の記載には、正倉記載がないこと、新造院の造立者が個人でなく「〇〇たち」と記載されている点など、他郡と異なる部分がある。神話・伝承についてみると、郷名の起源に地元の女神のところに所造天下大神・オオナモチが通ってきたという妻問いの伝承、またその子（孫）の伝承が多くを占めている（六郷）。また、阿遅須枳高日子の伝承も、当郡から南の仁多郡にかけて分布する点は興味深い。他に、古志（北陸）との関係を伝える具体的な伝承も多い（→解説87）。

［参］出雲市教育委員会二〇〇〇b・出雲市教育委員会二〇〇一
出雲市教育委員会二〇〇九・小倉慈司一九九六
木本雅康二〇〇一・島根県教育委員会一九八〇
島根県教育委員会二〇〇六b・関和彦一九八四a
谷重豊季一九九三・山田和芳・高安克己二〇〇六

本文・現代語訳

［一］神門郡の総記

神門郡

合わせて郷八（里二十二）、余戸一、駅家二、神戸一。

朝山郷　今も前のままの字を用いる。（里二）

日置郷　今も前のままの字を用いる。（里三）

塩冶郷　もとの字は止屋。（里三）

八野郷　今も前のままの字を用いる。（里三）

高岸郷　もとの字は高崖。（里三）

古志郷　今も前のままの字を用いる。（里三）

滑狭郷　※もとの字は南佐。（里二）

多伎郷　もとの字は多吉。（里三）

余戸里

狭結駅　もとの字は最邑。

多伎駅　もとの字は多吉。

神戸里

神門と名づけるわけは、※神門臣伊加曾然の時に神門を※負担した。だから神門という。そして神門臣たちは古より今に至るまで、ここに住んでいる。だから、神門という。

［注釈］

※もとの字は南佐…加藤義成の本篇によれば、「今も前のままの字を用いる。」となっているが、加藤の原文篇によって「もとの字は南佐。」とした。

※神門臣…神の門の造営・寄進したためそのまま氏名になった。解説84参照。当条のほかに出雲郡の健部郷に神門臣古禰という人物が、神門郡の寺院に神門臣の集団が、神門郡の郡司に神門臣（名不明）が見える。

※負担した…加藤義成の校訂によれば原文は「貢」とあるが、ここでは細川

解説 84

「神門」と神門臣

『風土記』にみえる神門郡の由来は、居住する氏族の由来をとおして地名の起源を説明するもので、同様の説明は他に意宇郡舎人郷・出雲郡健部郷、神門郡日置郷にみえる。なお隣国伯耆国には風土記は残っていないが、『和名抄』の郷名には氏族名と同じ郷名が多く（四八郷中の一五郷）、行政地名のあり方は国毎に異なっていたようだ。

由来の「神門を負担した（原文…神門を負う）」はやや意味がとりづらい。江戸時代以来、加藤義成にいたるまで神の門を造営した、と理解されてきた。

これに対し、神門は現在の神戸川同様、「神戸」と表記される場合も多く、奈良時代には通用していたことから、神門臣は神戸（→解説14）を負担したのではないかとする説もある（内田律雄）。しかし、『風土記』には神門を神戸と表記した箇所はなく、神門の読みも『和名抄』によると「加牟戸」でカンベではない。また神門郡神戸里も郡の中心ではなく、神門郡と律令の神戸は直接につながるものではない。

しかし、神門郡全域におよぶ、神社との特別な関係もある。郡内に散居する神奴部は下級の神職に与えられる特徴的な姓で、出雲郡でも神戸郷を中心に分布する（→解説75）。藤原宮からは「神門評阿尼里」の荷札木簡が出土し、神門評は七世紀には存在しているが、その成立については検討すべき余地は多い。

［参］内田律雄二〇〇五

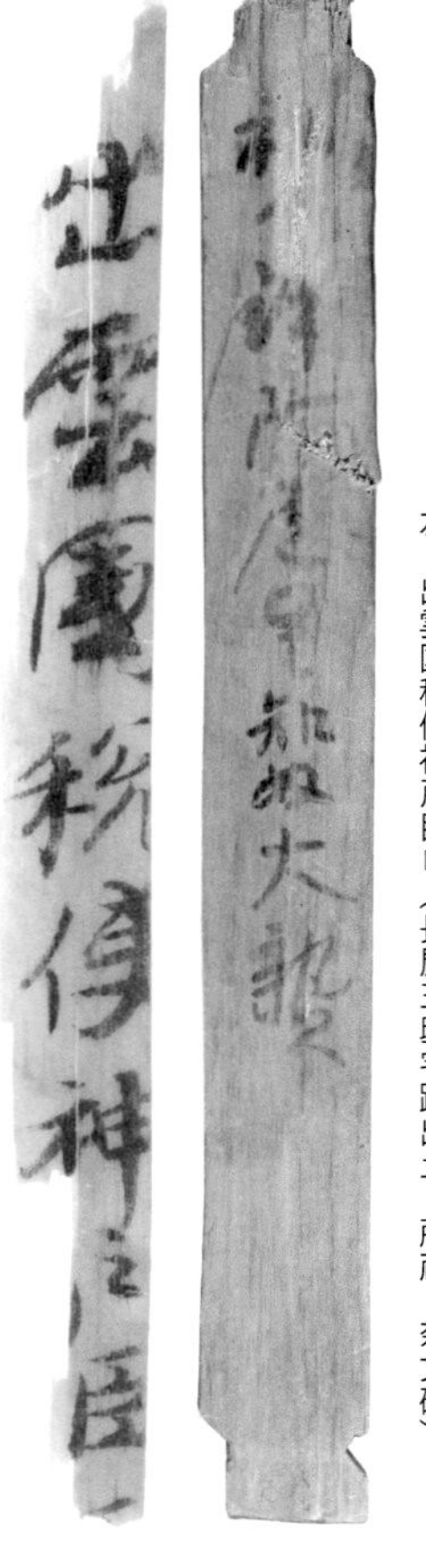

◀木簡のカンドの表記※縮尺不同　右…神門評阿尼里知奴大贄（藤原宮出土　所蔵　橿考研）　左…出雲国税使神戸臣□（長屋王邸宅跡出土　所蔵　奈文研）

家本のとおり「負」として現代語訳した。

神門郡家の所在地…出雲市古志町の古志本郷遺跡。解説85を参照。

本文・現代語訳

[二]神門郡の郷

※朝山郷。郡家の東南五里五十六歩の所にある。神魂命の御子、※真玉着玉之邑日女命が鎮座していらっしゃった。そのとき、所造天下大神、大穴持命が娶りなさって、朝毎にお通いになった。だから、朝山という。

※日置郷。郡家の正東四里、志紀嶋宮御宇天皇（欽明天皇）の御世に、※日置伴部たちが遣わされて宿停り政務をとったところである。だから、日置という。

※塩冶郷。郡家の東北六里の所にある。阿遅須枳高日子命の御子、※塩冶毘古能命が鎮座していらっしゃった。だから、止屋という。〔神亀三年に字を塩冶と改めた。〕

※八野郷。郡家の正北三里二百一十五歩の所にある。須佐能袁命の御子、※八野若日女命が鎮座していらっしゃった。そのとき、所造天下大神、大穴持命が娶りなさろうとして、屋を造らせなさった。だから、八野という。

※高岸郷。郡家の東北二里の所にある。所造天下大神の御子、阿遅須枳高日子命が昼夜となくひどくお泣きになった。それでそこに高屋を造り、御

解説 85

神門郡家と古志本郷遺跡

神門郡家の所在地については古くから諸説あったが、神戸川の拡幅築堤のため一九九八年におこなわれた発掘調査の結果、神戸川左岸の古志本郷遺跡（出雲市古志町）であることが確実視されるようになった。発掘で見つかった最大の建物は、短辺が六メートル、長辺が二〇メートル以上続く巨大なもので、二棟がL字形に直角に配置されている。これは長い建物をロの字形に配置した約五〇メートル四方の区画の一角にあたると判断された。このような施設は全国の郡家遺跡で発掘されており、「郡庁院」と考えられている。郡庁院とは郡家の政庁つまり中核的な執政施設であり、また儀式饗宴の場ともなる。つまり、『風土記』に書かれた神門郡家の中心施設というわけである。周辺には小規模な倉庫群や執務空間とみられる建物のほか、鍛冶をおこなう工房跡も見つかっている。調査されたのは神門郡家の一部であり、その全容はいまだ未解明のまま地中に保存されているのが現状だ。

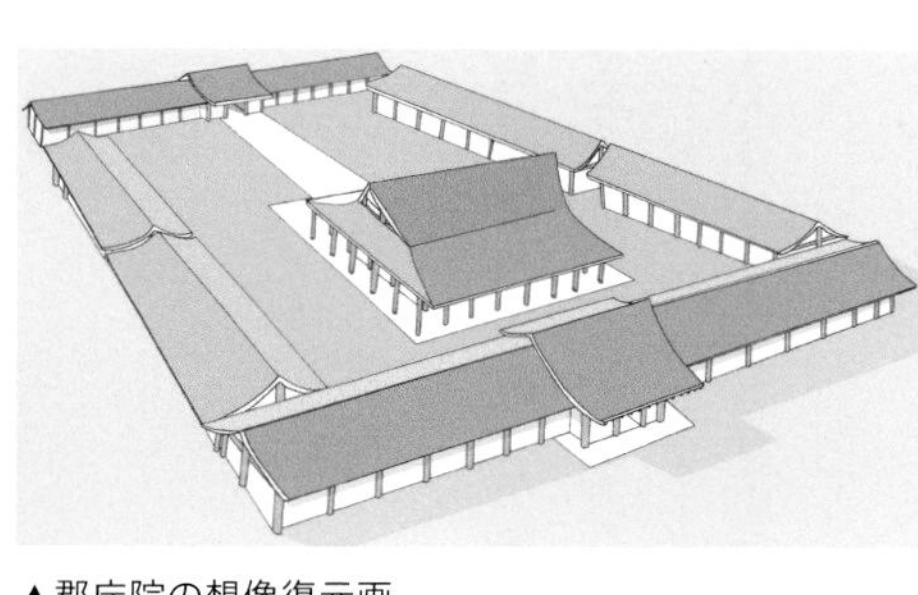

▲郡庁院の想像復元画

さて、これを踏まえあらためて『風土記』巻末記載の出雲国の道程をみると、神門郡家と神門川の位置関係が問題となる。斐伊川を渡った正西道は「西に七里二十五歩で、神門郡家に至る。河がある。」とあるので、語順通りの位置関係と読めば郡家と川が現状とは逆になってしまうのだ。これについては、古代の神門川は現在と流路が大きく異なっていたのではないか、という説も根強い。一方で、『風土記』の「即ち」の用法に着目した関和彦は「神門郡家に至る。そこには河がある。」という文であって、河を渡った先に郡家がある、と解釈すべきと説いた。遺跡や周辺地形のあり方からみて、最も適当な見解と考えられる。

［参］島根県教育委員会二〇〇三b 関和彦二〇〇六

子をお据えした。そして※高椅を建て、登り降りさせて養育し申し上げた。だから、高崖という。［神亀三年に字を高岸と改めた。］

※古志郷。郡家に属する。※伊弉那彌命の時に、※日淵川を利用して池を築いた。そのとき、古志国の人々がやってきて堤を造った。そのとき彼らが宿としていたところである。だから、古志という。

※滑狭郷。郡家の南西八里の所にある。須佐能袁命の御子、※和加須世理比売命が鎮座していらっしゃった。そのとき、所造天下大神命が娶りてお通いになったときに、その社の前に※盤石があり、その上がとても滑らかだった。そこでおっしゃられたことには、「滑らかな岩【原文…滑盤石】である。」とおっしゃられた。だから南佐という。［神亀三年に字を滑狭と改めた。］

※多伎郷。郡家の南西二十里の所にある。所造天下大神の御子、※阿陀加夜努志多伎吉比売命が鎮座していらっしゃった。だから、多吉という。［神亀三年に字を多伎と改めた。］

※余戸里。郡家の南西三十六里の所にある。［名の説明は、意宇郡に同じ。］

※狭結駅。郡家と同所にある。古志国の※佐与布という人が来て住んでいた。だから、最邑という。［神亀三年に字を狭結と改めた。この人が来て住んだわけは、古志郷の説明に同じ。］

※多伎駅。郡家の西南一十九里の所にある。［名の説明と、字の改変は多伎郷に同じ。］

※神戸里。郡家の東南一十里の所にある。

解説86

所造天下大神の妻問い

朝山郷の地名の由来は随分と艶っぽい。そこにはカムムスヒの御子神であるマタマツクタマノムラヒメという女神がいたが、その女神に会いに所造天下大神が、毎朝通ったのだという。『古事記』に登場するヤチホコ（オオクニヌシ）にはスセリヒメという嫡妻がいたが、その妻の目を盗んでヤチホコは九州や北陸地方の女神のもとへいそいそと出かけている。それを意識して作られた地名起源伝承である可能性が高い。

ちなみに『風土記』において、オオナモチ（オオクニヌシ）が通った女神の親神はカムムスヒである。つまり、ここでオオナモチとカムムスヒとの関係が問題となるが、これについても『古事記』の神話を明らかに意識している。何故なら、『古事記』の神話によれば、オオクニヌシがオオナモチと呼ばれていた頃、兄弟である八十神達に殺されかけるが、オオナモチを救ったのはカムムスヒが派遣した女神たちであったし、オオクニヌシの国作りを助けたスクナヒコナもカムムスヒの子であった。このようにオオクニヌシの国作りに際しては、カムムスヒが手をさしのべているのである。『風土記』は、このような『古事記』の神話に貫かれた論理を意識して地名起源伝承を記載していることがわかる。

『風土記』のオオナモチが娶った女神は、カムムスヒの子だけではない。オオナモチが多くの女神と関係を持ったという神話が生まれた理由は、この神が「所造天下大神」（→コラム９）であったためであろう。それ故に、この神のもとに婚姻という関係を通して多くの神々が収斂されざるを得なかったのであろう。

オオクニヌシの妻

	名称	備考
古事記	須勢理毘売	スサノオの娘。嫡妻。
	沼河比売	高志の女神。奴奈宜波比売と同一。
	多紀理毘売	宗像三女神の一神。
	神屋楯比売	事代主を産む。
	鳥取神	鳥鳴海を産む。
風土記	奴奈宜波比売	島根郡美保郷。御穂須須美を産む。
	綾門日売	出雲郡宇賀郷。求婚されるも拒む。
	八野若日女	神門郡八野郷。スサノオの娘。
	和加須世理比売	神門郡滑狭郷。スサノオの娘。
	真玉着玉之邑日女	神門郡朝山郷。カムムスヒの娘。

［注釈］

※朝山郷…出雲市朝山町の一部・稗原町の一部を中心とした地域。稗原里・加夜里が属す（歴名帳）。
※真玉着玉之邑日女命…他に見えない神。真玉着は次の玉にかかる枕詞で、真実精良な玉を身に着けるその玉とかかる。玉之邑日女は、玉之邑の姫神の意味。玉之邑は聖霊の村の意味を持つと考えられる。
※日置郷…出雲市塩冶地域の西南部。荏原里・桑市里・細田里が属す(歴名帳)。
※日置伴部…日置氏の部民。伴部は諸氏族の部民を指す。解説88参照。
※塩冶郷…出雲市塩冶地域北部・今市地域・大津町付近の地域。解説93参照。
※塩冶毘古能命…他には見えない神。塩冶の地の守護神である男神の意味と考えられる。
※八野郷…出雲市矢野町・大塚町・白枝町・小山町・高松町・渡橋町付近の地域。なお、この郷の西辺は当時神門水海であった。
※八野若日女命…他には見えない神。八野の地の守護神である若い姫神の意味と考えられる。
※高岸郷…出雲市今市地域西部・塩冶地域北部など。塩冶町高西が遺称地。
※高椅…高い梯子の意味。
※古志郷…出雲市古志町・下古志町・知井宮町北部付近の地域。小田里・城村里・足幡里が属す（歴名帳）。
※伊弉那彌命…イザナキと共に国生みをおこなった。イザナキとイザナミの御子にアマテラス、ツクヨミ、スサノオがいる。伊弉那彌の時というのは遥か昔の事の意味。
※日淵川…知井宮町を流れる保知石川。
※滑狭郷…出雲市神西地域・湖陵町常楽寺・畑村・二部・三部付近の地域。阿禰里・池井里が属す（歴名帳）。
※和加須世理比売命…『古事記』にスサノオの娘、スセリビメとして登場する。
※盤石…大きな石の事。詳細は解説90参照。
※多伎郷…出雲市多伎町多岐・久村・小田・奥田儀・口田儀付近の地域。山田里・国村里が属す（歴名帳）。
※阿陀加夜努志多伎吉比売命…他には見えない神。はじめ出雲郷の守護神であったものが、後にこの地に来て鎮められた神の意味。
※余戸里…出雲市乙立町・佐田町・大田市山口町一帯の地域。後に里が二つとなり、出雲国大税賑給歴名帳にみえる伊秩郷となったとみられる。
※狭結駅…出雲市古志町・下古志町付近か。
※佐与布…古志郷に見えるように、池の堤防を造るために来た古志人の一人。名前と住処が伝わっており、要職についていた可能性がある。
※多伎駅…出雲市多伎町久村の西辺。
※神戸里…出雲市所原町の中央付近の地域。出雲国大税賑給歴名帳から、ここは郷の三分の一程度の人数が暮らしていたと考えられる。意宇郡の出雲神戸に「他郡の神戸もまた、これに同じ。」とあることから、出雲神戸であると考えられる。

解説 87

古志郷と越の国

『風土記』によれば、神門郡古志郷の地名の由来は、イザナミの時代にこの神によって日淵川の水が引かれ池が築造された際に、古志国からやって来た人々が堤を築き居住したことに因むという。また、狭結駅の地名の由来は、そこが越の国から佐与布という人々がやって来て住んでいた場所である事に由来すると書かれている。

ここでは、古志国からやって来た人物の名前が登場するが、「佐与布」という名前の表記を見て気がつくことは、氏やカバネが成立していない段階の名前であるということだ。五世紀代の稲荷山古墳から出土した金錯銘鉄剣には「半弖比」・「加差披余」・「无利弖」・「伊太加」など佐与布に類似した名前が見られる。このような点を踏まえると、古志の人々が出雲へ移住してきた時期は、遅くとも五世紀代には遡ることが出来るだろう。弥生時代、中国地方山間部～山陰地方で発達した四隅突出型墳丘墓は北陸地方の福井・富山県でも確認され、石川県では山陰の影響をうけた弥生土器が出土している。『風土記』の伝承の前提として、風土記以前に遡る北陸と山陰との交流の歴史があったのである。

出雲市下古志町には、宝塚古墳がある。一八世紀前半に成立した『雲陽誌』によれば、古志の里長、「佐与市」の墓と伝えられている。また付近に長者原という地名があり、そこは「古志の長者」が住んでいた場所であるという。また『風土記』の神門郡宇加池と伝えられた場所もあり、堤の跡とされた場所もある。これは古志から来た人々が築いた堤かも知れない。

［参］渡邊貞幸 一九九五

◀宇加池伝承地　出雲市下古志町

七 神門郡

本文・現代語訳

[三] 神門郡の寺院

※新造院一所。朝山郷の中にある。郡家の正東二里六十歩の所にある。厳堂を建立している。※神門臣たちが造った寺である。

※新造院一所。古志郷の中にある。郡家の東南一里の所にある。※刑部臣たちが造った寺である。［もとは厳堂を建てていた。］

[注釈]

※新造院（朝山郷）…加藤義成は出雲市朝山町の西北端の馬木不動付近にあったものが出雲市塩冶町の神門寺の地に移されたとするが、当初より神門寺境内廃寺か。解説89参照。
※神門臣…神門郡の総記の神門臣、コラム11を参照。
※新造院（古志郷）…出雲市古志町の古志遺跡か。解説89参照。
※刑部臣…秋鹿郡大領、神門郡擬少領および主帳を輩出した氏族。ここに「もとは厳堂を建てていた」とあることから、厳堂を実際に建立したのはこれら郡司の前の世代と考えられる。

本文・現代語訳

[四] 神門郡の神社

※美久我社　※阿須理社　※比布知社　※又比布知社
※多吉社　※夜牟夜社　※矢野社　※波加佐社
※奈売佐社　※知乃社　※浅山社　※久奈為社
※佐志牟社　※多支枳社　※阿利社　※阿如社
※国村社　※那売佐社　※阿利社　※大山社
※保乃加社　※多吉社　※夜牟夜社　※同夜牟夜社
※比奈社

解説 88

日置の伴部と政

神門郡日置郷には日置氏が「宿停」まって、「政」（政務）をしたとの記載がある。これは、日置氏の部民、日置部の設定、すなわち部民設定を伝えたものと考えてよい。

また意宇郡舎人郷では日置臣志毘が大舎人として出仕した話がみえる（→解説9）。部民には〇〇部という集団を地方に設定し、その集団が中央へ人を派遣しその経費を負担する、というタイプも存在した。舎人郷の説話も、氏族（部民）の設定を伝えたものとみられる。両郷の説話には、ともに志紀嶋宮御宇天皇（欽明天皇）が登場する。全国的にも欽明朝が部民制展開の一つの画期と位置づけられるので、日置部設置は一定の事実を反映しているのであろう。

また、一般に『風土記』には天皇の登場する条文は少ないとされるが、出雲国では、全国に広がる氏族名に由来するとされる郷名（→解説84）の説話すべてに天皇が登場する。出雲国にあっても、氏族の由緒は〇〇天皇への奉仕を基礎にしているのである。神門郡の日置部の設置の背景に出雲国造の主体性を読む理解もあるが、史料上は難しいだろう。

さて、「政」とはなにをさすのか。日置氏は一般に祭祀をつかさどる氏族とされるので、日置氏の「政」は祭祀を指すという見方がある。一方『風土記』によると「政」のある時に権剗（→解説25）が設置されている。関所を閉じて交通を遮断することは固関と呼ばれ、古代では天皇位の継承に関わる政治上の危機に実施された。「政」とは大王位の継承に伴う、支配関係の刷新や再確認など（部民の設置も含む）も考えられる。

［参］平野卓治一九九六b

◀日置郷に推定される出雲市上塩冶町半分で発見された官衙関連遺跡　三田谷Ⅰ遺跡　出雲市上塩冶町（提供　埋文センター）

〔以上二十五所はいずれも神祇官社。〕

※塩夜社　※火守社　※同塩冶社　※久奈子社
※同久奈子社　※加夜社　※小田社　※波加佐社
※同波加佐社　※多支社　※多支々社　※波須波社
〔以上一十二所はいずれも不在神祇官社。〕

［注釈］

※美久我社…弥久賀神社（出雲市湖陵町大池）。
※阿須理社…阿須利神社（出雲市大津町）。
※比布知社（在2）…比布智神社（出雲市下古志町）、智伊神社（同市知井宮町）に合祀。
※多吉社（在2不1）…多伎神社（出雲市多伎町多岐）、和歌山権現（同町小田）。
※夜牟夜社（在3不2）…塩冶神社（出雲市上塩冶町大井谷）。
※矢野社…八野神社（出雲市矢野町）。
※波加佐社（在1不2）…波加佐神社（出雲市西神西町）、佐伯神社（同市神西沖町）。
※奈売佐社（在2）…那賣佐神社（出雲市東神西町）。
※知乃社…智伊神社（出雲市知井宮町）。
※浅山社…朝山神社（出雲市朝山町）。
※久奈為社…久奈子神社（出雲市古志町）。
※佐志牟社…佐志武神社（出雲市湖陵町差海）。
※多支枳社（在1不1）…多伎芸神社（出雲市多伎町口田儀）。
※阿利社（在2）…阿利神社（出雲市塩冶町）。
※阿如社…阿祢神社（出雲市湖陵町二部）。
※国村社…國村神社（出雲市多伎町久村）。
※大山社…大山神社（出雲市小山町）。
※保乃加社…富能加神社（出雲市所原町）。
※比奈社…比那神社（出雲市姫原町）。
※火守社…火守神社（出雲市宇那手町）。
※久奈子社（不2）…久奈子神社（出雲市古志町）。
※加夜社…市森神社（出雲市稗原町）。
※小田社…小田神社（出雲市多伎町小田）。
※波須波社…波須波神社（出雲市佐田町下橋波）。

解説 89

神門郡の新造院

塩冶町の神門寺境内廃寺は、古くから瓦や礎石の存在が知られていたが、出雲市教育委員会による発掘調査で、礎石が建物の基壇上で元の位置のまま残されたものであることや、寺域の北限を示す区画溝の存在が明らかになっている。

この寺院跡から出土する瓦には水切瓦と呼ばれる特殊な瓦がある。これは瓦当面の下端部を三角状に尖らせた軒丸瓦で、備後北部を中心に出雲や安芸、備中の一部に特徴的に分布している。水切瓦の分布は、出雲国への仏教文化の伝播ルートを考える上で注目されている。

神門寺境内廃寺の年代は、瓦類から七世紀後半に遡る古い寺院である。また同様の型で作られた軒丸が出雲郡の御井神社付近、三井Ⅱ遺跡の瓦窯跡、小野遺跡・稲城遺跡からも出土する（→解説70）。このように神門寺境内廃寺は出雲西部の中心的古代寺院と考えられている。

さて、この神門寺境内廃寺は朝山郷と古志郷の新造院それぞれに当てる説があった。現在では、神門郡家は古志本郷遺跡に特定されている（→解説85）。同遺跡と神門寺境内廃寺の位置を見ると、北東約一・二キロメートルと朝山郷新造院の里程とほぼ合致するので、神門寺境内廃寺は朝山郷新造院であった可能性が高い。

もう一つの古志郷新造院については、明確な古代寺院の遺跡は確認されていないが、かつて神戸川左岸の古志遺跡から軒丸瓦・須恵器などが出土したとされる。

［参］出雲市教育委員会一九八四　妹尾周三二〇一一

◀神門寺境内廃寺出土水切瓦（所蔵　出雲市教委）

本文・現代語訳

［五］神門郡の山野

※田俣山。郡家の正南一十九里の所にある。〔檜・杉がある。〕

※長柄山。郡家の東南一十九里の所にある。〔檜・杉がある。〕

※吉栗山。郡家の西南二十八里の所にある。〔檜・杉がある。いわゆる所造天下大神の宮の建材の材木を造る山である。〕

※宇比多伎山。郡家の東南五里五十六歩の所にある。〔大神の※御屋である。〕

※稲積山。郡家の東南五里七十六歩の所にある。〔大神の※稲積である。〕

※陰山。郡家の東南五里八十六歩の所にある。〔大神の※御陰である。〕

※稲山。郡家の正東五里一百一十六歩の所にある。〔東に樹林がある。ほかの三方は※磯である。大神の※御稲である。〕

※桙山。郡家の東南五里二百五十六歩の所にある。〔南と西に樹林がある。東と北は磯である。大神の※御桙である。〕

※冠山。郡家の東南五里二百五十六歩の所にある。〔大神の※御冠である。〕

およそ、すべての山野にある草木は、白歛・桔梗・藍漆・竜胆・商陸・続断・独活・白芷・秦椒・百部根・百合・巻柏・石斛・升麻・当帰・石葦・麦門冬・杜仲・細辛・伏令・葛根・薇蕨・藤・李・蜀椒・檜・杉・榧・赤桐・白桐・椿・槻・柘・楡・蘗・楮。鳥獣は、鷲・鷹・晨風・鳩・山鶏・鶉・熊・狼・猪・鹿・兎・狐・獮猴・飛鼯である。

解説 90

ナメサ社とスセリヒメ

和加須世理比売命は『古事記』にみえる須勢理毘売命と同神である。『古事記』では大国主命の正妻であり、根の堅洲国の試練をともに乗り越えたり、激しく嫉妬したりする重要な女神だ。『風土記』は郷名由来にひきつけて、この若々しい女神が滑狭郷に祀られていること、そのもとに所造天下大神が妻問いに通うことを語る。

その社の前にあると述べられる滑らかな磐石とは、九景川の渓谷にある岩坪（出雲市東神西町）のことだ。現在も川中に露出する岩盤は水流に洗われ、たしかに『風土記』が記すとおり滑らかな表面をなしている。しかし滑らかな岩盤自体はさほど珍しいものではない。特筆されるのは、岩盤に五つの甌穴（岩の窪みに入った石が水流で回ることにより、岩を浸食してできた丸い穴）がまとまってあることだ。『風土記』はナメサという郷名を語ることが目的なので滑らかな磐石だけを強調しているが、古代びとにとって特別な意味をもったのは、神の業としか考えられない不思議な甌穴の集中する空間だった。

『雲陽誌』には、この岩坪の付近に岩坪明神として二神を祀っていることが記されている。これは『風土記』にみえる奈売佐社と那売佐社の二社にあたるだろう。この二社は、『延喜式』で那売佐神社・同社坐和加須西利比売神社と記載される（『延喜式』は出雲国に多くみられる同名神社について、最初を固有神社名、二社目以降を祭神名で記載するルールがある。したがって一社目の祭神は特定できない）。このことから『風土記』段階の二社も、説話と対応する人格神（オオクニヌシとスセリヒメ）を祀っていたことがうかがえる。『風土記』には明確な人格神が少なく、固有の神格を定めずに漠然とした神を祀っていたのではないかという説もあるが、決してそうではないことを滑狭郷の説話は示している。

▲滑狭郷の岩坪　出雲市東神西町

［注釈］

※田俣山…出雲市乙立町、佐田町朝原、所原町の境にある王院山（標高554メートル）。
※長柄山…出雲市見々久町の弓掛山（標高291メートル）。
※吉栗山…出雲市佐田町一窪田の栗原付近の山（標高311メートル）。
※宇比多伎山…出雲市所原町の朝山神社がある山（標高187メートル）。
※御屋…宮のこと。この山そのものが神の宮であった。
※稲積山…出雲市朝山町の杉尾神社がある岡。
※稲積…収穫した稲を積んで蓄えたという意味。この山がその形に似ていたためこのような伝承が生まれたと考えられる。
※陰山…宇比多伎山東方の、北端に岩根寺がある山。
※御陰…頭にかけて髪飾りとしたもの。
※稲山…岩根寺の対岸にある山。
※磯…『風土記』の磯は海岸の磯だけではなく、岩石の路頭した岩場のことを指す。
※御稲…神饌用の稲。
※桙山…陰山、稲山の東方にある岩山。
※御桙…神の御用の鉾。
※冠山…陰山、桙山南方の標高250メートルほどの山。
※御冠…神の御用の冠。

解説 91

高岸郷と阿遅須枳高日子命

高岸郷の伝承は、昼夜激しく泣く阿遅須枳高日子命を、所造天下大神が高屋を造り、登り降りして養育したとする伝承である。高岸郷条ではその先を語らないが、分断されたかたちで仁多郡三澤郷の伝承にふたたびあらわれる。すなわち、成人した御子が口もきけず泣く理由を大神が夢に問うたところ、口がきけるようになった、という出雲国造神賀詞奏上儀礼にかかわる伝承である。これらは本来、出雲国全体に関わる重要な神話伝承として一体をなしていたものであろう。

阿遅須枳高日子命は、『古事記』に大国主命と多紀理毘売命の御子とされ、意宇郡賀茂神戸条に「葛城の賀茂社に坐す」とされるように、葛城の高鴨神社（『延喜式』では葛上郡の高鴨阿治須岐託彦根命神社）に鎮座する大和の神である。一方、出雲では所造天下大神の御子神であることが特別な意味をもった。『風土記』は塩冶郷に広く祀られていた塩冶毘古能命や、楯縫郡（多宮村）周辺で信仰されていた多伎都比古命を阿遅須枳高日子命の御子としており、この神が所造天下大神に連なる神統譜の上で重要な神として位置づけられていたことがわかる。

このような言葉を話せない御子神の伝承は、記紀にある皇子ホムチワケの説話とも共通点が多く、出雲と大和をつなぐ氏族起源伝承として語られていた（→コラム15）。そうした伝承を伝えていたのは、登場する地名や氏族分布などからみて斐伊川流域、特に出雲平野中心部の集団であったとみられる。一方の阿遅須枳高日子命にまつわる伝承や御子神として連なる神々も、やはり上流域の仁多郡三澤郷から下流の高岸郷にいたるまで、斐伊川流域にその痕跡が濃くうかがえるのである。

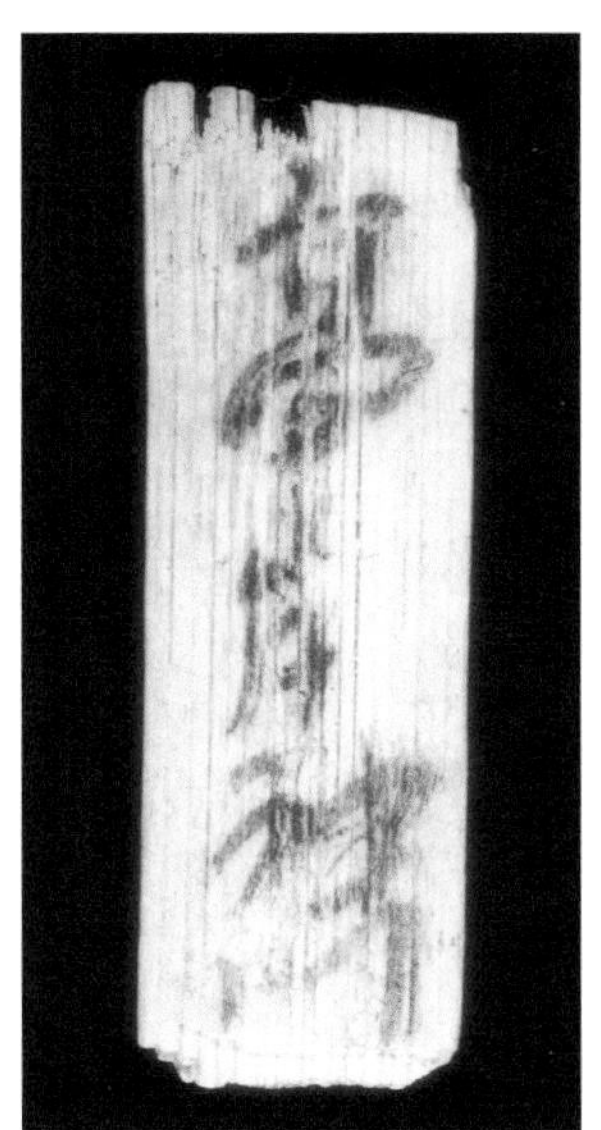
▲三田谷Ⅰ遺跡出土の木簡「高岸神門」（高岸郷の神門某の意味か）（提供　埋文センター）

本文・現代語訳

[六] 神門郡の河川・池

※神門川。源は飯石郡の※琴引山から出て、北に流れて来島、波多、須佐の三郷を経て、※神門郡余戸里門立村に出て、神戸、朝山、古志などの郷を経て、西へ流れて、水海に入る。年魚・鮭・麻須・伊具比がいる。

※多岐小川。源は郡家の西南三十三里の所にある※多岐々山から出て、北西に流れて大海に入る。〔年魚がいる。〕

※宇加池。周りは三里六十歩ある。

※来食池。周りは一里一百四十歩ある。〔菜がある。〕

※笠柄池。周りは一里六十歩ある。〔菜がある。〕

※刺屋池。周りは一里ある。

〔注釈〕

※神門川…出雲市の神戸川。

※琴引山…詳細は飯石郡の琴引山を参照。

※神門郡余戸里門立村…出雲市乙立町付近の地域。なお、飯石郡の須佐川にも見える。

※多岐小川…出雲市の田儀川。

※多岐々山…田儀川西方国境にある山塊。

※宇加池…出雲市下古志町南方の宇賀池。

※来食池…出雲市の布智（下古志町・芦渡町）にあったが、今では田となっている。

※笠柄池…加藤義成は出雲市知井宮町保知石に浅柄池という地名が水田となっているとするが、詳細は不明。ただし浅柄という地名は残る。

※刺屋池…詳細は不明。

解説 92

大神の山々、吉栗山と所造天下大神の宮材

神門郡には、大神の御用物に見立てた山々が多く記載されている。朝山六神山と称されるこれらの山々は、朝山盆地の限られた一画に密集して存在する。

その一つ宇比多伎山は、神門郡条で唯一、山名が一字一音で表記される山で、大神の御屋に見立てられている。御屋とは、オオクニヌシが妻問いした真玉着玉之邑日女命の妻屋のことである。この他、稲積山・陰山・稲山・桙山・冠山が神山とされており、山の形からそれぞれ稲積、御陰（髪飾り）、御稲、桙、冠といった、大神の身近な御用物に見立てられている。

朝山盆地は、不思議な形の山や険しい山などに囲まれており、独特な神話的雰囲気を醸し出していることから、こうした伝承が生まれたのかもしれない。

この他に、吉栗山の記載も注目される。吉栗山は、出雲市佐田町の栗原と一窪田に所在し、ここで産出する桧や杉が、出雲大社の宮材に用いられたという。吉栗山に鎮座する足高神社には、オオクニヌシの御子神、阿陀加夜努志命が祀られており、その由で出雲大社に用材を提供したと伝わっている。かつて巨木の化石が発見されたとの記録もあり、近年、出雲大社境内遺跡で発見された巨大な三本束ねた柱を髣髴とさせる。吉栗山の南には神門川が流れており、切り出された巨木は水運を使って運ばれたと思われる。

〔参〕加藤義成一九九二
関和彦二〇〇六

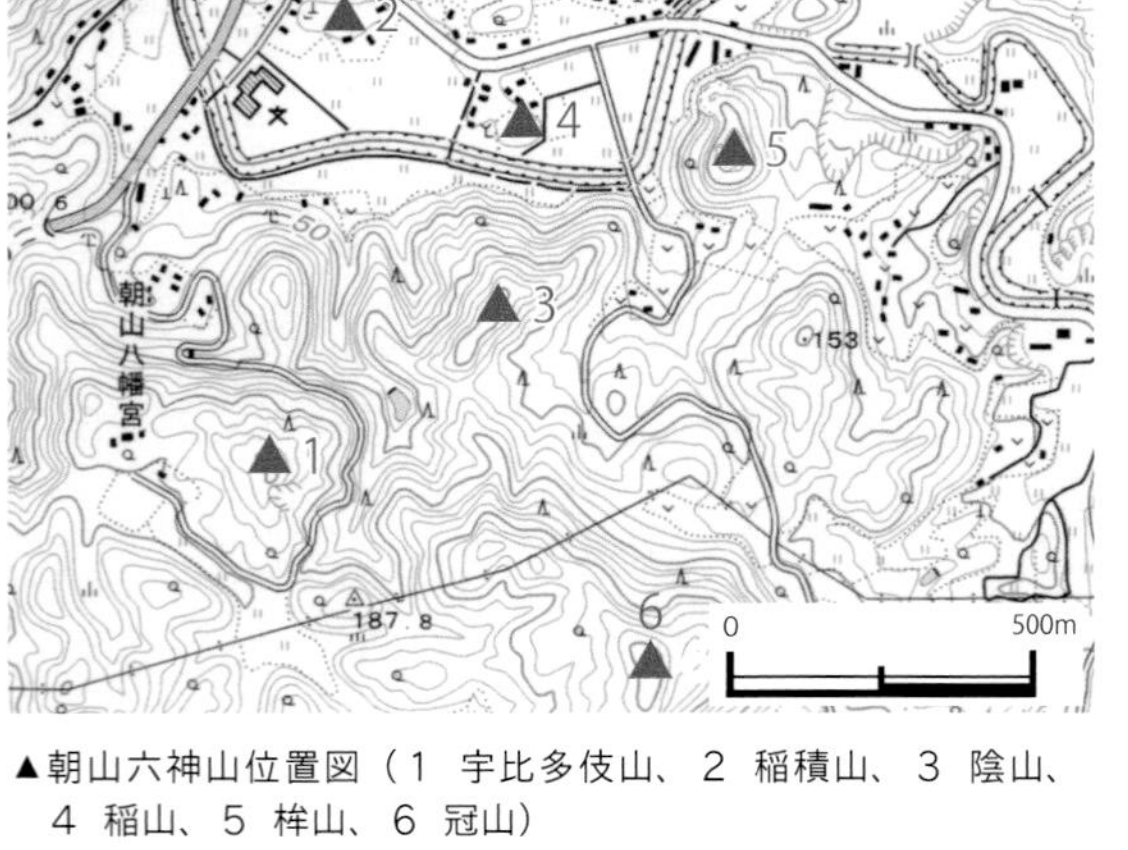

▲朝山六神山位置図（1 宇比多伎山、2 稲積山、3 陰山、4 稲山、5 桙山、6 冠山）

本文・現代語訳

［七］神門郡の海岸地形

※神門水海。郡家の正西四里五十歩の所にある。周りは三十五里七十四歩ある。中には鯔魚・鎮仁・須受枳・鮒・玄蠣がある。水海と大海の間に山がある。長さは二十二里二百三十四歩、広さは三里ある。これは※意美豆努命が国引きをなさった時の綱である。今土地の人は名づけて※薗松山という。地形は、土でも石でもない、白砂だけが積もっている。そこには松林が生い茂っている。四方から風が吹くときは、砂は飛び流れて、松林を覆い埋めてしまう。今、毎年毎年埋まって、半分だけが残っている。いずれは埋もれはててしまうだろう。松山の南端の※美久我林から、石見と出雲の二国の堺の※中島埼までに至る間はある所は平らな浜で、ある所は険しい磯である。およそ北の海でとれるさまざまな産物は、楯縫郡で説明したのに同じである。ただし、紫菜はない。

［注釈］

※神門水海…神西湖に一部を残す古代に存在した大きな湖。おおよそ、東は出雲市知井宮町、西は左記の薗松山、南は湖陵町三部、二部、大池らの北部、北は浜町のあたり。解説95参照。
※意美豆努命…意宇郡の総記の国引き神話に登場する八束水臣津野命のこと。詳細は用語解説の八束水臣津野を参照。
※薗松山…意宇郡の総記の薗の長浜、解説83を参照。
※美久我林…出雲市湖陵町大池の弥久賀神社北方の砂丘。
※中島埼…詳細は不明。

解説 93

塩冶郷と止屋淵

塩冶郷の地名ヤムヤは『日本書紀』崇神天皇六〇年七月己酉条にも登場する。

すなわち、出雲国造の遠祖、出雲臣振根が筑紫に出かけている間に、弟の飯入根が勝手に神宝を崇神天皇に貢上してしまった。このことに腹を立てた振根は、飯入根に「止屋の淵に藻が生えているので、一緒に見よう」と提案し、木刀を用意したうえで「一緒に水浴びをしよう」と誘った。沐浴後振根は先に陸に上がり飯入根の真剣をとり、飯入根は振根が用意していた木刀を取るも抜けず、振根に殺害される。この出来事に怒った天皇は振根を誅殺したというものである。

▲止屋の淵の伝承地　出雲市大津町

この中に記されている止屋の淵は斐伊川の淵であると考えられ、伝承地が出雲市大津町に、また、振根・飯入根の墓とされる兄塚・すくも塚が雲南市加茂町神原にある（いずれも『雲陽誌』に記載される）。一方、現在の塩冶町付近は、斐伊川と接点がない。

また、現在の塩冶神社は上塩冶町にあるが、古くは桑日八幡宮（『富家文書』一一号文書）とよばれていた。この桑日は出雲国大税賑給歴名帳にみえる日置郷桑市里の遺称地と考えられるので、上塩冶町周辺は奈良時代は日置郷に含まれていたのであろう。このほか「塩冶」墨書土器も出雲市中野町の中野清水遺跡から出土している。現在の塩冶地名より北側、今市・大津以北が古代の塩冶郷であったと推定され、現在の塩冶地名は中世以降塩冶一族が勢力を伸張したことによるものと考えられる。

本文・現代語訳

［八］神門郡の通道

通道。出雲郡の堺の※出雲河のほとりに行く道は、七里二十五歩である。

飯石郡の堺の※堀坂山に行く道は、一十九里である。

同郡の堺の※与曽紀村に行く道は、二十五里一百七十四歩である。

※石見国安濃郡の堺の※多伎々山に行く道は、三十三里である。〔道には常に剗がある。〕

同安濃郡の※川相郷に行く道は、三十六里である。径に普段は剗がない。ただ政治的事情があるときに、権に置くのみである。

前述の五郡は、いずれも大海の南にある。

［注釈］

※出雲河…出雲市の斐伊川のこと。巻末記載の出雲国の道程にも見える。詳細は出雲郡の出雲大川、解説80を参照。
※堀坂山…飯石郡の堀坂山を参照。
※与曽紀村…出雲市乙立町向名の古名。飯石郡の通道にも見える。
※石見国安濃郡…大田市東部。巻末記載の出雲国の道程にも見える。
※多伎々山…神門郡の多岐小川の多岐々山を参照。
※川相郷…大田市川合町付近の地域。

解説 94

神門水海・出雲河の復元

『風土記』編纂時の出雲国の低地部分については、神門水海やこの神門水海に流入していたとされる出雲河（出雲大川・斐伊川）の本流、また「入海」と表現される現在の松江市街地、島が現在平野の山となっている安来平野（→解説23）など、現在の地形と大きく異なる。

これは中世までの通常の河川堆積による水域の陸地化にくわえ、近世たたら製鉄に伴う鉄穴流しの廃砂の堆積作用が大きい影響を与えている。近世の河川堆積速度はそれ以前の約三倍で、この時代に二七平方キロメートルが埋め立てられたとされる。

本書の古地形の復元は林正久の研究を参照したが、神門水海と西流していた出雲河については、山田和芳・高安克己の考察によっている。ここではボーリング調査・古代の遺跡分布から神門水海を推定、その湖岸線から出雲河の河口を出雲市白枝町北西部付近に想定する。なお、古代の河川痕跡は、現在の自然堤防下に完全に隠れているのだろう。

出雲—神門郡堺となる出雲河本流をどこに理解するかは難しいが、矢野遺跡での「大山」（神門郡神祇官社名）墨書土器、中野清水遺跡の「塩冶」墨書土器が、それぞれ遺跡周辺の地名を記したものであると想定すると、ルートAないしBが郡界となる出雲河本流だった可能性が高い。

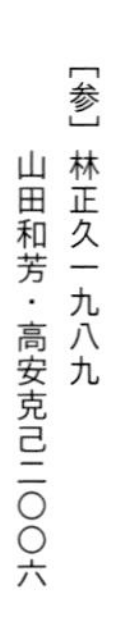
［参］林正久一九八九
山田和芳・高安克己二〇〇六

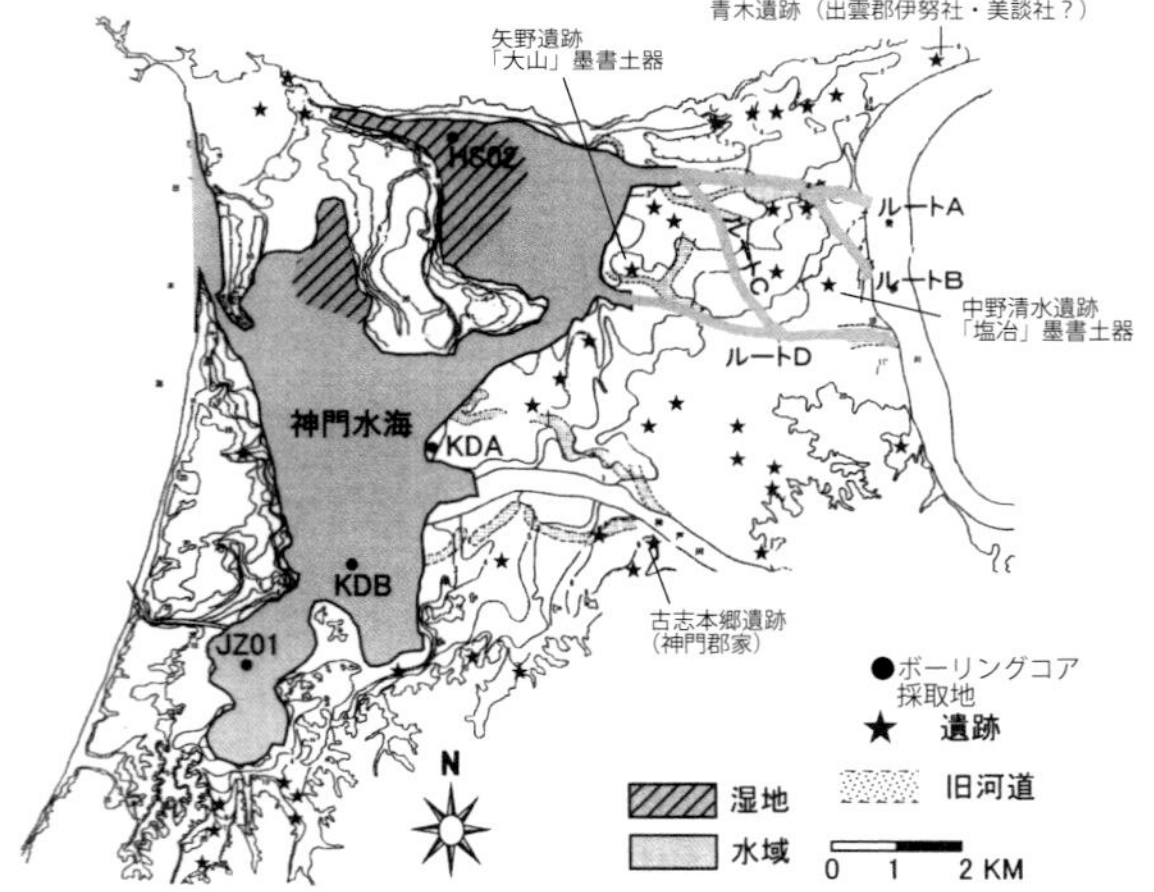

▲神門水海と出雲大川の復元（山田・高安2006に加筆）

本文・現代語訳

［九］神門郡の郡司

郡司　主帳　无位※刑部臣
大領　外従七位上勲十二等※神門臣
擬少領　外大初位下勲十二等刑部臣
主政　外従八位下勲十二等※吉備部臣

［注釈］

※刑部臣…秋鹿郡の郡司の刑部臣を参照。

※神門臣…神門郡の総記の神門臣、解説84を参照。ここに見える郡司大領の神門臣は、出雲の神門集団の中で上位に位置し集団を統括するリーダー的存在と推定される。なお、ここの他には出雲郡の健部郷に神門臣古禰という人物が、神門郡の総記に神門臣伊加曾然が、神門郡の寺院に神門臣の集団が見える。

※吉備部臣…部民吉備部を統括した氏族。

解説 95

神門水海の産物・貝塚

現在は周囲五キロメートルの小さな湖である神西湖はかつての神門水海（→解説94）の名残りであり、『風土記』の景観をかろうじて残している。かつては日本海沿岸には数多くの潟湖が存在していたが、現在はほとんどが埋没、あるいは干拓されている。海岸側は砂丘が発達しており、『風土記』には薗松山として、松林が砂で覆われて行く様子が丁寧に説明されている。

この水海では、意宇郡や島根郡の入海と同様に、多くの産物が採れたことが記されている。ナヨシはボラで、地元ではその幼魚をエビナと呼んでいる。チニはチヌ、すなわちクロダイで、地元ではチンダイとも呼ばれている。カキは現在は差海川河口部に見られる程度である。いずれも、大半が海水と淡水が入り交じる、汽水域の生物で、カキが主要産物とすれば、現在より塩分濃度は高かったのだろう。水海に注ぐ神門川や斐伊川（出雲郡出雲大川）には、サケやマス、ウナギなども見えることから、極めて豊富な魚貝類が捕れたことは、『風土記』に書かれているとおりである。

▲神西湖　出雲市湖陵町

さて、ヤマトシジミの記載は無いが、水海周辺の弥生時代以降の貝塚には、多量のシジミが含まれていることから、主要産物であったことは間違いない。薗松山、現在の外園町では古代末～中世の大規模な貝塚、上長浜貝塚が発見されており、土器など生活具が少ないことから、シジミの加工場が想定されている。奈良時代の貝類の乾物加工は、アワビなどに代表されるが、『風土記』に記載されたハマグリやカキ、ミル、ニシなどは、どのような形で流通していたのか。内陸部に貝塚が無いことから、未加工で流通していたとは考えがたいが、乾物は遺跡に残らないので、流通の様態を考えるのは実に難しい。

出雲西部の豪族 神門臣

神門臣は『風土記』では神門郡の大領としてみえる氏族である。また、神門郡条では神門郡の郡名もこの氏族によるとされるので(→解説84)、神門郡の最有力氏族だったことが推測される。ここでは『風土記』以外の史・資料もふくめ、さらに神門臣の特徴について検討してみたい。

● 畿内在住の出雲臣同族

『新撰姓氏録』は弘仁六年(八一五)に完成した畿内(平安京と山背・大和・摂津・河内・和泉の五か国)の氏族台帳で、このなかに出雲国由来の氏として出雲臣と神門臣が登場する。奈良時代には都で下級官人として活動した神門臣も実在する。出雲臣も畿内に多数確認できるが、その出雲臣同様、神門臣もはやくから中央に一族が進出していた有力氏族であった。また同書では神門臣の祖先は天穂日命の一二世の孫、出雲臣の先祖でもある鸕濡渟命とされているので出雲臣と同族意識も持っていた。

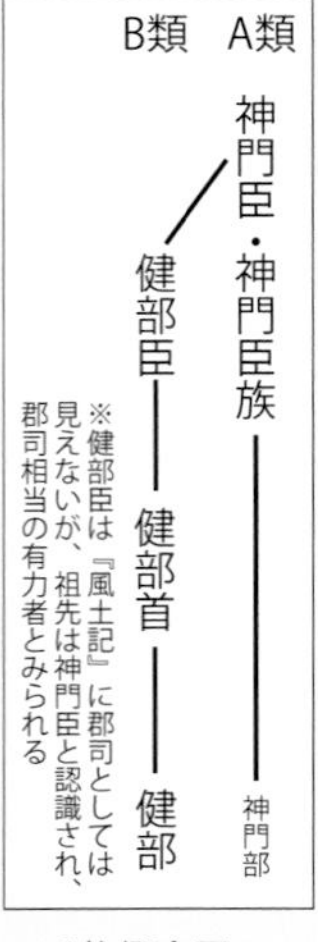

▲氏族概念図

● 特徴的な氏族の構成

出雲国の氏族は、出雲臣を中心として同じカバネ臣を有する氏族が郡司の過半を占めていた(→コラム2)。神門臣もその一例と考えられるが、他の臣制氏族が○○部臣として○○部を率いる部民統率者であるのに対し(B類)、神門臣には対応する神門部がほとんどみられない(A類)。天平一一年(七三九)の出雲国大税賑給歴名帳は米の配給を受けた人物の名簿(歴名)で、神門臣・神門臣族・神門(カバネなし)が多数みられるが、神門部の可能性がある者は一人だけである(稗原里の寡婦 神門臣 族乙麻呂口同部冨売)。じつは出雲臣もこれに類似し部姓者が少ない。また、『風土記』の郡司のうち、出雲国内の地名に基づくと思われる氏族も出雲臣・神門臣・林臣のみである。この二つの特徴をもつ神門臣と出雲臣は(A類)、地域において、○○部臣等(B類)を随えて複数の部民を統括する役割を持っていたと類推可能で、次に述べるよう実例もある。神門臣は出雲国内の郡司にたった一名しかみえないが、他の○○部臣郡司とは一線を画し

▲出雲西部における物部氏関連氏族(物部・刑部・鳥取部・漆部・大市部)の分布

た氏族なのだ。

出雲に広がる氏族伝承

神門臣による部民統括の事例が、出雲郡健部郷にみえる。これによれば隣郡の出雲郡において、神門臣古彌が出雲郡の健部（臣）となったとされる。出雲に広がる○○部臣のなかには、本来神門臣の同族が統率者となった事例もあったと推定される。

出雲西部氏族の特徴

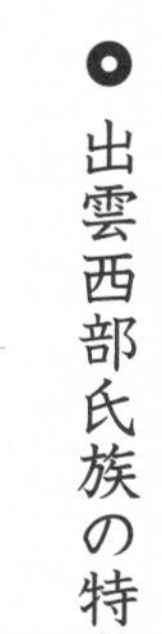

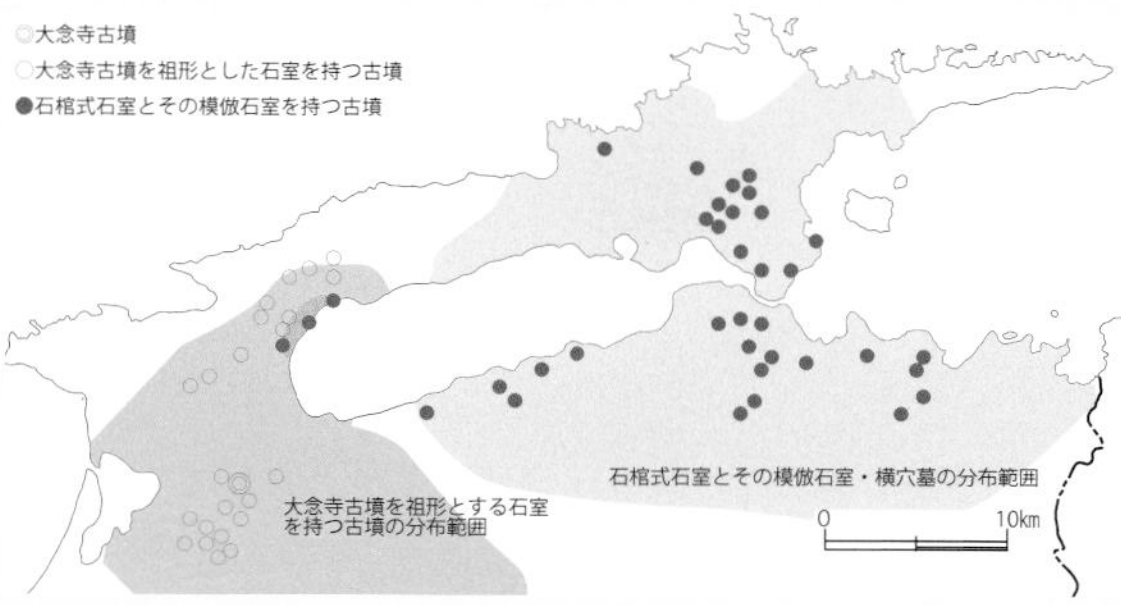

▲古墳時代後期における東西出雲の古墳の石室形態

前述出雲郡健部郷のように神門臣による部民統括を直接明記する文献は他にないが、出雲西部の氏族や部民の分布は特徴的であり、神門臣を中心とした氏族ネットワークが推測できる。出雲西部の部民には『日本書紀』では用明天皇二年（五八七）に勃発した蘇我物部戦争の時、物部氏に荷担した氏族が多くみられる。部民制とは地方の人々が大王に奉仕・貢納するシステムであるが、その拡大に伴って、直接大王に奉仕・貢納するのではなく、王族や近畿地方の大豪族が中間管理者となったことが指摘されている。出雲西部では、神門臣が中間管理者の一人であった物部氏と結びつき、その結果物部氏関連の部民が集中的に設置された。物部氏は蘇我物部戦争で敗北し没落、それに伴い、出雲西部の豪族神門臣の地位も低下し、最終的に『新撰姓氏録』のように出雲臣の同族となったのだろう。

大念寺古墳と出雲西部の古墳

このような東西出雲で異なる氏族ネットワークが存在し後に統合されたことを示す考古資料が、出雲の後期古墳である。六世紀後半以降、松江市（意宇郡・島根郡）を中心とする東部では、首長墓に前方後方墳・方墳が採用され、七世紀以降には石棺式石室が採用される（→解説64）。これに対し、出雲西部では前方後円墳・円墳が採用され、石室は県内最大の前方後円墳である大念寺古墳の石室に類似した形態をとっている。もちろんこの頃使われている須恵器などは東西出雲で共通した形態をしているなど、出雲としての一体性もあるが、大型古墳築造に代表される政治勢力は異なる特徴を備えていたようである。この並立は最終的に七世紀に解消され、出雲西部の古墳は小型化し出雲東部の影響下にはいる。このように考古資料でも出雲東部による出雲西部の包括が確認できるのである。

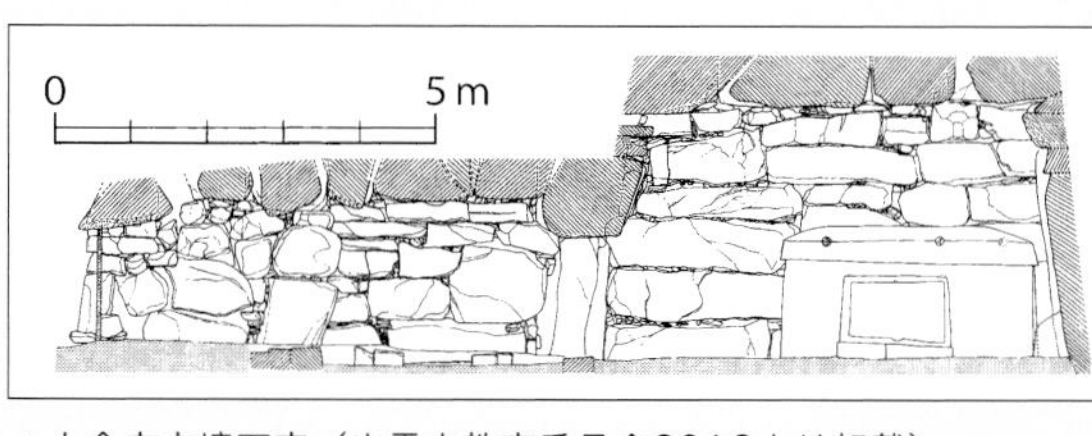

▲大念寺古墳石室（出雲市教育委員会2012より転載）

【参】出雲市教育委員会二〇一二
大谷晃二一九九七
佐藤長門二〇〇二
平石充二〇〇四

古志郷の景観

◎神門郡家と古志郷

「（神門）郡家に属す」と『風土記』に記される古志郷は、出雲西部地域の中心で、『風土記』が編纂された頃の**郡家**とその周辺の様子を知ることのできる地域である。ここではその景観を、周辺遺跡を紹介しながら復元してみよう。

▲古志郷周辺図

まず神門郡家であるが古志本郷遺跡で郡庁院とみられる遺構が発掘されたことにより（↓解説85）、古志郷にある郡家の位置は厳密に特定できている。出雲国内の他の郡もおおまかに郡家位置が推定されているが、『風土記』段階の郡家を正確に特定できているのはこの神門郡だけと言ってよい。『風土記』の里程記載は郡家を起点としていることから、郡内の郷などの位置関係を知るうえでこれは大きな手がかりとなる。朝山郷**新造院**を神門寺境内廃寺に比定する見方（↓解説89）などもそのひとつだ。

◎郡家設置の背景となった交通路

古志郷は神戸川左岸の古志町～知井宮町にあたり、古墳時代後期には出雲西部のナンバー2にあたる有力氏族（妙蓮寺山古墳、放れ山古墳の被葬者）が基盤とした地域である。ナンバー1、つまり出雲西部の最高首長一族（大念寺古墳、上塩冶築山古墳の被葬者）は神戸川右岸の日置郷、高岸郷を拠点とし、今市町～上塩冶町に古墳を築いた。古志郷の氏族はこれを補佐するような地位にあったとみられる。

あえてナンバー2の領域である古志郷の神門川沿いに郡家が設置されたのは、そこが交通の要衝地であったからに他ならない。吉栗山で産した**杵築大社**（出雲大社）の用材を神門川で運んだことに象徴されるように（↓解説92）、神門川は重要な交通手段であった。この神戸川を、幹線道路である正西道（古代山陰道）が渡る渡河地点、つまり陸上交通と水上交通の結節点を選んで郡家が置かれたのである。郡家と同所にあたる渡河地点には**狭結駅**が置かれ、神門川の渡し、渡船を管理していたことが想定される。

◎交通路と古志郷の方位観

このような交通路との関係性は、郡家の方位軸にも濃く反映されている。古志本郷遺跡で発掘された郡庁院遺構は、建物主軸方位が正方位から三三度ほど振れているが、これは正西道（を踏襲する県道二七七号線）の方位の振れと一致するのだ。幹線道の方位を意識して、計画的な施設の配置がおこなわれていたことをうかがわせる。このような交通路に規制される方位、土地区画は近傍の一帯に影響しており、郡庁から二・四キロメートル離れた浅柄遺跡でも、集落の建物群が同様の方位軸をとることが確認されている。

●周辺の官衙関連遺跡

『風土記』段階の神門郡家は古志本郷遺跡とみてよいが、神門郡内では官衙（役所）に関連した施設と想定される他の遺跡も発見されている。天神遺跡（出雲市塩冶町、天神町）は倉庫と思われる大型の総柱建物跡や墨書土器、緑釉陶器といった官衙に特有の遺構・遺物が確認され、郡家ではないかともいわれた遺跡である。全国的にみて、郡家は広範に諸施設が分散することがしばしば見られるので、神門郡の郡家施設の一部と見る見方、他に高岸郷の施設（ただし郷に役所はないとする説が強い）、郡家の出先機関、移転した郡家、など様々な可能性が想定されよう。また、三田谷Ⅰ遺跡（出雲市上塩冶町半分）は谷に面して倉庫群が立ち並ぶ遺跡で、神門郡内の神門川右岸の各郷（八野郷、高岸郷など）から物資を集めたことを示す木簡が出土している。個々の倉庫は郡の正倉と比較すると小規模ながら、郡の機能に関わる物資集積の施設で、祭祀もおこなわれており、郡家の出先機関（→解説10）と理解されている。また、朝山郷・古志郷の二つの新造院も郡家の周辺に所在するが、これらはまさに郡司の氏寺である（→解説89）。

このように古志郷周辺は交通路、官衙、郡司となる氏族建立の寺院といった古代の主要な施設の位置関係を『風土記』記載と照らしながら把握できる、古代出雲国の中でも貴重な地域といえる。

▲古志本郷遺跡上空から神戸川の上流方向を望む　出雲市古志町

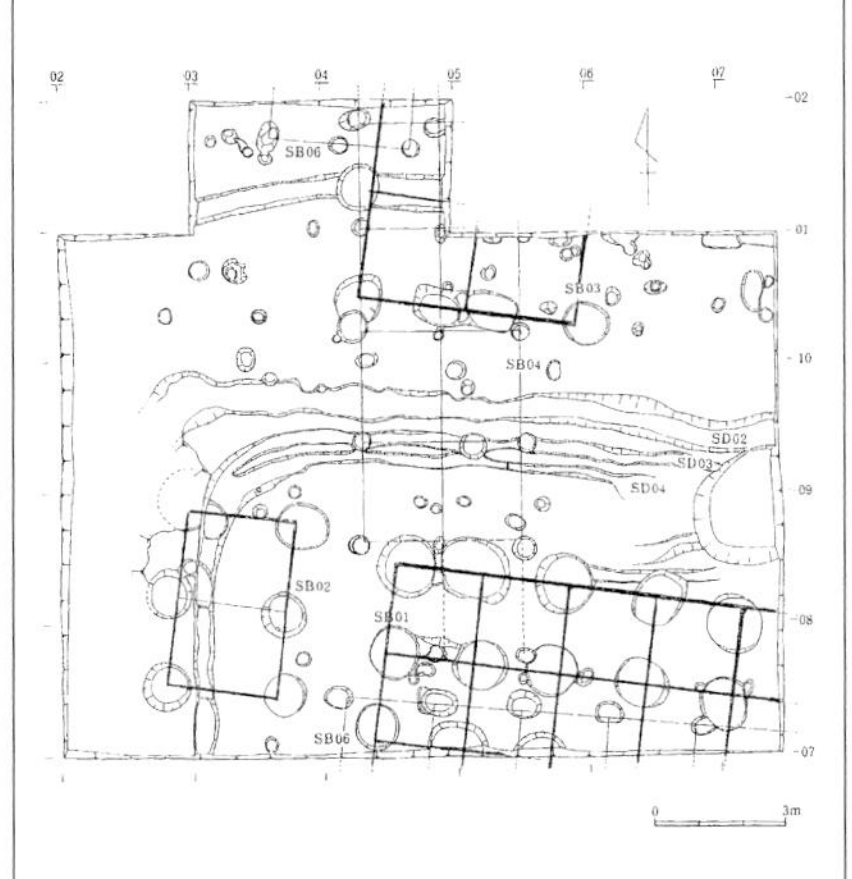

▲天神遺跡の建物遺構図　出雲市天神町

▲三田谷Ⅰ遺跡の建物群　出雲市上塩冶町

【参】出雲市教育委員会一九七七
出雲市教育委員会二〇〇〇a
出雲市古志町誌刊行委員会一九九〇
島根県教育委員会一九九九a
島根県教育委員会一九九九b
島根県教育委員会二〇〇〇a
島根県教育委員会二〇〇〇b
島根県教育委員会二〇〇三b

八 飯石郡

いいしぐん

須佐郷の棚田（出雲市佐田町）

大原郡
29.180
伊我山
正北 29.200
斐伊河（大原郡堺）
熊谷郷
三屋郷
拡大図1
神門郡
門立村（神門郡）
奈倍山
東北 20.200
出雲市
与曽紀村（神門郡堺）
28.060
堀坂山
正西 21.000
須佐郷
正西 19.000
三屋川
正東 15.000
正東 17.000
温泉河（仁多郡堺）
22.000
瀧坂遺跡
飯石郷
鉄穴内遺跡（コラム13）
波多小川 西南 24.000
飯石郡
郡家
拡大図2
多禰郷
属郡家
正東 12.000
南西道（巻末）
栗目Ⅰ遺跡（コラム13）
仁多郡
門遺跡（解説1.02）
志許斐山
西南 24.000
波多郷
西南 19.000
佐比売山
正西 51.140
城垣野
正南 12.000
多加山
正東 15.000
須佐川
正南 68.000
木見野
南西 40.000
来島郷
正南 41.000
飯南町
常剗
荒鹿坂（恵宗郡堺）
39.200
石見国
琴引山（弥山）
琴引山
正南 35.200
高さ 300.0
周り 11.000
幡咋山
正南 52.000
石次野
南西 40.000
美郷町
磐鉏川
箭山
正南 70.000
野見野
南西 40.000
常剗
三坂（三次郡堺）
81.000
石穴山
正南 58.000
高さ 50.0
10km

飯石郡地図

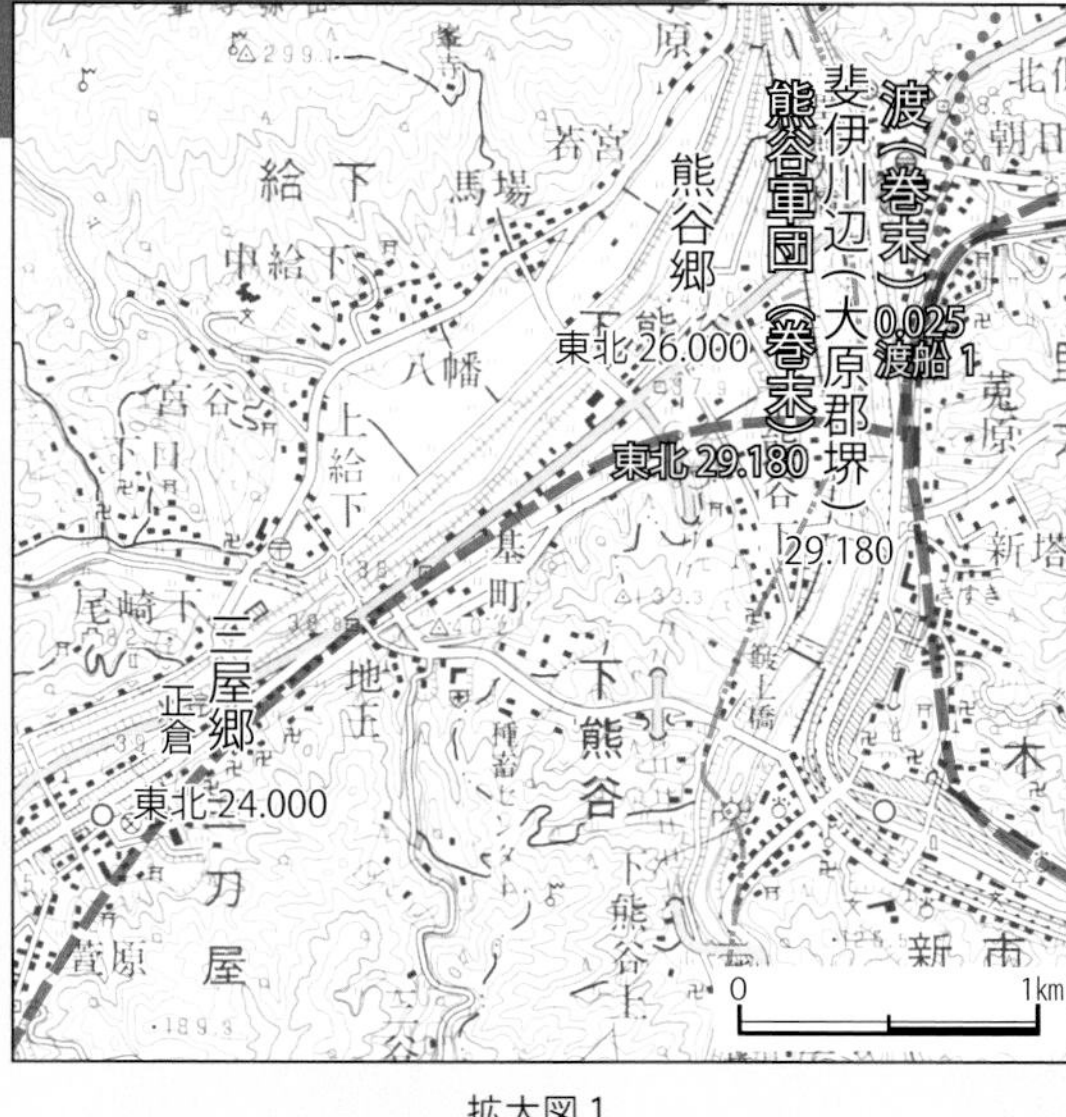

拡大図 1

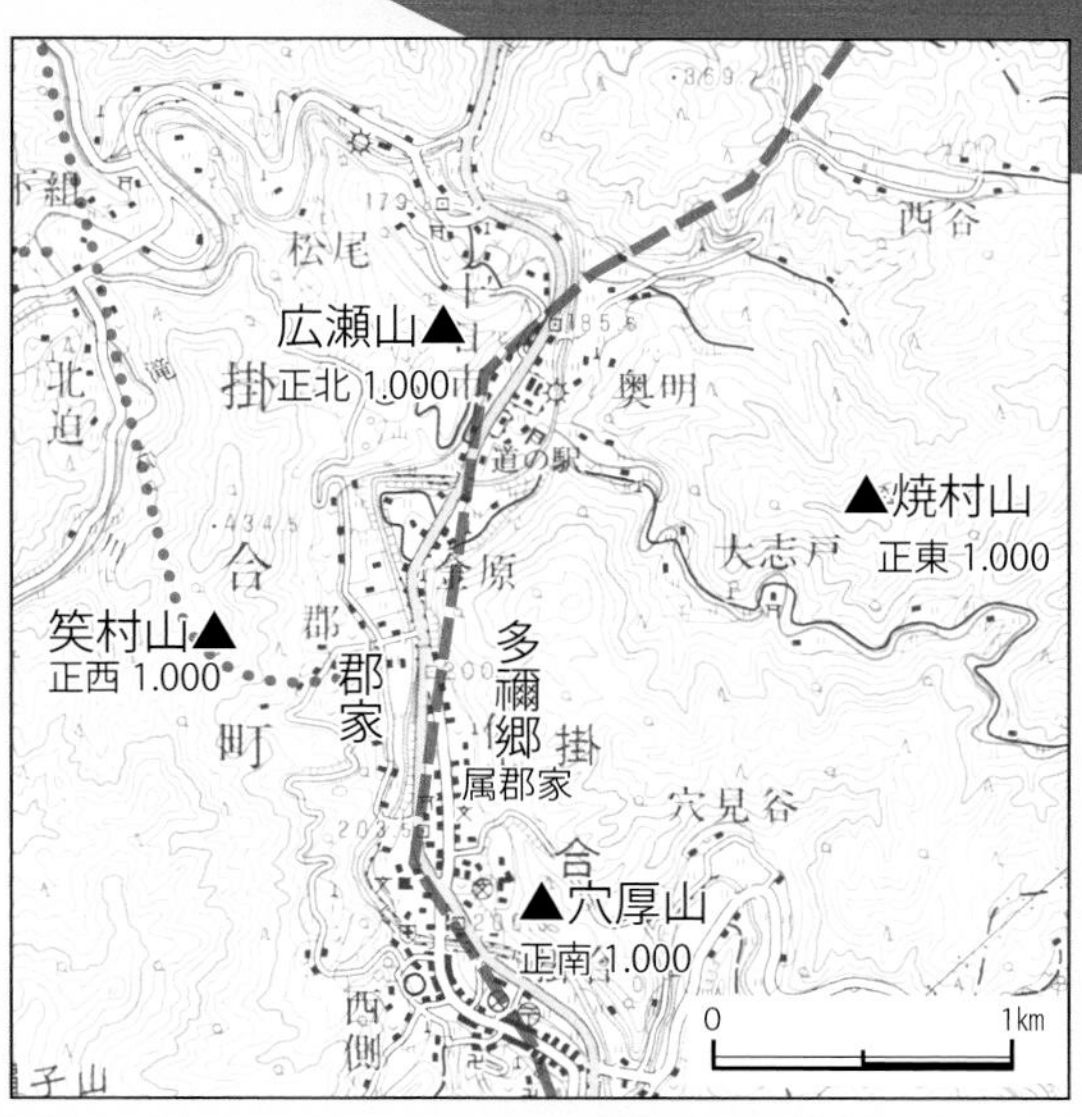

拡大図 2

飯石郡

飯石郡の解説

いいしぐん

『風土記』記載の概要

　飯石郡は『風土記』では七郷一九里からなる郡で、律令制の郡の等級では秋鹿・楯縫郡と同じ下郡に当たるが、郷の数はこれら三郡中で最多である。里の数は一九で波多郷・来島郷の二郷が二里からなる。『風土記』では一般に同一郡に二里からなる郷は一つしかない。できるだけ一郷が三里になるよう編戸・郷里編成されたと考えられるが、当郡は山間部のためか、その例外である（もう一つの例外は神門郡）。人口は一里を約四〇〇人として、七六〇〇人程度である。

　郡名の由来は、飯石郷の由来と同一の内容であるが、後にでてくる飯石郷条でも由来を省略せずに書いている。というのは、楯縫郡楯縫郷、出雲郡出雲郷では郷の由来は「郡（国）名の説明に同じ」と省略されているからで、飯石郡はこれら二郡とは異なっている。楯縫郡楯縫郷・出雲郡出雲郷が郡家の所在地であるのに対し、飯石郡飯石郷は郡家の所在地でない点も異なる。全体として、楯縫・出雲郡の場合は〇〇郡の郡家所在郷を〇〇郷と命名した、郡名が先との観が強いが、飯石郡の場合、飯石郷の名称が郡名に拡大採用されたとも思える記載である。荒井秀規は『風土記』以前、飯石郡と大原郡が一郡（一評）で、大原郡の旧郡家は『風土記』の飯石郡内にあったとするが、この場合、当初の郡（評）名は木簡にもみえる大原評であり、大原郡から飯石郡が分割によって誕生したとする。ただし、荒井秀規のように大原郡の旧郡家を『風土記』段階の大原郡家の正西一〇里あまりと考えると、該当する飯石郡内に「大原」のような地形は存在しない（↓解説113）。

郡の範囲

　飯石郡の範囲は、現在の飯南町・雲南市三刀屋町・掛合町・吉田町を中心とするが、市町村境と出入りのある部分がある。①出雲市佐田町須佐の周辺、②木次町上熊谷・下熊谷は飯石郡域に含まれると考えられ、③飯南町

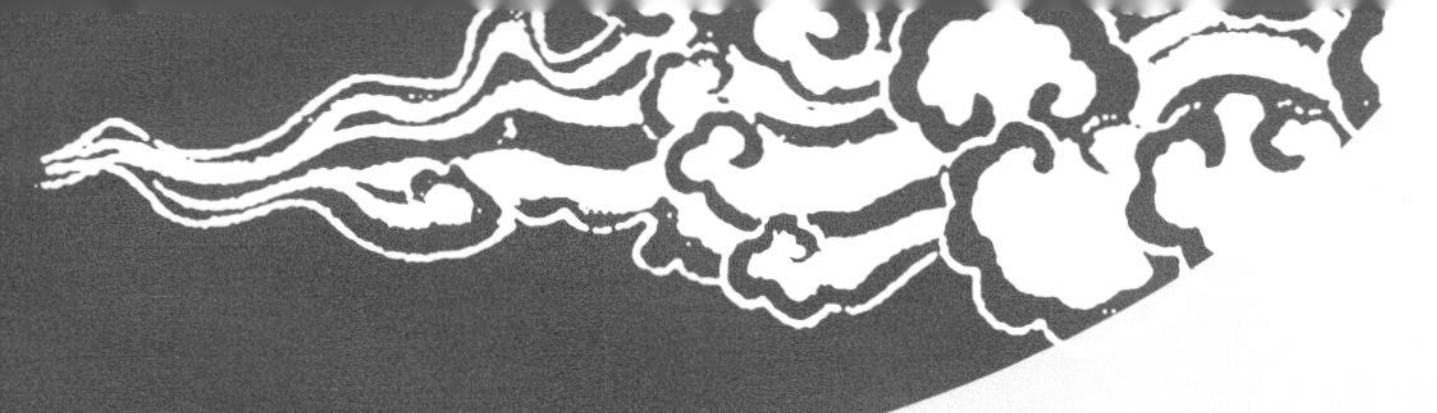

塩谷・井戸谷・畑田は石見国邑智郡であったと推定される。

郡への交通路

大原郡家で分岐して、備後国三次郡にむかう南西道が郡内を通過する。この経路については、飯石郷（多久和付近）から郡家（掛合町郡）に直線的に進むルートを採用した。郡家以南はおおむね国道五四号線としている（谷重豊季）。いずれも概念的に示したものである。このほか当郡には権の剗が設置される波多・須佐・志都美径の記載がある。経路については、関和彦の案を紹介した（↓解説103）。いずれの道路についても発掘調査で明らかになった箇所はまだない。

有力な氏族

郡の大領は大私造氏で、カバネ造は出雲国造出雲臣と異なる。同族は飯石郡内に所在する熊谷軍団の将校にもみえ（↓解説104）、有力な豪族であった。少領の出雲臣弟山は、『風土記』編纂時点の国造広島に次いで、天平一八年（七四六）に出雲国造に就任した。『風土記』の郡司で勲十二等をもつ者は神亀元年（七二四）二月に全国の官人に一斉に授けられたものとされる（『続日本紀』）。弟山に勲位はなく、神亀元年段階では郡司ではなかった。彼は出雲臣の本拠地意宇郡から飯石郡に一時的に派遣されたとみられるが、国内に出雲臣が散在しているので飯石郡を本拠とする出雲臣の可能性も皆無ではないだろう。関連する史料として、彼が建立した山代郷南新造院の南方にある松江市大庭町黒田畦遺跡から、「云石」墨書土器が出土する。主政は日置首で、日置氏は出雲では多く見られる氏族である。

『風土記』以外の歴史

飯石郡の初見は『風土記』であり、一〇世紀の『和名抄』にみえる郷名は熊谷・三屋・飯石・草原・多祢・田井・須佐・波多・来島の九郷で、『風土記』の記載順に草原・田井の二郷が加わっている。『風土記』と『和名抄』を比較すると、総じて雲南三郡での郷の増加が顕著である。

郡内の遺跡

郡家は掛合町郡に所在するとみられるが遺跡は発見されていない。記載の特徴に「砂鉄がある」と、鉄の原料である砂鉄の産出記事があるが（↓解説101）、これは当郡のみの記載である。一方で仁多郡のように鉄製品を貢納した記載はない。実際には精錬鍛冶・鍛錬鍛冶の遺跡（瀧坂・粟目Ⅰ・寺田Ⅰ・鉄穴内遺跡）が確認されている（↓コラム13）。また、飯南町志津見の門遺跡を権剗と推定する理解もある（↓解説102）。

記載の特徴

雲南三郡に特徴的な「古老が伝えて言うには」という言い回しが比較的多く見られる。一方、波多・来島郷に古老は登場せず、それぞれ神がいるとされるが、対応する神社はない。飯石・仁多両郡は特に神社数が少なく、入海沿岸の六郡とは様相が異なるといえる。伝承や記載としては須佐郷の大須佐田・小須佐田を設けた話、琴引山のオオナモチの琴についての話が著名である。

［参］荒井秀規二〇〇九　谷重豊季一九九三

本文・現代語訳

[一] 飯石郡の総記

飯石郡

合わせて郷七。〔里一十九〕

熊谷郷　今も前のままの字を用いる。

三屋郷　もとの字は三刀矢。

飯石郷　もとの字は伊鼻志。

多禰郷　もとの字は種。

須佐郷　今も前のままの字を用いる。

〔以上の五郷は、郷ごとに里三ずつ。〕

波多郷　今も前のままの字を用いる。

来島郷　もとの字は支自真。

〔以上の二郷は、郷ごとに里二ずつ。〕

飯石と名づけるわけは、飯石郷の中に※伊毘志都弊命が鎮座していらっしゃる。だから、飯石という。

[注釈]

※伊毘志都弊命…飯石郡・飯石郷の他に見えない神。解説96参照。

飯石郡家の所在地…遺跡は発見されていないが、雲南市掛合町掛合の郡が遺称地と考えられている。

解説 96

飯石郡と伊毘志都弊命

伊毘志都弊命が坐すため、この地に天からお降りになった。この神の名が、郷名・郡名になった、というのが『風土記』の説く地名飯石の由来である。これに対応するように、神社の項目に神祇官社に一社、不在神祇官社に一社の飯石社がみえるので、飯石社に伊毘志都弊が祭られたのであろう。

伊毘志都弊は『風土記』以外にはみえない神であるが、地名と同名の神は、まさにその土地の神であったのであろう。現在、雲南市三刀屋町の飯石神社には、伊毘志都弊が天より降ったとされる石が祭られている。

意宇郡・秋鹿郡の郡名の由来もこれに似ている。たとえば意宇郡では意宇杜があり、秋鹿郡も秋鹿日女命が坐すので秋鹿郡になったとされる。意宇杜は意宇郡家の東北に、秋鹿日女の秋鹿社も秋鹿郡家の北にあった（→解説49）。つまり、郡家の所在地、即ち郡行政の中心の土地の名が「意宇」「秋鹿」であり、その地名と同じ神の名前が郡名になったと考えられる。

一方、飯石郡の場合は、郡家が多禰郷にあり、伊毘志都弊命の飯石郷は郡家から一二里（約七キロメートル）も離れている。また飯石社の社名「飯石」は、「伊鼻志」を神亀三年（七二六）に二文字に改めた後の表記法で、五社ある神祇官社の一番最後に登場する。なぜ、郡家と離れた場所にある、神祇官社の最後に登場する神が郡名の由来になったのだろうか。謎はつきない。

▲飯石社と郡家の位置関係

八 飯石郡

本文・現代語訳

［二］飯石郡の郷

※熊谷郷。郡家の東北二十六里の所にある。古老が伝えて言うには、※久志伊奈太美等与麻奴良比売命が、妊娠して出産しようとなさるときに、生む所をお求めになった。そのときにここに来ておっしゃられたことには、「とても奥深い【原文：久々麻々志枳】谷である。」とおっしゃられた。だから、熊谷という。

※三屋郷。郡家の東北二十四里の所にある。所造天下大神の※御門が、ここにある。だから、三刀矢という。〔神亀三年に字を三屋と改めた。〕この郷には正倉がある。

※飯石郷。郡家の正東一十七里の所にある。伊毘志都幣命が天からお降りになったところである。だから、伊鼻志という。〔神亀三年に字を飯石と改めた。〕

※多禰郷。郡家に属する。所造天下大神である大穴持命と※須久奈比古命が天下をお巡りになったときに、稲種をここに落とされた。だから、種という。〔神亀三年に字を多禰と改めた。〕

※須佐郷。郡家の正西一十九里の所にある。神須佐能袁命がおっしゃられたことには、「この国は小さい国だが、国として良いところである。だから私の名前は、木や石にはつけまい。」とおっしゃられて、※ご自分の御魂をここに鎮め置かれた。そして※大須佐田・小須佐田をお定めになった。

解説 97

須佐郷とスサノオ

スサノオと言えば、『古事記』や『日本書紀』に見えるヤマタノオロチ退治が著名である。記紀の原文表記は、それぞれ「建速須佐之男」、「素戔嗚」であり、前者には「勢い激しい進み放題の男」、後者には「荒れすさぶ男」という意味が込められている。これに対して、『風土記』のスサノオは、「神須佐能袁」あるいは「神須佐乃烏」と表記され、「須佐の男」という意味となる。

『風土記』のスサノオは、素朴で平和な地域社会の首長のイメージである。『風土記』のスサノオは、出雲各地を巡行する。そして巡行の末に、飯石郡須佐郷に鎮座し、「大須佐田」・「小須佐田」を定めたという。これは社を作って、土地を開発するといった小規模な国作りの神話である。国作りの神と言えば、『古事記』のオオクニヌシ、『風土記』で言う所造天下大神が真っ先に思い浮かぶが、出雲山間部の小地域において国作りの神として語り伝えられた存在はスサノオであったことに注意する必要があろう。スサノオの信仰圏は、この須佐郷を拠点として出雲地方山間部に広がっていた可能性がある。

須佐郷は、現在の宮内に鎮座する須佐神社を取り囲む周辺の小盆地一帯に比定できる（ただし、須佐神社の旧社地は現社地の東南の宮尾山の麓にあったという）。「大須佐田」・「小須佐田」の伝承地は、須佐神社の現社地の北四〇〇メートルの朝原にあった可能性が高い。そこには「佐田」という小字名が残る（出雲市佐田町の「佐田」は、須佐と窪田の合併による新しい地名でこの小字と成り立ちを異にする）。

［参］関和彦二〇〇六
森田喜久男二〇〇七b

▲須佐郷の故地　出雲市佐田町朝原

だから、須佐という。この郷には正倉がある。

※波多郷。郡家の西南一十九里の所にある。※波多都美命が天からお降りになったところである。だから、波多という。

※来島郷。郡家の正南四十一里の所にある。※伎自麻都美命が鎮座していらっしゃる。だから、支自真という。〔神亀三年に字を来島と改めた〕。この郷には正倉がある。

［注釈］

※熊谷郷…雲南市三刀屋町上熊谷・下熊谷・木次町上熊谷・下熊谷付近の地域。
※久志伊奈太美等与麻奴良比売命…『古事記』では櫛名田比売、『日本書紀』では奇稲田姫と記載されている。久志伊奈太美は神秘な御霊をもって稲田を見守る、等与は豊かな、麻奴良は真瓊ら、真瓊（まぬ）は玉、「ら」は接尾語とすると、玉のようなという意味になり、神秘な御霊をもって稲田を見守る豊かな玉のような姫神となる。
※三屋郷…雲南市三刀屋町中部から北部にかけての地域。
※御門…神門郡の神門と同様に今の鳥居のことか。
※飯石郷…雲南市三刀屋町多久和・中野・神代・六重・吉田町川手付近の地域。
※多禰郷…雲南市三刀屋町乙加宮・坂本・須所・掛合町多根・松笠・掛合・吉田町吉田付近の地域。
※須久奈比古命…『古事記』では少名毘古那、『日本書紀』では少彦名として記載され、大国主の国作りをともにおこなっている。『風土記』ではここにのみ登場する。解説98参照。
※須佐郷…出雲市佐田町反辺・須佐・朝原・原田・大呂・雲南市掛合町穴見・入間付近の地域。
※ご自分の御魂をここに鎮め置かれた…そのままの意味では自分の名をこの土地につけたということであろうが、飯石郡の須佐社を考えると、須佐社創始の伝承とも考えられる。詳細は解説97参照。
※大須佐田・小須佐田…須佐にあった大小の田のこと。
※波多郷…雲南市掛合町波多・飯石郡飯南町獅子・八神・志津見・角井付近の地域。
※波多都美命…他に見えない神。波多は地名、都は助詞、美は見に通じ、見守るの意となるため、波多の守り神の意味。

解説 98

オオナモチとスクナヒコナ

『古事記』や『日本書紀』によれば、オオナモチとスクナヒコナはペアで国作りをおこなった事が書かれている。『古事記』では、両者が協力し合って葦原中国を「作り堅めた」とあり、『日本書紀』には、第八段の一書第六において両者は力を合わせ、心を一つにして「天下を経営した」とある。

記紀以外にも両者に関係する神話・伝承はいくつか存在する。まず、『播磨国風土記』では、両者は播磨国内を巡行し、稲種を落とす。また、両者が我慢比べをしてオオナモチが大地に糞をたれるシーンもある。『播磨国風土記』では特定の山や丘を作り、命名した神として姿を現す点が大きな特徴である。

二神には、漂白の神というイメージもある。たとえば、『万葉集』巻三―三五五には、「大汝 少彦名のいましけむ志都の石室は幾代経ぬらむ（大汝の神と少彦名の神とがおいでになったというこの志都の石屋は、一体幾代を経ているのであろうか?）」と詠じられている。この「志都の石室」の場所については、島根県邑智郡邑南町の旧瑞穂町（旧出羽村）域にあったとする説、島根県大田市静間町とする説、鳥取県米子市粟島神社にある窟とする説、さらには兵庫県高砂市とする説などがある。

他にも両者については多様な伝承が存在する。飯石郡多禰郷もその一つとして理解すべきであろう。

ここで問題となるのは、それらの神話と記紀の神話との関係である。これは、列島各地の国作り伝承を総括し抽象化したものが記紀の神話であると考えられるが、逆に記紀の抽象的な国作りの神話を地域社会において具体化したものが、列島各地のオオナモチ・スクナヒコナ伝承である可能性も否定できない。

［参］松村一男一九九一

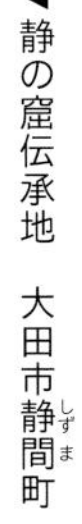

◀静の窟伝承地　大田市静間町

※来島郷…飯石郡飯南町東南部、頓原を中心とした地域。
※伎自麻都美命…他に見えない神。伎自麻は地名、都は助詞、美は見に通じ、見守るの意となるため、伎自麻の守り神の意味。

本文・現代語訳

［三］飯石郡の神社

※須佐社　※河辺社　※御門屋社　※多倍社
※飯石社
〔以上五所はいずれも神祇官社。〕
※狭長社　※飯石社　※田中社　※多加社
※毛利社　※兎比社　※日倉社　※井草社
※深野社　※託和社　※上社　※葦鹿社
※粟谷社　※穴見社　※神代社　※志志乃村社
〔以上一十六所はいずれも不在神祇官社。〕

［注釈］
※須佐社…須佐神社（出雲市佐田町須佐）。
※河辺社…河邊神社（雲南市木次町上熊谷）。
※御門屋社…三屋神社（雲南市三刀屋町給下）。
※多倍社…多倍神社（出雲市佐田町反辺）。
※飯石社（在1不1）…飯石神社（雲南市三刀屋町多久和）、飯石神社（同町六重）。
※狭長社…狭長神社（雲南市掛合町掛合）。
※田中社…田中神社（雲南市三刀屋町古城）。
※多加社…兎比神社（雲南市吉田町吉田）に合祀。
※毛利社…井草神社（雲南市三刀屋町伊萱）。
※兎比社…兎比神社（雲南市吉田町吉田）。
※日倉社…日倉神社（雲南市三刀屋町乙加宮）。
※井草社…井草神社（雲南市三刀屋町伊萱）。
※深野社…深野神社（雲南市吉田町深野）。
※託和社…託和神社（雲南市三刀屋町多久和　飯石神社境内）。
※上社…上神社（雲南市吉田町上山）。
※葦鹿社…兎比神社に合祀。
※粟谷社…粟谷神社（雲南市三刀屋町粟谷）。

解説 99

琴引山と琴・石神

飯石郡琴引山に見える「琴引山」については、飯南町頓原の南東部にある標高一〇一三・六メートルの琴引山に比定されている。『風土記』によれば、この山の峯に窟があり、その中に所造天下大神の琴があったので琴引山と名づけられたと書かれ、さらに石神もあったという。それぞれの大きさまで、はっきりと書かれている。

現地比定については様々に考えられるが、なぜ琴引山に所造天下大神の琴があるという伝承が生まれたのであろうか。注意すべき点はこの伝承が、『古事記』の神話を意識していることである。すなわち、『古事記』によれば、スサノオの試練に耐えたオオクニヌシは、スサノオのもとから霊力あふれる大刀・弓矢そして琴を奪取している。大刀と弓矢が軍事的支配権の象徴であるのに対し、琴は神のお告げを聞く宗教的支配権の象徴だった。オオクニヌシはこのような琴を奪取して根の国から葦原中国へと舞い戻ったのである。

飯石郡が現実的に出雲国と備後国との境界領域であることが前提となって、所造天下大神が琴を置いたという伝承が成立したと考える。琴のある窟は、根の国と葦原中国とを結ぶ黄泉比良坂にも通じている場所と見なされたのではないか。

つまり、『風土記』に見える琴引山の伝承とは、琴引山周囲の歴史的環境をベースに形成されたものであり、「古老が伝えて言うには…」とあるものの、そこには『風土記』編纂の責任者であった出雲国造の論理が如実にあらわれていると言えよう。

▲琴引山　飯石郡飯南町頓原

※穴見社…穴見神社（雲南市掛合町穴見）。
※神代社…神代神社（雲南市三刀屋町神代）。
※志志乃村社…志々乃村神社（飯石郡飯南町八神）。

本文・現代語訳

［四］飯石郡の山野

※焼村山。郡家の正東一里の所にある。
※穴厚山。郡家の正南一里の所にある。
※笑村山。郡家の正西一里の所にある。
※広瀬山。郡家の正北一里の所にある。
※琴引山。郡家の正南三十五里二百歩の所にある。高さは三百丈、周りは一十一里ある。古老が伝えて言うには、この山の峯に※窟がある。中に所造天下大神の※御琴がある。長さは七尺、広さは三尺、厚さは一尺五寸ある。また、※石神がある。高さは二丈、周りは四丈ある。だから、琴引山という。〔塩味葛がある。〕
※石穴山。郡家の正南五十八里の所にある。高さは五十丈ある。
※幡咋山。郡家の正南五十二里の所にある。〔紫草がある。〕
※野見、木見、石次の三野。いずれも郡家の南西四十里の所にある。〔紫草がある。〕
※佐比売山。郡家の正西五十一里一百四十歩の所にある。〔石見と出雲の二国の堺にある。〕
※堀坂山。郡家の正西二十一里の所にある。〔杉や松がある。〕

解説 100

野見野と野見宿禰

奈良時代、出雲出身として考えられていた伝承上の人物に、野見宿禰がいる。彼は『日本書紀』によると、出雲出身の勇士であり、垂仁天皇に召し出されて、大和の当麻の勇士、当麻蹶速と相撲を取って勝利した（相撲の始まり）。また、垂仁皇后日葉酢媛の墓を造るにあたり、仕えていた人を生き埋めにしていた風習を取りやめ土製の人や馬を作りそれに換えた（埴輪の起源）。その功績から野見宿禰が土師氏となった、という話がみえる。

さらに野見宿禰の先祖は天穂日命とされる（『新撰姓氏録』）。この神は、出雲国造出雲臣の先祖でもあるので、土師氏は出雲国造出雲臣とも同族意識を持っていた。むしろ、野見宿禰が出雲出身であるとの認識は、出雲国造と土師氏が同祖であるという認識から派生したものである可能性もある。

さて、『風土記』をみると野見宿禰に関連すると思われる地名などはこの野見野が唯一でまず注目される。一方、『三代実録』の貞観一三年（八七一）には、出雲国の「能美神」※が神階を授与されており、この神は意宇郡内の神の可能性がある。野見宿禰の先祖、アメノホヒの信仰が意宇郡屋代郷（→解説7）にみえることとも関連し、安来平野も野見宿禰の伝承を有していた可能性もありそうだ。

※国史大系本『三代実録』は底本の「能美」を「能義」に校訂している。

［参］島根県神社庁一九八七

◀野見野　飯石郡飯南町

※城垣野。郡家の※正南一十二里の所にある。〔紫草がある。〕
※伊我山。郡家の正北二十九里二百歩の所にある。
※奈倍山。郡家の東北二十里二百歩の所にある。
およそ、すべての山野にある草木は、卑解・升麻・当帰・独活・大薊・黄精・前胡・署預・白朮・女委・細辛・白頭公・白芨・赤箭・桔梗・葛根・秦皮・杜中・石斛・藤・李・檻・赤桐・椎・楠・楊梅・槻・柘・楡・松・榧・蘗・楮。鳥獣は、鷹・隼・山鶏・鳩・雉・熊・狼・猪・鹿・菟・獼猴・飛鼯がいる。

［注釈］

※焼村山…雲南市掛合町掛合大志戸の山（標高423メートル）。
※穴厚山…雲南市掛合町掛合佐中の山（標高300メートル）。
※笑村山…雲南市掛合町掛合郡から掛合町掛合松笠に越える峠の北にある矢峯山。なお、大原郡の海潮川にも同名の別の山が見える。
※広瀬山…雲南市掛合町掛合十日市の山（標高283メートル）。
※琴引山…飯石郡飯南町頓原の琴引山（弥山）（標高1013メートル）。なお、神門郡の神門川にも琴引山が見える。
※窟…琴引山に大神岩と呼ばれる組み合わさった岩があり、その中に琴の形をした石があるとされる。昔は土に覆われていたともされる。
※御琴…巫女が神意を問う時に用いる重要な祭器。
※石神…大神岩の北方の稜線にある烏帽子岩。琴・石神については解説99参照。
※石穴山…飯石郡飯南町上赤名、井戸谷、広島県三次市作木町岡三渕の境にある三国山（標高795メートル）。
※幡咋山…飯石郡飯南町小田と広島県庄原市高野町高暮の境にある山（標高904メートル）。
※野見、木見、石次の三野…野見は飯石郡飯南町上赤名の呑谷の山。木見は飯南町下来島川尻の木見山（標高443メートル）。石次は飯南町下赤名の神戸川上流域の山。野見については解説100参照。
※佐比売山…大田市山口町山口、三瓶町小屋原、三瓶町志学の境にある三瓶山（標高1126メートル）。
※堀坂山…出雲市佐田町朝原の東北方にある山（標高505メートル）。なお、

解説 101

波多小川と砂鉄

砂鉄の採取法として、近世以降に盛んにおこなわれた鉄穴流しがよく知られている。これは砂鉄を含む山を切り崩し、水で流して砂と砂鉄を強制的に分離させる手法である。この鉄穴流しに目をうばわれがちだが、自然に水流に運ばれ河床に集積した川砂鉄、あるいは河口まで運ばれ堆積した浜砂鉄もたたら製鉄の原料として使用された。近世、近代になっても、斐伊川から採れる砂鉄は重宝され、鉄の原料とされ続けたのである。

飯石郡の波多小川と飯石小川の項にみえる「鉄あり」が、川から砂鉄が得られることを指しているのは言うまでもない。砂鉄と砂粒は比重が異なるため、川べりや川底の、水流がちょうど良いところに砂鉄だけがとどまる（流れが強いと砂鉄も下流に流され、逆に弱いと上に砂が溜まる）。黒い筋のようになった砂鉄を目にすることがあるだろう。

『風土記』に記載される「鉄あり」をこうした状況の表現ととらえ、「川底にたまった砂鉄を集め、製鉄原料に用いた」と解釈されることがあるが、そのような採取法は現実的ではない。波多川、多久和川は川幅が狭いうえ川底の起伏が激しい。古代の製鉄炉がいくら小規模とはいえ、わずかに滞留した砂鉄を探し歩くような手法では恒常的な鉄生産に到底供給しきれないのである。

おそらく『風土記』の記載は、川に堰を設けて砂鉄をとどめ、採取していたことを示すのだろう。水勢がある程度強い時、砂鉄は土砂とともに次々と流れてくる。これを受け止め撹拌するだけで砂は浮いて流れ去り、自然に砂鉄だけが滞留する。鉄穴流しでも、選鉱施設の最初にあるのは砂（原鉱）を受け止めるだけの簡素な構造で、それだけでもかなり砂鉄純度を高めることが可能だ。こうした砂鉄採取法は、川幅が適当な小川でこそ可能だったと考えられる。

▲飯石小川（現飯石川）
雲南市三刀屋町

神門郡の通道にも見える。
※城垣野…雲南市吉田町民谷宇山の中央の山（標高763メートル）。
※正南…加藤義成の校訂によれば正西となっているが、加藤の解説、細川家本によって正南と改訂した。
※伊我山…雲南市三刀屋町伊萱と三刀屋町給下の間の峰寺弥山（標高299メートル）。
※奈倍山…雲南市三刀屋町乙加宮の禅定寺山（標高372メートル）。

本文・現代語訳

[五] 飯石郡の河川・池

※三屋川。源は郡家の正東一十五里の所にある※多加山から出て、北に流れて※斐伊河に入る。〔年魚がいる。〕
※須佐川。源は郡家の正南六十八里の所にある※琴引山から出て、北に流れて、来島、波多、須佐などの三郷を経て、※神門郡門立村に入る。これはいわゆる※神門川の上流である。〔年魚がいる。〕
※磐鉏川。源は郡家の西南七十里の所にある※箭山から出て、北に流れて須佐川に入る。〔年魚がいる。〕
※波多小川。源は郡家の西南二十四里の所にある※志許斐山から出て、北に流れて須佐川に入る。〔※砂鉄がある。〕
※飯石小川。源は郡家の正東一十二里の所にある※佐久礼山から出て、北に流れて三屋川に入る。〔砂鉄がある。〕

[注釈]
※三屋川…雲南市の三刀屋川。
※多加山…飯石郡飯南町頓原と広島県庄原市高野町上里原の境の大万木山

解説 102

権剗と門遺跡

律令国家が人民を支配するにあたり、領域的な把握は国を単位としておこなわれた。つまり無許可での移動は一国内に限る、という制限をかけて、百姓の浮浪、逃亡を防いだのである。その意味からも、剗は国と国との境に置かれるのが基本であった（↓解説25）。その場所は、国府や郡家同士をつなぐ主要な道路上である。ところが飯石郡の「権剗」は国境でもなく、なぜか主要道路上でもない径（↓解説103）上に置かれている。

この権剗は「政ある時に当たりて権に置く」（飯石郡の通道）とされるように、臨時に設置されるものであった。政ある時とは、一般には、政治的に特別な事情があるとき、たとえば天皇崩御のような政変の生じる危機や、軍事的な対応が必要とされた場合、と理解される。『風土記』撰上の前年には、新羅との緊張関係を背景に武備強化を目的とした山陰道節度使が設置されており、その体制下での軍防上の意義を重視する見方もある。

一方で、参考になるのが神門郡日置郷条にある「政」の語である。ここでは「政」は神事に関連した祭祀的な出来事、と解釈される。「政ある時」とは出雲国固有な神事に関わる事情であって、たとえば仁多郡の権剗は出雲国造の代替わりにおこなわれる神賀詞奏上儀礼に伴うもの、という説が有力だ。飯石郡の三つの径が郡家を結ぶものではなく、神門郡を経て杵築大社に通じる経路であることを重視すれば、杵築大社との交通に関連して、その神堺を示すために設置されたという説が説得力をもつ。国境に位置しないのは飯石郡の権剗のみであり、他の剗とは明らかに異なる特殊な性格を帯びていたようだ。

関（剗）に関する古代の史料は少なく、その実態は謎が多い。そのような中、一九九一年に発掘された門遺跡（飯南町志津見）は推定される志都美径（↓解説103）上に位置し、通常の集落とは考えられない大型の建物跡が見つかっていることから、志都美権剗の可能性が指摘されている希有な遺跡である。

【参】門井直哉二〇一一・平野卓治一九九五

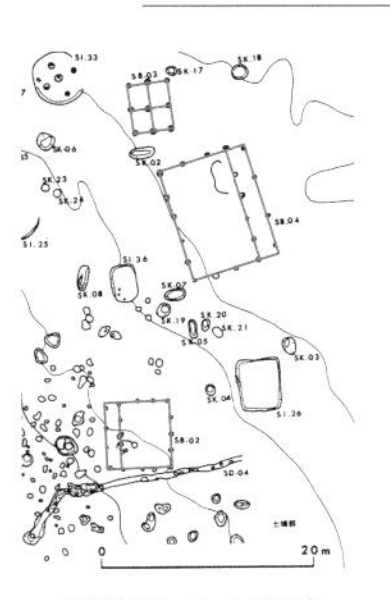

▲門遺跡の大型建物跡　飯石郡飯南町志津見

（標高1218メートル）。
※斐伊河…斐伊川。『風土記』では出雲大川などともよばれている。解説80参照。
※須佐川…出雲市の須佐川。神戸川の中流にあたる。
※琴引山…飯石郡の琴引山を参照。
※神門郡門立村…神門郡の神門川を参照。
※神門川…出雲市の神戸川。
※磐鉏川…出雲市の神戸川の上流の名称。
※前山…飯石郡飯南町上赤名と飯南町井戸谷の境の本谷山（標高735メートル）。
※波多小川…雲南市掛合町の波多川。
※志許斐山…雲南市掛合町波多の野田山（標高722メートル）。
※砂鉄がある…飯石郡では砂鉄が採集されていたと考えられる。詳細は解説101参照。
※飯石小川…雲南市の飯石川。
※佐久礼山…雲南市三刀屋町六重の東南境の山。

本文・現代語訳

[六] 飯石郡の通道

通道。大原郡の堺の※斐伊河のほとりに行く道は、二十九里一百八十歩である。
仁多郡の堺の※温泉河のほとりに行く道は、二十二里である。
神門郡の堺の※与曽紀村に行く道は、二十八里六十歩である。
同郡の堺の※堀坂山に行く道は、二十一里である。
※備後国恵宗郡の堺の※荒鹿坂に行く道は、三十九里二百歩である。〔径に常に剗がある。〕
※三次郡の堺の※三坂に行く道は、八十一里である。〔径に常に剗がある。〕
※波多径、須佐径、志都美径、以上の三径は普段は剗はない。ただし政治的事情があるときに権に

解説 103

備後国との交通

飯石郡の通道には他郡に見られない特徴的な道の記載がある。波多径、須佐径、志都美径という三本の径である。これらの径は「いずれも備後国に通じる」と書かれている。

通常『風土記』に記された道は、郡家からの距離や方角が記される。しかし、この三本の径はそういう記載が全くなく、どこを基点にどこに向かうのかが書かれていないのである。そこでこれらの径をめぐって、これまでさまざまな説が提示されてきた。ここでは関和彦の説を紹介しよう。

関は三本の径はそれぞれが連続してつながって、神門郡と備後国とを結ぶ道であったとする。関の研究によると、神門郡と飯石郡の境界にある与曽紀村を始点とし、須佐郷内を通る須佐径、波多郷内を通る波多径、現在の飯南町志津見付近を通過し南へ伸びる志都美径と三径が連なり、来島郷内で飯石郡家からの南西道と合流して、備後国三次郡との境の三坂（飯南町赤名峠）に至る。古代において、都と諸国をつなぐ駅路、国内各郡家をむすぶ伝路のほかに、それらを補完するこのような小道も交通を支える重要な役割を担っていたのである。

▲神門郡と備後国を結ぶ「三径」（関和彦説）

［参］関和彦二〇〇〇
関和彦二〇〇六

置くのみ。いずれも備後国に通じる。

[注釈]
※斐伊河…現在の斐伊川。『出雲国風土記』では様々な名称でみられる。解説80参照。
※温泉河…斐伊川の上流の名称。雲南市の湯村温泉の西を流れる。漆仁川という名称で仁多郡の通道にも見える。
※与曽紀村…神門郡の通道の与曽紀村を参照。
※堀坂山…飯石郡の堀坂山を参照。
※備後国恵宗郡…広島県庄原市北部一帯の地域。仁多郡の通道にも見える。
※荒鹿坂…飯石郡飯南町頓原と広島県庄原市高野町上里原との境の草峠。
※三次郡…広島県三次市北部一帯の地域。巻末記載の出雲国の道程にも見える。
※三坂…広島県三次市布野町一帯の地域。
※波多径…神戸川に沿って波多郷内を通る道路。解説103参照。
※須佐径…神戸川に沿って須佐郷内を通る道路。解説103参照。
※志都美径…波多郷から現在の志津見をぬけ来島郷で南西道と合流する道路。解説103参照。

本文・現代語訳

[七] 飯石郡の郡司

郡司　主帳　无位※日置首
大領外正八位下勲十二等※大私造
少　領　外従八位上※出雲臣

[注釈]
※日置首…祭祀に関わる日置氏を統括したリーダー的存在と推定される。
※大私造…后妃の私有民である私部を統括したリーダー的存在と推定される。解説104参照。
※出雲臣…出雲国造出雲臣の一族で、意宇郡山代郷新造院を建立した出雲臣弟山である。弟山は、『風土記』編纂時の出雲国造出雲臣広島の次の出雲国造で、天平一八年（七四六）に国造に任じられている。

解説 104

大領大私造

飯石郡大領は大私造氏である。大私氏は天皇の配偶者（后妃）を意味するキサキに由来する氏族で、配下の部民である私部を統率してキサキに仕えた。皇族に属する部民（名代・子代）は皇族名と同じ名称で（たとえば、清寧天皇＝シラカの白髪部など）王族一人一人別々に置かれたが、私部は「キサキ」という称号に付属するという点が新しい。実際に部民の中では最後に成立したグループになり、『日本書紀』では敏達天皇六年（五七七）に置かれたとされるが、おおむね史実と考えてよいだろう。出雲の氏族の中でも比較的由緒が新しい氏族である。

大私・私部に関連する氏族は、天平六年出雲国計会帳にも、熊谷軍団の百長（百人を統率する指揮官）に大私部首足国がみえ、熊谷軍団から都に派遣され死去した衛士私部大嶋の交替要員についての報告書を都に運ぶ任務に就いている。出雲の大私・私部はカバネの種類・有無によって、郡司の大私造氏を筆頭に（カバネ造）、軍団百長の大私部首（カバネ首）、その配下の私部（カバネなし）という、三つの階層をなしていたのであろう。

ところで、出雲国の有力氏族は〇〇部臣（郡司層）―〇〇部首・〇〇部君―〇〇部という三階層からなる。大私氏も似ているが、トップのカバネが臣ではなく、造であることが異なる。カバネ臣は出雲国造出雲臣のカバネで、国造と同族であるとの意識を反映したものである。大私造は氏族名の成立の新しさ、山間部の氏族ということとも相まって、出雲国造とは距離を置いた氏族であったのであろう。

[参] 岸俊男一九六六

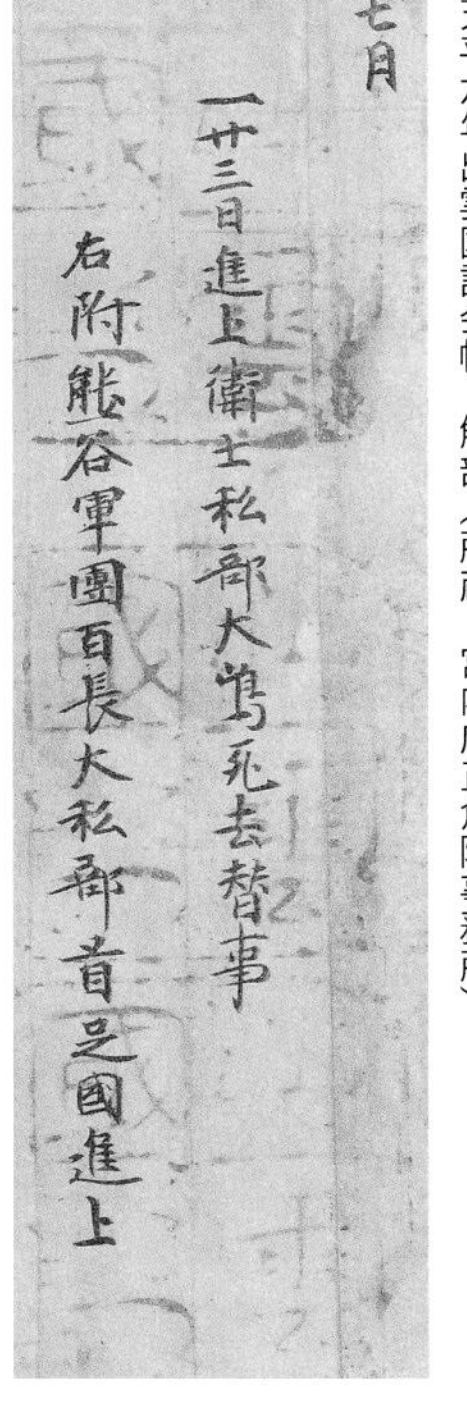
七月
一廿三日進上衛士私部大嶋死去替事
右附熊谷軍團百長大私部首足國進上

◀天平六年出雲国計会帳　解部（所蔵　宮内庁正倉院事務所）

コラム column 13

古代出雲の鉄生産

出雲と鉄のイメージ

出雲といえば鉄、というくらい、産鉄地域のイメージが強い。実際、石見（いわみ）～出雲～伯耆（ははき）の中国山地脊梁（せきりょう）地帯は良質な砂鉄と豊かな森林資源に恵まれ、製鉄遺跡が集中することは疑いない事実だ。こうした地域性を奈良時代以前にもあてはめる見方もあるが、じつは、七世紀以前の実態はいまだ謎に包まれているのが現状だ。

奈良時代以前、列島内で最大の産地は鉄鉱石を主原料とする山陽側の吉備（きび）で、鉄鍬（くわ）などを税物として貢納していた。吉備では複数の炉が重複して築かれた遺跡が多くみつかっており、集中的かつ継続的に、大規模に製鉄がおこなわれていたことがわかる。意外にもそのころ、出雲は産鉄国としての地位をまだ確立してはいなかったのだ。中国山地の砂鉄地帯が産鉄の中心地として繁栄するのは、山陽側の鉄鉱石が枯渇し、一方で砂鉄製錬（せいれん）～精錬（せいれん）鍛冶の技術が確立された平安時代後半以降、ということになる。

出雲の初期製鉄

では、どのような前史を経て、出雲と中国山地の製鉄は発展したのか。羽森（はねもり）第三遺跡（雲南（うんなん）市掛合（かけや）町）、今佐屋山（いまさややま）遺跡（邑智（おおち）郡邑南（おおなん）町）などから古墳時代後期（六世紀後半）には製鉄が始まったことがわかる。両遺跡のように、山間部に小規模な製鉄炉が点在するのが初期の姿だとこれまで考えられてきた。ところが近年、中海（なかうみ）南岸に集中してみつかっている六世紀後半～七世紀の遺跡（岩（いわ）屋口南（やぐちみなみ）・徳見津（とくみつ）・五反田（ごたんだ））の出土品のなかに、製鉄炉の炉壁が含まれていることが判明した。これらの遺跡では、鉄素材を外部から持ち込んで鍛冶がおこなわれたと考えられてきたがそうではなく、原料を溶かして鉄を作る工程を既におこなっていたのだ。須恵器（すえき）や玉と同様に、鉄も特殊な技術と物資、労働力を要する特殊な生産物である。六世紀後半から七世紀にかけて進展した出雲東部の豪族層によってそれらの生産が管理され

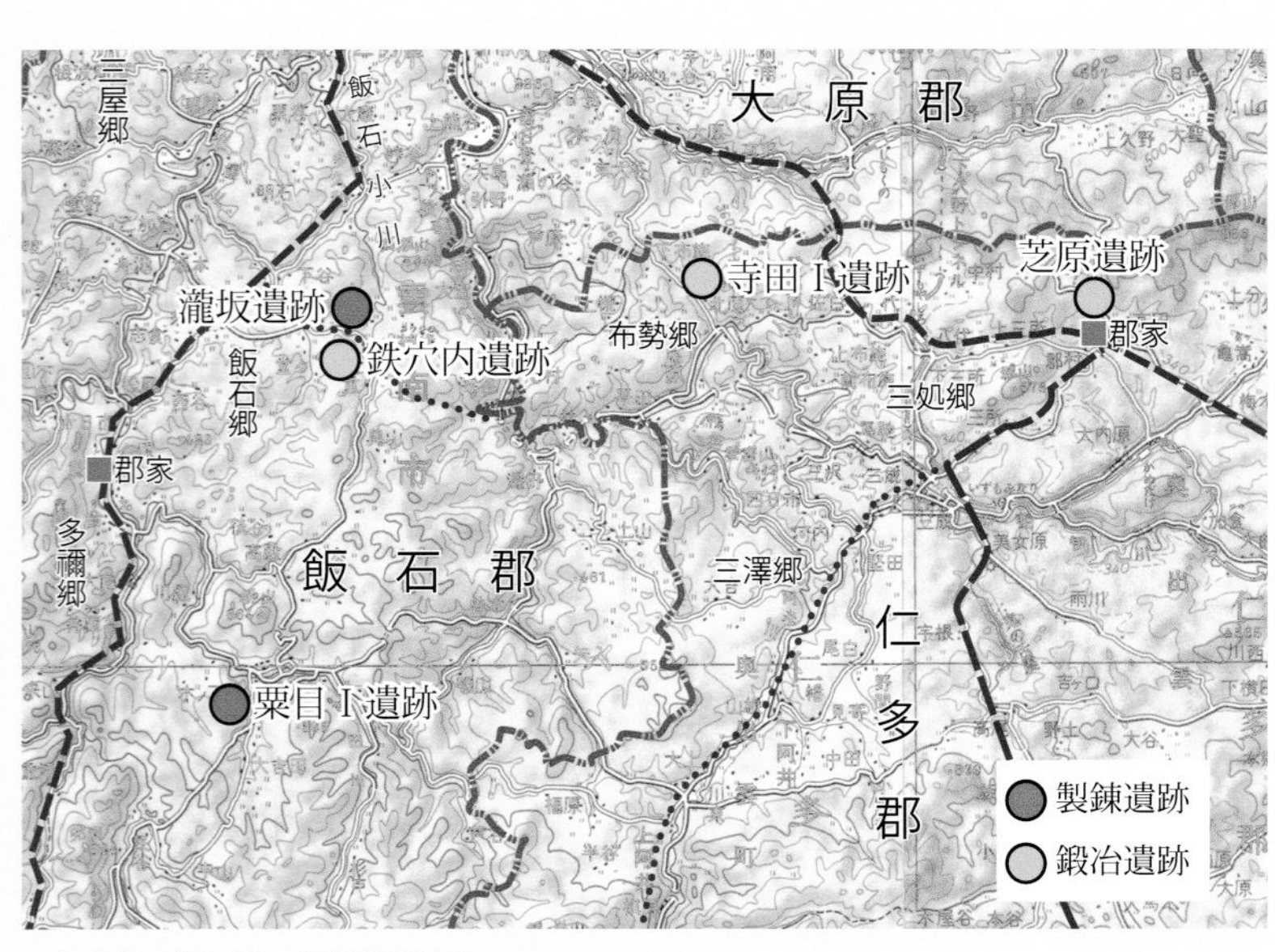

▲仁多郡・飯石郡の製鉄関連遺跡

た可能性が高いだろう。山間部とほぼ同時に、中海南岸でも製鉄は開始されている。しかも後者がより集約的な体制であったようだ。

◎仁多郡・飯石郡の製鉄

仁多郡の各郷について『風土記』は「以上諸郷から出る鉄は堅く、さまざまな物を造るのに最適である」とする。その記載どおり八世紀には仁多郡と、隣接する飯石郡が製鉄の中心地になっていく。このことは、近年発掘された遺跡から具体的に確認されつつある。飯石郡内では粟目Ⅰ遺跡（七〜八世紀）、瀧坂遺跡（八世紀後半）で箱形炉の存在が確認された。操業の規模は古墳時代のものと比較にならないほど大きく、中世製鉄の原型となるものだ。七世紀後半から『風土記』編纂時にかけて、製鉄の中心地は仁多郡・飯石郡に次第にまとまっていく。ここで砂鉄を還元し得られた鉄素材は、別の鍛冶場に送られ、精錬・鍛錬して製品に仕上げられた。その遺跡が飯石郡では鉄穴内遺跡、仁多郡では寺田Ⅰ遺跡だ（ともに八世紀後半）。ここの鍛冶場は複数の炉を建屋内に備えた専業工房で、大規模に集約的な操業がおこなわれたこと、役人が関わったことなどが指摘されている。立地は独立しているが、官営的な色彩が強い。

◎官衙を介した工房の整備

どうやら八世紀中頃に、出雲全体で官衙を拠点にした鍛冶工房の整備が進んだようだ。官衙域に隣接して工房が置かれるケースが多く、芝原遺跡（仁多郡家付近）や、古志本郷遺跡（神門郡家）、出雲国府跡で確認されている。また神社遺構が発見され、豪族居宅も隣接したと考えられる青木遺跡（↓コラム10）にも鍛冶工房が付随する。こうした工房では鉄製品だけでなく銅の精錬や鋳造、あるいは漆工と組み合って複合的な生産がおこなわれていた。鉄を用いた様々な製品が作られていたのだ。

こうした需要の拡大を背景に、鉄素材を生産する仁多郡、飯石郡の役割は次第に大きくなっていった。それが平安時代後半以降の、爆発的な製鉄盛行の原型となるのである。

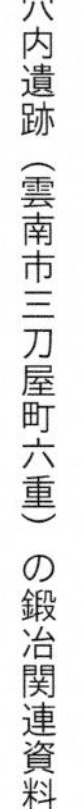
▲鉄穴内遺跡（雲南市三刀屋町六重）の鍛冶関連資料

▲粟目Ⅰ遺跡の製鉄炉跡　雲南市吉田町吉田

山野の植物と薬草

『風土記』の各郡の山野には「およそすべての山野にある草木」という項目があり、そこには多くの草木名が記載されている。

一方、一〇世紀初頭に編纂された律令の施行細則である『延喜式』のなかで、医療や薬物の収集管理を担当する役所である典薬寮の式には、諸国から貢進する薬物名とその数量の一覧がみえ、諸国からの薬物徴収の制度が窺える。そのうち、出雲国から貢進する薬物名の多くは、『風土記』記載の草名に一致する（左表）。

▲白芨（提供　八雲立つ風土記の丘展示学習館）

『風土記』には、松・楡などをあげていてもこれらから採取される薬物名（松羅・松脂、楡皮）は記されていない。さらに、薬用植物である「紫草」（飯石郡・仁多郡）は、この草名リスト項目とは別の箇所に記載している。また、「草名」が植物の和名ではなく薬物名であり、これらから、この草名項目は特定の目的を持ったリストではないかと推測される。

ところで、七・八世紀の藤原宮跡などから出土した荷札木簡にも薬草が多くみえ、「国名＋薬物名＋数量」または「郡（評）名＋薬物名＋数量」の形式で記されている。国または郡単位で薬物の産出地が把握され、また中国の薬草書である『本草経集注』に基づいて薬物の同定がなされていたことが分かる。そして、八世紀前半の段階では、年ごとの国単位での薬物の貢納の様子をある程度知ることができる。

この『風土記』の草名項目は、典薬寮の諸国からの薬物徴収制度の基準データになった可能性が推測され、まず植物性薬物、特に草品の薬物が同定されリストアップされたものであると考えられる。

出雲のほかの現存五風土記にも薬物の記載がみえ、中央政府が諸国の産出する薬物データを把握し、毎年貢進させていることがわかる。

なお、日本で初めて編纂された本草書は一〇世紀の初頭『本草和名』であり、七世紀の半ばに唐で成立した『新修本草』にならって、薬物名とその和名と産地が注記されている。

［参］伊田喜光二〇〇〇
丸山巌一九八七
丸山裕美子二〇〇九

▲貝母（提供　八雲立つ風土記の丘展示学習館）

『出雲国風土記』薬用植物一覧と『延喜式』典薬寮式（出雲国年料雑物）の比較

薬物名	『本草和名』	産出郡	延喜典薬寮式
茵芋	爾都々之（につつじ）	大原	△
黄芩	比比良岐（ひひらぎ）	意宇	△
黄精	阿末名（あまな）	意宇・飯石・仁多	◎
王不留行	須々久佐（すすくさ）加佐久佐（かさくさ）	仁多	◎
葛根	久須乃禰（くすのね）	意宇・島根・出雲・神門・飯石・大原	△
貫衆	於爾和良比（おにわらひ）	意宇・仁多	△
桔梗	阿利乃比布岐（ありのひふき）	神門・飯石・大原	△
苦参	久良良（くらら）	意宇・島根・秋鹿・大原	◎
瞿麦	奈天之古（なてしこ）	仁多	◎
決目	衣比須久佐（えひすくさ）	大原	◎
玄参	於之久佐（おしくさ）	意宇・仁多	◎
巻柏	伊波久美（いはくみ）	神門	◎
高（藁）本	加佐毛知（かさもち）佐波曽良之（さはそらし）	意宇・島根・仁多	◎
高梁薑	加波禰久佐（かはねくさ）	意宇	△
蕃茄	牟古岐（むこぎ）	大原	△
五味子	佐禰加都良（さねかつら）	意宇・島根	△
茈胡	乃世利（のせり）	島根	△
細辛	比岐乃比太比久佐（ひきのひたひくさ）	意宇・秋鹿・楯縫・神門・飯石・大原	◎
芍薬	衣比須久須利（えひすくすり）	島根・秋鹿	△
女委	恵美久佐（えみくさ）	秋鹿・出雲・飯石・仁多・大原	△
升麻	止利乃阿之久佐（とりのあしくさ）	楯縫・神門・飯石・仁多	△
商陸	以乎須岐（いをすき）	意宇・出雲・神門	◎
蜀椒	布佐波之加美（ふさはしかみ）	秋鹿・楯縫・出雲・神門	◎
女青	加波禰久佐（かはねくさ）	秋鹿	△
署預	也末都以毛（やまついも）	意宇・島根・秋鹿・楯縫・飯石・大原	◎
秦椒	加波波之加美（かははしかみ）	神門	△
秦皮	止禰利吉乃岐（とねりこのき）	飯石	△
薺苨	佐岐久佐奈（さきくさな）	仁多	△
石葦	以波乃加波（いはのかは）、伊波久佐（いはくさ）	神門	△
赤箭	乎止乎止之（をとをとし）、加美乃也（かみのや）	飯石	◎
石斛	伊波久須利（いはくすり）	意宇・島根・神門・飯石・仁多	△
前胡	乃世利（のせり）	意宇・飯石・大原	◎
続断	於爾乃也加良（おにのやがら）	神門・仁多	◎
大薊	阿佐美（あさみ）	飯石	×

薬物名	『本草和名』	産出郡	延喜典薬寮式
地楡	阿也女多牟（あやめたむ）	仁多	◎
当帰	也末世利（やませり）	神門・飯石	◎
杜仲	波比末由美（はひまゆみ）	島根・楯縫・神門・飯石	△
独活	宇土（うと）	意宇・島根・秋鹿・出雲・神門・飯石・大原	◎
人参	加乃爾介久佐（かのにけくさ）	楯縫	△
貝母	波々久利（ははくり）	秋鹿	△
白頭公	於岐奈久佐（おきなくさ）	飯石・仁多	◎
麦門冬	也末須介（やますけ）	意宇・島根・楯縫・神門・大原	◎
抜葜	宇久比須乃佐留加岐（うくひすのさるかき）、佐留止利（さるとり）	仁多	◎
卑解	於爾止古呂（おにところ）	島根・出雲・飯石・大原	◎
百合	由利（ゆり）	神門・仁多	△
白芷	佐波宇止（さはうど）、与呂比久佐（よろひくさ）	神門・大原	◎
白朮	乎介良（おけら）	意宇・島根・秋鹿・楯縫・飯石	◎
白前		大原	△
百部根	布止都良（ほとつら）	意宇・島根・秋鹿・出雲・神門・仁多	◎
白歛	也末加々美（やまかかみ）	秋鹿・楯縫・神門・大原	◎
白芨	加々美（かかみ）	飯石	×
伏令	末都保土（まつほと）	秋鹿・楯縫・神門	◎
附子	附子	仁多	△
牡丹	布加美久佐（ふかみくさ）	意宇・秋鹿	△
夜干	加良須阿布岐（からすあふき）	出雲	◎
藍漆	藍漆	意宇・島根・秋鹿・楯縫・神門・仁多	◎
離留	離楼草	仁多	×
竜胆	衣夜美久佐（えやみくさ）	神門	◎
連翹		意宇・秋鹿	◎
狼牙	宇末都奈岐（うまつなき）	仁多	◎
狼毒	也末佐久（やまさく）	島根	×
薇（蕨）	美奈之古久佐（みなしこくさ）	意宇・秋鹿・出雲・神門	×
薺頭蒿	於波岐（おはぎ）	秋鹿	×
松		意宇・島根・秋鹿・楯縫・出雲・飯石・仁多	◎
栢（椢）	比乃美（ひのみ）加倍乃美（かへのみ）	意宇・島根・秋鹿・楯縫・出雲・神門・飯石・仁多・大原	◎
蘗	岐波多（きはだ）	意宇・神門・飯石・仁多・大原	△
楡	也爾礼（やにれ）	楯縫・出雲・神門・飯石	◎

（備考）延喜典薬寮式　項目の記号説明
・出雲国の年料雑薬リストと一致するもの…◎　・見えないもの…×　・他の国の年料雑薬項目に見えるもの…△

八　飯石郡

九

仁多郡

にたぐん

鳥上山（船通山　奥出雲町）

仁多郡地図

仁多郡

仁多郡の解説

にたぐん

○『風土記』記載の概要

仁多郡は『風土記』では四郷一二里からなる郡で、律令に規定された郡の等級では、下郡になる。出雲国の九郡のうち、郷数では秋鹿・楯縫郡と並んで少なく、神戸や余戸もない仁多郡は最も戸数が少ない可能性がある。仁多郡の総記の「小さな国である」というのは当を得た表現であろう。人口は一里を約四〇〇人として、四八〇〇人程度である。

また、すべての郷が、鉄を調として貢納していたと思われる記述もあり（横田郷末）、仁多郡が評として成立したとき、鉄を貢納するミヤケ的性格があった可能性もある。現在は安来市に含まれる比田地区は、水系では意宇郡の飯梨川上流域である。奥出雲町との交通が容易であるという地理的条件もあるが、鉄生産に関連して水系の異なる当郡域に設定されたことも予想される。

◎郡の範囲

仁多郡の範囲はほぼ現在の奥出雲町に相当する（ただし奥出雲町八川の三井野は近代に広島県から編入された）。また、現在は雲南市に含まれている木次町湯村・平田地区、同じく安来市広瀬町の飯梨川最上流部にあたる西比田・東比田地区も当時は仁多郡に含まれていた。

◎郡への交通路

大原郡家から東南に入る通道が東南道として見え仁多郡家に至る。また、仁多郡家からは東に向かい伯耆国日野郡に連絡する正東道と、同じく郡家から南に向かい備後国恵宗郡に向かう正南道が分岐している。正東道・正南道にはともに国境に常設の剗が置かれていた。

◎有力な氏族

『風土記』では、郡の大領に蝮部臣、少領に出雲臣、主帳に品治部が確認される。特に注目されるのは品治部である。三澤郷の説話（→解説106）は、記紀にみえるいわゆるホムチワケ伝承と共通点が多く、品治部の設置と深い関係があると見られる（→コラム15）。また、品治部は通道で中国山地を越えた備後国に品治郡品治郷（現在の福山市）があり、同地を本拠地とする吉備品治国造との関係も想定される。

◎『風土記』以外の歴史

仁多郡の初見は『風土記』である。ただし、藤原宮出土の木簡削り屑に「室原□」が見え、室原の地名は八世紀初頭には成立していたようだ（→解説112）。

また、一〇世紀に成立した『和名抄』では、『風土記』の四郷に加え、漆仁・阿位の二つの郷が増え（→解説111）、合計六郷となっているので、平安時代になってから開発が進んだことが推定される。このほか、『高田寺根元録』と呼ばれる、郡内にあった古代寺院高田寺に言及した文献の存在が知られる（高橋一郎）。

◎郡内の遺跡

仁多郡家は遺跡は明確になっていないが、奥出雲町高田のカネツキ免遺跡から、八世紀後半の人形・墨書土器・大型の円面硯が出土しており、仁多郡家に関連する遺跡ではないかとされている（→解説105）。また、同じく高田には高田廃寺がある。

このほか、奥出雲町上鴨倉には、雲南三郡で唯一の古墳時代後期の前方後方墳、穴観一号墳もある。後期の前方後方墳は穴観一号墳を除きほぼ意宇郡・島根郡に集中しているので、この古墳の被葬者は意宇郡・島根郡と関係があったのであろう。また、八世紀の後半になると大内谷窯跡（奥出雲町大谷）で須恵器生産が開始されている。また、祭祀遺跡として家の上遺跡が知られる（→解説107）。

◎記載の特徴

『風土記』の仁多郡記載の特徴は、記載分量が少ないことがあげられ、島根郡・意宇郡の三分の一ほどである。郡が小さく、海岸地形の記載がないなど、共通の書式に従うと当然でもあるが、これらを念頭に置いても、神社が少なく、池の記載がないなど、地域特性が指摘できる。また、表現については、「古老が伝えて言うには【本文…古老の伝えていえらく】」という言い回しが多くみられるのも（布勢郷・横田郷・玉峯山・恋山）、当郡の特徴である。当郡の説話としては前述の三澤郷の伝承のほか、恋山の伝承がよく知られている（→解説109）。

［参］高橋一郎一九八六

本文・現代語訳

［一］仁多郡の総記

仁多郡

合わせて郷四（里一十二）。

三処郷　今も前のままの字を用いる。

布勢郷　もとの字は布世。

三澤郷　今も前のままの字を用いる。

横田郷　今も前のままの字を用いる。

〔以上の四郷は、郷ごとに里三ずつ。〕

仁多と名づけるわけは、所造天下大神、大穴持命がおっしゃられたことには、「この国は大きくもなく小さくもない。川上は木の穂を差し交わし、川下は河志婆布が這いわたっている。これは湿地で【原文…爾多志枳】小さな国である。」とおっしゃられた。だから、仁多という。

仁多郡家の所在地…奥出雲町高田・郡周辺で、カネツキ免・芝原遺跡は郡家の関連遺跡とみられる。解説105参照。

本文・現代語訳

［二］仁多郡の郷

※三処郷。郡家に属する。大穴持命がおっしゃられたことには、「この地の田は良い。だから、私の※御地として※古くから治めてきた」とおっしゃった。だから、三処という。

※布勢郷。郡家の正西一十里の所にある。古老が伝えて言うには、大神命がお泊りになった【原文

解説 105

仁多郡家とその周辺

『風土記』によると仁多郡家の所在地は奥出雲町高田・郡周辺にあたる。郡内最大の平野のある横田ではなく、仁多の中心市街地からも離れている。しかし、この高田周辺には次に紹介するような重要な遺跡や神社が存在している。

①高田廃寺…古代寺院跡で、現在塔心礎が残る。周辺の田圃から軒丸瓦と軒平瓦が採取され、現在、型をとった軒丸瓦と軒平瓦が島根大学考古学研究室に保管されている。この他陶製相輪と推定される円盤状の遺物、舎利容器の可能性もある合子も発見されている。

②岩屋古墳…高田廃寺の丘陵背後に位置する。奥出雲最大の横穴式石室を持つ後期古墳で、直径約一五メートルの円墳と推定される。のちに高田廃寺を造営した一族の墓と考えられている。

③常楽寺古墳…岩屋古墳に先行する古墳で横穴式石室を持つ。意宇郡中枢部の岩屋後古墳と類似する埴輪が出土した。

④カネツキ免遺跡…圃場整備の際に大型の円面硯の他、「大」「小」「上備」などが記された墨書土器が出土している。ただし、遺構は不明である。

⑤芝原遺跡…鍛冶遺構があり（→コラム13）、転用硯や「厨」墨書土器が出土する。

⑥大領神社…『風土記』や『延喜式』にも掲載されていない神社であるが、「大領」とは郡司の長官を意味し、神社の由緒によると仁多郡大領の蝮部氏の創建によると伝えられている。

これらの遺跡は仁多郡における有力豪族が関与したと考えるのが穏当で、大領神社の由緒伝承も郡家の所在に由来する。高田・郡エリアは古墳時代後期～奈良時代には仁多郡の中心であり、『風土記』記載通り仁多郡家が所在したと類推される。

▲仁多郡家周辺の遺跡・神社

…宿り坐し】ところである。だから、布世という。〔神亀三年に字を布勢と改めた。〕

※三澤郷。郡家の西南二十五里の所にある。大神大穴持命の御子、阿遅須伎高日子命が、※御須髪が※八握に生えるまで、まだ昼も夜も泣いておられるばかりで言葉が通じなかった。そのとき、※御祖命が御子を船に乗せて※八十島を率い巡って、心を楽しませようとなさったが、それでも泣き止まれなかった。大神が夢で祈願なさって「御子が泣くわけをお教えください。」と夢に祈願なさったところ、その夜の夢に、御子が言葉が通じるようになったとご覧になった。そこで目覚めて問いかけなさった。そのとき「御澤。」と申された。そのとき、大神が「どこをそう言うのか。」とお尋ねになると、御子は御祖の前から立ち去って行かれ、※石川を渡り、坂の上に至って留まり、「ここです。」と申された。そのとき、その澤の水沼が出て、沐浴なさった。だから、※国造が※神吉詞を奏上するために朝廷に参向するときに、その水沼の水を初めに用いるのである。これによって今も産婦はその村の稲を食べない。もし食べると、※生まれながらにして子はものを言う。だから、三澤という。この郷には正倉がある。

※横田郷。郡家の東南二十一里の所にある。古老が伝えて言うには、郷の中に田四段ばかりある。形が少し長い。そこでとうとう田の形から横田というようになった。この郷には正倉がある。〔以上※諸郷から出る鉄は堅く、さまざまな物を造るのに最適である。〕

解説106 三澤郷の伝承と解釈

仁多郡三澤郷は、『風土記』の写本による文字の違いが解釈に大きな問題を投げかけている。まず郷名の三澤だが、古い写本では、すべて三津（御津）郷である。ただし、三津と記された写本でも、出雲郡出雲大川では三津郷のことが三澤郷と記されている。どちらが正しいのだろうか。

『風土記』以外の史料を確認すると、『和名抄』に三津郷はなく三澤郷がみえるように、地名としての三沢は、中世・近世の史料に多数確認できる。一方、三津という地名はアヂスキタカヒコが沐浴した場所として現在三澤池と三津池の両方の地名が残るが、三津については郷のような広い地名としては古く遡ることが確認できない。これらを踏まえると、やはり出雲郡出雲大川の記載の三澤が正しく、仁多郡条は写本過程での誤写なのだろう（澤と津の書体はよく似ている）。

二つ目は妊婦がこの村の稲（アヂスキタカヒコが禊をした水で育った稲）を避ける理由で、写本はこの稲を食べると子が言葉を①「云」うと記すものと、②「不云」と記すものに分かれる。①の場合は生まれて間もなく言葉を話すという奇異な状況を避けるため、②の場合は子が言葉を話せなくなることを避けるためと、何れも解釈が可能である。

ただし、古い写本（細川家本・倉野本）は①で、また説話はアヂスキタカヒコが三澤で言葉を話せるようになった、出雲国造が神賀詞を奏上する、すなわち申し上げるときに沐浴するという内容なので、やはり「話せる」ことに重点を置いた①が妥当だろう。以上の理由から本書では加藤義成の解釈を改めている。

補訂本系（出雲風土記抄）

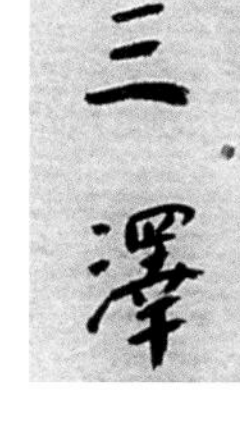

脱落本系（古代文化センター本）

▲文字の異動

【注釈】

※三処郷…仁多郡奥出雲町北部に安来市広瀬町西比田を加えた地域。
※御地…所領のこと。
※古くから治めてきた…細川家本では「此地田好、故吾御地古経（この地の田は良い。だから私の御地として古くから治めてきた）」となっている。加藤義成は古い写本は誤写で、本来は「此地田好、故吾御地田。詔。（この地の田は良い。だから私の御地の田とする、と詔した。）」とするが、誤写とする根拠は少ない。ここでは加藤の解釈を改めて、細川家本にあわせた。
※布勢郷…仁多郡奥出雲町西北部。佐白・八代を中心とした地域。
※三澤郷…雲南市木次町湯村付近から仁多郡奥出雲町西部に上阿井・下阿井・大馬木・小馬木付近を加えた地域。
※御須髪…あごひげのこと。
※八握…握は握った拳の長さ。八握は幾握りもという意味。本文は幾握りもあごひげが生えるほどの年齢になるまでの意。
※御祖命…親の神。ここでは大穴持のこと。詳細は用語解説の大国主を参照。
※八十島…多くの島々のこと。
※石川…石の多い川、雲南市木次町平田（昔の石村）を流れる阿井川の別名、または単に石村を流れる川の呼び名（阿井川とは限らない）とする説があるが、詳細は不明である。
※国造…ここの国造は出雲国造を指す。コラム2参照。
※神吉詞…詳細は用語解説の神吉詞を参照。
※生まれながらにして子はものを言う…この説話については解説106参照。
※横田郷…仁多郡奥出雲町東部。横田・八川を中心とした地域。
※諸郷から出る鉄は…「諸郷から出る鉄は【原文…諸郷所出鉄】」は税制度の調について記した律令規定（養老賦役令）の「郷土出だすところ【原文…郷土所出】」を念頭に置いた表現で、この鉄は調として都に送られた税物を指すとみられる。なお、『延喜式』には出雲国からの調の品目一覧があるがそこに鉄は見えない。出雲国の古代の鉄生産についてはコラム13参照。

本文・現代語訳

[三] 仁多郡の神社

※三澤社　※伊我多気社
〔以上二所はいずれも神祇官社。〕
※玉作社　須我乃非社　※湯野社　※比太社
※漆仁社　※大原社　※仰支斯里社　※石壺社
〔以上八所はいずれも不在神祇官社。〕

解説 107

水辺の祭祀と『風土記』の社

一九九七年に尾原ダム建設に伴い発掘調査された家の上遺跡（雲南市木次町平田）では、斐伊川川岸の「泉」のほとりから五〇〇〇点を超える多量の土器がまとまって出土した。

泉は「前の舞の古井」と呼ばれ、現在も岩の間から地下水が湧き出ている。中世領主の三澤氏が若水を汲んだとの伝承（『雲陽誌』）がある聖水である。

出土した土器は煮炊き用の道具と食器が中心で、塩を焼き固める器も含まれていた。当時、聖なる泉の付近で食品を供えて祈念したあと、祭祀に加わった人々により飲食がおこなわれ、最後に土器はまとめて廃棄されたとみられる。

その中に、わずかながら鎌や紡錘車などの鉄製品も含まれていた。祭祀の中で、農耕や布織の象徴的な動作や神への祈りの言葉があったのだろうか。祭祀の目的が、人々の暮らしの中核となる生産活動の維持であったことがわかる。

発掘調査地は現在の石壺神社の隣接地にあたる。同神社は『風土記』仁多郡の大原社（または石壺社）に比定されている。発掘された祭祀の跡は、七世紀終わりから八世紀中頃にかけてのもので、ちょうど『風土記』編纂と年代が重なることから、家の上遺跡が『風土記』に社として記載された実態を示すとみて良い。

おそらく『風土記』の社の多くは、この聖なる泉のように当時社殿が存在せず、野外で祭祀がおこなわれていた。対象となる自然物が人々の祀る社として『風土記』に記載されたのである。さらにその後、社殿が建てられた後も、神社と神聖な泉は併存し、現在に伝わっており貴重である。

▲古井と祭祀遺跡と『風土記』の社　航空写真は島根県統合型GIS（マップonしまね）から転載

本文・現代語訳

［四］仁多郡の山野

※鳥上山。郡家の東南三十五里の所にある。〔伯耆と出雲の堺にある。塩味葛がある。〕

※室原山。郡家の東南三十六里の所にある。〔備後と出雲の二国の堺にある。塩味葛がある。〕

※灰火山。郡家の東南三十里の所にある。

※遊託山。郡家の正南三十七里の所にある。〔塩味葛がある。〕

※御坂山。郡家の西南五十三里の所にある。この山に※神御門がある。だから御坂という。〔備後と出雲の堺にある。塩味葛がある。〕

※志努坂野。郡家の西南三十一里の所にある。〔紫草が少しある。〕

※玉峯山。郡家の東南一十里の所にある。古老が伝えて言うには、「山の嶺に※玉上神がいらっしゃる。だから、玉峯という。」

【注釈】

※三澤社…三澤神社（仁多郡奥出雲町三沢）。
※伊我多気社…伊賀多氣神社（仁多郡奥出雲町横田）。
※玉作社…玉作神社（仁多郡奥出雲町亀嵩　湯野神社境内）。
※湯野社…湯野神社（仁多郡奥出雲町亀嵩）。
※比太社…比太神社（安来市広瀬町西比田）。
※漆仁社…温泉神社（雲南市木次町湯村）。
※大原社…大原神社（仁多郡奥出雲町上阿井）と石壺神社（雲南市木次町平田）の説がある。
※仰支斯里社…仰支斯里神社（仁多郡奥出雲町八代）。仰支斯里は髪期里の誤字とする理解がある。
※石壺社…石壺神社（雲南市木次町平田）と日御碕神社（同町平田）の説がある（関）。

解説108

謎を呼ぶ仁多郡の「玉作」

『風土記』の玉作に関する記事は、①意宇郡忌部神戸、②意宇郡長江山の水精（水晶）、③島根郡玉結浜、④仁多郡の玉作社・玉峯山の四か所である。

まず、①については忌部神戸に当たる松江市玉湯町で岩屋遺跡・蛇喰遺跡といった奈良・平安時代の玉作遺跡が確認されている（↓解説15）。②の水晶は奈良時代の玉作の中心となる素材で、古墳時代中期（五世紀中葉）には、長江山から下った安来市の大原遺跡などで玉の生産がおこなわれている（ただし古墳時代の安来では水晶による玉作はない）。③玉結浜で採集される黒色頁岩は前述の岩屋遺跡などにもたらされ、素材として利用されている（↓解説44）。①〜③は事実か事実に基づく伝承のようである。

問題は④で、仁多郡内では今のところ玉作の遺跡は発見されていない（遺跡があったとの伝承はある）。また、④は「山の峰に玉上神がいるので玉峯山だと古老が伝えている」というもので、①〜③のように、『風土記』編纂時点で玉作りをしている、玉の素材の産地であるといった実録的記事ではない。

玉作社の存在も意宇郡とは異なる。意宇郡の玉作湯社は玉作山にあるが、湯社という名称からも玉湯川に近い位置が想定される。また、『三代実録』貞観一三年（八七一）一一月一〇日条に登場する湯神は玉作湯社の祭神とも考えられ、こちらは玉作にあった湯の神であろうか。

『風土記』仁多郡の「玉作」は、意宇郡・島根郡に記された玉作とは異なる由緒・内容を持つようである。

▲玉峯山　仁多郡奥出雲町亀嵩

※城紲野。郡家の正南一十里の所にある。〔紫草が少しある。〕
※大内野。郡家の正南二里の所にある。〔紫草が少しある。〕
※菅火野。郡家の正西四里の所にある。高さは一百二十五丈、周りは一十里ある。〔峯には※神社がある。〕
※恋山。郡家の正南二十三里の所にある。古老が伝えて言うには、和爾が※阿伊村にいらっしゃる神、※玉日女命を恋い慕って、川を上ってやってきた。そのとき、玉日女命が石で川をふさいでしまわれたので、会うことができないまま慕っていた。だから、恋山という。
およそ、すべての山野にある草木は、白頭公・藍漆・高本・玄参・百合・王不留行・薺苨・百部根・瞿麦・升麻・抜葜・黄精・地楡・附子・狼牙・離留・石解・貫衆・続断・女委・藤・李・檜・榲・樫・松・栢・栗・柘・槻・蘗・楮。鳥獣は、鷹・晨風・鳩・山鶏・鵼・熊・狼・猪・鹿・狐・菟・獼猴・飛鼯がいる。

〔注釈〕
※鳥上山…仁多郡奥出雲町東堺の船通山（標高1142メートル）。
※室原山…仁多郡奥出雲町東南の堺の三国山（標高1004メートル）。
※灰火山…仁多郡奥出雲町大馬木の仏山（標高1012メートル）。
※遊託山…仁多郡奥出雲町南堺の烏帽子山（標高1225メートル）。なお、烏帽子山は比婆山の一峰で、『古事記』においてはイザナミが葬られた山として記述されている。巻末記載の出雲国の道程にも見える。
※御坂山…仁多郡奥出雲町南堺の猿政山（標高1268メートル）。
※神御門…神領の境界を示す門。神門のことか。神門とすれば、御坂山は神の山とされており、その坂を御坂といい、山名となったか。
※志努坂野…仁多郡奥出雲町西南の鯛巣山（標高1026メートル）。樹木が少なく草地が多かったために山と言わず野と言ったか。
※玉峯山…仁多郡奥出雲町北堺の玉峯山（標高820メートル）。詳細は解説108

解説109　恋山の伝承

恋山は、斐伊川の支流大馬木川の中流域に横たわる奇岩・怪岩の大渓谷に比定され、通称「鬼の舌震」と呼ばれる景勝地である。「鬼の舌震」は、『出雲風土記抄』が書かれた江戸時代には「志多布留山」と呼ばれており、ワニが玉日女命に会いに来たが、玉日女命が石で川をふさいだので、ワニは想いを遂げることができずに「舌を震わせて」退いたという伝承に由来する。すなわち、古代から現代に至る地名の変遷として、恋山→志多布留山→鬼の舌震という変化を想定できよう。ここに登場する鰐は、意宇郡安来郷条にも登場するシュモクザメで、現在でも中国地方山間部において、ワニザメとして食されている。このような神話が成立する際の歴史的背景として、シュモクザメが古代においても貴重な食物として出雲山間部で消費されていた可能性を想定できよう。玉日女命は文字通り「玉のように美しい姫」の意味で、仁多郡阿伊村の在地神と考えられる。この神話は出雲一国よりも小さな地域、村落レベルのプリミティブな内容であると言えるかも知れない。

▲鬼の舌震　仁多郡奥出雲町高尾

参照。
※玉上神がいらっしゃる…仁多郡の玉作社にあたるか。玉上とあるのは、もとは玉峯山の上の意であったのだろう。解説108参照。
※城紲野…仁多郡奥出雲町横田、八川付近の山（標高565・3メートル）。やはり樹木が少なく、草地が多かったと考えられる。
※大内野…仁多郡奥出雲町郡大内原北方の低い山であろう。
※菅火野…仁多郡奥出雲町三所東方の城山（標高578メートル）。須我非山とも言う。
※神社…仁多郡の須我乃非社とされている。須我乃非社は江戸初期にはすでに廃社となっていたとみられる。
※恋山…仁多郡奥出雲町三成にある鬼の舌震のある山のことか。なお、鬼の舌震は『風土記』の説話の「和邇が恋（した）ふる」という言葉が渓流の地形と合わさって、「玉日女命が石で河口を塞ぎ、ワニが登るのを防いだところ、ワニが恐れて舌を震わせた」（『出雲風土記抄』）という伝説になり、転訛し「鬼の舌震」という名称になった。解説109参照。
※阿伊村…仁多郡奥出雲町馬木付近。
※玉日女命…玉の如く美しい姫の意。他の史料には見えない。

本文・現代語訳

［五］仁多郡の河川・池

※横田川。源は郡家の東南三十五里の所にある鳥上山から出て、西に流れる。いわゆる※斐伊河の上流である。〔年魚が少しいる。〕
※室原川。源は郡家の東南三十六里の所にある室原山からでて、北に流れる。ここはいわゆる斐伊大河の上流である。〔年魚・麻須・魴鱧などの類がいる。〕
※灰火小川。源は灰火山から出て、斐伊河の上流に入る。〔年魚がいる。〕
※阿伊川。源は郡家の正南三十七里の所にある遊託山から出て、北に流れ、斐伊河の上流に入る。〔年魚・麻須がいる。〕
※阿位川。源は郡家の西南五十里の所にある御坂山から出て、斐伊河の上流に入る。〔年魚・麻須がいる。〕

解説 110

『風土記』の山々

『風土記』には山野が多く記載されているが、たとえば意宇郡の長江山や同郡の神名樋野のように、「山」と「野」は明確に書き分けている。「山」は樹木のある山を、「野」は樹木のほとんどない草山をそれぞれ呼んでいる（↓解説21）。

山野について、『風土記』では①郡家からの方位と距離、②高さや周囲、③注記、という書き方をしている。

山野までの距離は登山口までの方位・距離を指しているのであろう。高さはそこから山頂までの登山路の長さであろうか。現在の標高ではないだろう。周囲を記した山野は孤峰をあらわしていよう。

仁多郡と伯耆国の境には、鳥上山と剗が置かれている阿志毘縁山があり、意宇郡の暑垣山には烽、同郡の長江山には水精、飯石郡の幡咋山には紫草等と、律令制の施設や特産物、用材の注記があり、これらは特に重視された山であろう。国境の山について、人々が生活の資を獲得する面と隣国との政治的な面を『風土記』はともに記載しているのであろう。山野記載には、河川の源と記載したものはないが、河川記載には水源の山としているものも多い。

また、注記のない山もある。島根郡の女嵩山・毛志山・大倉山・糸江山・小倉山の五山や飯石郡の焼村山・穴厚山・笑村山・広瀬山の四山などは、郡家辺りから見廻せる山々である。『風土記』には出雲国のすべての山を記載しているわけではなく、その地域に生活する人々に関係する山を取り上げているのであろう。そしてその地を見守る山と認識されていたのであろう。

［参］加藤義成一九九六a

▲鯛巣山　仁多郡奥出雲町上阿井

※比太川。源は郡家の東南一十里の所にある玉峯山から出て、北に流れる。意宇郡の※野城河の上流がこれである。〔年魚がいる。〕

※湯野小川。源は玉峯山から出て、西に流れて斐伊河の上流に入る。

［注釈］

※横田川…仁多郡奥出雲町の斐伊川の上流。
※斐伊河…現在の斐伊川。詳細は出雲郡の出雲大川、解説80参照。
※室原川…仁多郡奥出雲町の室原川。
※灰火小川…仁多郡奥出雲町大馬木の仏山の東麓を流れて室原川に入る川。
※阿伊川…「あい」川と読む。仁多郡奥出雲町の大馬木川。
※阿位川…「あゐ」川と読む。仁多郡奥出雲町の阿井川。阿伊川と分けて記述されていることは、当時この二つが明確に区別されていたことを示す。なお、中世以降発音の区別がなくなったと考えられる。
※比太川…安来市の飯梨川。上流部分を比太川といった。
※野城河…飯梨川のことであるが、野城（能義）を通るので野城川とも言った。
※湯野小川…仁多郡奥出雲町の亀嵩川。本文にもあるように、斐伊川の上流に入る。

本文・現代語訳

［六］仁多郡の通道

通道。飯石郡の堺である※漆仁川のほとりに行く道は、二十八里である。川のほとりに※薬湯がある。一度浴びれば身体はやすらかになり、再び浴びればどんな病気も消え去り、老若男女、昼夜休まず、行列を作り通い、効き目がないということがない。だから、土地の人は名づけて薬湯という。ここには正倉がある。

大原郡の堺の※辛谷村に行く道は、一十六里二百三十六歩である。

解説 111

古代の温泉・漆仁の行方

『風土記』では、温泉に関係する記載が、意宇郡忌部神戸や仁多郡の通道（漆仁川）、大原郡海潮郷などにみえる。

忌部神戸では「神の湯」、仁多郡の通道では「薬湯」と、温泉の固有名が記されているが、海潮郷の須我小川湯淵村の温泉や同じ川上の毛間村の川中の温泉には名が記されていない。

固有名をもつ前者は、老若男女が昼夜なく連なり集まったり市が開かれる様子やその温泉の効能も述べられており、広い範囲の人々に知られ、集う場であったのだろう（→解説39）。一方、後者にはそのような記載はみえず、これらの温泉は身近な人々の憩いの場であったろうか。

また、この「漆仁」の名は仁多郡の神社に「漆仁社」とあり地域の名と考えられ、薬湯関係記述は「漆仁地域の川辺の薬湯」と解釈される。なお、平安時代中期の『和名抄』国郡郷名項目では「漆仁郷」と、郷名として見え、飯石郡との境域が郷として置かれたのであろう。

『風土記』の正倉記載（→解説10）は、この漆仁川辺の「正倉」以外はすべて郷名伝承記載の末尾に付されている。仁多郡では三澤郷に正倉がみえるが、三澤郷正倉とこの漆仁川正倉が同一のものを指すか、異なるものかは説が分かれる。

▲湯村温泉　雲南市木次町湯村

※伯耆国日野郡の堺の※阿志毘縁山に行く道は、三十五里一百五十歩である。〔常に剗がある。〕

※備後国恵宗郡の堺の遊託山に行く道は、三十七里である。〔常に剗がある。〕

同じく恵宗郡の堺の※比市山に行く道は、五十三里である。〔ふだんは剗はない。ただし、政治的事情があるときに権に置くのみ。〕

［注釈］

※漆仁川…漆仁は今の木次町湯村の古名。斐伊川の湯村を流れる部分のみを指す。温泉河という名称で飯石郡の通道にも見える。

※薬湯…薬の効き目がある湯。今の湯村温泉を指す。

※辛谷村…雲南市大東町下久野の火の谷が遺称地か。大原郡の通道にも見える。詳細は巻末記載の出雲国の道程の仁多郡比比理村を参照。

※伯耆国日野郡…鳥取県日野郡。

※阿志毘縁山…仁多郡奥出雲町竹崎と鳥取県日野郡日南町阿毘縁との堺の山であろう。巻末記載の出雲国の道程にも見える。

※備後国恵宗郡…飯石郡の通道を参照。

※比市山…仁多郡奥出雲町上阿井から広島県庄原市高野町新市にかけての毛無山（標高1215・7メートル）。

本文・現代語訳

［七］仁多郡の郡司

郡司　主帳　外大初位下※品治部

大領　外従八位下※蝮部臣

少領　外従八位下※出雲臣

［注釈］

※品治部…垂仁天皇の皇子本牟智和気にちなんで名付けられた部民である。ここにみえる郡司主帳の品治部にはカバネは見えないが、出雲の品治部集団の中で上位に位置し集団を統括するリーダー的存在と推定される。

※蝮部臣…丹治比瑞歯別天皇（反正天皇）にちなんだ部民、蝮部を統括する人物である。カバネ臣を有していることから出雲臣とも同族とみられる。

※出雲臣…出雲国造出雲臣の一族。コラム2参照。

解説 112

室原と古代の行政地名

『風土記』には室原山・室原川がみえ、木次線に沿う斐伊川の支流を現在も室原川と呼ぶので、この谷が古代に室原と呼ばれていたのだろう。

さて、『風土記』を遡る癸卯年（七〇三）の木簡に「癸卯一月記出雲国…室原□」がみえる。木簡の地名は、ほぼ行政単位名であるが、『風土記』には室原郡・室原郷はない。

古代の地方行政単位は大化改新（六四六年）のあと、評（のちの郡）と五〇戸（郷の前身）が設置され、その後表1のように変遷した。

表1　古代の行政地名変遷

郡に相当	サトに相当	年代	備考
評	五十戸	649～684頃	
評	里	684頃～701	
郡	里	701～715(717)	
郡	郷	715(717)～740頃	郷の下に里を設置。『風土記』の記載
郡	郷	741～	郷の下の里を廃止。

では『風土記』のサト名はどのくらい遡るのか。神亀三年（七二六）の郷名表記改訂では、『風土記』記載のすべての郷について「前のまま」、ないし以前の表記が記載されており、『風土記』の郷名はすでに存在していたように記述されている。神戸や駅もあったようだ（鴨神戸・最邑駅）。一方『風土記』以前のサト名は都城出土の荷札木簡で確認でき、表2にみえるように郡里以前には『風土記』と異なるサト名が多い。『風土記』でも出雲郡健部郷で唯一以前と異なるサト名（宇夜里）が紹介されるが、木簡のような事例は記さない。出雲国では郡里から郡郷里に移行する間にサトの改編があったが、『風土記』はそのことを記載せず、以後郷の改編は少なかったのだろう（→解説67）。このことは『風土記』が行政について記載した時間幅、編纂過程を考える素材にもなりそうだ。

表2　木簡にみえる『風土記』以前のサト名

郡（評）名	サト名（郷名・里名）	木簡の年代	『風土記』の地名	備考
島根	副良	701～707	なし	
楯縫	乃呂志	694～700	楯縫郡能呂志浜	
出雲	支豆支	694～700	出雲郡杵築郷	
神門	阿尼	694～700	なし	郷里制の里名
神門	加夜	694～700	なし	郷里制の里名
仁多	室原	703	仁多郡室原山・室原川	
大原	矢代	711～717	大原郡屋代郷	

三澤郷とホムチワケ伝承

『風土記』の三澤郷の記事については、地名が三澤なのか三津なのか、妊婦が村の稲を食べた時、生まれながらにしてものを「云わない」か「云う」か、といった問題があるが（↓解説106）、ここでは説話全体の意味を考えてみよう。

説話の流れを整理してみると以下のようになる。①**オオクニヌシ**の子**アヂスキタカヒコ**が成人しても物を言わず泣いてばかりいた。②オオクニヌシは八十島を巡るなどして楽しませたが泣き止まない。③オオクニヌシが占うと夢のなかで言葉を話し、起きてみると「御澤」といった。④そこがどこかと訪ねると石川を渡り「ここだ」といった。⑤そこから水が湧き出し、沐浴をした。⑥**出雲国造**が**神賀詞**を奏上するときに最初にその水をもちいる。

さて、この説話に類似する説話が『**古事記**』『**日本書紀**』に見える。有名なホムチワケ伝承である。

『古事記』垂仁天皇の段では、①皇子ホムチワケは成人しても言葉を話さず、②市師・軽池で二俣小舟で遊んだが物を言わず、③鵠（白鳥のこと）を見て声を発したので山辺大鷹が鵠を追いかけ木国（紀伊）から針間国（播磨）を経て最終的に高志国和那美の水門で捕らえた。なお『日本書紀』や『**新撰姓氏録**』では、鳥が捕らえられたのは出雲（出雲国宇夜江）とされる。④天皇が占うと、出雲大神の祟りとの結果がでたので、ホムチワケに曙立王・菟上王を随行させ、木戸（大和から紀伊に抜ける道）から出発し、出雲大神宮を拝したところ、言葉を話した。⑦天皇は喜び神宮を造営、鳥取部・品治部などを設定した。なお、『日本書紀』のストーリーは③までで鵠を得てただちに話すようになり、出雲大社に関わる伝承は見えない。

▲三澤池　奥出雲町三沢要害山　三沢城跡にある

以上、対応するよう番号を付したように、その三澤郷とホムチワケ伝承のストーリーはきわめて強い共通性を持っているといえる。

さらに注目されるのは、記紀のホムチワケ伝承が出雲大社の創始（④『古事記』）や、出雲での鳥取部についての伝承（③『日本書紀』）、というように大和と出雲に関わる伝承であることである。一方、三澤郷の伝承は、舞台が仁多郡三澤郷であるので出雲に関わるのは当然であるが、登場する神はオオクニヌシとその子アヂスキタカヒコで、仁多郡三澤郷だけにとどまる神ではなく、出雲大社や出雲全域に関わる神である。また、⑥その沢の水は出雲国造が神賀詞を奏上するにあたり用いることになっている、とされている。

出雲国造は出雲大社のオオクニヌシを奉祭し、出雲全域に広がる出雲最大の豪族であるので（→コラム2）、三澤郷の伝承は、まさに出雲地域全体に関わる。つまりこれらの伝承は、ともに言葉を話さない神（皇子）を主人公にした、出雲全域に影響を与える、出雲と大和をつなぐ伝承なのである。

さて、共通の伝承が生まれる素地として考えられるのが仁多郡**郡司**の品治部氏である。ホムチワケ伝承は鳥取部・品治部という氏族・**部民**の設置の伝承でもある⑦。鳥取部・品治部の設置伝承は、各氏族でも自分たちの始祖の話として伝えられていたのであろう。三澤郷の伝承には直接品治部は登場しないが、郡司の品治部氏が関与した可能性は高い。

最後に、出雲と大和をつなぐ説話として、説話の主人公に注目してみよう。まず『風土記』のアヂスキタカヒコであるが、この神は、迦毛大御神ともよばれ（『古事記』）、奈良県御所市にある高鴨神社ほかの祭神であり、奈良県の葛城地方の神で、有力豪族の葛城氏と関係が深い。一方、『古事記』のホムチワケは、垂仁天皇と奈良市の地名佐保に由来する佐保姫の間の皇子であり、大和北部の豪族和爾氏との関係が深いとされる。ただし、先に見たようにホムチワケの説話には紀伊が多く登場する（③・④）。大和から紀伊に抜けるには葛城地方を通るしかなく、これらは出雲と葛城地方の関係を示すのかもしれない。

▲三津池の入口　奥出雲町三沢国道314号線沿いにある

また、記紀のホムチワケの伝承自体が、本来ホンダワケ（応神天皇）に関する説話であるとする見方が有力である（吉井巌）。応神天皇が実在したか否かは明らかでないが、記紀では応神天皇は、奈良時代の天皇の重要な先祖の一人である。三澤郷の伝承は、**ヤマト王権**・葛城氏と出雲の関係についての重要な謎が秘められているのかもしれない。

やや難しくなったが、三澤郷の伝承は『風土記』にとどまらず、記紀のホムチワケ伝承と深い関係があり、出雲と大和をつなぐ重要な伝承であるといえるだろう。

［参］矢嶋泉二〇〇八
吉井巌一九六七
和田萃二〇一一

大原郡

おおはら ぐん

大原郡の山並み（雲南市）

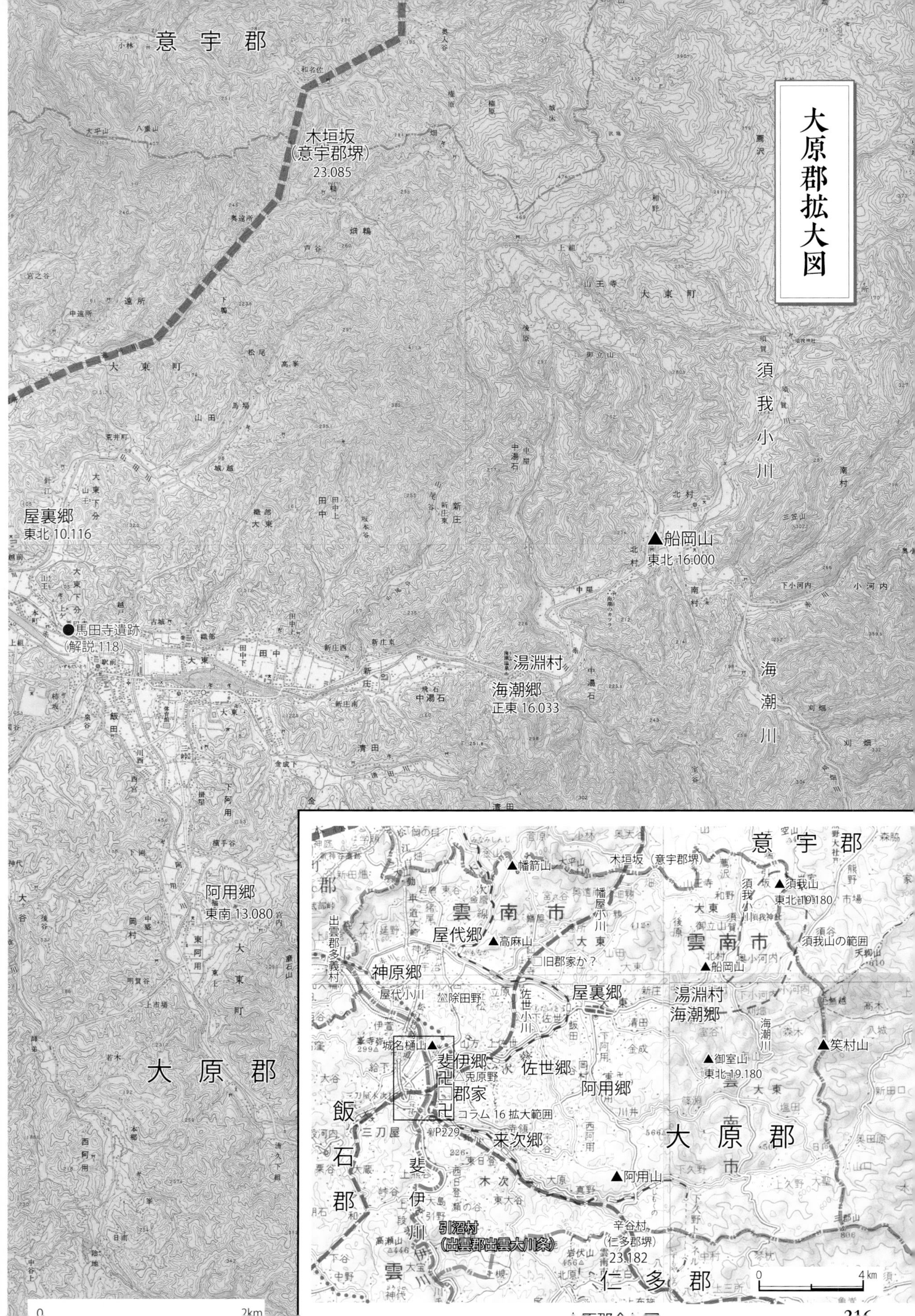
大原郡拡大図
意宇郡
木垣坂
(意宇郡堺)
23.085
大東町
須我小川
屋裏郷
東北 10.116
▲船岡山
東北 16.000
●馬田寺遺跡
(解説 118)
湯淵村
海潮郷
正東 16.033
海潮川
阿用郷
東南 13.080
大原郡
0
2km
意宇郡
木垣坂（意宇郡堺）
▲幡箭山
▲須我山
東北 19.180
雲南市
屋代郷
▲高麻山
□旧郡家か？
須我山の範囲
出雲郡多義村
神原郷
▲船岡山
屋代小川
屋裏郷
湯淵村
海潮郷
佐世小川
海潮川
城名樋山▲
斐伊郷
佐世郷
▲御室山
東北 19.180
▲笑村山
郡家
阿用郷
飯石郡
コラム 16 拡大範囲
P229
来次郷
大原郡
斐伊川
▲阿用山
引沼村
(出雲郡出雲大川条)
辛谷村
(仁多郡堺)
23.182
仁多郡
0
4km

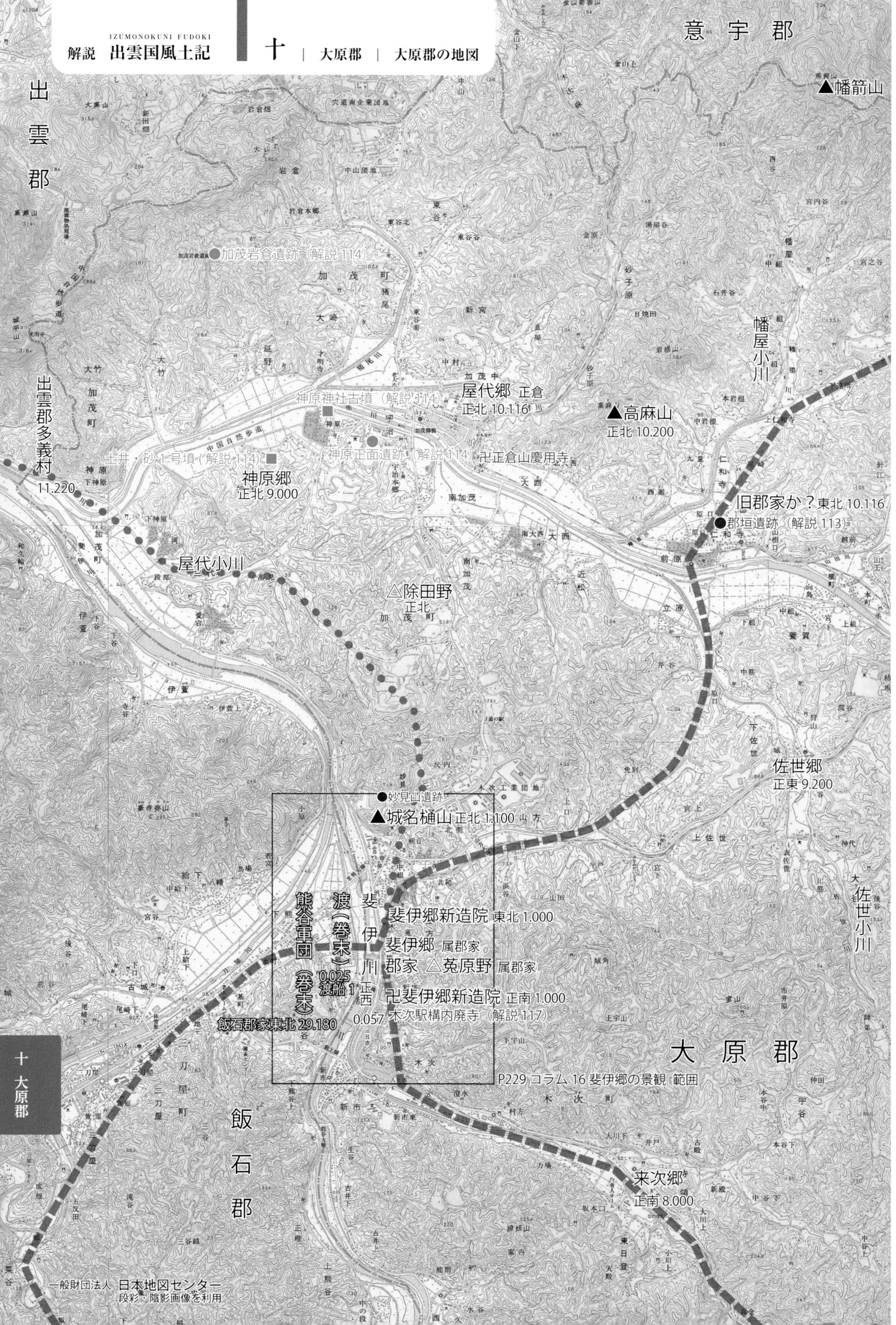
意宇郡
▲幡箭山
出雲郡
加茂岩倉遺跡（解説 114）
幡屋小川
屋代郷 正倉
正北 10.116
神原神社古墳（解説 114）
▲高麻山
正北 10.200
出雲郡多義村
11.220
土井・砂 1 号墳（解説 114）
神原正面遺跡（解説 114）
卍正倉山慶用寺
神原郷
正北 9.000
旧郡家か？東北 10.116
郡垣遺跡（解説 113）
屋代小川
△除田野
正北
佐世郷
正東 9.200
妙見山遺跡
▲城名樋山 正北 1.100
斐伊郷新造院 東北 1.000
斐伊郷 属郡家
郡家 △菟原野 属郡家
卍斐伊郷新造院 正南 1.000
木次駅構内廃寺（解説 117）
熊谷軍団（巻末）
渡（巻末）
0.025
渡船 1
斐伊川 正西
0.057
飯石郡家東北 29.180
大佐世小川
大原郡
P229 コラム 16 斐伊郷の景観 範囲
飯石郡
来次郷
正南 8.000
一般財団法人 日本地図センター
段彩・陰影画像を利用
十 大原郡

大原郡の解説

大原郡

おおはらぐん

『風土記』記載の概要

大原郡は『風土記』では八郷二四里からなる郡で、律令に規定された郡の等級では中郡になる。出雲国九郡のうち、郷数では島根郡・神門郡と同数で、里数は最大であるが、余戸・駅家・神戸はない。人口は一里を約四〇〇人として、九六〇〇人程度である。

郡域は斐伊川中流の盆地で、八郷は郡内に分散している。その記載順は、おおむね北から東、南へ記載されているとすると理解しやすいが、郡家の所在する斐伊郷が最後となる。なお、後述するように郡名と同じ郷名の大原郷は『和名抄』で登場する。

本郡の特徴は、地理的にみると雲南三郡の入り口、三郡への交通の結節点に当たることである。

また、記載の上では、総記にみえる郡家の移動の記事が著名で、『常陸国風土記』の茨城郡・香島郡などの記載と合わせ、古代に郡家の移動があったことを明確に示す事例である。一方で、移動前の郡家（旧郡家）の位置は、すべての『風土記』写本で移動後の郡家（新郡家）の「正西一十里一百一十六歩」とされる。新郡家からは西に五七歩で飯石郡堺の斐伊河となるので、このままだと旧郡家は飯石郡内になってしまう。そこで、旧郡家の方位「正西」や距離を誤りとする説が出されてきたが（加藤義成は「東北」と校訂）、荒井秀規は「正西」のままとして旧郡家は飯石郡内にあり、飯石・大原はかつて一郡（評）で、分割があったのではないかとする。この議論は、雲南市大東町仁和寺の郡垣遺跡で古代の官衙遺跡が発見されたことでさらなる展開を迎えている（→解説113）。

郡の範囲

大原郡の範囲は、平成の大合併以前の大原郡とほぼ同じであった。大合併により、飯石郡域を含む雲南市ができたが、『風土記』の大原郡域は同市の加茂町・大東町の全域、それと木次町の斐伊川左岸の『風土記』飯石郡域に当たる下熊谷を除き、同じく仁多郡域に当たる湯村・北原を除いた範囲となる。

郡への交通路

『風土記』巻末記載には意宇郡玉作街から南下し、大原郡内に入る正南道の記述がある。この正南道は、移転後の大原郡家（新郡家）で仁多郡に通じる東南道と飯石郡家に向かう西南道に分岐する。新郡家はまさに雲南三郡交通の結節点にあるといえる（→コラム16）。なお、大原郡内で上記の道路がどこを通過したかについては諸説があり、意宇郡堺―新郡家間を現在の県道二五号線のルートで大東町仁和寺にぬけるとする理解と、畑鵯から大東町大東下分を経由、さらにJR木次線沿いに木次町里方へ至るルートが想定されている。本書では、旧郡家を大東町仁和寺の郡垣遺跡と判断し、その前を正南道が通過、遺跡の建物方位も道路に規制されていると考えるので（→解説113）、前者の説を採用している。いずれにせよ道路の遺跡などは発見されておらず、詳細な位置は不明であり、地図中の道路の表示は実際の道路位置ではなく、あくまでルートの概要を表示したものである。また、不在神祇官社宮津日社を港湾を示す「津」に関わる神社とみると、斐伊川水運の津も所在したのであろうか（→コラム16）。

◎『風土記』以外の歴史

大原郡の初見は郡に遡る評段階の木簡で、藤原宮出土・出雲国府跡出土木簡に「大原評」がみえ、七世紀末ころには存在した。また宮都出土の木簡に「□□（得塩カ）」「矢代里」も認められ、『風土記』の記載どおりのサト名の古い表記が使用されていた。郡家の移転の問題は先述したとおりであるが、一〇世紀の『和名抄』ではあらたに大原郷が登場する。『和名抄』の記載順は神原・屋裏・海潮・佐世・阿用・斐伊・大原・屋代が記載される。これは屋代郷から大原郷が分かれて新設されたことを示すとみられ、大原郷は現在の大東町大東・加茂町大西など仁和寺周辺に当たると考えられる。郡家の遺称地郡垣の地名はこの仁和寺にあるので、朝山晧は斐伊郷からふたたび仁和寺に郡家が移ったと想定する。

◎郡内の遺跡

大原郡の新郡家の遺跡は発見されていないが、木次駅の構内に古代寺院跡があり、これが斐伊郷南新造院（勝部君虫麻呂建立）と考えられている（→解説117）。同郷の北新造院は遺跡としては確認されていない。大東町大東下分の馬田寺遺跡は屋裏郷新造院の可能性がある（→解説118）。また城名樋山推定地に近い妙見山遺跡では、奈良〜平安時代の建物跡・灯明皿（専用器種ではない）・飾釘が出土しており、祭祀ないし山岳信仰の遺跡と考えられている。

◎記載の特徴

大原郡は他の雲南三郡の記載同様、池の記載がない、登録されている神社数が少ない、「古老が伝えて言うには」という言い回しが多い（八郷中の五郷の説話にみえる）など、共通の特徴がある。『風土記』本文中にも「前の件の三郡は、いずれも山野の中にある」とみえるように、雲南三郡は北側の六郡とは異なる地域との理解があったようだ。また、『風土記』説話の中に『古事記』『日本書紀』の神話が内包され、相互補完的関係にあると想定すると（→コラム17）、オオクニヌシの戦いの場面が目に付き、神亀三年（七二六）の郷名表記の変更（→解説2）に当たっても、「矢」の文字を改めた郷が多く（矢内→屋裏・矢代→屋代、飯石郡の三刀矢→三屋）、八十神との抗争説話の舞台とみる理解もある。

『風土記』記載の説話としては、佐世郷にみえる踊る須佐能袁の素朴な説話や、阿用郷の男が一つ目の鬼に喰われる説話が著名である。

[参] 朝山晧一九九八
荒井秀規二〇〇九
雲南市教育委員会二〇一一
木次町教育委員会一九九五
村山直子二〇〇五

本文・現代語訳

[一]大原郡の総記

大原郡(おおはらぐん)

合わせて郷(ごう)八(里(り)二十四)。

神原郷(かんはら) 今も前のままの字を用いる。

屋代郷(やしろ) もとの字は矢代(やしろ)。

屋裏郷(やうち) もとの字は矢内(やうち)。

佐世郷(させ) 今も前のままの字を用いる。

阿用郷(あよ) もとの字は阿欲(あよ)。

海潮郷(うしお) もとの字は得塩(うしお)。

来次郷(きすき) 今も前のままの字を用いる。

斐伊郷(ひ) もとの字は樋。

[以上の八郷は、郷ごとに里三ずつ。]

大原と名づけるわけは、郡家(ぐうけ)の※東北一十里(り)一百一十六歩(ぶ)の所の田一十町(ちょう)ばかりの平原がある。だから、名づけて大原という。※昔はここに郡家があった。今もなおもとのまま大原と呼んでいる。

[今郡家があるところは、名を※斐伊村(ひ)という。]

[注釈]

※東北…すべての『風土記』写本で正西として記述されており、加藤義成は東北に改訂した。ここでは加藤の校訂に従う。解説113参照。

※昔はここに郡家があった…郡家の移転を示す。解説113参照。

※斐伊村…郡家の移転先。解説113、コラム16参照。

大原郡家の所在地…移転後の郡家は雲南市木次町里方菟原周辺と考えられるが、遺跡は確認されていない。解説113、コラム16参照。

解説 113

大原郡家(おおはらぐうけ)の移転と郡垣(こおりがき)遺跡

大原郡の記事の問題点は、むかしの郡家(ぐうけ)(旧郡家)のあった「大原」が、すべての写本で『風土記』段階の郡家(新郡家)の「正西一十里(り)一百一十六歩(ぶ)」と記されていることである。新郡家は飯石(いいし)郡界近くにあると想定されるので(→コラム16)、これでは大原郡家が飯石郡内にあることになるし、飯石郡内には「大原」のような地形もない。一方で、新郡家の東北には郡家の遺称である郡垣の地名があり、周辺も平坦で「大原」を思わせる。このため加藤(かとう)義成(よしなり)は「正西」を「東北」に訂正した(本書もこれに従う)。

一方、七世紀後半に郡の前身の評(ひょう)が盛んに分割されたとみる荒井秀規(あらいひでき)は、『風土記』本文を「正西」のまとし、旧郡家時代には大原郡(評)と飯石郡(評)が一郡(評)で、『風土記』編纂までに分割されたとの説を提示した。

この後、二〇〇九～一一年に雲南(うんなん)市教育委員会によって大東(だいとう)町仁和寺(にんなじ)郡垣で発掘調査が実施され、郡家(評家(ひょうけ))の政庁と思われる掘立柱(ほったてばしら)の建物群が検出された。その年代は不明であるが、細長い建物が多く建物の軸が東西南北ではなく斜めであるという、七世紀に遡る官衙(かんが)遺跡の特徴を有している。郡垣遺跡が『風土記』の旧郡家である可能性は高まったといえる。

なおこの場合でも、なぜ旧郡家側に郡垣地名が残ったのか、郡垣周辺に大東(とう)・大西(だいざ)(東西大原という意味)という大原由来の地名があるのかなど、大原郡家の所在地については解決すべき問題は多い。

[参] 荒井秀規二〇〇九

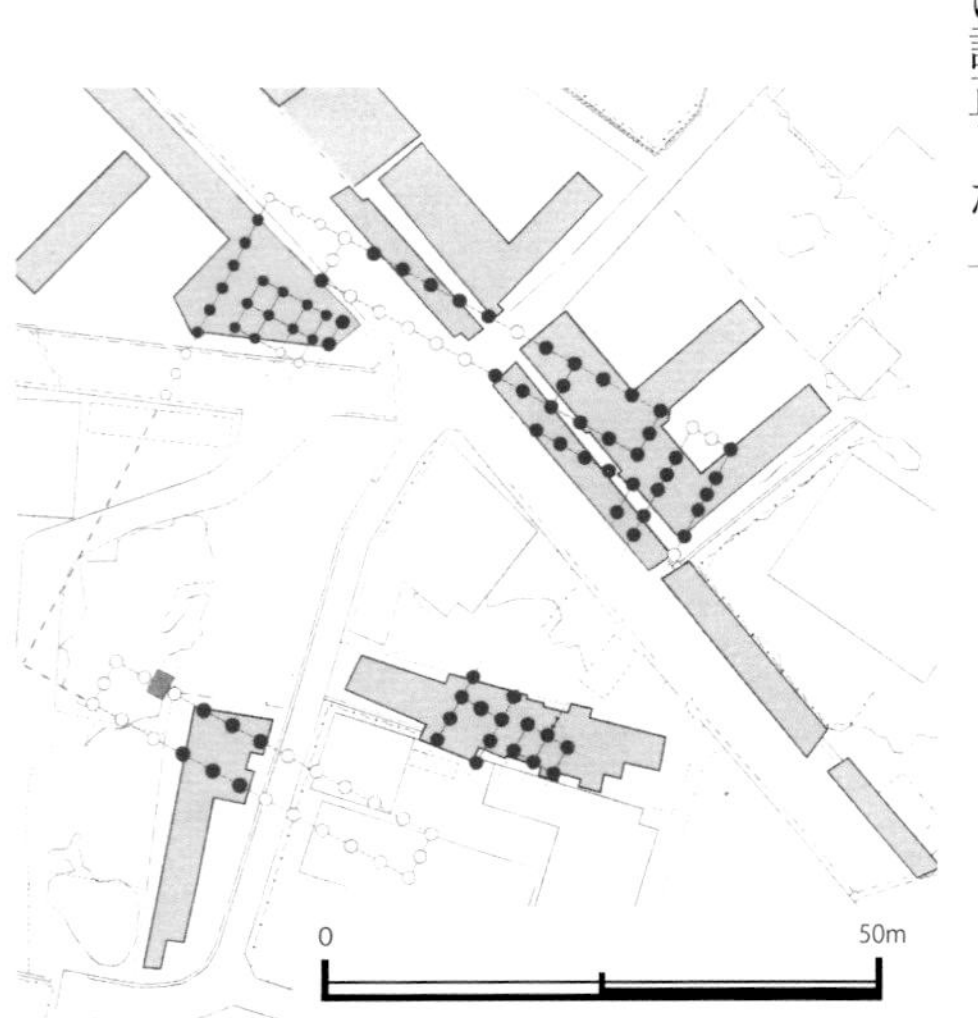

▲郡垣遺跡で発見された古代官衙の遺構(雲南市教委提供) ■は発掘調査地

本文・現代語訳

[二] 大原郡の郷

※神原郷。郡家の正北九里の所にある。古老が伝えて言うには、所造天下大神が、※神御財を積み置かれたところである。それで神財郷というべきだが、今の人はただ誤って神原郷と言っているだけである。

※屋代郷。郡家の正北一十里一百一十六歩の所にある。所造天下大神が※垜を立てて矢を射られた処である。だから、矢代という。〔神亀三年に字を屋代に改めた。〕この郷には正倉がある。

※屋裏郷。郡家の東北一十里一百一十六歩の所にある。古老が伝えて言うには、所造天下大神が、笶を殖てなさった所である。だから、矢内という。〔神亀三年に字を屋裏と改めた。〕

※佐世郷。郡家の正東九里二百歩の所にある。古老が伝えて言うには、須佐能袁命が佐世の木の葉を髪飾りにして踊りなさった時に、刺していた佐世の木の葉が地面に落ちた。だから、佐世という。

※阿用郷。郡家の東南一十三里八十歩の所にある。古老が伝えて言うには、昔、ある人がここの山田を※烟たててこれを守っていた。そのとき※一つ目の鬼が来て、耕している人の息子を食べた。そのとき息子の父母は竹原の中に隠れていたが、竹の葉が動いた。そのとき食べられている息子が「あ、あ、あ【原文…動々】。」と言った。だから、阿欲という。〔神亀三年に字を阿用と改めた。〕

解説114　神原郷と銅鐸・銅鏡、神原神社古墳

大原郡神原郷の地名伝承は、大穴持がここに財宝を積み置いたとすることに由来する。

この地域からは、その伝承を暗示させるかのような重要な考古学的発見がなされている。第一には、弥生時代中・後期の加茂岩倉遺跡から出土した三九個の銅鐸であり、第二には土井・砂古墳群から出土した内行花文鏡の破鏡をはじめとする鉄製農工具類や、神原神社古墳から出土した景初三年銘のある三角縁神獣鏡をはじめとする副葬品の数々である。二〇〇年近い開きのある両者の遺跡のいずれか、あるいは両者の記憶を、さらには第三・第四の未知の財宝の記憶を古老は言い伝えていたのかは、定かではない。

加茂岩倉遺跡は、神原郷の北縁辺の山間にある。ここは雲南市加茂町から斐川町三絡・阿宮の武部峠へ抜けるルート上にほど近い。また、直線距離でわずか三キロメートル北西に位置する荒神谷遺跡と地理的にも近く、出雲平野部への利便性も顕著である。現在、両遺跡に主体的に関わった集団の基盤は、山腹をめぐる溝や住居跡・墳墓が見つかっている神原正面北遺跡等の当地の弥生集落を含め、斐川・出雲平野に点在する弥生集落にあるものと考えられているので、神原郷の地域は、出雲平野の弥生集団の勢力が及ぶ周縁的地域とも言える。同じく、古墳時代前期の神原神社古墳は、加茂岩倉遺跡から南東に二キロメートルの位置にある出雲平野を貫く斐伊川（出雲大川↓解説80）上流の支流・赤川中流に面した河岸段丘上に築造されている。山陽方面と出雲平野をつなぐ交通の要衝でもあるこの地に、副葬品の内容や長大な竪穴式石室をもつ古墳があることから、ヤマト王権と密接な関係を有した被葬者像が想定されている。

▲加茂岩倉遺跡出土の銅鐸
（保管　出雲歴博　所蔵　文化庁）

※海潮郷。郡家の正東一十六里三十三歩の所にある。古老が伝えて言うには、※宇能治比古命が、御祖の※須義禰命を恨んで、北の方の出雲の海潮を押し上げ、御祖神を漂わせた時、ここにその海潮が至った。だから、得塩という。〔神亀三年に字を海潮と改めた。〕東北の※須我小川の※湯淵村の川中に※温泉がある。〔名はない。〕同じ川の上流の※毛間村の中にも※温泉が出る。〔名はない。〕

※来次郷。郡家の正南八里の所にある。所造天下大神命がおっしゃられたことには、「八十神は※青垣山の裏にはいさせまい。」とおっしゃられて、追い払う時に、ここまで追って追いつき【原文…追次き】なさった。だから、来次という。

※斐伊郷。郡家に属する。※樋速日子命がここに鎮座していらっしゃる。だから、樋という。〔神亀三年に字を斐伊と改めた。〕

【注釈】

※神原郷…雲南市加茂町神原、延野、大竹付近を含む地域。
※神御財…神宝のこと。
※屋代郷…雲南市加茂町一帯から神原、延野、大竹を除いた地域。字加茂中の正倉山慶用寺はその遺称地とされるが、『雲陽誌』では日直山慶用寺である。
※垜…矢場の盛り土、土を盛って的を置く所のこと。
※屋裏郷…雲南市大東町の赤川の北の西半部。
※佐世郷…雲南市大東町上佐世、下佐世、養賀、飯田、大ヶ谷付近の地域。
※阿用郷…雲南市大東町の赤川の南の中部。
※烟たてて…煙を立ててという意味。加藤義成は「佃りて」と校訂したが、ここでは細川家本に従って烟という字に改めた。解説115参照。
※一つ目の鬼…解説115参照。
※海潮郷…雲南市大東町東北部一帯を含む地域。海潮郷の伝承については解説116参照。
※宇能治比古命…楯縫郡の沼田郷の宇乃治比古命を参照。
※須義禰命…須我の地主神のこと。

解説115 阿用郷と一つ目の鬼伝承

この伝承に登場する「一つ目の鬼」については、これを異種族の身体的特徴の表現としてとらえ、この鬼が山田の農夫を食べるといった伝承が成立する背景として、製鉄集団と農耕集団の対立といった歴史を読み取る説がある。この説によれば、「一つ目の鬼」は、『日本書紀』に登場する「天目一箇神」のことであり、鍛冶の神として理解されている。「一つ目の鬼」が山田の農夫を食べるという『風土記』の伝承は、製鉄民による農耕民の徴発を意味するという説もある。

しかし、この説については疑問点も提示されている。阿用郷の属する大原郡は、飯石郡や仁多郡と異なり鉄生産とはあまり関係がない郡である。故に、鉄生産とは直接関係しない山間部の農耕に関わる伝承として理解すべきとする説が提起されている。

この説によれば、「一つ目の鬼」とは、中国における「旱魃の神」のような存在であり、山田の経営を妨害する神として理解される。

このような観点に立った時、『風土記』大原郡阿用郷条において、「昔、ある人がここの山田を烟を立てて守っていた」という記述が生きてくる。これは、山間部における耕作に際し、「旱魃の神」の到来を予想して火を炊き警戒している様子を意味するのではないかと思われる。

食べられつつあった農夫が発した「あよあよ」という言葉については、怖ろしい体験をした際に発する感嘆詞という説や神に祈り邪霊を祓う言霊的な力を持つ言葉とする説などがある。

【参】内田律雄一九九五a
関和彦二〇〇六
瀧音能之一九九八b
柳田国男一九八二

▲阿用郷の故地　雲南市大東町東阿用

※須我小川…大原郡の須我小川を参照。
※湯淵村…雲南市大東町中湯石の字温泉付近。
※温泉…雲南市大東町中湯石の海潮温泉。
※毛間村…加藤義成によれば、雲南市大東町中湯石中屋の地がその推定。
※温泉…現在は湧いていない。
※来次郷…雲南市木次町東日登、西日登、宇谷、寺領、木次付近の地域。
※青垣山…青く繁った山々の意で、固有名詞ではない。
※斐伊郷…雲南市木次町里方、山方付近の地域。
※樋速日子命…『古事記』には樋速日神として記載されている。

本文・現代語訳

[三] 大原郡の寺院

※新造院一所。斐伊郷の中にある。郡家の正南一里の所にある。厳堂を建立している。〔僧が五人いる。〕大領※勝部君虫麻呂が造った寺である。

※新造院一所。屋裏郷の中にある。郡家の東北一十一里一百二十歩の所にある。層の塔を建立している。〔僧が一人いる。〕前少領※額田部臣押島の造った寺である。〔今の少領伊去美の従父兄である。〕

※新造院一所。斐伊郷の中にある。郡家の東北一里の所にある。厳堂を建立している。〔尼が二人いる。〕斐伊郷の人、※樋印支知麻呂が造った寺である。

[注釈]
※新造院（斐伊郷南新造院）…雲南市木次町里方塔の村。解説117参照。
※勝部君…加藤義成は「勝部臣」とするが、細川家本に従って勝部君とした。解説118参照。
※新造院（屋裏郷新造院）…加藤義成は雲南市大東町仁和寺上原口大五輪とするが、同所では遺構は確認されていない。解説118参照。
※額田部臣…大原郡の少領の氏族。
※新造院（斐伊郷北新造院）…雲南市木次町法花坊付近。解説117参照。
※樋印支…斐伊郷を本拠地とする氏族と考えられる。印支は稲置。コラム16参照。

解説 116

海潮郷の伝承

海潮郷の神亀三年（七二六）以前の表記は「得塩」で、藤原宮出土の荷札木簡にもそれと推測されるものがある（『藤原宮木簡三』一一七六号木簡）。実際に、海潮温泉はナトリウム・硫酸塩―塩化物泉で、まさに内陸の塩で、これに基づく本来の地名由来が存在していたかもしれない。次に「海潮」については、神が海水をこの郷あたりまで押し上げて来たことが由来だとする。近くには船岡山があり、別の神が引き上げてきた船が山となったと書かれている（→解説21）。近隣で海から引き上げられた伝承が二つ記されていることは、郷名伝承の背景を想像させる。海潮郷を流れる川がいずれも赤川及びその支流で、赤川がたびたび氾濫し大きな被害を与えたことが伝承化された可能性もある。

ところで、二〇一一年の東日本大震災は、自然が人智をはるかに超える災害を引き起こすことを実感させた。海潮郷名由来も、荒唐無稽と一笑に付して良いものかと思わせるほど、津波の威力はすさまじいものであった。国土地理院によると東日本大震災の津波の最大高さは二〇メートルを超え、遡上（斜面などを登っていった部分）の最大高さは四〇メートルを超えたという。現在の海潮温泉あたりの標高が約七〇メートルで、ここまで津波が遡上したとは考えにくいとしても、かつて内陸に赤川まで遡って来た海水や打ち上げられた船の記憶が、この地域に伝承として残されている、ということもあり得るのではないか。

伝承は古老の話となっており、過去の記憶から派生した「いましめ」的な伝承と考えられなくもないだろう。

［参］荻原千鶴二〇〇一

▲海潮の赤川　雲南市大東町

本文・現代語訳

[四] 大原郡の神社

※矢口社　※宇乃遅社　※支須支社　※布須社
※御代社　※汗乃遅社　※神原社　※樋社
※樋社　※佐世社　※世裡陀社　※得塩社
※加多社
[以上一十三所はいずれも神祇官社。]

※赤秦社　※等々呂吉社　※矢代社　※比和社
※日原社　※幡屋社　※春殖社　※船林社
※宮津日社　※阿用社　※置谷社　※伊佐山社
※須我社　※川原社　※除川社　※屋代社
[以上一十六所はいずれも不在神祇官社。]

[注釈]

※矢口社…八口神社（雲南市加茂町神原）。
※宇乃遅社（在2）…宇能遲神社（雲南市加茂町宇治）、須美禰神社（雲南市加茂町立原）。
※支須支社…來次神社（雲南市木次町木次）。
※布須社…布須神社（雲南市加茂町延野）、布須神社（同市木次町宇谷）。
※御代社…御代神社（雲南市加茂町三代）。
※神原社…神原神社（雲南市加茂町神原）。
※樋社（在2）…斐伊神社（雲南市木次町里方）。
※佐世社…佐世神社（雲南市大東町下佐世）。
※世裡陀社…西利太神社（雲南市大東町清田）。
※得塩社…海潮神社（雲南市大東町南村）。
※加多社…加多神社（雲南市大東町大東）。
※赤秦社…赤秦神社（雲南市加茂町大竹）。
※等々呂吉社…等等呂吉神社（雲南市大東町篠淵）。
※矢代社（不2）…加茂神社（雲南市加茂町加茂中）。
※比和社…比和神社（雲南市加茂町砂子原）。
※日原社…日原神社（雲南市大東町中湯石）、大森神社（雲南市木次町東日登）。
※幡屋社…幡屋神社（雲南市大東町幡屋）。
※春殖社…春殖神社（雲南市大東町大東下分）、獄神社（同町上久野）。

解説 117

大原郡斐伊郷の新造院

大原郡の新造院は、斐伊郷に南北二か所、屋裏郷に一か所の計三か所があったとされる。これは、教昊寺を含め四か所の寺院がある意宇郡に次ぐ数で、大原郡では造寺活動が活発であったことがうかがえる。また、大原郡の新造院では、斐伊郷北新造院が尼寺であることも特徴である。

斐伊郷北新造院の所在地は、現在の雲南市木次町法花坊付近が有力視されている。残念ながら今のところ古代寺院らしき痕跡は発見されていないが、字「法花坊」が注目される。

すなわち、『風土記』完成後の天平一三年（七四一）、聖武天皇によって建立された国分尼寺は、正式名称を「法華滅罪之寺」という。出雲でも国分尼寺跡地の字名は「法花寺前」と呼ばれる。よって、字「法花坊」が尼寺である斐伊郷北新造院の痕跡を示す可能性は高い。

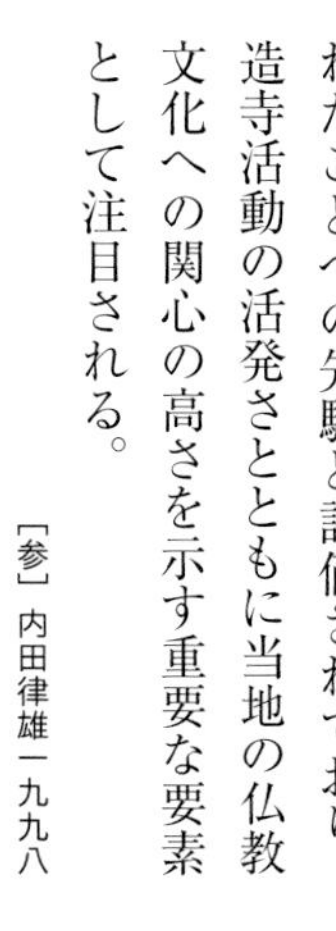

◀斐伊郷新造院跡の石碑　雲南市木次町正覚寺境内

さて、斐伊郷北新造院と対を成す僧寺・南新造院は、郡家を挟んで近接した位置に建てられている。これについてはJR木次駅構内から古代瓦・円形柱座のある礎石が出土し（木次駅構内廃寺）、この場所に比定されている（礎石は現在木次駅東方に移設されている）。

この二つの寺院の位置関係は、後の国分僧寺と国分尼寺が国庁近くに置かれたことへの先駆と評価されており、造寺活動の活発さとともに当地の仏教文化への関心の高さを示す重要な要素として注目される。

[参] 内田律雄一九九八

※船林社…船林神社（雲南市大東町北村）、貴船神社（雲南市加茂町南加茂）。
※宮津日社…子安八幡宮（雲南市木次町山方）に合祀。
※阿用社…阿用神社（雲南市大東町東阿用）。
※置谷社…置谷神社（雲南市大東町大ケ谷）。
※伊佐山社…伊佐山神社（雲南市大東町遠所）。
※須我社…須我神社（雲南市大東町須賀）。
※川原社…川原神社（雲南市大東町小河内）。
※除川社…除川神社（雲南市大東町小河内）、除川神社（同町遠所）。

本文・現代語訳

［五］大原郡の山野

※菟原野。郡家の正東にある。郡家に属する。

※城名樋山。郡家の正北一里一百歩の所にある。所造天下大神、大穴持命が、※八十神を討とうとして、城を造った。だから、城名樋という。

※高麻山。郡家の正北一十里二百歩の所にある。高さは一百丈、周りは五里ある。北方に樫・椿などの類があり、東と南と西の三方はみな野である。古老が伝えて言うには、神須佐能袁命の御子の※青幡佐草日古命がこの山の上に麻をお蒔きになった。だから、高麻山という。この山の岑に鎮座していらっしゃるのは、その神の魂である。

※須我山。郡家の東北一十九里百八十歩の所にある。〔檜・杉がある。〕

※船岡山。郡家の東北一十六里の所にある。※阿波枳閇委奈佐比古命が曳いてきて据えられた船が、この山である。だから、船岡という。

※御室山。郡家の東北一十九里百八十歩の所にある。神須佐乃乎命が※御室を造らせなさって宿っ

解説 118

大原郡新造院の造立者

斐伊郷新造院の造立者の一人大領勝部君虫麻呂は、郡司署名では勝部臣と記されており、加藤義成は両者を勝部臣と訂正した。しかし『続日本紀』天平一二年（七四〇）六月庚午条では大原郡司の子女から任じられる大原采女にカバネなしの勝部鳥女が、東大寺大仏殿回廊西地区出土木簡には佐世郷郡司勝部□智麻呂が、『類聚国史』後宮部大同二年（八〇七）五月十三日条には出雲国采女勝部公真上がみえ、勝（部）氏のカバネは慎重に検討する必要があるだろう。大仏殿回廊出土の木簡をみると、佐世郷も同氏の根拠地とみられ、また同木簡は大仏鋳造に関連するので、智麻呂も銅の調達等で関与したとの理解もある。

次に、屋裏郷の新造院は少領額田部臣伊去美の従父兄で前少領の押島が造営した。この新造院の場所には諸説があるが、古代瓦や礎石が確認されるのは、『雲陽誌』で馬田豊前守開基とされる馬田寺の跡（馬田寺遺跡・雲南市大東町大東下分）である。馬田は「うまた」で、額田が訛ったものだろうか。

額田部臣氏は松江市大庭町の岡田山一号墳出土の銘文大刀にもみえる。古墳は山代・大庭古墳群にも近く、額田部臣と山代・大庭古墳群の大豪族（＝出雲臣）の深い関係がうかがえる（↓コラム2）。意宇平野周辺には、平野の規模に合わない大型古墳が複数系列集中し、この事例のように出雲各地の豪族の墓が、遠く離れた意宇の大豪族の古墳群周辺に営まれたと考えることも可能であろう。岡田山一号墳のある大草郷と屋裏郷に近い高麻山は、ともにアオハタサクサヒコの伝承を持ち、両地域のつながりも類推される。

［参］内田律雄一九九八　田中禎昭二〇〇〇　深澤太郎二〇〇八

◀東大寺大仏殿回廊西地区出土　一七六九号木簡（所蔵　橿考研）
「□□勝出雲国大〔原カ〕□□□」
大原郡佐世郷郡司勝部□智麻呂「□□□□□□□」

十 大原郡

た所である。だから、御室という。

およそ、すべての山野にある草木は、苦参・桔梗・薯茄・白芷・前胡・独活・卑解・葛根・細辛・茵芋・白前・決目・白斂・女委・署預・麦門冬・藤・李・檜・杉・栢・樫・櫟・椿・楮・楊梅・梅・槻・蘗。鳥獣は、鷹・晨風・鳩・山鶏・雉・熊・狼・猪・鹿・菟・獮猴・飛鼯がいる。

[注釈]

※菟原野…雲南市木次町里方菟原付近の山。
※城名樋山…雲南市木次町里方の城名樋山(標高120メートル)。
※八十神…オオクニヌシの兄弟神で、オオクニヌシを迫害した神。『古事記』『日本書紀』に登場する。詳細は解説120参照。
※高麻山…雲南市加茂町大西、加茂中、仁和寺、砂子原の境にある高麻山(標高195メートル)。
※青幡佐草日古命…意宇郡の大草郷の青幡佐久佐丁壮命を参照。
※須我山…松江市八雲町熊野と雲南市大東町須賀の境にある八雲山(標高424メートル)から雲南市大東町南村の三笠山(標高302メートル)の総称。
※船岡山…雲南市大東町北村にある船岡山(標高140メートル)。頂上には船林神社がある。
※阿波枳閉委奈佐比古命…他に見えない神。阿波国(今の徳島県)から来て、和名佐(松江市宍道町上来待和名佐)に鎮座した男神の意味。解説121参照。
※御室山…雲南市大東町中湯石室谷の奥の山(標高478メートル)とする。
※御室…神の御座所のこと。

本文・現代語訳

[六] 大原郡の河川・池

※斐伊川。郡家の正西五十七歩の所にある。西に流れて※出雲郡多義村に入る。〔年魚・麻須がいる。〕

※海潮川。源は意宇と大原の二郡の堺にある※笑村山から出て、北に流れて※海潮より西へ流れる。〔年魚が少しいる。〕

樋社とヒハヤヒコ

『風土記』には神祇官社に樋社が二社みえる。このような同名社は『風土記』に多数あるが(→解説76)、いずれも社名は祭神の名前でなく神社が所在した地名として理解できる。樋社を例に挙げると、『延喜式』神名下出雲国では、斐伊神社と同社斐伊波夜比古神社として記載される(平安時代には斐伊は「ひい」と読まれるようになった)。一社目の「斐伊」は祭神ではなく地名、二社目の「斐伊波夜比古」は二つの斐伊神社を区別するため祭神名を記したのだろう。斐伊郷条によれば地名ヒはヒハヤヒコの鎮座に由来するので、結局のところ地名を冠した樋社の祭神は、同じく地名を冠するヒハヤヒコであったと理解できる。斐伊はこのほかに郷名(斐伊郷)・川名(斐伊河。「斐伊河」の範囲は→コラム16)・村名(斐伊村)があり、当地の豪族樋印支氏の姓ともなっており、地域に定着した地名であった。

一方、この地名「ヒ」は、『風土記』のほかに『古事記』『日本書紀』にも肥河・簸川として随所に登場する、出雲の中でも最もよく知られた地域名であった。ここで樋社の祭神ヒハヤヒコを振り返ると、『古事記』上巻の伊邪那美神が加具土神を産んで死んだときに、加具土神を斬り殺した刀に付いた血から、樋速日神が誕生したとされ、『古事記』に登場する神なのである。

『風土記』に登場する地域名を負った神は、多くが『古事記』『日本書紀』にはみえない神であるが、ヒハヤヒコは異なる。これは記紀に「ヒ」地名が登場することと何らかの関係があるのであろうか。

▲雲南市里方の木次大橋(斐伊郷推定地)　雲南市木次町里方

※須我小川。源は※須我山から出て、西に流れる。〔年魚が少しいる。〕

※佐世小川。源は※阿用山から出て、北に流れて海潮川に入る。〔魚はいない。〕

※幡屋小川。源は郡家の東北の※幡箭山から出て、南に流れる。〔魚はいない。〕

四つの川は合流して、西に流れて※出雲大川に入る。

※屋代小川。源は郡家の正北の※除田野から出て、西に流れて斐伊大河に入る。〔魚はいない。〕

［注釈］

※斐伊川…現在の斐伊川。詳細は出雲郡の出雲大川、解説80参照。
※出雲郡多義村…詳細は出雲郡の出雲大川の多義村を参照。
※海潮川…雲南市の刈畑川。
※笑村山…飯石郡の笑村山とは別の山。毛無越の南方の山（標高641・2メートル）。
※海潮…海潮郷付近のことか。
※須我小川…雲南市の須賀川。
※須我山…大原郡の須我山を参照。
※佐世小川…雲南市の佐世川。
※阿用山…雲南市大東町西阿用の東方にある山（標高400メートル）。
※幡屋小川…雲南市の幡屋川。
※幡箭山…松江市宍道町上来待との境界にある馬鞍山（丸倉山）（標高371・7メートル）。意宇郡の宍道川の幡屋山を参照。
※出雲大川…詳細は出雲郡の出雲大川、解説80参照。
※屋代小川…雲南市の三代川。
※除田野…加藤義成は雲南市加茂町三代にある高塚山とする。

本文・現代語訳

［七］大原郡の通道

通道。意宇郡の堺の※木垣坂に行く道は、二十三

解説 120

八十神とオオクニヌシ

『風土記』大原郡来次郷によれば、この地において所造天下大神であるオオナモチは、八十神と戦ったと書かれている。また、同郡城名樋山においてはこの戦いのための城を築いたという。

この『風土記』の神話は、『古事記』のオオクニヌシの神話の影響を受けている。具体的には、以下のとおりである。

オオクニヌシは、スサノオから奪った「生大刀＝霊力ある大刀」、「生弓矢＝霊力ある弓矢」を持って、かつて命を落とすような試練を与え続けた八十神と戦い、これを退けた。『古事記』によれば、それは、「坂の裾ごとに追い伏せ、河の瀬ごとに追い払った」と書かれている。

この八十神を追い払ったという『古事記』の表現を、地域に即して具体的に語ったのが、『風土記』なのである。

『風土記』においては、「八十神は青垣山の裏にはいさせまい。」と言い、追い払う時に、ここまで追って追いついた。来次の「きすき」は、この「追いつく」という意味だとする。

来次郷が、所造天下大神と八十神との戦闘の舞台とされた理由については、そこが交通の要衝であったからではないか。この地は、出雲山間部の中心たり得る場所である（↓コラム16）。そこに城を築いて身を潜め八十神を待ち受けたというのが、城名樋山から浮かび上がる所造天下大神のイメージである。「きなびやま」には隠れる（なび）という意味が込められている。

［参］関和彦二〇〇六

▲城名樋山　雲南市木次町里方

十 大原郡

里八十五歩である。
仁多郡の堺の※辛谷村に行く道は、二十三里一百八十二歩である。
飯石郡の堺の斐伊河のほとりに行く道は、五十七歩である。
出雲郡※多義村に行く道は、一十一里二百二十歩である。
前の件の三郡は、いずれも山野の中にある。

［注釈］

※木垣坂…意宇郡の通道にもみえる。そこでは木垣峯として登場する。
※辛谷村…仁多郡の通道、巻末記載の出雲国の道程にもみえる。仁多郡の通道の辛谷村参照。
※多義村…雲南市加茂町大竹が遺称地か。出雲郡の通道にもみえる。

本文・現代語訳

［八］大原郡の郡司

郡司　主帳　无位※勝部臣
大領　正六位上勲十二等※勝臣
少領　外従八位上※額田部臣
主政　无位※日置臣

［注釈］

※勝部臣…勝部を統括する氏族。大領の勝臣・勝部君との関係は不明。解説118参照。
※勝臣…加藤義成は外正六位上～勝部臣とするが、細川家本に従って「外」の字をとり正六位上～勝臣とした。解説118参照。
※額田部臣…大原郡の郡領氏族。大原郡の寺院にも前少領として登場する。
※日置臣…日置氏は祭祀に関わる氏族。日置氏を統括した。

船岡山

松江市から県道二四号松江木次線で木次方面に向かうと、大東町海潮地区に入る手前の道路脇に細長い島状の丘陵が見える。これが『風土記』に登場する「船岡山」で、地元では「船岡さん」と呼ばれている。文字どおり船を逆さまにひっくり返した形の山で、誰が見てもその独特の景観は印象に残るであろう。面白いのはその地名由来で、「阿波枳閇委奈佐比古命という神が、（どこからか）船を引いて来て、据え置かれたものが、そのまま山となった」とされており、海潮郷の海水記事（→解説116）とも合わせ、巨人伝説とも考えられている。なお、山上には『風土記』に登場する船林社と同名の船林神社が鎮座しており、祭神は先の阿波枳閇委奈佐比古命である。この神はその名前から「阿波」国（現在の徳島県）から来て、現在の宍道町大字「和名佐」に鎮座したと考えられている。さらに隣接する忌部神戸の忌部と、阿波の忌部神社との関係を考える説もある。

さて、船岡山と言えば、清少納言が『枕草子』で「岡は船岡」と挙げている、平安京の朱雀大路の真北に位置する船岡山が有名であろう。水面に浮かぶ船でなく、陸揚げ、反転された様子を表現するのも共通である。さらに船岡という表現が当時普遍的であったことを示す例もある。それは、出雲市東林木町の青木遺跡（→コラム10）から出土した奈良時代の木簡に書かれた「船岡里」である。現在は残っていないが遺跡近隣には『雲陽誌』に「舟山」とされた可能性の高い小山があり、地形図を見ると、やはり反転された船の形をしている。

▲船岡山

コラム column 16

斐伊郷の景観

斐伊郷は『風土記』全体で最後に登場する郷である。斐伊郷は大原郡家が置かれたという意味でも、意宇郡から飯石郡へ向かう道と出雲郡から仁多郡へ向かう道の交わる結節点という意味でも、大原郡、さらには「いずれも山野の中にある」と『風土記』で語られる雲南三郡（飯石・仁多・大原郡）にとって重要な地域である。『風土記』の記載から古代の斐伊郷の景観を復元してみよう。

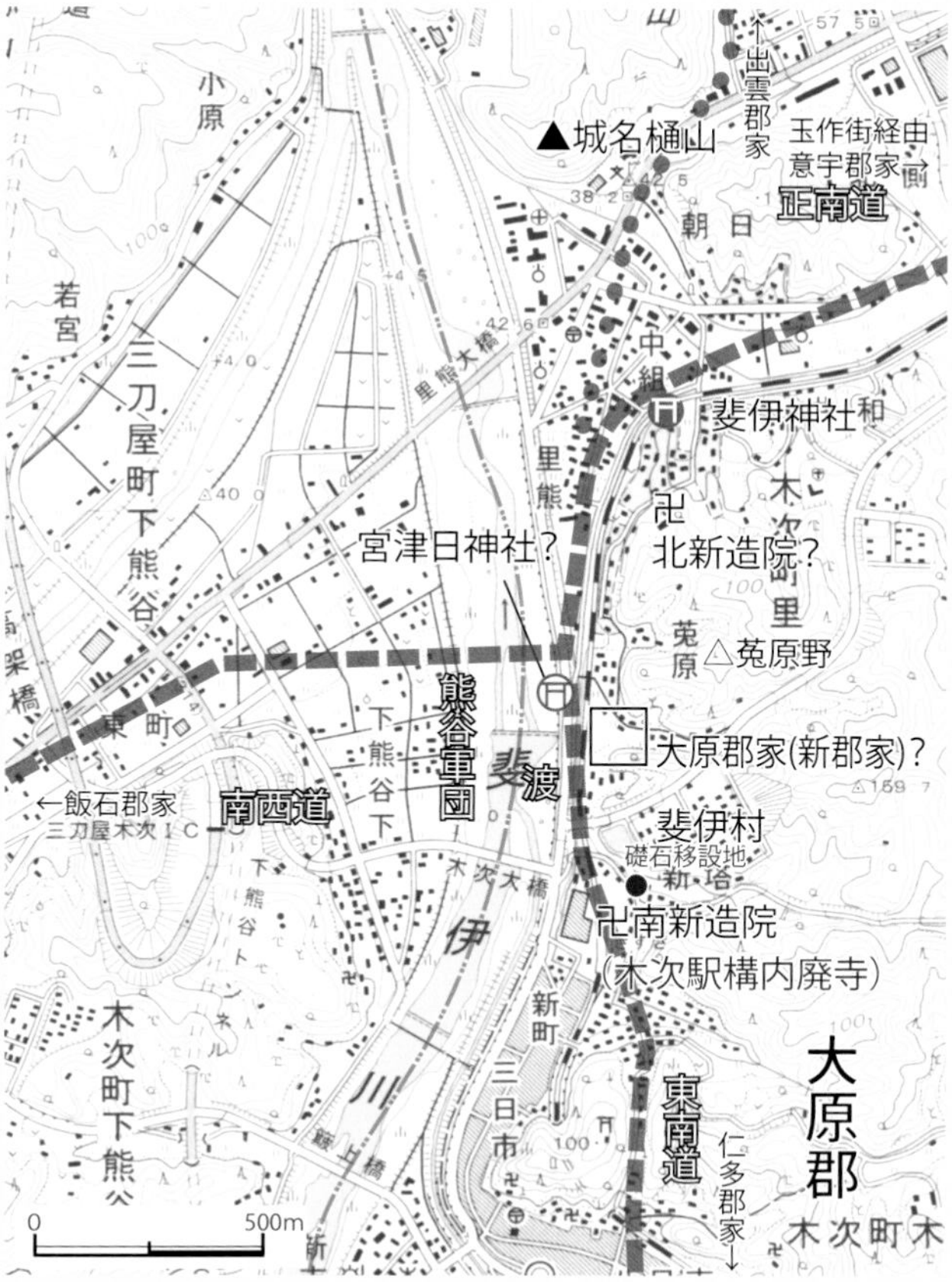

◎斐伊郷の由来

斐伊郷条によると、「斐伊」という郷名は神亀三年（七二六）までは「樋」と表記されていた。一方、大原郡の神社には神祇官社「樋社」が二社見えており、地名が変更される前に成立した古い神社で、郷名が「斐伊」に変更になった後も、昔の「樋」を維持していた。

また大原郡の総記では大原郡家は斐伊村にあると表現されている。つまり斐伊（樋）村は斐伊郷の中心的な村で、その村名から郷名がつけられたと考えられる。

▲斐伊郷の景観

◎斐伊川

斐伊郷の西を流れる斐伊川は、下流では「出雲大川（河）」と呼ばれたが、この川の名称については『風土記』の中で使い分けが見られ、斐伊川は大原郡を境に出雲郡内から下流は「出雲大川」、大原郡から南の雲南三郡では「斐伊河（川・大河）」と表記される（ただし出雲郡河内郷のみ「斐伊大河」と記す）。斐伊川は雲南三郡から「斐伊」地域に流れ込む川であった。

また斐伊川から東に五七歩という至近距離に大原郡家があるため、川には渡船が常備されていたと考えられる。またその渡付近には、斐伊川の航行安全を祈る不在神祇官社宮津日社が鎮座していたと推測される。

◎二つの新造院

大原郡には三つの新造院があったが、そのうちの二つが斐伊郷に所在した。一つ目の斐伊郷新造院は郡家から南に一里の所にあり、大原郡司（大領）勝部君虫麻呂が建立した。現在JR木次駅の近くにその礎石が残る。

もう一つは郡家から東北に一里の地点に所在し、斐伊郷の人樋印支知麻呂が建立した尼寺であり、雲南市木次町里方の現在の正覚寺付近にあったと推定されている。

これら二つの僧寺・尼寺は大原郡家を挟んでちょうど対称的な位置に所在している（↓解説117）。

◎樋印支

斐伊郷南新造院を建立したのは大原郡大領の勝部君虫麻呂である。勝（部）氏（↓解説118）は大原郡では大領のほか主帳としても見え、大原郡で一大勢力を誇る在地首長であった。一方、樋印支氏は斐伊郷域を本拠地とした小豪族で、八色の姓で最下位の印支（稲置）姓を与えられた。樋印支氏は郷名説話にあるヒハヤヒコと関わりが深く（↓解説119）、神社条に見える樋社は樋印支氏の氏神的神社であったと考えられる。一方で、樋印支氏は仏教も受容し、勝（部）氏の北新造院に対し郡家の南に尼寺を建立したのであろう。

▲斐伊郷南新造院の礎石　雲南市木次町里方

◎雲南三郡の交通の要衝

斐伊郷に置かれた大原郡家は大原郡の西の端にあたり、郡内各郷へのアクセスを考慮しているとは言い難い。一方視野を広げると、斐伊郷は斐伊川による水運の利便性が高く、意宇・出雲・飯石・仁多各郡への交通の分岐点に立地している。

また、出雲国が保有する三つの軍団の内の一つである熊谷軍団は、巻末記載によると飯石郡内に所在するものの、その推定地は斐伊川の西岸（雲南市木次町下熊谷）で、大原郡家から至近である。関和彦は熊谷軍団が大原郡家と密接な関係を有していたとする。

ところで、移転前の郡家は屋裏郷にあったと推定されているが（↓解説113）、ここは額田部臣氏が新造院を建立する（↓解説118）など額田部臣氏の勢力基盤であった。その屋裏郷から斐伊郷に郡家が移転したのは大原郡の最大首長が額田部臣氏から勝部臣氏に交替したことを示すとする見解もある。しかしそれよりも重視されたのは山陰道の通る意宇郡・出雲郡と、大原・仁多・飯石の雲南三郡への交通アクセスであり、大原郡家の移転は律令国家の地方支配の進展の表れとも評価できる。

このように、斐伊郷は単に大原郡の郡家が所在する郷というだけでなく、宍道湖・中海沿岸と山間部をつなぐ交通の要衝であり、官衙や寺院、地元豪族の氏神を祭る神社、交通施設が狭い範囲に集中する、出雲国の中心地の一つであったと言えよう。

【参】門井直哉二〇〇〇
関和彦一九九九
野々村安浩ほか一九九九

『古事記』と『出雲国風土記』

近年の研究によれば、『古事記』は和銅五年（七一二）に成立したものの、後宮の文学にとどまっており、一般的にはほとんど読まれた痕跡はなく、近世の段階に至って**本居宣長**が再評価を加え、広く世に知られるようになったとする理解が一般的である。しかし、果たしてそうであろうか。『風土記』の記述を丁寧に読んでいくと、そのような定説には疑問を感じずにはいられない。

● 古事記と風土記の類似点

『古事記』に記された**オオクニヌシ**の神話は、

A．イナバのシロウサギ
B．八十神による受難
C．根の国での試練
D．オオクニヌシに転生し、八十神と戦う
E．ヌナカワヒメ・スセリヒメとの愛の交歓
F．スクナヒコナとの国作り
G．御諸山の神に対する祭祀
H．**アメノホヒ**の派遣
I．アメノワカヒコの派遣
J．タケミカヅチの派遣
K．国譲り

といった具合に展開する。

このような『古事記』におけるオオクニヌシの神話のエピソードと『出雲国風土記』の**オオナモチ**のエピソードとは対応している。

すなわち、『古事記』に見えるオオクニヌシと八十神との戦闘に類似するものが、『出雲国風土記』に見えるオオナモチと八十神との戦闘シーンであり、『古事記』に見える国譲りに相当するものが、『風土記』の意宇郡母理郷である。また、『古事記』では、オオクニヌシとスクナヒコナがペアで国作りをおこなうが、これに相当する部分も『風土記』飯石郡多禰郷に見え、ここでは両者が稲種を落とすといった伝承が見られる。

このような点を踏まえるならば、『風土記』に見えるオオナモチの神話は、明らかに『古事記』のオオクニヌシの神話を意識して書いていると言わざるを得ない。

▲『古事記』のオオクニヌシが根の国の試練を終えて脱出し、八十神を退けるシーン（所蔵　出雲歴博）

● 補完しあう「二つの出雲神話」

『古事記』や『**日本書紀**』の「出雲系神話」と『出雲国風土記』の出雲神話は異なる。前者は王権の神話の一部であり、後者はプリミティブな地域社会の神話であるとするのが、一般的理解である。

しかし、「二つの出雲神話」が併存していることの意味について考えを詰めておく必要がある。

すでに述べたように、『風土記』の**所造天下大神**（あめのしたつくらししおおかみ）は、明らかに「治天下大王」を意識した表現であり（↓コラム9）、オオナモチは、国を造り領有する存在、天孫は譲られた国を統治する存在として描かれている。このように見ていけば、『風土記』は決して、独自のイデオロギーによって『古事記』や『日本書紀』の神話に対抗したような書物ではないと結論せざるを得ない。

「二つの出雲神話」は、まさに相互補完の関係にあったのである。国作りといった側面で言えば、『古事記』や『日本書紀』では国作りに関わった神々の名前は列挙しても、国作りそのものを具体的には示さない。

これに対して、『風土記』ではまさに出雲という具体的なフィールドに則して、国作りの足跡を現地において語ろうとした書物なのである。

◉出雲国造（いずもこくそう）の役割

現地において国作りの具体像の提示をおこなう場合に重要な役割を果たしたのが、**出雲国造**であった。出雲国造は、『風土記』の巻末に**出雲臣広島**（いずものおみひろしま）が勘造者として名をとどめたように、地域社会における神話作成の担い手として、重要な役割を果たしたのではないか。

▲雲南市八口神社付近（印瀬の壺神）　雲南市木次町西日登

ここで再び『風土記』意宇郡母理郷に注目したい（↓解説6）。ここには、オオナモチが「**越の八口**（こしのやくち）」を平定したことが記されているが、この「越の八口」とは具体的には何を指すのであろうか。

「八口」という言葉は「谷口」に通じ、「谷の入り口」である。そこは、『**常陸国風土記**（ひたち）』行方（なめかた）郡条の伝承に見られるように、蛇が出現する。つまり、オロチが出現したとしても何ら不思議ではないのである。

このように見ていけば、『風土記』に見える「越の八口」の平定伝承は明らかに、『古事記』や『日本書紀』に見えるヤマタノオロチ退治の神話を意識した書きぶりとなっていることがわかる。

それでは、何故、『風土記』において、ヤマタノオロチ退治の場面が明確な形では出てこないのだろうか。それは、『風土記』の主役となる神があくまでも出雲国造の奉祭するオオナモチでなければならなかったからであろう。

［参］松前健一九七六
三浦佑之二〇一〇

十一　巻末記載

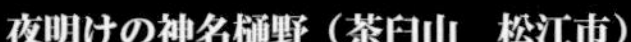

夜明けの神名樋野（茶臼山　松江市）

巻末記載

巻末記載の解説

かんまつきさい

巻末記載の概要

本書で巻末記載としている記事は、（ア）道程・（イ）駅家・（ウ）軍団・（エ）烽・（オ）戍の記載と、勘造者の署名などをさす。これらは、和銅六年（七一三）の風土記撰進の命令で諸国に対して求められた、①郡内の産物、②土地の肥沃、③山川原野の名の由来、④古老の伝える旧聞異事（→はじめに1）には当たらない事項である。特に（ウ）から（オ）までは、いわゆる軍事に関することである。（ア）・（イ）の道路に関する記事も、現代の感覚では経済活動の項目に思えるが、律令では駅制が軍事部門を統括する兵部省の兵馬司の所管なので、軍事施設である。他の風土記には、巻末記載に相当する部分は現存していない。ただし、『出雲国風土記』と同様に天平年間に完成した西海道の豊後・肥前両国の風土記には、総記や郡の冒頭に駅・烽・城の数の記載がある。これらの記載は当時の国際情勢に由来する。すなわち天平のはじめ頃（七三〇年前後）の日本は朝鮮半島の新羅と軍事的な緊張状態にあり、天平四年（七三二）には山陰道にも軍事を総括する臨時の官職である節度使が設置されていた。このため天平の風土記には軍事に関する情報が追加されたのである（村尾次郎）。

さて、道路や軍団・烽・戍がまとめられているもう一つの理由は、これらが郡司の職務にはなく、国司の職務であることだ。国司の職務を規定した律令の職員令大国条をみると、その職務には「兵士（軍団の兵士）・器仗（兵器のこと）・鼓吹（兵士を指揮する広義の兵器）・郵駅（駅制）・伝馬（郡に置かれた馬）・烽候（烽）・城牧」がみえる。軍団も、律令制では国司に直属する（→解説125）。戍も、大宰府や国が設置を申請している（平野卓治）。『風土記』は国司でなく国造によって編纂されたが、これらの記述は郡別より一国単位で記述されるにふさわしいといえる。

駅家や烽といった交通・通信制度も、本来は出雲国の地域社会に必要なものではない。その中心は都城で、要するに中央集権国家の地方支配のための施設である（→解説122）。ただし、剗は国司の所管であるが、巻末記載になく、各郡条に記載される。

これらが出雲国総記ではなく巻末に記載されていることにも理由がありそうだ。まず、軍事施設整備の時期である。天平六年（七三四）の出雲国計会帳をみると、出雲・神門郡の烽三か所の整備が完了したのは『風土記』完成後の天平五年九月で、まだ整備中であった。既存の道路や軍団もふくめ、『風土記』完成直近に軍事施設の再整備が実施された可能性は高く、このことが軍事関係記載が最後に書かれた理由のひとつとみられる（→解説127）。

また、荻原千鶴は、『出雲国風土記』には国の全貌を俯瞰する視座があり、それは東から西へ、左回りにと進む郡の記載順や道路網の記載によって表現されているとみる。『出雲国風土記』独自の記載としては、他に神社記載があるが、こちらは出雲国総記に記載されている。各郡の神社の記載も地理的な遠近関係にはなく、道路記載に見られるような意味での俯瞰的な記述ではないことなども関係するのだろうか。

【参】内田律雄一九九五b
荻原千鶴二〇〇一
平野卓治一九九五
村尾次郎一九六一

本文・現代語訳

[一]出雲国の道程

出雲国の東の堺から西に行くこと二十里一百八十歩で、※野城橋に至る。橋の長さは三十丈七尺、広さは二丈六尺ある。〔※飯梨河。〕また、西に二十一里で、※国庁・意宇郡家の北の※十字街に至る。ここで別れて二つの道となる。〔※正西道と※枉北道である。〕

枉北道は、北に行くこと四里二百六十六歩で、郡の北の堺の※朝酌渡に至る。〔渡は八十歩、渡船が一隻ある。〕また、北に一十一里一百四十歩で、※島根郡家に至る。郡家より北に行くこと一十七里一百八十歩で、※隠岐渡、※千酌駅家の浜に至る。〔渡船がある。〕また、島根郡家より西に一十五里八十歩で、郡の西の堺の※佐太橋に至る。橋は長さは三丈、広さは一丈ある。〔※佐太川。〕また、西に八里二百歩で、※秋鹿郡家に至る。また秋鹿郡家より西に一十五里一百歩で、郡の西の堺に至る。また、西に八里二百六十四歩で、※楯縫郡家に至る。また、楯縫郡家より西に七里一百六十歩で、郡の西の堺に至る。また、西に一十里二百二十歩で※出雲郡家の東のほとりで、正西道に入る。合計で枉北道程九十九里一百一十歩の中で、※隠岐道は一十七里一百八十歩である。

正西道は、十字街より西に一十二里で※野代橋に至る。橋の長さは六丈、広さは一丈五尺ある。また西に七里で、※玉作街に至る。ここで分かれて二つの道となる。〔一つは正西道、一つは※正南道である。〕

解説 122

古代山陰道

古代律令国家は、都と地方を結ぶ巨大な道路（駅路）を敷設した。都と東日本の太平洋側を結ぶ東海道、山国や東北地方を結ぶ東山道、北陸地方を結ぶ北陸道、西日本の日本海側を結ぶ山陰道、瀬戸内地域を結ぶ山陽道、和歌山県や四国地方を結ぶ南海道、九州地方の西海道は「七道」と称され、近畿地方の五畿と合わせて「五畿七道」と呼ばれて古代の日本列島を総称する言葉として使われた。

山陰道は都と丹波・丹後（和銅六年（七一三）建国）・但馬・因幡・伯耆・出雲・隠岐・石見の日本海側の国々を結ぶ道である。七道はその重要度に従って大・中・小とランク付けされており、山陰道は小路であった。ちなみに山陽道は七道唯一の大路である。

▲山陰道の駅路

全国的な発掘調査成果によると、駅路は基本的に九～一二メートルもの広大な道幅をもっていた。その理由には諸説あるが、律令国家の強大さと集権性とを民衆にアピールすることが一つとしてあげられよう。また古代の駅路は直進性を持つことも特徴である。それは都と地方を最短距離で結ぶ緊急連絡網であることが駅路の重要な役割であったためとされている。また駅路には約一六キロメートル毎に駅家が設置されていた（→解説12）。

古代の駅路は基本的に谷や海浜・河川沿いを避け、地盤のしっかりとした台地や尾根の上を通過している。しかしその整備には大規模な造成工事が伴った。川には橋が架けられ、谷は埋め立てられ、丘陵にぶつかったときは尾根を整地して道幅を確保したり、直進性を維持するために切り通しにしたりする。それらを担ったのは地方の民衆であり、駅路整備後も補修やルート変更などで多大な労力が費やされた。

正南道は、一十四里二百一十歩で、意宇郡の南西の堺に至る。また、南に二十三里八十五歩で、※大原郡家に至る。ここで分かれて二つの道となる。〔一つは※南西道、一つは※東南道である。〕

南西道。五十七歩で斐伊河に至る。〔渡は二十五歩、渡船が一隻ある。〕また、南西に二十九里一百八十歩で、※飯石郡家に至る。また、飯石郡家より南に八十里で、出雲国の南西の堺に至る。〔※備後国三次郡に通じる。〕合計で国庁からの路程は、一百六十六里二百五十七歩である。

東南道、大原郡家から二十三里一百八十二歩で、郡の東南の堺の※仁多郡比比理村に至る。また東南一十六里二百四十六歩で※仁多郡家に至り、ここで分かれて二つの道となる。〔※正東道と正南道。〕正東道は、三十五里一百五十歩で、伯耆国との堺※阿志毘縁山に至る。正南道は、三十八里一百二十一歩で、備後国の堺の※遊託山に至る。

正西道、玉作街より西に九里で、※来待橋に至る。橋の長さは八丈、広さは一丈三尺ある。また西に一十四里三十歩、郡の西の堺の※佐雑埼に至る。また、西に一十三里六十四歩で出雲郡家に至る。また、出雲郡家より西に二里六十歩で郡の西の堺の※出雲河に至る。〔渡は五十歩、渡船が一隻ある。〕また、西に七里二十五歩で、※神門郡家に至る。河がある。〔渡は二十五歩、渡船が一隻ある。〕神門郡家から西に三十三里で、出雲国の西の堺に至る。〔※石見国安農郡に通じている。〕合計で国庁からの路程は一百六里二百四十四歩である。

解説 123

通道

巻末記載には通道について距離も含めて詳しく書かれている。まとめると、正西道は伯耆国会見郡・出雲国意宇郡・出雲郡・神門郡・石見国安農郡を結び、枉北道は意宇郡（出雲国府）・島根郡・（隠岐国への渡）秋鹿郡・楯縫郡を通過して正西道に合流する。正西道は玉作街で大原郡家に向かう正南道と分岐し、大原郡家で正南道はさらに南西道と東南道に分岐する。

南西道は飯石郡家を通過して備後国三次郡に向かう。東南道は仁多郡家でさらに正東道と正南道に分岐し、正東道は阿志毘縁山から伯耆国日野郡に入り、正南道は遊託山から備後国恵宗郡につながっている。

これらの記述を見ると、通道は国内の郡家を直接的に結んでいたことが分かる。ではなぜ郡家間の道路は『風土記』に細かく記されたのであろうか。

この郡家と郡家との間をむすぶ道路は「伝路」と呼ばれ、律令制以前から存在した自然発生的な道を若干整備して成立した準官道であった。各郡家には伝馬と呼ばれる馬が五疋常備され、任国へ赴任する国司や、中央と地方を行き交う使者がそれに乗って移動した。出雲国では、正西道においては駅家をむすぶ駅路と郡家をむすぶ伝路とが重複しているため、駅家の駅馬と郡家の伝馬の両方が行き交っていたと想定されている。各郡家をむすぶ道も、中央と地方の円滑な交通を達成するために不可欠な道路であった。

〔参〕谷重豊季一九九三

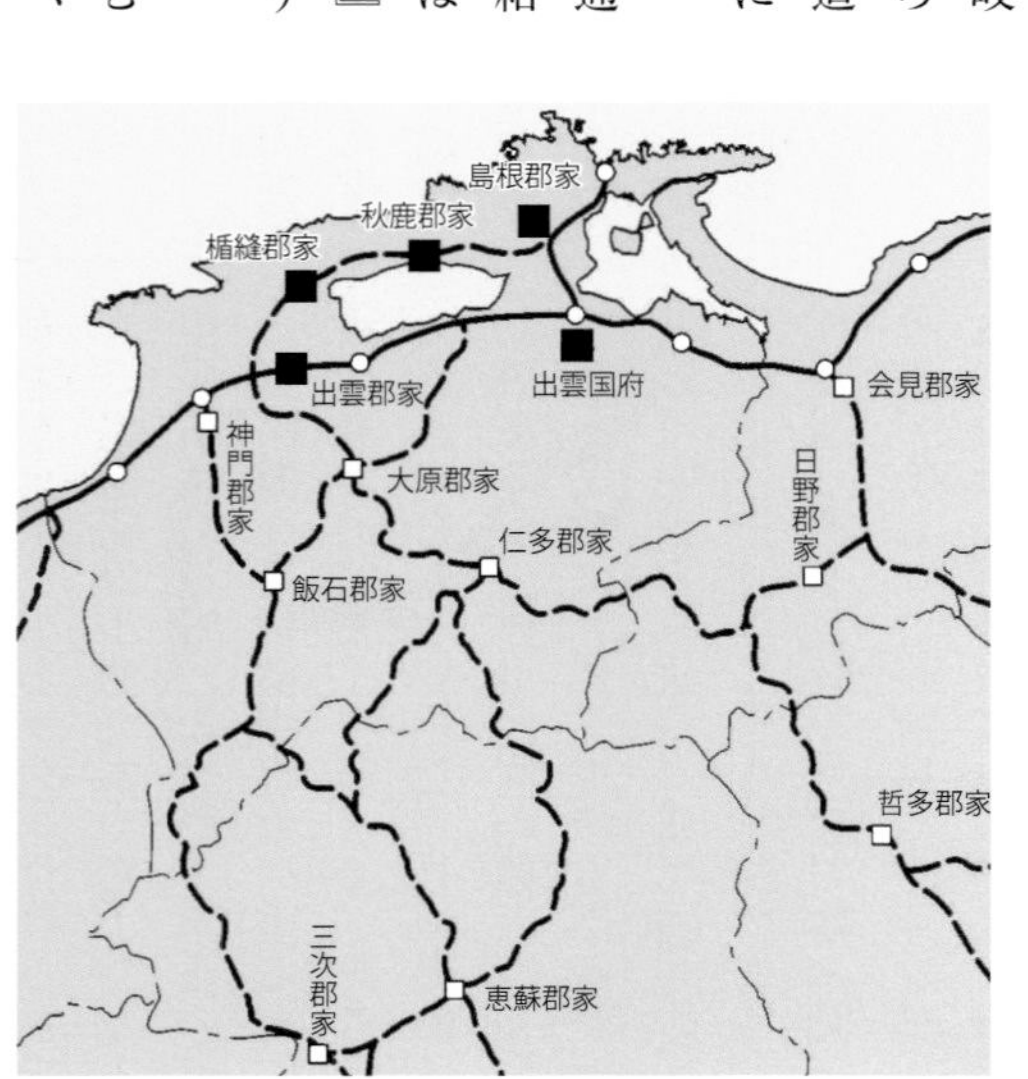

▲『風土記』が記載する主な道路情報

［注釈］

※野城橋…野城駅の東にあった。飯梨川を渡る橋で、非常に大きい。江戸時代は舟橋（九～三月）、徒歩渡りであった。
※飯梨河…意宇郡の飯梨川を参照。
※国庁・意宇郡家…意宇郡家が国庁を兼ねていたとする説もあるが、本書は併記されていると理解する。コラム19参照。
※十字街…十字路で道の分かれるところを指す。
※正西道…山陰道のこと。出雲国庁北の十字街と西の国境をつなぐ道。以降、道については解説122・123、コラム18、地図参照。
※枉北道…北に曲がる道の意味。十字街から島根郡家を経て秋鹿郡、楯縫郡、出雲郡を通過し、山陰道に合流する道と、島根郡家を経て千酌駅家に至る道。
※朝酌渡…松江市朝酌町。詳細は島根郡の海岸地形の朝酌渡、解説37、コラム5参照。
※島根郡家…島根郡の郡家。詳細は解説27参照。
※隠岐渡…島根郡の海岸地形の千酌浜に隠岐国に渡る津とあるように、千酌浜のことと考えられる。
※千酌駅家…島根郡の千酌駅を参照。
※佐太橋…島根郡の通道の佐太橋を参照。
※佐太川…秋鹿郡の佐太河を参照。
※秋鹿郡家…里程から松江市東長江町付近に比定されるが、遺跡は見つかっていない。
※楯縫郡家…出雲市多久谷町付近に比定されるが、遺跡は見つかっていない。
※出雲郡家…出雲市斐川町付近に比定される。後谷V遺跡が関連遺跡として発掘されている。詳細は解説70参照。
※隠岐道…枉北道のうち、隠岐国まで行く道のこと。
※野代橋…野代川を通る橋。
※玉作街…玉作の分岐点という意味。玉作は松江市玉湯町湯町付近と考えられる。
※正南道…①玉作街から大原郡家まで南に行く道。②仁多郡家から遊託山（出雲国南端）まで行く道。両者ともに正南道とされている。
※大原郡家…ここの郡家は新郡家で雲南市木次町里方付近に比定されているが、遺跡は発掘されていない。ここで正南道は南西道と東南道に分かれる。
※南西道…大原郡家から飯石郡家を経て飯石郡を縦断し、出雲国の南西の境に至り、備後国三次郡に通じる道。
※東南道…大原郡家から仁多郡の北端比比理村を経て仁多郡家まで行く道。
※飯石郡家…雲南市掛合町掛合に比定されるが、遺跡の発掘はなされていない。
※備後国三次郡…飯石郡の通道の三次郡を参照。
※仁多郡比比理村…大原郡と仁多郡の境で、仁多郡側の地域を指す。なお、仁多郡の通道、大原郡の通道には辛谷村と見える。これも大原郡と仁多郡の境の地域であるが、辛谷村は境の大原郡側の地域を指す。
※仁多郡家…仁多郡奥出雲町郡付近の地域と考えられる。詳細は解説105参照。

解説 124

駅家と交通

巻末記載には出雲国の道程のほかに出雲国の駅家という項目が立てられている。両者を比較すると出雲国の駅家がどこにあったのかを知るヒントが得られる。

出雲国の道程には伯耆国との国境から意宇郡野城駅までの距離が二〇里一八〇歩とある。一方出雲国の駅家では国境から野城橋までの距離が同じ二〇里一八〇歩と記されている。両者が等しいことから、野城駅は飯梨河にかかる野城橋付近に所在したことが分かる。同じように、野城駅から意宇郡黒田駅までの距離（二一里）が、野城橋から十字街までの距離と等しいことから、黒田駅が十字街の交差点に設けられたことも判明する。また神門郡狭結駅も同様に、狭結駅～多伎駅～石見国との国境の距離（一九＋一四里）が、神門郡から国境までの距離（三三里）と等しいことから、狭結駅が神門郡家に隣接していたことが分かる。『風土記』が国内の道路状況を詳しく記載してくれるおかげで、我々は古代の交通を精細に復元できるのである。

現在島根県内では明確な駅家遺構は発見されていない（駅家の機能や他県での駅家発掘事例について→解説12）。一方で県内からは駅家に関する出土文字資料として出雲国府跡（松江市大草町ほか）から「駅」と記された墨書土器が出土しており、これは国府の北に置かれた黒田駅家に関係する可能性がある。また縄文時代から近世に至る複合遺跡であるタテチョウ遺跡（松江市西川津町）からも「駅」と記された墨書土器が出土しているが、近辺に駅家はなくこの「駅」が駅家を意味するものではない可能性もある。

▲「駅」墨書土器　松江市西川津町　タテチョウ遺跡出土（所蔵　埋文センター）

［参］島根県教育委員会一九七九
島根県教育委員会一九八七

※正東道…仁多郡家から出雲国の東南の境の阿志毘縁山に行く道。
※阿志毘縁山…仁多郡の通道の阿志毘縁山を参照。
※遊託山…仁多郡の遊託山を参照。
※来待橋…松江市宍道町東来待と西来待の境に来待川が流れているが、そこにかかっていた橋。
※佐雑埼…意宇郡の通道の佐雑埼を参照。
※出雲河…現在の斐伊川のこと。解説80参照。
※神門郡家…神門郡の郡家。出雲市古志本郷遺跡がその遺跡。詳細は解説85参照。
※石見国安農郡…神門郡の通道の石見国安濃郡を参照。

本文・現代語訳

[二] 出雲国の駅路(えきろ)

東の堺より西に行くこと二十里一百八十歩(ぶ)で、※野城駅(ぎのうまや)に至る。また、西に二十一里で※黒田駅(くろだ)に至る。ここで分かれて二つの道となる。(一つは正西道、一つは隠岐国(おき)に渡る道である。)隠岐道は、北に行くこと三十四里一百四十歩で隠岐渡、千酌駅(ちくみ)に至る。また、正西道は三十八里で※宍道駅(ししぢ)に至る。また、西に二十六里二百二十九歩で※狭結駅(さよう)に至る。また、西に一十九里で※多伎駅(たき)に至る。また、西に一十四里で出雲国の西の堺に至る。

[注釈]
※野城駅…意宇郡の野城駅を参照。
※黒田駅…意宇郡の黒田駅を参照。
※宍道駅…意宇郡の宍道駅を参照。
※狭結駅…神門郡の狭結駅を参照。
※多伎駅…神門郡の多伎駅を参照。

本文・現代語訳

[三] 出雲国の軍団(ぐんだん)

※意宇(おう)軍団、郡家(ぐうけ)に属する。

解説 125

出雲の軍団(ぐんだん)

軍団記載は、軍団所在地を明記するほぼ唯一の重要史料である。

軍団とは、古代国家の常備軍である。都城で天皇を守る衛府(えふ)に対して、軍団は新羅(しらぎ)などの日本以外の国家との戦争を念頭に置いた軍隊で、国司(こくし)に直属し全国に配置された。編戸(へんこ)によって編成された戸(→解説32)は各一名の兵士を負担するので、一郷からの徴兵で五〇人の部隊が編成可能であり(実際には同郷の人をばらして編成する)、軍団は複数郡の合計二〇郷分、兵士一〇〇〇人が基本であった。

『風土記』の軍団には二つの類型がある。郡堺の河川沿いにある神門(かんど)・熊谷(くまたに)軍団は郡を越え広域から徴兵するのに適した軍団専用施設である。これに対し郡家(ぐうけ)と同所の意宇(おう)軍団の立地は軍団の成立過程と関係がある。軍団には兵庫(ひょうご)もあり、兵器が集積されていた。兵器の集積は、当初郡家の前身である評家(ひょうけ)で開始されており、後に評家から兵庫が分離、軍事機能が独立し軍団となったとみられる。意宇軍団は政治と軍事が一体だった頃の状況を継承しているのであろう。

意宇軍団については、練兵場を示す団原(だんばら)の地名が、旧黒田駅家(くろだのうまや)所在地の黒田近傍にある。この黒田周辺は出雲臣(おみ)の新造院(しんぞういん)・居宅もあり『風土記』以前の意宇評家所在地とも推定される(→解説13)。以上のことからも軍事機能を持った評家の存在が推定できそうだ。

[参] 大橋泰夫二〇一〇
下向井龍彦一九八七・一九九一

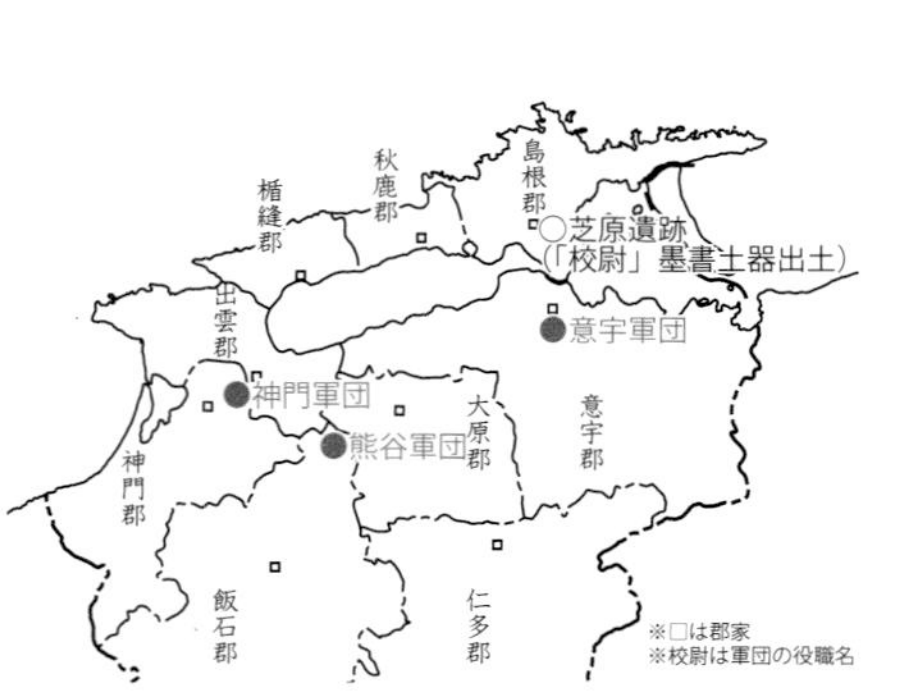

▲『出雲国風土記』に見える軍団と関連遺跡

▲意宇軍団とその周辺

※熊谷軍団、飯石郡家の東北二十九里一百八十歩にある。

※神門軍団、神門郡家の正東七里にある。

［注釈］

※意宇軍団…意宇郡家に付属していた。意宇郡家・黒田駅家・意宇軍団の三施設が同所にあったと考えられる。意宇・島根・秋鹿の三郡を管轄したか。解説125参照。

※熊谷軍団…雲南市木次町下熊谷付近が推定地。飯石郡家から斐伊河の里程（飯石郡の通道）と一致するので斐伊河の川辺にあったと考えられる。飯石・仁多・大原の三郡を管轄したか。

※神門軍団…出雲市大津町長者原付近が推定地。神門・出雲・楯縫三郡を管轄したか。同地にあった長者原廃寺は、寺院跡か（近藤正一九七八・三舟隆之一九九五）。

本文・現代語訳

［四］出雲国の烽

※馬見烽、出雲郡家の西北三十二里二百四十歩にある。

※土椋烽、神門郡家の東南一十四里にある。

※多夫志烽、出雲郡家の正北一十三里四十歩にある。

※布自枳美烽、島根郡家の正南七里二百一十歩にある。

※暑垣烽、意宇郡家の正東二十里八十歩にある。

［注釈］

※馬見烽…出雲市大社町の出雲大社北方の坪背山（標高371メートル）説と、出雲市浜町浜山丘陵にあったとする二説がある。解説35参照。

※土椋烽…出雲市稗原町と所原町の境にある大袋山（標高359メートル）にあったと考えられる。

※多夫志烽…出雲市東林木町と口宇賀町の境にある旅伏山（標高456メートル）にあったと考えられる。

※布自枳美烽…島根郡の布自枳美高山に見える烽。

※暑垣烽…意宇郡の暑垣山に見える烽。

解説 126

『風土記』巻末の署名

まず勘造者神宅臣金太理は、編集の実務担当者とみられる。『風土記』の各郡の記載は本来各郡司作成の上申文書であったが（→解説26）、各郡の間で記載を調整したのが金太理であった（→はじめに2）。また、彼の居地秋鹿郡は、四つの郷名がすべて、「○○神が○○した時に、○○とおっしゃった」というスタイルで統一されており完成度が高く、編纂のお手本だったとの見方もある。

神宅氏は古代史の史料では他にみえないが、鎌倉時代の出雲国衙の有力在庁官人勝部氏について、神宅臣から改姓したとの記録があり（佐陀朝山氏系図）、井上寛司はこれを佐陀神社の神職が神宅氏から勝部氏に移ったこととの反映とみる。「神宅」の読みについては、天平三年（七三一）の隠伎国海部郡からの荷札木簡に「神宅郷」と判読できそうな郷名がある。この郷は他の木簡では「御宅郷」と記されるので、この判読が正しければ「神宅」はミヤケと読んだのだろう。

次に出雲臣広島は意宇郡大領を兼帯する『風土記』編纂時の出雲国造で、神亀元年（七二四）に神賀詞を奏上しており、その数年前に国造に就任したのであろう。当時の出雲国では、国司とは別に地元の豪族出雲国造出雲臣が宗教的権威を背景として国内全域に及ぶ影響力を持っていた（→コラム2）。編者に国造が登場する風土記は『出雲国風土記』だけで、内容にも大きな影響を与えている著しい特色であるといえる。

なお、彼の勲位は多くの写本が「勲業」となっているが、最古の写本細川家本は「勲十二等」である。書写によって本来の文字が変化した過程がよくわかる。

［参］井上寛司一九九七
関和彦一九九五・二〇〇七b
谷口雅博二〇〇九

国造帯意宇郡大領外正六位上勲十二等出雲臣
廣嶋

国造帯意宇郡大領外正六位上勲業出雲臣
廣嶋

◀右…細川家本（所蔵　永青文庫）
左…古代文化センター本（所蔵　古代文化センター）

本文・現代語訳

[五] 出雲国の戍

※宅伎戍、神門郡家の西南三十一里にある。
※瀬埼戍、島根郡家の東北一十九里一百八十歩にある。

[注釈]

戍とは辺境守備のために設置された施設。要害におかれ、柵を立てて守るとされ（『続日本紀』大宝二年（七〇二）十月丁丑条）、二所とも海浜部にあり、豊後・伊予の堺におかれた事例（同霊亀二年（七一六）五月辛卯条）も同様で、海上を監視する軍事施設か。

※宅伎戍…出雲市多伎町口田儀の石見国境近くにあったと考えられる。
※瀬埼戍…島根郡の海岸地形の瀬埼にも見える。

本文・現代語訳

[六]『出雲国風土記』の編纂者

天平五年（七三三）二月三十日、※勘造。秋鹿郡人、※神宅臣金太理
※国造帯意宇郡大領外正六位上勲十二等※出雲臣広島

[注釈]

※勘造…編集のことを指す。
※神宅臣金太理…他には見えない人物。神宅という氏も他にはみえない。読み方については「みやけ」「かんやけ」の二説がある。解説126参照。
※国造帯意宇郡大領…国造と郡司を兼任していることを示す。国造と郡司の兼任については、解説26参照。
※出雲臣広島…『風土記』編纂の中心人物で、『続日本紀』によれば神亀元年（七二四）に神賀詞を奏上しており、この数年前に国造に就任したものと考えられる。解説126参照。

解説 127

『風土記』の勘造年と軍事記載

『出雲国風土記』勘造の天平五年（七三三）二月三〇日とはどのような年のどのような時点にあたるのだろうか。

天平五年とは、前年の天平四年に山陰道に節度使が設置され、国防強化が図られた年で、『風土記』にも大きな影響をあたえているとみられる。

直接的にはまず、烽の設置が挙げられる。『風土記』と前後する天平六年出雲国計会帳は、『風土記』編纂後の天平五年の九月に出雲国から出雲・神門二郡の三烽設置の報告書が提出されている。ここから『風土記』は編纂後にも手が加えられたとみる説もあったが、『風土記』では出雲郡・神門郡の郡別記載には烽がなく、天平五年とはまさに烽の整備中であったとみるべきであろう（内田律雄）。直後には『風土記』にみえない出雲―隠岐国間の烽も整備されている（→解説35）。

また、同じ時期に軍団も再編があった。節度使と出雲国の文書のやりとりをみると、八月には軍団の職員である軍毅に「復任」（再任用か）や新規採用が合計八人あり、十月には出雲国内で軍団兵士が追加して徴発されている。同じ十月に進上されている兵士の帳簿は、出雲国の集計とみられる兵士簿目録一巻に加え、歴名簿（兵士の名簿）、点替簿（交代を整理した帳簿か）などそれぞれ四巻からなる。これは軍団毎に一巻とみられるのでこの間に軍団が一団増設された可能性がある。

また、戍についても、郡別記載では島根郡に瀬埼戍のみが記載されるが、巻末記載では二か所みえる。さらに計会帳によると、節度使は天平六年二月に出雲国に対し「要地六所」に弩（機械式発射装置を持つ弓）と幕を設置せよという命令を下している。「要地」と戍の関係はあきらかではないが、弩は海岸に設置されたので（→解説47）、戍と「要地」には共通する側面があった。天平五年を通じて戍も順次増設されていた可能性もある。

これらの記載が巻末にまとめられていることには、『風土記』の編纂時点でこれらが現在整備中・再編中の施設であることも関係がありそうである。

[参] 内田律雄一九九五b
門井直哉二〇一一
村尾次郎一九六一

コラム column 18

古代山陰道を復元する

道とは、書き換えられるものである。地域社会の変化や気候・地形の変動によって刻一刻と形を変えていく。よって約一三〇〇年も前の道路を復元する作業は困難を極める。しかし、ヒントが全くないわけではない。特に出雲地域においては道路について詳しく記した『風土記』がほぼ完全な形で伝わっている。さらに近年、古代山陰道と推定される遺跡が続々と発見されている。それらを素材に、古代の山陰道がどのように復元されるのか見てみよう。

● 歴史地理学によるルートの復元

古代の山陰道が出雲国内で実際にどこを通過したのか。この問題には戦前からさまざまな研究者が案を提示してきた。その中で、近年の中村太一と木本雅康が、歴史地理学的研究によって精密に古代山陰道を復元している。

両氏は『風土記』の記述はもちろん、古代道の痕跡を残す地形や現代にその名残を遺す小道、道を示す古地名や立石と呼ばれる道標石などを素材に、古代山陰道を高精度で復元している。

例えば、松江市乃白町付近では、現道に並行する幅一〇・五メートルの地割が確認されている。西側には後述する松本古墳群で発見された古代道路が連続し、現道は古い地形図にも記載される道であることなどから、この地割は古代山陰道跡と推定されている。

▲古代山陰道の痕跡　松江市乃白町付近

また塞の神が祀られている付近も道路跡の可能性が高い。塞の神とは疫神や悪霊の侵入を防ぐために祀られた境界神である。疫神や悪霊は道を通ってくると信じられていたため、塞の神はその付近に昔から道路があったことを示す資料として有効である。

また全国の発掘調査事例などから、古代道路は直進性をもち、勾配が緩やかで地盤のしっかりした地点を通ることも指摘されており、出雲国における古代山陰道ルートの推定においても、それらの調査成果が援用されている。

出雲国内の古代山陰道は、こういったさまざまな情報や成果を積み重ねて、復元されているのである。

● 新発見！古代山陰道

二〇一三年夏、出雲市斐川町の工業団地造成工事に先立ち、発掘調査がおこなわれた。その丘陵部の杉沢遺跡から古代の道路跡が見つかった。

杉沢遺跡は標高二五メートル前後の東西に伸びる尾根上に位置し、そこで幅約九メートルの道路遺構が発見された。遺跡からは古墳時代終末期〜奈良時代の須恵器や土師器などが出土していること、また軟弱な地盤を改良する工事の跡が見つかったことなどから古代の官道であることが判明した。また本遺跡は池橋達雄の推定する古代山陰道のルート上に位置することから、道路遺構は古代山陰道である可能性が高いとされている。

　この道は近世の絵図などには「筑紫街道」として見えている。筑紫街道は平安時代ころから東西を結んでいた道と思われるが（池橋達雄）、杉沢遺跡近辺においては、古代山陰道を踏襲する形で筑紫街道が走っていたと推定される。

① 杉沢Ⅲ遺跡
② 三井Ⅱ遺跡
③ 御井神社
④ 綱長井
⑤ 生井
⑥ 福井
⑦ 2000年調査で版築状遺構を確認
⑧ 塞の神
⑨ 2013年検出道路遺構（杉沢遺跡）
三井
0　500m

▲杉沢Ⅲ遺跡と古代山陰道

◎山陰道と杉沢Ⅲ遺跡

今回発見された山陰道遺構から北東約五〇〇メートルのところにある杉沢Ⅲ遺跡では、九本柱建物が発見されている。八世紀後半から九世紀初め頃に造られたと推定されるこの総柱構造の掘立柱建物は、丘陵の頂部に所在し、建物の周囲には塀が取り囲み、外部と隔絶した空間を形成している。

　この杉沢Ⅲ遺跡の東約二〇〇メートルには延喜式内社「御井神社」が鎮座し、周囲には綱長井・生井・福井という三つの井戸が祀られている。また杉沢Ⅲ遺跡の南の谷からは「三井」「井」などと記した墨書土器が多数出土している（三井Ⅱ遺跡）。

　よって、杉沢Ⅲ遺跡の九本柱建物は『風土記』出雲郡の神社の御井社と非常に関係が深い建物であると考えられる。この地では谷の湧水池でおこなわれていた水源や水辺の祭祀が、古代から連綿と続いているのである。

　なお古代山陰道は杉沢Ⅲ遺跡から谷を挟んで南の尾根上を東西に走っている。当時は、山陰道から北に塀に囲まれた九本柱建物を眺めることができたであろう。

◎続々と見つかる古代山陰道跡

このほか、松江市大庭町の揩松遺跡や同市乃木福富町の松本古墳群でも、古代山陰道の推定ルート上で道路遺構が見つかっている。松本古墳群は一九九五年に発掘調査がおこなわれ、丘陵の谷を切り通し状に人為的に整形しており、幅八〜一〇メートルの道路が想定できるとされている。

　近年のこういった発掘調査成果によって、古代山陰道の復元はさらに精度を増しているのである。

▲松本古墳群内の道路遺構
（提供　埋文センター）

【参】池田満雄一九八七
池橋達雄二〇〇一
木本雅康二〇〇一
宍道町教育委員会一九九八
中村太一一九九六
斐川町教育委員会二〇〇一

出雲国府とその風景

「飫宇の海の河原の千鳥汝が鳴けば吾が佐保川の念ほゆらくに」（万葉集〇三七一）

この歌は、ちょうど『風土記』が編纂されているころ、国司として出雲に赴任してきた門部王が謡った歌である。飫宇（意宇）の海とは現在の中海のことで、河原とは大橋川もしくは意宇川を指すと言われている。中海へ注ぐ意宇川の上流には、かつての出雲国の中心地、出雲国府があった。

門部王は出雲国府より見える情景に、望郷の想いを馳せていた。現在、出雲国府をはじめ当時の施設群は地中に眠っており、その姿を見ることはできない。遥か一三〇〇年前、彼が出雲の地で見た風景とはどのようなものだったのだろうか。ここでは、出雲国府とその周辺の景観を、考古学の発掘成果をもとに読み解いてみたい。

姿を現した出雲国府

出雲国府は、松江市大草町にある意宇平野に所在する。周囲には精美な条里制水田が広がり、北には神名樋野と称される茶臼山がそびえる。出雲国府より東に目を向けると条里の向こうに入海と呼ばれた中海が見え、真冬の晴れた日には国引き神話で有名な大山の雄姿を仰ぐことができる。

数十年にも及ぶ発掘調査では、出雲国府の中枢である政庁、役所の実務機関である曹司、国司の宿泊施設である国司館、鉄や漆を加工生産する工房などが見つかった。政庁は、国家権力を誇示する儀礼の場、または外交・饗宴の場としての機能を持つ。調査では、四面に廂の付く大型建物が検出され、政庁後殿もしくは正殿と推定されている。出雲国守である門部王も、この政庁に通って政務をおこなっていたのだろう。政庁の北には、大型の掘立柱建物が整然と並んでおり、曹司と推定されている。曹司とは、租税の徴収・管理や戸籍の作成といった実務的な作業をおこなう場所である。国司配下の雑任・徭丁など、多くの人々が働いていたと思われ、木簡や硯などが多量に出土している。国司館は曹司の北で見つかった。庇付の大型建物が東西に並び、文字資料からそれぞれ「東殿」「西殿」と呼ばれていたことが分かった。こうした行政施設からやや離れた場所では、鉄と漆の工房が検出された。鉄の工房では、長方形をした竪穴建物跡と、鉄生産に使う鞴の羽口が出土した。漆工房では、漆の付着した須恵器が多数出土し、漆を保管する倉庫群も見つかった。また、遺構は不明であるが、玉作の遺物も全体的に出土している。

このように、出雲国府には様々な施設が存在し、それらが政庁を中心として機

▲奈良時代における意宇平野の復元模型
（所蔵　八雲立つ風土記の丘展示学習館）

能ごとに分散して配置されていることが明らかになった。

国府研究と『風土記』

『風土記』によると出雲国府には、①意宇郡家（ぐうけ）、そして郡家に②黒田駅（くろだのうまや）、③意宇軍団（ぐんだん）が付属していたという。残念ながら、これらの施設は未だ発見されていない。だがこの『風土記』の記述から、国府所在郡である意宇郡家・軍団・駅が国府周辺に近接して設置されていることが読み取れ、これが国府景観の一つのモデルケースとして全国の国府研究に大きな影響を与えている。

また、出雲国府と意宇郡家の関係については、『風土記』巻末の「国庁・意宇郡家」の記述が注目されている。従来の説では、これを「国庁たる意宇郡家」と読み、八世紀前半には国庁（国府）と意宇郡家は同じ施設であったと理解された。すなわち、中央より派遣された国司達は、意宇郡家に駐在する形で政務を執りおこなっていたというのである。ところが近年、八世紀前半以前に遡る調査例が相次ぎ、この見解にも再考の必要が生じてきている。今後の研究が大いに注目される。

出雲国府周辺の施設

さて『風土記』の記述をもとに、出雲国府周辺の景観に目を広げてみよう。意宇平野には、出雲国府の他にも山代郷（やましろ）正倉（しょうそう）（↓解説10）や山代郷南新造院（しんぞういん）（↓解説17）をはじめ、数多くの施設が存在する。また、『風土記』編纂後のことになるが出雲国分寺（こくぶんじ）・国分尼寺（こくぶんにじ）なども造営されている。

いずれも発掘調査がおこなわれており、出雲国府周辺の景観はかなり具体的に描き出せるようになってきた。これら諸施設を最新の研究成果をもとに配置したものが、写真にある復元模型である。この模型は、八世紀後半の出雲国を復元しているため、正確には門部王が出雲にいた頃とは異なる。だが、律令時代という大きな枠組みでは、その景観にそれほど変化はないと思われ、ここに、冒頭の歌の情景を垣間見ることができるのである。

出雲国府と原風景

かつてこの地は、出雲国の中心として繁栄を極めていた。そこには沢山の人や物資が行き交い、様々な物語が生まれたことだろう。今では、かつての賑わいこそ失われたものの、精美な条里景観はそのままに、長閑な自然と変わらない営みが残っている。

▲出雲国府の景観

夕暮れ時、出雲国府へと続く道程を歩いていると、何とも言えない感傷的な気分へといざなわれる。沈む夕日に伸びる影は、茜に染まる田園にどこまでも続いていて、時折目に入る無機質な現代建築でさえ、今と昔をつなぐ架け橋のように感じさせてくれる。

実は、私たちは門部王が見た風景と、そう変わらない景色を見ているのではないだろうか。

［参］島根県教育委員会二〇一三

用語解説

○あ行

【あかぎり】赤桐（桐）　植物の名称。アブラギリ。

【あさ】麻　植物の名称。アサ。

【あし】葦　植物の名称。アシ（ハマヲギ）。

【あし】芦　植物の名称。アシ。

【あぢすきたかひこ】阿遅須枳高日子　オオクニヌシの御子。『古事記』では阿遅鉏高日子根や阿遅志貴高日子根、『日本書紀』では味耜高彦根と表記され、『延喜式』では大和国葛上郡の高鴨阿治須岐託彦根神社の祭神である。アヂスキタカヒコ（ネ）の「スキ」とは「鋤」のことで、農業神か。『風土記』では、后の天御梶日女命が多伎都比古命を産んだとみえる（楯縫郡神名樋山条）。

【あながま】窖窯　斜面に設けられた一続きの筒抜けのあなの形をして、焚き口と煙を出すあなの高低差を利用し土器を焼く窯。登り窯の一種。

【あまつかみ】天つ神　天の神の意。高天原に住む神および高天原から降臨した神とその子孫を指す。

【あまりべ】余戸　律令制においては五〇戸一郷（里）が原則であったが、五〇戸で割り切れない場合の余った戸を余戸と称した。九戸までは別の郷（里）に編入し、一〇戸を超えた場合は新たに一里を建てることが認められていた（余戸里）。

【あめのしたつくらししおおかみ】所造天下大神　「天下」は天の下を示す。すなわち国土のこと。直訳すると「国土を造った偉大な神」となる。オオクニヌシ・オオナモチのこと。『風土記』で大神と記される四神のうちの一神（→**【おおくにぬし】**大国主・**【おおなもち】**大穴持）。

【あめのほひ】天穂日　出雲臣らの祖先とされた神で、『古事記』では天菩比とも表記される。記紀では最初に葦原中国に遣わされるが、オオクニヌシに媚びて三年復奏しなかったとされる。神賀詞の祝詞では、オオナモチを媚びしずめ、皇孫の近き守り神としたとされる。

【あやめたむ】地楡　植物の名称。ワレモコウ。

【あゆ】年魚　水産物の名称。アユ。

【ありのひふき】桔梗　植物の名称。キキョウ。

【あわぎ】樫・多年木　植物の名称。カシ。

【あわび】鮑（魚）　水産物の名称。アワビ。

【い】猪　動物の名称。イノシシ。

【いえついも】芋（菜）　植物の名称。サトイモ。

【いおすき】商陸・狼毒　植物の名称。ヤマゴボウ。

【いか】烏賊　水産物の名称。イカ。

【いかい】位階　七〇一年以降の大宝・養老律令制下において、親王には一品から四品、諸王には一位から五位、諸臣には一位から初位を与えた。最高位の正一位から最下位の少初位下までで三〇階となる（別表2参照）。位階を持つ者は位階に対応する官職に就くのが基本であり、俸給や待遇も位階に基づき、八位以上は課役が免除される。要するに、官職を持つものは官僚であり有力者であった。特に五位以上は上記に加え各種特権が伴う、いわゆる貴族である。

また、郡司は位の前に「外」の文字が附されているが、これは郡司など地方の官職についた者に与えられる外位を示す。外正五位上以下、通常の位階（内位という）に対応して存在するが、俸給などは低く抑えられている。なお、中央から派遣される国司は内位である。

【いがい】貽貝　水産物の名称。クロガイ。

【いぐい】伊久（具）比　水産物の名称。ウグイ。

【いずもこくそう／いずものくにのみやつこ】出雲国造　六世紀頃に全国におかれた国造のうち、出雲地域を統括した国造で、出雲臣氏がこれに就いた。出雲国内最大の地方豪族である。諸国の国造一般が、大化改新以後次第に名誉職化したのに対し、出雲国造は八世紀以降平安時代まではその就任に当たり神賀詞の奏上がおこなわれるなど、一定の勢力を保った。奈良時代の本拠地は意宇郡でのちに出雲大社に移ったとされる。子孫は一四世紀半ばには千家家と北島家に分かれ、現在も千家家が出雲大社の宮司を継承している。

【いずもこくそうけいず】出雲国造系図　出雲国造の系譜をひく千家家・北島家に伝来する系図の総称で、天穂日から「叡屋臣　帯許督（評督の誤記）」と記される冒頭部分は、古代の史料を基にしたと考えられる（高嶋弘志一九九五）。

【いずものくにけいかいちょう】出雲国計会帳　律令制下において、官司相互の命令・報告などは文書を通じておこなわれた。その文書の授受が確実におこなわれたか確認するために発信官司・受信官司相互で記録がとられた。その目録が計会帳で、出雲国には天平六年（七三四）のもの（内容は天平五年八月から六年七月まで）が一部残存している。松江市史編集委員会編二〇一三『松江市史　史料編3　古代・中世Ⅰ』に掲載されている。

【いずものくにしょうぜいへんきゃくちょう】出雲国正税返却帳　平安時代、国司（受領）が各年度の国衙財政の報告書を太政官に提出すると（正税帳）、主税寮で監査がおこなわれた。この監査を経て、問題がなければ返抄（領収書）が発給されるが、不備など誤りが一定以上あった場合は返抄を発給できないため正税帳を返却すべき旨を民部省に上申した。これを正税返却帳という。松江市史編集委員会編二〇一三『松江市史　史料編3　古代・中世Ⅰ』に掲載されている。

【いずものくにたいぜいしんごうれきめいちょう】出雲国大税賑給歴名帳　天平一一年（七三九）に、出雲国の高齢者や家族のないものに食糧を配給したとき（賑給という）、その対象者の名簿。出雲郡、神門郡の一部が現存し、郷の下の里名や氏族構成の手がかりとなる史料である。松江市史編集委員会二〇一三『松江市史　史料編3　古代・中世Ⅰ』に掲載されている。

【いずもふどきかい】『出雲風土記解』　『出雲国風土記』の注釈書。内山真龍の著。三巻三冊。数種類の『出雲国風土記』の写本を基に校合し、地理的解釈は『出雲風土記抄』により、語句の注釈は自説のほかに賀茂真淵、本居宣長、千家俊信などの説も付し、語句の考証に優れている。体裁は、「出雲国図」「古事記系図」「風土記神号」、郡別に地図を付す。現存するものはすべて写本で、美保神社横山家本など。

【いずもふどきしょう】『出雲風土記抄』　『出雲国風土記』の最初の注釈書。松江藩士の岸崎佐久次時照の著。四冊。天和三年（一六八三）成立。『出雲国風土記』の本文を記し、一字下げて「抄曰」と注記し考証を記す。地理的考証に優れている。すべて写本で、島根大学附属図書館所蔵桑原家文庫本など。桑原家本は、『兼永本古事記・出雲国風土記抄CD—ROM』（岩波書店）として画像が刊行されている。

【いそ】磯　海・川などの岩石の多い波打ち際のこと。

【いたちぐさ】連翹　植物の名称。レンギョウ。

【いっしょ】一書　「あるふみ」とも読む。『日本書紀』が掲載する本文とは異なる伝承。例として『日本書紀』巻二第九段第二の一書とは巻二の神代下の第九段の本文とは異なる二つ目の伝承ということになる。この巻二第九段第二の一書は、著名な国譲りの伝承を含み、高皇産霊（タカミムスヒ）がオオクニヌシが国を譲る代償として壮大な天日隅之宮（杵築大社）を造ることを約束し、天穂日がオオクニヌシを祭るとのべる。出雲国造の主張が盛り込まれているとされる。

【いつぶん】逸文　失われた書物の一部が他の史料に引用される形で現在にのこるもの。風土記の逸文は仙覚による『万葉集註釈』、卜部兼方による『釈日本紀』に引用されたものが代表的で、ほぼ古代の風土記逸文である。一方、それ以降の風土記逸文には、古代の風土記とは認めがたいものもある。植垣節也一九九七『風土記』（新編日本古典文学全集5　小学館）等に収録されている。

【いなぎ】印支　古代のカバネの一種。通常、稲置とも表記される。稲置は『隋書倭国伝』にも伊尼翼（いなぎ）がみえ、天武天皇一三年（六八四）の八色の姓制定に際し、その中で最下位の姓とされた。

【いまい　じかん】今井似閑　江戸時代中期の京都の国学者。家業の両替商の隠退後、下河辺長流や契沖らに万葉集などを学び、契沖の著書や『万葉緯』などを上賀茂神社三手文庫に納めた。

【今も前のままの字を用いる】　神亀三年（七二六）の郷名を改めよという民部省口宣を受けたとき、郷名の字を変更しなかったことを意味する（→**【みんぶしょう】**民部省・**【くぜん】**口宣）。

【いりうみ】入海　中海と宍道湖を合わせた名称。『風土記』の頃、中海と宍道湖は一つの水域であった。

【いるか】入鹿　水産物の名称。イルカ。

【いわくさ】石葦　植物の名称。ヒトツバ。

【いわぐすり】石斛　植物の名称。セキコク。

【いわくみ】巻柏　植物の名称。イワヒバ（イワマツ）。

【いわくら】磐座　神の座となる石。神の降臨場所ないし神そのもので、大型の石や変わった形の石が選ばれた。

【いわみのくに】石見国　現在の大田市・邑智郡以西（大田市の一部は出雲国）の島根県西部にあたり、山陰道では都からみて出雲国の次の国である。

【うさぎ】兎（菟）　動物の名称。ウサギ。

【うずら】鶉　動物の名称。ウヅラ。

【うたがき】歌垣　古代の庶民の交歓の場。男女が集団で歌舞飲食を通じて求愛・求婚をしあう場。春や秋など決められた時期に景観の優れた場所でおこなわれる。

【うだけ】宇竹　植物の名称。真竹。

【うちやま　またつ】内山真龍　遠江国の国学者。一七四〇年～一八二一年。天明六年（一七八六）に出雲国を実地に踏査し、翌年に『出雲風土記解』を著す。

【うど】独活　植物の名称。ウド。

【うに】蕀甲蠃（石経子）　水産物の名称。ウニ。

【うねめ】采女　天皇に近侍し、主にその食膳などに奉仕する下級女官。郡司の少領以上の姉妹などが貢進された（→**【ぐんじ】**郡司）。

【うま】馬　動物の名称。ウマ。

【うまや】駅・駅家　都と諸国を連結した道路（出雲国では山陰道）に設けられた、通信・交通・宿泊等機能を持つ施設のことで、『風土記』では「駅」ないし「駅家」（島根郡）と表記される（→解説12・124）。駅家を維持する駅戸集団を指す場合もあると見られる（→解説45）。

【うむぎ】蛤貝（蚌菜・蚌）　水産物の名称。ハマグリ。

【うめ】梅　植物の名称。ウメ。

【うるしがみもんじょ】漆紙文書　漆工房で漆の乾燥やゴミの侵入を防ぐための蓋に反故文書を利用したとき、漆が付着した部分が土中に残ったもの。島根県内では二遺跡から五点が出土している。文書が書かれたり使われた場所ではなく、漆工房から出土する。

【うんようし】雲陽誌　江戸時代の出雲の地誌。松江藩の儒者黒沢長尚編。享保二年（一七一七）成立。出雲国一〇郡を島根・秋鹿・意宇・能義・仁多・大原・飯石・出雲・楯縫・神門の順に、郡町村ごとに神社・仏閣・山川・池沼・橋梁・名所・旧跡・古戦場等が、その由来・伝承が記される。事柄について『出雲国風土記』の〇〇である、と記す記事も多い。『大日本地誌大系』（雄山閣出版）に収録されている。

【えいとう】頴稲　刈り取って穂先についたままの稲。なお、脱穀された稲は籾稲と呼ばれた。

【えび】鰝鰕　水産物の名称。エビ。

【えびかづら】塩味葛　植物の名称。エビヅル。

【えびすぐさ】決目　植物の名称。エビスグサ（ロッカクソウ）。

【えびすくすり】芍薬　植物の名称。シャクヤク。

【えみくさ】女委　植物の名称。アマドコロ。

【えやみぐさ】竜胆　植物の名称。リンドウ。

【えんぎしき】延喜式　律令の施行細則で、延喜五年（九〇五）に編纂が開始された。延喜式以前の弘仁式、貞観式、その後の式をまとめる形で編纂され、全五〇巻からなる。この中の巻九・一〇の神名式（神名帳ともいう）は現存最古の全国の神社帳簿で、これに掲載される神社を延喜式内社・式内社と呼ぶ。虎尾俊哉編二〇〇〇・二〇〇七『訳注日本史料　延喜式』上・中（集英社）がある。

【えんぎしきないしゃ】延喜式内社　式内社とも。『延喜式』巻九・一〇の神名式（神名帳ともいう）に掲載されている神社のこと。『風土記』の神祇官社に当たり、官社とも言う。

【えんめんけん】円面硯　円形をした脚の付いた硯。主に、官衙遺跡から出土する。

【おう】白貝　水産物の名称。大きいハマグリ。

【おおうみ】大海　今の日本海のこと。北海とも言う。

【おおえみ】黄精　植物の名称。ナルコユリ。

【おおかみ】狼　動物の名称。オオカミ。

【おおからのくに】意富加羅国　加羅は六世紀以前に朝鮮半島にあった国または地域名で、「任那」などと表記されることもある。朝鮮半島南部には複数の小国があり、それらを総称したもので、特に大加羅といった場合、加羅の中でも北方の有力な国を指す（→コラム1）。意宇郡阿太加夜社・神門郡加夜社はこれに関係するか。

【おおくにぬし】大国主・【おおなもち】大穴持　オオクニヌシおよびその別称は様々な史料に見え、『古事記』『日本書紀』『風土記』（意宇郡母理郷条）においては国譲り・国作りの神として知られる。国譲りによって杵築大社（出雲大社）に祀られることとなる。『風土記』では最多の登場回数を誇る神で、「所造天下大神」と記されることが多い。系譜は『古事記』はスサノオの六世孫、『日本書紀』ではスサノオの御子神とし、『風土記』では、山代日子（意宇郡）、御穂須須美（島根郡）、和加布都努志（秋鹿郡、出雲郡）、阿陀加夜努志多伎吉比売（神門郡）、阿遅須枳高日子（神門郡、仁多郡）らを御子神とする（→【あめのしたつくらししおおかみ】所造天下大神）。

【おおばこ】苡　植物の名称。ジュズダマもしくはオオバコ。

【おぎ】荻　植物の名称。オギ。

【おきなぐさ】白頭公　植物の名称。オキナグサ。

【おきのくに】隠岐国　現在の島根県隠岐島にあたる。石見国と並んで山陰道では都からみて出雲国の次の国で、出雲国とは島根郡千酌駅から海路でつながる。国引きされてきた土地の所在地に推定される。

【おけら】白朮　植物の名称。オケラ。

【おし】鴛鴦　動物の名称。オシドリ。

【おしくさ】玄参　植物の名称。ゴマノハグサ。

【おにのやがら】続断　植物の名称。ナベナ。

【おにわらび】貫衆　植物の名称。ヤブソテツ（オニワラビ）。

【おはぎ】薺頭蒿　植物の名称。ヨメナ。

【おびと】首　古代のカバネの一種。出雲では臣に次ぐ中小首長のカバネと推測される。天武天皇一三年（六八四）の八色の姓において廃止されたが、その後も名乗る氏族は多かった。

【おみ】臣　古代のカバネの一種。中央では臣姓の豪族は、蘇我臣や春日臣など地名を冠する大豪族でその地域に古くから存在している氏族だと考えられる。出雲国では国造出雲臣のカバネで、ほかに〇〇部臣が多く存在する。出雲のカバネ臣の氏族は出雲臣との同族と考えられる。

【おわりのくにふどきいつぶん】尾張国風土記逸文　『釈日本紀』に引用された尾張国（現在の愛知県西部）の風土記逸文。秋本吉郎一九五八『岩波古典文学大系　風土記』（岩波書店）他に掲載されている。

○か行

【かいきつだん】懐橘談　松江藩儒者の黒沢石斎（くろさわせきさい）の著。上巻は承応二年（一六五三）、下巻は寛文元年（一六六一）に刊行。『出雲国風土記』以来の出雲国の地誌。活字本は『続々群書類従　第九』所収。

【かえ】栢・榧・茅　植物の名称。カヤ。

【かがみ】白芨　植物の名称。シラン。

【かき】螺蠣子・（玄）蠣　水産物の名称。カキ。

【かさくさ】王不留行　植物の名称。ヒメキョウグシロ（ドウカンソウ）。

【かさもち】白芷　植物の名称。ヨロイグサ。

【かし】橿・樫　植物の名称。ブナ。

【かじ】楮　植物の名称。コウゾ。
【かせ】甲蠃　水産物の名称。ウニの類。
【かたりべ】語部　古伝承を語り伝え、大嘗祭などの儀式でそれを奏することを職掌とした部民（→【べみん】部民）。
【がとう】瓦当　軒丸瓦・軒平瓦の軒側の文様のある部分を指す。
【かのにけぐさ】人参　植物の名称。チョウセンニンジン。
【かばね】カバネ　古代社会において、人名の姓と名の間に付けた称号でヤマト王権での職務や出自、階層を示すものである。八世紀には真人・朝臣・宿禰・忌寸（以上、基本は畿内出身の有力氏族のカバネ）、臣・連・君・稲置・首などがある。基本的に個人に与えられるものではなく、その子孫や同一氏族に属するものは皆同じカバネを有し、カバネを持つものは基本的に有力者である。
【かみありさい】神在祭　一〇月は出雲国では神在月とされ、諸国の神々が出雲国に集うとされる。その際出雲大社・佐太神社などでおこなわれる、神迎えや神待ちの神事。神在月を記した最古の文献は治承元年（一一七七）の『奥義抄』で、『風土記』の頃に同様の認識や催事があったかは明らかでない。
【かみのやがら】赤箭　植物の名称。オニノヤガラ。
【かむすひ】神魂　『古事記』には神産巣日神、『日本書紀』には神皇産霊命として表記されている。『古事記』においては、天之御中主神・高御産巣日神とともに高天原に出現したとあり、これらは造化三神と呼ばれる。『風土記』では神魂命は楯縫郡の郡名に登場、ここから『古事記』との関係や楯縫郡条を重視する見方もある（→コラム8、伊藤二〇一一）。他に、神魂命の御子神として八尋鉾長依日子（島根郡）、宇武賀比売（島根郡）、支（枳）佐加比売（島根郡）、天御鳥（楯縫郡）、天津枳比佐可美高日子（薦枕志都治値）（出雲郡）、綾門日女（出雲郡）、真玉着玉之邑日（神門郡）らが登場する。
【かも】鴨　動物の名称。カモ。
【かよいぢ】通道　『風土記』では各郡末に記載される郡家間を連絡する道路。厩牧令置駅馬条では郡毎に伝馬が五匹置かれることになっており、この伝馬が利用する伝馬路・伝路に当たるとする研究もある。なお、諸国の伝馬の配置状況を記した『延喜式』巻二八兵部省式諸国駅伝馬条では、出雲国には伝馬の記載はない。
【からすおうぎ】夜干　植物の名称。ヒオウギ。
【かり】鴻雁　動物の名称。ガン。
【かわねぐさ】女青　植物の名称。ヘクソカズラ（ヤイトバナ）。
【かわはじかみ】秦椒　植物の名称。フユザンショウ。
【かんげん】還元　酸化物から酸素を除く化学反応。製鉄の場合、一酸化炭素により酸化鉄を還元して鉄を得る。須恵器の青灰色の発色も、焼成時に窯内で還元をおこなった結果である。
【かんどのみずうみ】神門水海　かつて出雲市西部にあった湖で現在は出雲市湖陵町の神西湖がその名残。七神門郡［七］海岸地形参照。
【かんなながし】鉄穴流し　たたら吹き製鉄で原料に使う砂鉄を採取する方法で、中国山地を主としておこなわれた。砂鉄を含む土砂を水流に流し、比重を利用して石や砂と砂鉄を分離させて砂鉄を得る手法。多量の土砂が河川に流出した。
【かんなび】神名火・神名樋　『風土記』ではこの下に「山」や「野」を付けてカンナビヤマ・カンナビノとする。神がこもる山の意味で、全国的に分布する。一般には三角錐形にみえる山とされる。『風土記』では意宇・秋鹿・楯縫・出雲四郡に一か所ずつみえる（→解説21・53）。
【かんべ】神戸　律令制下において特定の神に奉仕するよう定められた戸のこと。神戸から出る調、庸、田租などが神社の造営・調度の作成、神祇官の財源などに充てられる。『風土記』では郷名の記載に〇〇神戸としてみえる（→【しんしょうきゃくちょくふしょう】『新抄格勅符抄』）。
【かんよごと】神吉詞（事）・神賀詞　出雲国造が都の太政官で新任された後、いったん出雲国に帰り斎戒してふたたび上京、献物して天皇の長寿安寧を祈念する祝詞を奏上する。この祝詞を神賀詞と呼ぶ。祝詞の詳細は『延喜式』巻七祝詞にみえる。記録では霊亀二年（七一六）におこなわれたことが初めて見え、天長一〇年（八三三）まで歴代の出雲国造によっておこなわれたことが確認できるがその前後、どの程度の期間におこなわれたかは明らかでない。なお、奈良時代にこのような儀礼が確認できるのは出雲国造のみである。
【きぎし（きじ）】雉・鵗　動物の名称。キジ。
【きしざき　ときてる】岸崎時照　松江藩の地方役人。一六三七年～一六九〇年。松江藩の郷方役、神門郡の郡奉行等を勤める。天和三年（一六八三）に『出雲風土記抄』を著した。ほかに農政関係の著書に『免法記』『田法記』がある。
【きたうみ】北海　大海とも書かれる。今の日本海のこと。
【きだん】基壇　瓦葺き建物など、屋根の構造が重い重厚な建物を建築するためにつくられた基礎。
【きづきのおおやしろ】杵築大社　現在の出雲大社。古代史の史料では天日隅宮（『日本書紀』）、杵築社、所造天下大神之宮（『風土記』）などと呼ばれ（→解説78）、江戸時代までは杵築大社と呼ばれるのが一般的で、明治四年以降、出雲大社と呼ばれるようになった。主祭神は大国主命。

【きつね】狐　動物の名称。キツネ。

【きない】畿内　律令国家が定めた特別区域。律令制制定当初は大和国・摂津国・河内国・山背国の四国であったが、後に河内国から和泉国が分離し、五か国となった。五畿ともいう。

【きねんさい・としごいのまつり】祈年祭　毎年二月におこなわれる、五穀豊穣、皇室の安泰、国土の繁栄を神々に祈る祭り。神祇官社すべてがこの祭りにあたり、国家から幣帛が頒布される。

【きはだ】蘗　植物の名称。キハダ。

【きびのくに】吉備国　現在の岡山県・広島県東部を指す。律令制以前の国名で、律令制下では備前・備中・備後・美作国にあたる。

【きみ】君　古代のカバネの一種。『風土記』では君と書くが、天平宝字三年（七五九）以降は公と表記される。主に畿内周辺の中小氏族や地方の有力氏族に与えられた。

【きり】白桐　植物の名称。キリ。

【ぐうけ／こおりのみやけ】郡家　郡司が政務をつかさどる官庁を指す。全国的に見ると周囲を区画され、郡庁・正倉・館（郡司の官舎）・厨（給食施設）などの建造物群から構成され、周辺に祭祀場や寺院を伴い道路遺跡に隣接する事例も多い。『風土記』では、各郡の記載はすべて郡家を基準とし、すべての郡家が道路（通道）で連結され、山陰道が通過する郡では必ず山陰道が郡家を通る。実際には、中心的な郡家施設の他、郡内には郡家の出先機関と呼ばれる郡の機能を果たす施設が数か所置かれた。『風土記』にみえる正倉もその一つである（→【しょうそう】正倉）。

【ぐい】鵠・白鵠　動物の名称。オオハクチョウ・コハクチョウ。出雲と深く関係するホムチワケ伝承にも登場する（→解説52、コラム15）。

【くすのき】楠　植物の名称。クスノキ。

【くずのね】葛根　植物の名称。クズ。

【くぜん】口宣　口頭伝達される命令のこと。ただし、文字通り口頭命令のみであったかは不明で、文書化されていた可能性も否定できない。

【くに】国　律令制の国（令制国）である令制国は日本を約六〇の地域に分けた行政区分で、六八〇年代、天武朝に国境が定められて成立した。島根県は東部の出雲国、西部の石見国、隠岐地域の隠岐国の三国があった。郡が人の集団を基礎とするのに対し、国は領域を基礎としている。『風土記』はこのほかに、国引き神話に登場する、出雲を構成していた一定の政治的まとまり（→解説58）、さらに小さな村落程度が想定される国、郷土としての国など多様な国が混在して用いられている。

【くぬぎ】櫟　植物の名称。クヌギ。

【くま】熊　動物の名称。クマ。

【くまのおおかみ】熊野大神・【くまのかむろ】熊野加武呂　イザナキの御子神で、熊野大社に坐す。意宇郡出雲神戸条にみえるように、オオナモチより前に記載される出雲を代表する神で、熊野神に与えられた位階も杵築神より高い。『令義解』の出雲国造斎神に当たると見られ、ここでは天つ神とされている。

【くらら】苦参　植物の名称。クララ。

【くり】栗　植物の名称。クリ。

【くろさわ　せきさい】黒沢石斎　松江藩儒学者。一六一二年～一六七八年。松江藩松平家初代藩主直政の儒者。第二代藩主綱隆に従い出雲に入国し、『懐橘談』を著す。

【くわ】桑　植物の名称。クワ。

【ぐん／こおり】郡　大宝令によって成立した行政区画。それ以前は評と呼ばれていた。郡の役人を郡司といい、その役所を郡家という。郡は国に属し、また郡には時期によって制度は異なるが、サト（郷や里）や神戸・駅が所属した。郡はそれぞれ規模によって大上中下小の五等級に分類され、郡司の定員が異なる（→【ぐうけ】郡家・【ぐんじ】郡司）。

【くんい】勲位　国家に勲功ある者に授けられる位階の一種。勲一等から勲十二等まである。通常の位階とは異なり、軍功によって授けられる。出雲の郡司にみえる勲位は神亀元年（七二四）に官人に一斉に与えられたものと考えられ、勲位を有する者はこの時既に官人（おそらく郡司）だったと推定される。

【ぐんじ／こおりのつかさ】郡司　律令制下において、国の下級組織であった郡の官人の総称。大領・少領・主政・主帳の四等官より構成され、定員は郡の規模や時期によって異なる（→別表1）。郡司は全体として地元の豪族が任用されたが、大領・少領は国造からの任用が優先されるなど、主政・主帳とは区分されており、その出身階層が高い。国司による試験、次いで式部省での試験、その天皇への報告の後正式に任命されるが、この間の仮の郡司（擬任郡司）も存在し、『風土記』にもみえる。また、定員外に仮に任じられる権任郡司もいた。大領は就任時に外従八位上、少領は外従八位下を授かることが律令に規定されている。

【ぐんだん】軍団　律令制で定められた軍隊の単位およびその駐屯施設を指す。なお、律令では「兵士」といえば必ずこの軍団の兵士をさす。兵士の定員は一〇〇〇人が標準である。軍団には軍毅、大毅、中毅などの指揮官が置かれる（→解説125）。

【げ】解　律令制下における公式文書の一様式。下級官司から上級官司へ提出する文書様式。

【こ】海鼠　水産物の名称。ナマコ。

【こい】鯉　水産物の名称。コイ。

【ごう】郷　「さと」とも読む。律令制下において、国、郡の下部に組織された五〇戸を単位とする行政組織。大化改新以後、五〇戸の集団として組織されるが、表記は「五十戸」（～六八三年頃）、「里」（～七一七年頃）、「郷」（七一七年以後）と変化する（→解説112、別表3）。『風土記』に記載された霊亀元年（七一五）（霊亀三年（七一七）とする説も有力）には郷の下部組織とし郷と別に「里」が置かれており、これを郷里制という。郷里制の一郷は三里が基本であるが、二里の郷もある。

【こうどう】講堂　僧が講義をおこなう施設で古代寺院の中核になる施設の一つ。

【こうらはじかみ】高梁薑　植物の名称。クマタケラン。

【ごき】五畿　古代国家の中心部にあたる五か国（大和・山背・摂津・河内・和泉）を指す。

【ごうりせい】郷里制（→**【ごう】**郷）。

【こくし】国司　律令国家の地方行政官で、国の役人である。守・介・掾・目、の四等官と、書記に当たる史生も国司の役割を果たした（定員は国の等級により異なる）。地方豪族が採用された郡司と異なり、中央からの派遣官で、いずれも畿内の貴族が任期付きで派遣された。一般には風土記の編纂の責任者であったが、『出雲国風土記』には一切登場せず、それが『出雲国風土記』の特色ともいえる。

【こくぞう・こくそう・くにのみやつこ】国造　七世紀以前に、天皇が地方の有力豪族の首長を国造に任じた。国造は地域社会におけるリーダー的役割を持ち、ヤマト王権に属して地方を支配していた。この制度を国造制ともいう。八世紀以降は郡司へと変化していくが、出雲国造は出雲大社の宮司として現在まで続いている。

【こくちょう】国庁　国府ないし、国府の中でも、国司が政務をつかさどる官庁をさすか。

【こくふ】国府　律令制下において、国司が政務をおこなう施設の総称で、中心となる政庁のほか各部局にあたる曹司・国司の官舎である国司館・給食施設の厨・各種の工房（国衙工房）などからなり、『風土記』が記すように国府の所在地の近傍には所在郡の郡家、軍団、駅、港湾（国府津）、祭祀場・神社などもあった。また後に国府周辺には、国分寺や国分尼寺、有力地方豪族の氏寺が置かれた場合も多い。『風土記』は基本的に国府については記さないが、各種記事から出雲国府は意宇郡の十字街南（現松江市大草町周辺）に所在、山陰道から連絡道路が設置されていた（→コラム19）。

【こごしゅうい】『古語拾遺』　大同二年（八〇七）に成立した、忌部氏に伝えられた古伝承の記録。斎部広成著。神祇の役職でライバル関係にあった中臣氏に対し、忌部氏の正当性を主張した書である。西宮一民校注一九八五『岩波文庫　古語拾遺』（岩波書店）がある。

【こじき】『古事記』　和銅五年（七一二）に成立した日本最初の史書。天武天皇が「帝紀」や「旧辞」、伝承を稗田阿礼に誦み習わせたものを太安万侶が撰録し献上したとされる。西宮一民校注一九七九『新潮古典文学集成　古事記』（新潮社）などがある。出雲を舞台とした神話が多く、オオクニヌシの神話は特に詳細である。

【こしのくに】高志国　七世紀以前の北陸地方の呼称。越国、古志国とも。現在の福井県、石川県、富山県、新潟県の四県を指す。七世紀末以降、越前国、越中国、越後国、加賀国、能登国に分かれた。

【こせき】戸籍　律令制下において、戸を単位として一人一人を登録し、里（郷）ごとにまとめた帳簿。身分の掌握、課役、徴兵、班田収受などの基本台帳として機能した。天智天皇九年（六七〇）に庚午年籍が作成され、持統天皇四年（六九〇）に庚寅年籍が作成され、その後は基本的には六年に一度作成されるようになった。

【ことしろぬし】事代主　オオクニヌシの御子神。『古事記』の国譲り神話では大国主神に国譲りの決断を委ねられ、天神に奉ると答えた後、青柴垣に隠れる。

【このしろ】近志呂　水産物の名称。コノシロ。

【こまつなぎ】狼牙　植物の名称。コマツナギ（ミナモトソウ）。

【こみち】径　駅路や伝路とは異なる小道。飯石郡にのみみえる。

【こるもは】凝海藻（菜）　水産物の名称。テングサ。

【こんどう】金堂　仏像を安置する、古代寺院の中心建物。

【ごんどう】厳堂　荘厳な堂の意で金堂の意味と解される。

○さ行

【さきくさな】薺苨　植物の名称。ソバナ。

【さけ】鮭　水産物の名称。サケ。

【さざえ】螺　水産物の名称。サザエ。

【さだのおおかみ】佐太大神　『風土記』のみに見え、他の史料には見えない神。支（枳）佐加比売命を母とし、麻須羅神を父として、加賀神埼にて誕生したとされる。『風土記』秋鹿郡の佐太御子社（現在の佐太神社）に鎮座する。『風土記』に四例登場する大神のうちの一神。

【さねかづら】五味子　植物の名称。サネカズラ（チョウセンゴミシ）。

【さば】佐波　水産物の名称。サバ。
【さめ】沙魚　水産物の名称。サメ。
【さる】獼猴　動物の名称。サル。
【さるとり】抜葜　植物の名称。サルトリイバラ。
【さわそらし】高本　植物の名称。カサモチ。
【さんかくぶちしんじゅうきょう】三角縁神獣鏡　古墳時代前期に流行した鏡で、ヤマト王権から各地の豪族に配布された威信財の一つ。瑞獣（姿を現すとよいことが起きる前兆とされる、特異な特徴を持つ想像上の動物）が浮き彫りにされる。
【さんだいじつろく】『三代実録』　正式名称は『日本三代実録』。六国史の中で最後の勅撰歴史書にあたる。清和、陽成、光孝天皇の三代、天安二年（八五八）八月～仁和三年（八八七）八月までを収録する。『新訂増補国史大系第4巻　日本三代実録』（吉川弘文館）がある。
【さんに／さんい】散位　律令制では官人は位階に合わせて相当する官職が与えられるが、位階があって官職がない状況を散位という。地方では国府に出勤した。
【しい】椎　植物の名称。ツブラジイ。
【じいんへいごうれい】寺院併合令　霊亀二年（七一六）に出された詔で、「当時、寺院としての体裁を整えず、公認と寺田（寺院に附属する水田）の確保ばかりが追求されている、そのような寺院は併合して一寺とする」というもの（→コラム3）。なお、天平七年（七三五）に廃止されている。
【しか】鹿　動物の名称。シカ。
【しき】式　律令の施行細則。律令編纂当初はまとめられず必要に応じてその都度定められた。九世紀以降、それらの整理・編集がおこなわれた。弘仁式、貞観式、延喜式（いずれも編纂時期の年号＋式となっている）などがある（→【えんぎしき】延喜式）。

【しだ】師太　植物の名称。ウラジロの古名。
【しちどう】七道　律令国家が定めた地方行政の基本区分。東海道・東山道・北陸道・山陰道・山陽道・南海道・西海道の七つで、律令制下の諸国は畿内かこの七道のいずれかに属した。出雲国は山陰道に属す（→解説122）。
【しぬ】小竹　植物の名称。詳細は不明。
【しび】志毘（魚）　水産物の名称。マグロ。
【しゃく】尺　距離の単位。一尺は約〇・二九七メートル。
【しゃくにほんぎ】『釈日本紀』　鎌倉時代中期に卜部兼方によって著された『日本書紀』の注釈書。多くの史料を用いて注釈をおこなう。注釈に用いた史料の中に諸国の風土記が逸文として記されている。
【しゃりようき】舎利容器　舎利とは釈迦の遺骨またはその代用品で、古代では塔に安置する。舎利容器とはそれを納める特別な容器のこと。
【じゅうきゃく】獣脚　動物の脚をかたどった装飾のある特殊な須恵器で、官衙寺院等から出土する。
【しゅしょう】主政　郡司の三等官。判官。
【しゅちょう】主帳　郡司の四等官。主典。
【しゅつどもじしりょう】出土文字資料　発掘調査などによって土中から発見される文字が書かれた遺物を指す。銘文の記された大刀・木簡・墨書土器・漆紙文書など。
【じゅんこうぞうせん】準構造船　丸太を刳り抜いた刳船部材を底部にして、それに舷側板を取りつけ、上部を組み立てた船のこと。
【じょう】丈　一丈＝一〇尺で、約二・九七メートル。
【しょうそう】正倉　水田に賦課される田租、人に貸し利息を得る出挙の稲など、地方行政の財源を収めた倉庫で、一般集落の倉庫にくらべ格段に一棟の規模が大きく、多数が規則的に配置される。『風土記』では郷その他に記載があるが、郡の施設である（→解説10・70）。
【しょうら】松羅　松に絡まる蔓から取れる生薬。（→コラム14）
【しょうりょう】少領　郡司の二等官。次官。
【しょくにほんぎ】『続日本紀』　『日本書紀』に続く六国史二番目の勅撰歴史書。文武天皇元年（六九七）から延暦一〇年（七九一）まで、『風土記』の書かれた時代を含み、ほぼ奈良時代の歴史が記されている。完成は延暦一六年（七九七）二月三日。『新日本古典文学大系一二～一六　続日本紀一～五』（岩波書店）がある。
【しらお】白魚　水産物の名称。シラウオ。
【しらぎ】新羅　西暦三五六年～九三五年に朝鮮半島にあった国家。意宇郡条の国引き神話で、八穂米支豆支の御埼を新羅から引いたと見える。
【じんぎかん】神祇官　律令制によって定められた官。天神地祇の祭祀をおこない、諸国の官社を総括するなど神祇行政全般を管掌した。
【じんぎかんしゃ】神祇官社　神祇官に在る神社帳簿に登録され、祈年祭で幣帛を受ける神社。単に官社ともいう。延喜式内社・式内社とは一〇世紀の『延喜式』神名式に記載のある官社のこと。
【じんきさんねんにじを…】神亀三年（七二六）に字を…　神亀三年にだされた民部省口宣によって、地名を良い意味を持つ漢字（好字）二文字の表記に改めた、という意味（→［一］総記参照）。
【しんしょうきゃくちょくふしょう】『新抄格勅符抄』　平安時代に書かれた法制書。「新抄格勅符」の第一〇巻を抄出したものとみられ、奈良、平安時代の封戸に関する規定や太政官符が収められている。中心は大同元年（八〇六）の牒の抄出で、一七〇社の神戸が列記されている。

『新訂増補国史大系第二七巻　新抄格勅符抄　法曹類林　類聚符宣抄　続左丞抄　別聚符宣抄』（吉川弘文館）がある（→解説14）。

【しんせんしょうじろく】『新撰姓氏録』　平安京・畿内に居住する氏族の系譜を記した書。神武天皇以降の天皇家から分かれた皇別、神武天皇以前の神代に分かれた神別、渡来系の諸蕃、どれにも属さない未定雑姓に分類して記す。完本は現存せず抄録本のみ伝わる。弘仁六年（八一五）に成立。

【しんぞういん】新造院　新しく造った寺院の意。『風土記』では意宇郡教昊寺以外はすべて新造院と記載されている（→コラム3）。

【しんとうふ】神統譜　神々の系譜。

【すいこ】出挙　古代におこなわれた利息付の稲の貸借。政府がおこなう公出挙とそれ以外の私出挙がある。公出挙は諸国が貯蔵する稲を春と夏に貸し付け、後に元本と利息を徴収し、その稲が地方の財源となった。

【すえき】須恵器　窖窯（あながま）を用いて、焼く過程において酸素の供給を絶つことで青灰色〜灰色に仕上げた土器。特定工人によって窯場で生産される。出雲では、奈良時代の土器の中心を占め、煮炊きに使う道具以外の食器ならびに貯蔵具（甕など）などに、広範に使用されている。

【すがも】須我毛　植物の名称。淡水産の草、葉は菅にて食用になる。

【すぎ】杉・椙・榅　植物の名称。スギ。

【すげ】菅　植物の名称。スゲ。

【すさのお】須佐乃袁（須佐能袁・須佐能乎・須佐乃乎）　『古事記』に須佐之男、『日本書紀』には素盞嗚などと様々な表記で登場する。『風土記』も同様にさまざまな表記がなされ、度々登場する。スサノオは『古事記』『日本書紀』によればイザナキ・イザナミの間に生まれた一人で、同様の天照・月読とともに三貴子と呼ばれる。『古事記』『日本書紀』の記述では、高天原では凶暴な性格を見せる一方で、出雲へ天降った後はヤマタノオロチ討伐などの英雄的性格を見せる。『風土記』では、青幡佐久佐丁壮（佐草日古）（意宇郡、大原郡）、都留支日子（島根郡）、国忍別（島根郡）、衝桙等番留比古（秋鹿郡）、磐坂日子（秋鹿郡）、八野若日女（神門郡）、和加須世理比売（神門郡）らを御子神とする。

【すずき】須受枳　水産物の名称。スズキ。

【すもも】李　植物の名称。スモモ。

【せ】石華（花）・犬脚（勢・曠）　水産物の名称。カメノテ。

【せいれん】製錬　高温の炉内で鉱石を融解、還元し、金属を取り出す工程のこと。

【せいれん】精錬　製錬により得られた不純物を多く含む金属を精製し、純度を高める工程のこと。大鍛冶ともいう。

【せき】剗　古代の関所の一種で、国境などの軍事・交通上の要衝に設置された施設のことを指す。人の流れを制限する機能を持っていた。

【せっかんしきせきしつ】石棺式石室　出雲東部の松江市に中心的に分布する、強い地域色を持った横穴式石室で、遺体を葬る玄室が石棺から発展した形を呈する。七世紀前半頃に松江市周辺の最有力の古墳で用いられた。

【せつどし】節度使　奈良時代に臨時におかれた地方軍政官。天平四年（七三二）と天平宝字五年（七六一）の二度設置された。複数の国を管轄し、所管の国の軍団兵士の訓練、また烽などの施設の整備など軍事一般に携わった。

【そう】僧　いわゆる僧侶。律令制下において、天皇に得度を許され授戒を受けることで正式な僧として認められる。僧尼令によって規制されるとともに、課役の免除などの特権も与えられた。奈良時代は一年間に得度を許される人数は一〇人とごく少数であった。正式な得度を受けていない僧は私度僧とよばれた。

【ぞうこつき】蔵骨器　火葬墓で用いられた、骨を納める容器。出雲国では、石製・土器（須恵器・土師器）のものが知られている。

【そうしょくつきたち】装飾付大刀　大刀の外装、柄や鞘を金銀やメッキされた銅板、布・漆などで装飾した大刀。ヤマト王権中枢の工房で生産され、古墳時代の後期、階層の高い豪族に与えられた。

【ぞうにん】雑任　律令制下において、官司は四等官に代表される正規の官人（職事官）と、正規の官人の下に実務を担う階層があり、こちらを総称して雑任と呼んでいる。

【そうりん】相輪　寺院の塔の最上層の屋根から上に突き出た、輪を連ねた棒状の部分。

【そせき】礎石　建物の柱の下端を受ける石。官衙や寺院等、おもに瓦葺きの建物の基礎に使用された。

【そんらくないじいん】村落内寺院　集落近傍に位置し、瓦葺きの建物を持たないなど、法隆寺などの典型的な古代寺院とは異なる小規模の仏教施設を指す（→コラム3）。塀などによる区画もないため「寺院」と呼ぶべきでないという見解もある。

た行

【たいかのかいしん】大化改新　大化元年（六四五）に、蘇我氏本宗家の蘇我入鹿が暗殺され滅ぼされた後、翌大化二年正月から進められたとされる政治改革。『日本書紀』の記述には奈良時代の知識に基づく潤色もおおく、どの程度の改革がおこなわれたかは議論があるが、評制などはこれを契機に施行されたと考えられている。

【たいほうりょう】大宝令　刑部親王らの撰によって大宝元年（七〇一）に成立した大宝律令の令の部分。唐の律令の影響を強く受ける。令は現在の行政法や民法にあたるもので、日本の古代国家（律令国家）の基本法令。

【だいりょう】大領　郡司の一等官。長官（→【ぐんじ】郡司）。

【たか】鷹　動物の名称。タカ。

【たかべ】鳬　動物の名称。コガモ。

【たかみむすひ】高皇産霊　『古事記』で高天原に天之御中主神・神産巣日神と共に出現する最初の神。

【たく】托　鉢など丸底の食器を乗せる台で、仏教関係遺跡や官衙から出土する。

【たこ】蜛蝫　水産物の名称。タコ。

【たこうへい】多口瓶　複数の口が設けられている、装飾性の高い壺（→解説78の緑釉陶器の多口瓶の写真参照）。仏教関係の遺物である。

【だつらくほん】脱落本　『出雲国風土記』の写本で、島根郡の一部が脱落している写本。細川家本・倉野本・日御碕神社本などが代表的で、これらの写本をまとめて脱落本系とも表記する（→【ほそかわけぼん】細川家本・【ひのみさきじんじゃぼん】日御碕神社本）。

【たてあなしきせきしつ】竪穴式石室　古墳時代前期の代表的な埋葬施設。板状の石材などで積み上げた空間に密閉して造られた石室で、追葬などはおこなわれない閉ざされた埋葬施設。

【たん】段　田の面積を表す単位。一段＝三六〇歩。長さ三〇歩、幅一二歩で、現在の基準になおすと約五三・四メートル×約二一・三六メートル＝約一一・四アール（約一一四〇・六二四平方メートル）となる。

【たんれん】鍛錬　精錬された金属を打って鍛える工程。不純物を絞り出し、鉄の性質を左右する炭素量の最終調整をおこなう。

【ち】茅　植物の名称。チカヤ、ススキ。

【ちに】鎮仁　水産物の名称。クロダイ。

【ちまた】街　交通（道）の分岐点を指す。出雲国には十字街・玉作街（ともに巻末記載に登場する）がある。

【ちょう】町　田の面積の単位。一町＝一〇段。約一・一四ヘクタール（約一一四〇六・二四平方メートル）。

【ちょう／つき】調　律令制下の基本的な税目の一つで、最終的に都に送られ律令国家の中央政府の主要な財源となった。成人男性を中心に賦課された人頭税で、繊維製品やその代替の特産品などで納められた。もともとは神や首長への貢納物であった。

【ちょうやぐんさい】『朝野群載』　平安時代後期の詩文、文書集。永久四年（一一一六）の編とあるが、実際はそのあとの年紀の文書も多く、永久四年の編纂以降増補されたものと考えられる。『新訂増補国史大系第二九上巻　朝野群載』（吉川弘文館）がある。

【つき】槻　植物の名称。ケヤキ。

【づく】鴟鴞（横致）　動物の名称。フクロウ。

【つぐみ】鶫　動物の名称。ツグミ。

【つつみ】陂・坡　島根郡（法吉陂・前原坡）、秋鹿郡（恵曇陂）の三か所に存在が記載されている。「陂（坡）」の語義は堤防であるが、立地的には自然の池か（→解説56）。

【つばき】海榴・椿・海石榴　植物の名称。ツバキ。

【つみ】柘　植物の名称。ヤマグワ（ノグワ）。

【つわ】都波　植物の名称。ツハブキ。

【ていそう】逓送　荷物や情報を、運搬・伝達する人を区間毎に交代させながら送ること。

【てっぱちがたどき】鉄鉢形土器　僧が備えなければならない仏具である鉄鉢の形をした土器。鉄鉢と略されることもある。代表的な仏教関係遺物である。

【でんそ】田租　律令制下において、田の面積に応じて課される税。単に「租」とも。田一段につき稲二束二把で、諸国の正倉に納め非常時に支出した。

【とうしつどき】陶質土器　焼成温度が１１００℃前後の焼き物で、土器（焼成温度600～900℃）より硬質で陶器（焼成温度１０００～１３００℃）より軟質の焼き物。釉（うわぐすり・不透過性のガラス質の被膜）をかけない（→コラム１）。

【とうしんそ】塔心礎　寺院の仏塔の中心柱の礎石。釈迦の骨を収める舎利孔がある。塔心礎のある遺跡は瓦窯や役所でなく、寺院であると判断される。

【とうぼう】逃亡　律令制下において、課役等の任務を放棄することをさす。

【とうみょうざら】灯明皿　灯明をともすために使用された土器で、油煙が付着している。全国的には普通の食器が転用される場合が多いが、出雲では灰皿型をした須恵器の専用器種がある。仏教の法要で使われることが多く、代表的仏教関係遺物である。

【ところ】卑解　植物の名称。エドドコロ（オニドコロ）。

【どせいしきゃく】土製支脚　出雲とその周辺で、古墳時代後期～奈良時代にかけて使用された、煮炊具を火にかけるとき支えとなる専用の土器。

【とど】禺々　動物の名称。アシカ。

【とぶひ】烽　発煙、発火による軍事的通信手段、施設。主に山上など見通しのきく場所に設けられた。律令（『養老令』軍防令）によれば、四〇里ごとに設置された。

【とみけもんじょ】富家文書　出雲大社の上級神官（上官(じょうがん)）を務めた富家に伝来した中近世の古文書。出雲大社の歴史・祭礼や中世の出雲の有力豪族である塩冶(えんや)氏の動向がみえる、中世文書については古代文化センター一九九七『古代文化叢書3　富家文書』に掲載される。

【とねりこ】秦皮　植物の名称。トネリコ。

【とりのあしくさ】升麻　植物の名称。サラシナショウマ（ミツバショウマ）。

○な行

【な】菜　植物の名称。食用になる植物の意。

【ないこうかもんきょう】内行花文鏡　半円型の弧形を内に向かうように円環状に施した文様を持つ中国製の銅鏡。弥生後期の遺跡や前期古墳などから出土する。四〜六世紀にかけては日本でも製作された。

【なしろ】名代・【こしろ】子代　七世紀以前に設置された部民の中で、天皇や皇后のために設置された部民を名代、皇子の扶養のために設けられたものを子代とよぶ（→【べみん】部民）。

【なでしこ】瞿麦　植物の名称。カワラナデシコ。

【なるはじかみ】蜀椒　植物の名称。サンショウ。

【なよし】鯔（魚）　水産物の名称。ボラ。

【にし】（蓼）螺子　水産物の名称。巻貝の一種。ナガニシ。

【にじりん】二次林　原生林が伐採などによって破壊されたあと、再生した森林を指す。

【につつじ】茵芋　植物の名称。ミヤマシキミ。

【にふだもっかん】荷札木簡　木簡のうち、調庸など都に送られる税物に付けられた荷札で、宮都から出土する。税を出した国郡郷里戸主姓名が記されている。

【にほんしょき】『日本書紀』　日本最初の勅撰歴史書。舎人親王らによって養老四年（七二〇）に奏上された。全三〇巻で、他に系図一巻があるとされるが現存しない。巻一、二は神代に関する記述で、巻三以降は神武天皇から持統天皇までの編年体の記述となっている。『日本書紀（全五巻）』（岩波文庫）などがある。

【にほんりょういき】『日本霊異記』　正式には日本国現報善悪霊異記。薬師寺の僧景戒編の平安時代初期の仏教説話集。三巻からなる。因果応報の話を現実社会に即して記す。貴族層ではなく庶民に近い地方での仏教のあり方が記されており、八〜九世紀の社会情勢を知る上でも重要な資料である。遠藤嘉基・春日和男校注一九六七『日本古典文学大系　日本霊異記』（岩波書店）などがある。

【にれ】楡　植物の名称。ニレ。

【のかがみ】白前　植物の名称。スズメノオゴケ。

【のぎぐん】能義郡　出雲国の東端の郡。『延喜式』にみえ意宇郡の東半が『風土記』以降に分立したもの。

【のぎのおおかみ】野城大神　『風土記』に大神と記される四神のうちの一神。意宇郡野城駅条に登場する。

【のきひらがわら】軒平瓦　軒先に葺く平瓦で、瓦当に文様が施される。文様から瓦工人や建立者・寺院の性格が検討されている。

【のきまるがわら】軒丸瓦　軒先に葺く丸瓦で、先端に円形の瓦当部を設けて文様で飾ったもの。文様から瓦工人や建立者・寺院の性格が検討されている。

【のぜり】前胡　植物の名称。ノダケ。

【のぜり】茈胡　植物の名称。ミシマサイコ。

【のつ　さまのすけ】野津左馬之助　明治〜昭和前期の郷土史家。明治四四年島根県史編纂委員となり、約二〇年をかけて「島根県史」全九巻を編集した。古墳の形である前方後方墳の命名者でもある。

【のり】紫菜　水産物の名称。ノリ。

○は行

【はいまゆみ】杜仲（中）　植物の名称。マサキ。

【はくしじん】柏子仁　ヒノキ科のコノテガシワの種子から採取される生薬名。滋養強壮に効果がある（→コラム14）。

【はじき】土師器　窯（常設的・恒常的な施設）を用いず、簡易な施設で（土師器焼成坑という）、酸素が外から供給される状態で焼かれた土器。須恵器とは異なり、随所で随時生産がおこなわれたと考えられる。古代出雲では煮炊き具に使用され、出雲市を中心とした出雲西部では食器にも利用されている。

【はじし】土師氏　古代の有力豪族で土部氏とも書く。天穂日を祖とし出雲臣と同族で、出雲国の出身の野見宿禰を直接の始祖とする。野見宿禰が埴輪を作り陵墓に置くことを進言し、採用されたことから土部の職に任ぜられたとあり（『日本書紀』垂仁三二年七月己卯条）、以後、土師氏は天皇の喪葬をつかさどることになり、それを職務としてヤマト王権に仕えたとされる（→コラム2、解説100）。

【はちす】荷蕖　植物の名称。ハス。

【はと】鳩　動物の名称。ヤマバト。

【ははきのくに】伯耆国　山陰道に属し、現在の鳥取県の西部にあたる。出雲国の東にあり、出雲国とは駅路が連絡する。

【ははくり】貝母　植物の名称。アミガサユリ（バイモ）。

【はふり】祝　神職の名称の一つで、神主、禰宜に次ぐものを指すことが多い。出雲国造が神賀詞奏上の時に引率する祝は出雲国内の各神社を代表する神職か。

【はますげ】沙　植物の名称。ハマスゲ。

【はやし　がほう】林鵞峰　江戸前期の幕府の儒官。一六一八年～一六八〇年。羅山の第三子。『本朝通鑑』などを編集。

【はやし　らざん】林羅山　江戸初期の幕府儒官林家の祖。一五八三年～一六五七年。藤原惺窩に朱子学を学ぶ。家康以後四代の将軍の侍講。

【はやぶさ】晨風・隼　動物の名称。ハヤブサ。

【はりまのくにふどき】『播磨国風土記』　播磨国（現在の兵庫県南西部）の風土記。おおむね霊亀三年（七一七）前後に成立したとみられる。総記、一部の郡の記載が脱落している以外は現存するが、記事に未整理な部分があるとされる（未精選説）。その内容は、『常陸国風土記』に見られるような文学的修飾は少なく、その土地の様子や伝承などが多くを占める。秋本吉郎校注一九五八『日本古典文学大系　風土記』（岩波書店）がある。

【ひ】檜　植物の名称。ヒノキ。

【ひいらぎ】黄芩　植物の名称。コガネヤナギ。

【ひさぎ】比佐木　植物の名称。キササギ。

【ひぜんのくに】肥前国　七道のうち西海道に属する。現在の佐賀県・長崎県にあたる。現存する風土記の一つ、『肥前国風土記』が伝わる。

【ひたちのくにふどき】『常陸国風土記』　常陸国（現在の茨城県）の風土記。養老二年（七一八）以前に編纂がはじまり、同七年（七二三）ごろまでに完成したか。現在の伝本には省略されていることが明記されるなど、成立当初の形を残すものではない。秀麗な漢文体が用いられていることが特色で、編纂者の一人に国司の藤原宇合がいたことが推定される。秋本吉郎校注一九五八『日本古典文学大系　風土記』（岩波書店）などがある。

【ひのみさきじんじゃぼん】日御碕神社本　日御碕神社に伝わる『出雲国風土記』の写本。脱落本系に属する。秋本吉徳編一九八四『出雲国風土記諸本集』（勉誠社）が写真を掲載する。

【ひばり】鶬・離黄　動物の名称。ヒバリ。

【ひゃくせい】百姓　賤民（奴隷）や夷狄（蝦夷や隼人に代表される異民族のこと）以外の一般庶民の総称。

【ひょう】評　「こおり」とも読む。郡の前身に当たり、大化改新で設置が明記されて大化五年（六四九）頃全国一斉に成立したとみられる行政区画。その後大宝元年（七〇一）の大宝令施行に伴って評は郡と表記されるようになる。

【ひょうけ】評家　「こおりのみやけ」とも読む。郡の前身である評の役所。特に初期の評家は豪族の居宅と区別がなく、七世紀の第４四半期になって、典型的な役所の形に整えられたとされる。

【びんごのくに】備後国　現在の広島県の東部にあたる。山陽道に所属しており、出雲国とは駅路は連絡せず、通道が連絡している。

【ふ】賦　中国の韻文の文体の一つ。事物をそのまま羅列的に表し、対句を用い、句末に韻をふむ美文。

【ぶ】歩　距離の単位。一歩は約一・七八メートル。

【ふかみぐさ】牡丹　植物の名称。ボタン。

【ふぐ】（朝）鮐　水産物の名称。フグ。

【ふざいじんぎかんしゃ】不在神祇官社　神祇官の神社帳簿に登録されていない神社を指すが、『風土記』にしかみえない表現でどのような基準で選ばれた神社かよくわからない。

【ふじ】藤　植物の名称。ノダフジ。

【ぶし】附子　植物の名称。トリカブト。

【ふじわらきゅう】藤原宮　持統天皇八年（六九四）に飛鳥浄御原宮から遷都し、和銅三年（七一〇）に平城京に遷都されるまで使用された宮。奈良県橿原市に所在。

【ふな】鮒　水産物の名称。フナ。

【ふひと】史　古代のカバネの一種。主に文筆に携わる文官の氏族に与えられた。

【ふふき】路　植物の名称。フキ。

【ふろう】浮浪　律令制下において、戸籍登録されている令制国を無断で離れる行為。浮浪（人）は人物が本籍地以外で実際にいる所在地での呼び方。

【ぶんごのくに】豊後国　七道のうち、西海道に属する。現在の北部を除く大分県にあたる。現存する風土記の一つ、『豊後国風土記』が伝わる。

【へいじょうきゅう】平城宮　和銅三年（七一〇）に藤原宮から遷都し、一部他の都が使われた期間があるが、延暦三年（七八四）に長岡京に遷都されるまで主に使用された宮。奈良県奈良市に所在。

【へいはく】幣帛　祭祀における神様への捧げもの。「帛」とあるように、布帛（布などの繊維製品）が主となり、様々なものがあった。

【べみん・べのたみ】部民　七世紀半ば以前に、大王をはじめとする王族や中央豪族などに隷属して、労役を分担し、生産物を貢納した者の総称で、所属したものの姓は〇〇部とされた。彼らを統属するものを伴造と呼び、〇〇部臣・〇〇部連・〇〇部造など、カバネ（臣・連・造）を有している。例として、部民の額田部の統率者・伴造が額田部臣、ということになる。〇〇部姓のものは、一般庶民ならびに下層民で、カバネを有する統率者・伴造は、中小豪族である。これらを以て列島内を支配した制度を部民制と呼ぶ。出雲国では多数の部民が確認できる。

【へんこ】編戸　律令制下において、一般庶民を戸に編成すること。なお、戸とは律令制下における地方支配の最小単位で、おおよそ家族を単位とした。戸は戸主と呼ばれる家長、戸口と呼ばれる戸主の親族で構成される。

その他寄口や奴婢とされる戸主との血縁関係が希薄なもの、または血縁関係が見えない者がある場合もあった。この戸をもとに税が収取されることになる。

【ほうきどり】法吉鳥　動物の名称。ウグイス。

【ほうごう】法号　受戒した僧に与えられる称号。

【ぼうすいしゃ】紡錘車　長くつないだ繊維に撚りをかけて糸にするはずみを付けるためのおもり。

【ぼくしょどき】墨書土器　土器に文字を記したもの。木簡と異なり、土器としての利用を前提として文字が書かれる。墨書土器と表記するが、朱墨・漆書や、土器を焼く前に工具で記したヘラ書き、焼いた後に刻んだ線刻土器なども便宜的に墨書土器に含めている。島根県内では二〇一四年現在、古代の墨書土器は約二〇〇〇点が出土している。

【ほそかわけぼん】細川家本　公益財団法人永青文庫にある『出雲国風土記』の写本。「慶長二年（一五九七）」の署名があり、書写年代が判明する最古の写本。脱落本系に属する。秋本吉徳編一九八四『出雲国風土記諸本集』（勉誠社）が写真を掲載する。

【ほていぼん】補訂本　残存している『出雲国風土記』の写本で、島根郡の一部が脱落している脱落本に対し、脱落部分が補訂されている写本。このような写本をまとめて補訂本系とも表記する。万葉緯本、『出雲国風土記抄』などが代表的な写本である。万葉緯本については秋本吉徳編一九八四『出雲国風土記諸本集』（勉誠社）が写真を掲載する（→**【いずもふどきしょう】**『出雲風土記抄』・**【まんようい】**『万葉緯』）。

【ほとづら】百部根　植物の名称。ビャクブ。

○ま行

【まくらのそうし】枕草子　平安時代に書かれた清少納言の随筆。ものを列挙する形式の章段、清少納言が仕えた一条天皇の皇后定子の動静を中心とした章、日常生活や自然観察の感想文のような章に分けられる。渡辺実校注一九九一『新日本古典文学大系　枕草子』（岩波書店）などがある。

【まこも】蒋　植物の名称。マコモ。

【ます】麻須　水産物の名称。マス。

【まつ】松　植物の名称。マツ。

【まつほど】伏令　植物の名称。ブクリョウ。

【まつやに】松脂　松の樹脂から採取され、様々な用途に使用される。

【まもり】戍　辺境守備のために設置された施設。『風土記』には宅枳、瀬埼の二か所が確認できる。

【まゆみ】檀　植物の名称。ニシキギ科の落葉亜喬木。

【まんようい】『万葉緯』　『万葉集』の研究書。今井似閑編。全二〇巻二〇冊。享保二年（一七一七）以前成立か。『古事記』『日本書紀』の歌謡など、『万葉集』を注釈する助けとなる古歌・古文を諸書から抽出し注をほどこす。全国の風土記の逸文が多数採録されている。

【みずうみ】水海　『風土記』には佐太水海と神門水海が見え、入海と区別されている。

【みずたで】水蓼　植物の名称。カワタデ。

【みたのつかさ】屯田司　「屯田」はヤマト王権のミヤケを指し、「司」はその管理をした役職。

【みやけ】屯倉　六世紀から存在するヤマト王権の拠点的施設であるが、奈良時代には、公の施設、郡家や正倉などもミヤケまたは〇〇ミヤケなどと読まれた。

【みょうじんたいしゃ】名神大社　特定の社を名神と位置付け、他の官社とは別に奉幣をおこなう。『延喜式』巻三臨時祭式の名神祭神条、巻九・一〇の神名式に記されている。

【みよしきよつらいけんふうじじゅうにかじょう】三善清行意見封事一二箇条　三善清行が延喜一四年（九一四）に封進した一二箇条の政治意見書。清行が国司として赴任した際に『備中国風土記』をみたことがみえる。山岸徳平他校注一九七九『日本思想大系8　古代政治社会思想』（岩波書店）に収録されている。

【みらのねぐさ】細辛・莘　植物の名称。ウスバサイシン。

【みる】海松　水産物の名称。海藻の一種。

【みんぶしょう】民部省　律令制下の官司で八省の一つ。戸籍、計帳や田図などを用いて土地や民衆を把握した。これらに基づいて民政一般や国家財政を扱った省。

【むこぎ】菩茄　植物の名称。ウコギ。

【むささび】飛鼯（飛蝠・飛獺）　動物の名称。ムササビ。

【むなぎ】鲂鱧　水産物の名称。ウナギ。

【むらさき】紫草　植物の名称。ムラサキ。

【め】海藻（和布）　水産物の名称。ワカメ。

【もっかん】木簡　文字の記された木。日本では、古代には紙と併用され、文字を書く目的で盛んに利用された。文書木簡・荷札木簡・習書・呪符などがある。一九六一年に平城京発掘調査で本格的に発見され、二〇一四年現在、古代の木簡は島根県で一八遺跡から約一七〇点、全国で約三七万点が発見されている。

【もとおり　のりなが】本居宣長　江戸中期の国学者。一七三〇年～一八〇一年。伊勢松坂の人。国学の大成者。『古事記伝』などを著している（→はじめに3、コラム17）。

【もとの字は…】　郷名として使用されている文字は、神亀三年（七二六）の民部省口宣を受けて変更された（→

［一］総記）。この変更以前の文字を「もとの字は○○」として記載している。

【もんぜん】文選　中国古代の周から梁までのおよそ一〇〇〇年間にわたる作家一三一人および無名の人の手による詩・賦・文章七六三編を収める六朝文学を代表する総集。昭明太子の撰による。七世紀には日本に伝来していた可能性もある。

【もんとくじつろく】『文徳実録』　正式名称は『日本文徳天皇実録』。六国史の中で五番目の勅撰歴史書にあたる。文徳天皇一代を対象とし、嘉祥三年（八五〇）三月～天安二年（八五八）八月までを収録する。『新訂増補国史大系第3巻　日本後紀　続日本後紀　日本文徳天皇実録』（吉川弘文館）がある。

や行

【やつかみずおみづぬ・おみづぬ】八束水臣津野・意美豆努　国引き神話の主人公。「八束水臣津野」は『風土記』にのみ見える名称で、出雲郡・神門郡では「意美豆努」と記されている。『風土記』では、赤衾伊努意保須美比古佐倭気能命（出雲郡）を御子神とする（→解説1）。

【やまあい】藍漆　植物の名称。アイ。

【やまあざみ】大薊　植物の名称。アザミ。

【やまかがみ】白歛　植物の名称。ビャクレン。

【やますげ】麦門冬　植物の名称。ジャノヒゲ（ヤブラン）。

【やまぜり】当帰　植物の名称。トウキ。

【やまついも】署預　植物の名称。ヤマノイモ。

【やまとおうけん】ヤマト王権　古墳時代以降、八世紀に律令国家が完成するまでの、近畿地方を中心とした政治権力を指す。

【やまどり】山鶏　動物の名称。ヤマドリ。

【やまもも】楊梅　植物の名称。ヤマモモ。

【ゆひ】楡皮　楡の樹皮から採取できる生薬。収れん薬として利用される（→コラム14）。

【ゆり】百合　植物の名称。ユリ。

【ようてい】徭丁　古代税制では労役（雑徭）負担があるが、この雑徭で労働に従事しているものをさす。

【よこあなぼ】横穴墓　古墳時代の後期、横穴式の墓室を崖などに直接掘り込んでつくった墓。墳丘を持つ古墳よりランクの低い墓とされるが、出雲では横穴の真上に当たる崖の上に墳丘をつくったもの、優れた遺物の出土する横穴墓もある。

【よすみとっしゅつがたふんきゅうぼ】四隅突出型墳丘墓　方形の墳丘墓の四隅を突出させ石を貼りめぐらせた、特異な形をした墳墓。弥生時代後期に山陰地方に広がり、後に北陸地方にも伝播した。初期は四隅がわずかに突き出たものだったが、時期が下るにつれ大きく突き出るようになった。出雲では大型化し突出部を含めた一辺が四〇メートルを超えるものもみられる。

【よみのしま】夜見島　現在の弓ヶ浜半島。現在は陸続きになっているが、当時は現米子市街地は海で、島であった。国引き神話では、高志の都都の三埼の国のあまりを引いてきた際にかけた綱として記述されている。

ら行

【り】里　距離の単位。一里＝三〇〇歩で、約五三四・五四メートル。

【り／こざと】里　「さと」「こざと」とも読む。大宝令施行後、当初は五〇戸を一里と表記していた。しかし郷の項でも述べたように、霊亀元年（七一五）（霊亀三年（七一七）とする説もある）、里を郷と改名し、里は郷の下部組織とされた。その後天平一二年（七四〇）には里は廃止され、郷制となる。

【りょうのしゅうげ】『令集解』　九世紀半ばに成立した、天平宝字元年（七五七）に施行された養老令の私的注釈書。九世紀半ば以前の律令に関する諸学説を惟宗直本が集成した。五〇巻のうち三五巻が現存している。『新訂増補国史大系第二三・二四巻　令集解』（吉川弘文館）がある。

【りょくゆうとうき】緑釉陶器　鉛ガラスの基礎釉に銅を加えて緑色に発色させた陶器で、平安時代に隆盛する。貴族・有力者が使用する。出雲国内では生産されていない。

【りる】離留　植物の名称。シュロソウ。

【るいじゅうこくし】『類聚国史』　検索の便のため六国史の記事を内容によって分類、編集した書。菅原道真編。全二〇〇巻のうち六二巻が現存する。現存している部は神祇・帝王・後宮・人・歳時・音楽など一八部。『新訂増補国史大系　第5・6巻　類聚国史』（吉川弘文館）がある。

【れきめいちょう】歴名帳　（→【いずものくにたいぜいしんごうれきめいちょう】出雲国大税賑給歴名帳）。

わ行

【わかふつぬし】和加布都努志　『日本書紀』に経津主として登場し、『古事記』には見えない。『日本書紀』の国譲り神話においてはタケミカヅチとともに中心的役割を果たす。現在は香取神宮（千葉県佐原市）の主祭神。『風土記』では大穴持の御子神とする。

【わかみず】若水　一年の邪気を払うという元日に初め

て汲む水のこと。

【わし】鵰（鷲）　動物の名称。ワシ。

【わたり】渡　渡船場のこと。

【わに】和爾　水産物の名称。サメ。

【わみょうしょう】『和名抄』　正式名称は『和（倭）名類聚抄』。承平（しょうへい）年間（九三一～九三八）に成立したとされている。さまざまな項目が分類されて、その和名や解説が記されている辞書のようなもの。現存している写本は一〇巻本系と二〇巻本系がある。全国の地名が記されている国郡部は二〇巻本系にしか記載されていない。また、国郡部はおおよそ九世紀ごろのものとされている。『諸本集成　倭名類聚抄』（臨川書店）がある。

【わらび】薇・薇蕨・蕨　植物の名称。ワラビ。

【1】「郡司」項別表　郡の等級と郡司の定員

等級	里（郷）数	大領	少領	主政	主帳	合計
大郡	16～20	1人	1人	3人	3人	8人
上郡	12～15	1人	1人	2人	2人	6人
中郡	8～11	1人	1人	1人	1人	4人
下郡	4～7	1人	1人	0人	1人	3人
小郡	2～3	領1人		0人	1人	2人

【2】「位階」項別表

<table>
<tr><td>正</td><td rowspan="2" colspan="2">一位</td></tr>
<tr><td>従</td></tr>
<tr><td>正</td><td rowspan="2" colspan="2">二位</td></tr>
<tr><td>従</td></tr>
<tr><td>正</td><td rowspan="2" colspan="2">三位</td></tr>
<tr><td>従</td></tr>
<tr><td rowspan="2">正</td><td rowspan="4">四位</td><td>上</td></tr>
<tr><td>下</td></tr>
<tr><td rowspan="2">従</td><td>上</td></tr>
<tr><td>下</td></tr>
<tr><td rowspan="2">正</td><td rowspan="4">五位</td><td>上</td></tr>
<tr><td>下</td></tr>
<tr><td rowspan="2">従</td><td>上</td></tr>
<tr><td>下</td></tr>
<tr><td rowspan="2">正</td><td rowspan="4">六位</td><td>上</td></tr>
<tr><td>下</td></tr>
<tr><td rowspan="2">従</td><td>上</td></tr>
<tr><td>下</td></tr>
<tr><td rowspan="2">正</td><td rowspan="4">七位</td><td>上</td></tr>
<tr><td>下</td></tr>
<tr><td rowspan="2">従</td><td>上</td></tr>
<tr><td>下</td></tr>
<tr><td rowspan="2">正</td><td rowspan="4">八位</td><td>上</td></tr>
<tr><td>下</td></tr>
<tr><td rowspan="2">従</td><td>上</td></tr>
<tr><td>下</td></tr>
<tr><td rowspan="2">大</td><td rowspan="4">初位</td><td>上</td></tr>
<tr><td>下</td></tr>
<tr><td rowspan="2">少</td><td>上</td></tr>
<tr><td>下</td></tr>
</table>

【3】「郷」項別表　地方行政単位の変遷

郡に相当	サトに相当	年代	備　　考
評	五十戸	649～684頃	
評	里	684頃～701	
郡	里	701～715（717）	
郡	郷	715（717）～740頃	郷の下に里を設置。『風土記』の記載。
郡	郷	741～	郷の下の里を廃止。

参考文献

全体を通じて使用したもの

加藤義成一九九二『修訂出雲国風土記参究（第四版）』今井書店
秋本吉郎一九五八『風土記』日本古典文学大系２　岩波書店
植垣節也一九九七『風土記』新編日本古典文学全集５　小学館
植垣節也・橋本雅之編二〇〇一『風土記を学ぶ人のために』世界思想社
荻原千鶴一九九九『出雲国風土記』講談社学術文庫　講談社
関和彦二〇〇六『出雲国風土記註論』明石書店
瀧音能之二〇〇一『古代の出雲事典』新人物往来社
瀧音能之二〇一〇『古代出雲を知る事典』東京堂出版
橋本雅之二〇一三『『風土記』研究の最前線』新人物往来社

解説等個別に使用したもの

秋本吉郎一九五八『風土記』日本古典文学大系２　岩波書店
秋本吉郎一九六三『風土記の研究』ミネルヴァ書房
浅川滋男二〇〇六『出雲大社』至文堂
朝山晧一九九八「大原郡家三遷説」『出雲国風土記論』島根県教育委員会
朝山晧一九九九「出雲国の式内社」『出雲国風土記とその周辺』島根県教育委員会
荒井秀規一九九四「出雲の定額寺と「新造院」に関する覚え書き」『出雲古代史研究』四
荒井秀規二〇〇四「出雲国の海・水産物貢納木簡をめぐって」『出雲古代史研究』一四
荒井秀規二〇〇九「領域区画としての国・評（郡）・里（郷）の成立」『古代地方行政単位の成立と在地社会』奈良文化財研究所
池田敏雄一九八七『斐川の地名散歩』斐川町
池田敏雄二〇〇一「古道と新道」『杉沢Ⅲ・堀切Ⅰ・三井Ⅱ遺跡発掘調査報告書』斐川町教育委員会
池橋達雄一九九三「古代の伯耆出雲国境付近山陰道と中世の四十曲峠越陰陽連絡道について」『山陰史談』二六
池橋達雄一九九四「飯梨地区の古代山陰道」『飯梨郷土誌』飯梨公民館
池橋達雄二〇〇一「『筑紫街道』についての一考察」『杉沢Ⅲ・堀切Ⅰ・三井Ⅱ遺跡発掘調査報告書』斐川町教育委員会
池橋達雄二〇〇二「安来市飯梨地区から東出雲町意東地区までの古代山陰道」『山陰史談』三〇
石母田正二〇〇〇『神話と文学』岩波現代文庫　岩波書店
出雲市教育委員会一九七七『天神遺跡発掘調査報告書』
出雲市教育委員会一九八四『神門寺境内廃寺第二次発掘調査概報』
出雲市教育委員会二〇〇〇a『浅柄遺跡』
出雲市教育委員会二〇〇〇b『光明寺三号墓・四号墳』
出雲市教育委員会二〇〇一『大井谷Ⅰ遺跡・大井谷Ⅱ遺跡』
出雲市教育委員会二〇〇九『築山遺跡Ⅳ』
出雲市教育委員会二〇一二『中村一号墳』
出雲考古学研究会一九八七『石棺式石室の研究』
出雲市古志町誌刊行委員会一九九〇『古志町誌』
伊田喜光二〇〇〇『古代出雲の薬草文化』出帆新社
伊藤剣二〇一一「『出雲国風土記』楯縫郡冒頭の意味」『国語と国文学』八八—三
井上寛司一九九七「中世佐陀神社の構造と特質」『重要文化財　佐太神社』鹿島町立歴史民俗資料館
植垣節也一九九七『風土記』新編日本古典文学全集５　小学館
内田律雄一九九五a「古代出雲の塩と鉄」『古代王権と交流７　出雲世界と古代の山陰』名著出版
内田律雄一九九五b「『出雲国風土記』の五烽」『風土記の考古学３　出雲国風土記の巻』同成社
内田律雄一九九七「『出雲国風土記』島根郡条の「社部石臣」について」『古代文化研究』五
内田律雄一九九八「大原郡の氏族」『出雲国造の祭祀とその世界』大社文化事業団
内田律雄二〇〇二「『出雲国風土記』意宇郡条安来郷のいわゆる「毘賣埼」伝承について」『出雲古代史研究』一一
内田律雄二〇〇四「出雲国」『日本古代道路事典』八木書店

内田律雄二〇〇五「『出雲国風土記』の社について（二）」『出雲古代史研究』一五

雲南市教育委員会二〇一一『郡垣遺跡Ⅱ』

大谷晃二一九九七「『出雲国』の支配者たち」『古代出雲文化展』島根県教育委員会

大野郷土誌編修委員会一九七八『続大野郷土誌』

大橋泰夫二〇〇九「考古学からみた『出雲国風土記』の新造院と定額寺」『国士舘考古学』五

大橋泰夫二〇一〇「国府成立と出雲国の形成」『出雲国の形成と国府成立の研究』島根県教育委員会

岡田荘司二〇〇五「国家祭祀からみた古代の大社と出雲國造」『古代出雲大社の祭儀と神殿』学生社

荻原千鶴一九九九『出雲国風土記』講談社学術文庫　講談社

荻原千鶴二〇〇一「出雲国風土記」『風土記を学ぶ人のために』世界思想社

小倉慈司一九九三「延喜神名式『貞』『延』標注の検討」『延喜式研究』八

小倉慈司一九九六「出雲国の神戸について」『出雲古代史研究』六

梶谷実一九九九「『出雲国風土記』出雲郡条宇賀郷―黄泉の穴の比定を中心として―」『出雲古代史研究』九

鹿島町教育委員会一九八五『奥才古墳群』

鹿島町教育委員会二〇〇二『奥才古墳群第八支群』

勝部昭一九九三「出雲国府と駅路」『古代を考える　出雲』吉川弘文館

勝部昭一九九五「黄泉窟考―『出雲国風土記』の窟の検討」『風土記の考古学３　出雲国風土記の巻』同成社

門井直哉二〇〇〇「律令時代の郡家立地に関する一考察」『史林』八三―一

門井直哉二〇一一「『出雲国風土記』にみえる烽と剗について」『条里制・古代都市研究』二七

加藤謙吉二〇〇二「フミヒト系諸氏とその地域分布」『大和政権とフミヒト制』吉川弘文館

加藤義成一九九二『修訂出雲国風土記参究（第四版）』今井書店

加藤義成一九九六ａ「出雲国風土記にみえる山野認識」『出雲国風土記論究』下　島根県教育委員会

加藤義成一九九六ｂ「出雲国風土記にみえる日の神信仰と天つ神信仰」『出雲国風土記論究』下　島根県教育委員会

門脇禎二一九八六「出雲の古代」『日本海域の古代史』東京大学出版会

兼岡理恵二〇〇八『風土記受容史研究』笠間書院

鎌田元一二〇〇一「郷里制の施行と霊亀元年式」『律令公民制の研究』塙書房

神田典城一九九二「出雲国風土記にあらわれた神話的世界観」『日本神話論考　出雲神話篇』笠間書院

岸俊男一九六六「光明立后の史的意義」『日本古代政治史研究』塙書房

岸俊男一九八八「『額田部臣』と倭屯田」『日本古代文物の研究』塙書房

木次町教育委員会一九九五『妙見山遺跡』

木本雅康二〇〇一「出雲西部の古代駅路」『出雲古代史研究』一一

京都国立博物館・古代出雲歴史博物館二〇一二『古事記一三〇〇年　出雲大社大遷宮特別展覧会　大出雲展』

久保智康二〇一二「古代出雲の山寺と社」『特別展覧会　大出雲展』京都国立博物館、島根県立古代出雲歴史博物館

熊野高裕二〇〇一「熊野大社史の基礎的研究」『古代文化研究』九

近藤正一九七八「『出雲国風土記』所載の新造院とその造立者」『山陰古代文化の研究』報光社

坂本勝二〇一一『図説　地図とあらすじでわかる！風土記』青春出版社

佐藤長門二〇〇二「倭王権の転成」『日本の時代史二　倭国と東アジア』吉川弘文館

澤田吾一一九二七『奈良朝時代民政経済の数的研究』冨山房

篠原哲一九八二「漁民とその民俗的空間」『考古学論考』平凡社

島根県教育委員会一九七九『タテチョウ遺跡発掘調査報告書１』

島根県教育委員会一九八〇『出雲・上塩冶地域を中心とする埋蔵文化財調査報告』

島根県教育委員会一九八七『西川津遺跡発掘調査報告書Ⅲ（海崎地区１）』

島根県教育委員会一九八八『西川津遺跡発掘調査報告書Ⅳ（海崎地区２）』

島根県教育委員会一九八九『西川津遺跡発掘調査報告書Ⅴ（海崎地区３）』

島根県教育委員会一九九五『原の前遺跡』

島根県教育委員会一九九六『徳見津遺跡・目廻遺跡・陽徳寺遺跡』

島根県教育委員会一九九七『松本古墳群・大角山古墳群・すべりざこ古墳群』

島根県教育委員会一九九九ａ『上塩冶築山古墳の研究』

島根県教育委員会一九九九ｂ『三田谷Ⅰ遺跡 vol.１』

島根県教育委員会二〇〇〇ａ『三田谷Ⅰ遺跡 vol.２』

島根県教育委員会二〇〇〇b『三田谷Ⅰ遺跡vol.3』
島根県教育委員会二〇〇三a『山陰古代出土文字資料集成Ⅰ（出雲・石見・隠岐編）』
島根県教育委員会二〇〇三b『古志本郷遺跡Ⅴ』
島根県教育委員会二〇〇六a『青木遺跡Ⅱ』
島根県教育委員会二〇〇六b『中野清水遺跡（三）・白枝本郷遺跡』
島根県教育委員会二〇〇七『東前田遺跡・大谷口遺跡・中嶺遺跡・金クソ谷遺跡一区・二区・三区』
島根県教育委員会二〇〇九a『山持遺跡vol.5（6区）』
島根県教育委員会二〇〇九b『出雲国府周辺の復元研究』
島根県教育委員会二〇一三『史跡出雲国府跡9　総括編』
島根県神社庁一九八七『島根の神々』
島根県立古代出雲博物館二〇一三『企画展　山陰の黎明　縄文のムラと暮らし』
下向井龍彦一九八七「日本律令軍制の基本構造」『史学研究』一七五
下向井龍彦一九九一「日本律令軍制の形成過程」『史学雑誌』一〇〇―六
宍道町教育委員会一九九八『山陰道遺跡（宍道・佐々布下―荻田）発掘調査報告』『宍道町歴史叢書』二
杉本一樹二〇〇一「編戸制再検討のための覚書」『日本古代文書の研究』吉川弘文館
関和彦一九八四a「余戸論」『風土記と古代社会』塙書房
関和彦一九八四b「班田制の実態」『風土記と古代社会』塙書房
関和彦一九九四「毘売埼伝承」『日本古代社会生活史の研究』校倉書房
関和彦一九九五「『出雲国風土記』の編纂」『風土記の考古学3　出雲国風土記の巻』同成社
関和彦一九九七a「『出雲国風土記』にみる地域社会」『古代出雲文化展』島根県教育委員会
関和彦一九九七b「恵曇郷の氏族と神社」『出雲国風土記の研究Ⅰ　秋鹿郡恵曇郷調査報告書』島根県教育委員会
関和彦一九九七c「朝酌渡・促戸渡と地域社会」『古代出雲世界の思想と実像』大社文化事業団
関和彦一九九七d「恵曇郷の世界」『古代出雲世界の思想と実像』大社文化事業団
関和彦一九九七e「恵曇池と陂」『古代出雲世界の思想と実像』大社文化事業団
関和彦一九九七f「佐太大神と地域社会」『古代出雲世界の思想と実像』大社文化事業団
関和彦一九九七g「二つの『イヌ』郷と多久国」『古代出雲世界の思想と実像』大社文化事業団
関和彦一九九九「出雲国大原郡に見る古代の地域像―雲南古代史研究への視点―」『出雲古代史研究』九
関和彦二〇〇〇「古代道を探す―『出雲国風土記』の世界―」『古代交通研究』一〇
関和彦二〇〇二「心御柱と矛」『しまねの古代文化』九
関和彦二〇〇六『出雲国風土記註論』明石書店
関和彦二〇〇七a「出雲郡神社回廊」『出雲国風土記の研究Ⅲ　神門水海北辺の研究（論考編）』島根県教育委員会
関和彦二〇〇七b「神宅臣金太理の基礎的考察」『出雲古代史研究』一七
関和彦二〇〇八「青木遺跡と古代出雲」『国史学』一九四
妹尾周三二〇一一「出雲へ伝わった仏教の特質」『古代出雲の多面的交流の研究』島根県教育委員会
高嶋弘志一九九五「出雲国造の成立と展開」『古代王権と交流7　出雲世界と古代の山陰』名著出版
高橋一郎一九八六「『高田寺根元録』について」『風土記論叢』二　出雲国風土記研究会
高橋美久二一九九五『古代交通の考古地理』大明堂
高安克己一九九七a「地層から古代を探る」『古代出雲文化展』島根県教育委員会
高安克己一九九七b「『恵曇陂』の古環境を復元する」『出雲国風土記の研究Ⅰ　秋鹿郡恵曇郷調査報告書』島根県教育委員会
高安克己二〇〇〇「大橋川と中海・宍道湖の自然史」『出雲国風土記の研究Ⅱ　島根郡朝酌郷調査報告書』島根県教育委員会
瀧音能之一九九八a「古代の出雲と海」『古代出雲の社会と信仰』雄山閣出版
瀧音能之一九九八b「目ひとつの鬼考」『古代出雲の社会と信仰』雄山閣出版
瀧音能之二〇〇一『古代の出雲事典』新人物往来社
瀧音能之二〇一〇『古代出雲を知る事典』東京堂出版
武廣亮平一九九五「額田部臣と部民制」『古代王権と交流7　出雲世界と古代の山陰』名著出版
田中卓一九八八『出雲国風土記の研究　田中卓著作集8』国書刊行会

田中禎昭二〇〇〇「出雲と大原」『古代文化研究』八

谷口雅博二〇〇九「『出雲国風土記』地名起源記事の文体」『風土記の表現　記録から文学へ』笠間書院

谷重豊季一九九三「『出雲国風土記』の道路—おもに駅路以外の道路の概観—」『出雲古代史研究』三

鳥取県教育文化財団一九九七『長瀬高浜遺跡Ⅶ』

虎尾俊哉一九八二「出雲国風土記所載の神戸里について」『古代典籍文書論考』吉川弘文館（初出一九五三）

中川ゆかり二〇一〇「ミナトと『潮』」『風土記研究』三四

永田滋史一九八八『出雲市地名考（上）』出雲市民文庫　出雲市教育委員会

中村太一一九九二「『出雲国風土記』の方位・里程記載と古代道路—意宇郡を中心として—」『出雲古代史研究』二

中村太一一九九六「『出雲国風土記』の空間認識と道路—意宇郡を中心として—」『日本古代国家と計画道路』吉川弘文館

西尾克己・大国晴雄一九七九「楯縫郡の神名備とその祭祀」『山陰史談』一五

錦織慶樹二〇一二「219　修理田遺跡」『松江市史　史料編2　考古資料』

丹羽野裕・平石充二〇一〇「出雲・大井窯跡群の様相と生産体制試論」『古代窯業の基礎研究』真陽社

丹羽野裕二〇一二「120　大井窯跡群」『松江市史　史料編2　考古資料』

野津浩志二〇〇三「『出雲国風土記』駅路の検証」『山陰史談』三一

野々村安浩一九九三「出雲国風土記」『古代を考える　出雲』吉川弘文館

野々村安浩ほか一九九九「シンポジウム　出雲国風土記と奥出雲」『しまねの古代文化』六

服部旦一九八五「『出雲国風土記』島根郡家の比定」『山陰史談』二一

花谷浩二〇〇八『出雲における県の歴史考古学的研究』出雲市文化財課

花谷浩二〇一〇「古代寺院の瓦生産と古代山陰の領域性」『出雲国の形成と国府成立の研究』島根県教育委員会

花谷浩・高屋茂男二〇一二「出雲国意宇郡山代郷南新造院跡と出雲郡大寺谷遺跡の同范瓦について」『しまねミュージアム協議会共同研究紀要』二

林健亮一九八八「西西郷廃寺採集資料について」『島根考古学会誌』五

林健亮二〇〇〇「灯明皿型土器から見た仏教関係遺跡」『出雲古代史研究』一〇

林正久一九八九「斐伊川流域における鉄穴流しと出雲平野の形成」『古代出雲文化の展開に関する総合的研究』島根大学山陰地域研究総合センター

斐川町教育委員会一九八七「天寺平廃寺について」『八雲立つ風土記の丘』№八四

斐川町教育委員会一九九六『後谷Ⅴ遺跡』

斐川町教育委員会一九九八『出雲郡家関連遺跡群第六次発掘調査概報』

斐川町教育委員会二〇〇一『杉沢Ⅲ・堀切Ⅰ・三井Ⅱ遺跡発掘調査報告書』

斐川町教育委員会二〇〇五『小野遺跡』

菱田哲郎二〇〇五「須恵器の生産者—五世紀から八世紀の社会と須恵器工人—」『列島の古代史4　人と物の移動』岩波書店

日野尚志一九九一「伯耆国の駅路について」『佐賀大学教育学部研究論文集』三八—二

平石充一九九七「額田部臣と部民制」『古代出雲文化展』島根県教育委員会

平石充二〇〇四「出雲西部地域の権力構造と物部氏」『古代文化研究』一二

平石充二〇〇七「出雲国の社・神社と郡・郷・里・村」『出雲国風土記の研究Ⅲ　神戸水海北辺の研究（論考編）』島根県教育委員会

平石充二〇〇九「国府域の官衙の復元　2黒田駅家の復元」『出雲国府周辺の復元研究』島根県教育委員会

平石充二〇一二「古代における地域社会と手工業生産」『日本古代の地域社会と周縁』吉川弘文館

平石充二〇一三「神郡神戸と出雲大神宮・於友評」『古代文化研究』二一

平川南二〇〇三a「古代における里と村」『国立歴史民俗博物館研究報告』一〇八

平川南二〇〇三b「古代の内神」『古代地方木簡の研究』吉川弘文館

平田市教育委員会二〇〇四『木舟窯跡群』

平野邦雄一九九五「出雲大神と出雲国造」『古代文化研究』三

平野卓治一九九五「『出雲国風土記』の『剗』と『戍』」『風土記の考古学3　出雲国風土記の巻』同成社

平野卓治一九九六a「『出雲国風土記』の写本に関する覚書」『古代文化研究』四

平野卓治一九九六b「『出雲国風土記』の『剗』と門遺跡」『門遺跡』島根県教育委員会

平野卓治一九九七「『出雲国風土記』島根郡加賀郷条について」『古代文化研究』五

平野卓治二〇〇〇「島根郡条本文の検討」『出雲国風土記の研究Ⅱ　島根郡朝酌郷調

査報告書』島根県教育委員会
平野卓治二〇一二「出雲郡条本文の検討」『出雲国風土記の研究Ⅳ　神門水海南辺の研究（資料編）』島根県教育委員会
深澤太郎二〇〇八「出雲『額田部臣』再考」『国学院雑誌』一〇九―一一
藤岡大拙一九七九「忌部神社蔵古記録について」『山陰―地域の歴史的性格』雄山閣出版
古橋信孝一九八九『ことばの古代生活誌』河出書房新社
松江市教育委員会一九八九『芝原遺跡』
松江市教育委員会二〇〇四『石田遺跡発掘調査報告書』
松江市教育委員会・松江市教育文化振興事業団二〇一〇『千酌条里制遺跡他発掘調査報告書』
松江市史編集委員会編二〇一二『松江市史　史料編2　考古資料』
松江市史編集委員会編二〇一三『松江市史　史料編3　古代・中世Ⅰ』
松尾充晶二〇一〇「出雲地域の古代の神社」『出雲大社の建築考古学』同成社
松前健一九七六『出雲神話』講談社現代新書　講談社
松村一男一九九一「大国主伝説と出雲神話」森浩一ほか編『海と列島文化2　日本海と出雲世界』小学館
間野大丞・林健亮二〇〇六「まとめ　漆付着土器について」『史跡出雲国府跡4』島根県教育委員会
丸山巌一九八七『出雲国風土記の植物　改訂版』島根県立八雲立つ風土記の丘友の会
丸山裕美子二〇〇九「延喜典薬式『諸国年料雑薬制』の成立と『出雲国風土記』」『延喜式研究』二五
三浦佑之二〇一〇『古事記を読みなおす』ちくま新書　筑摩書房
水野祐一九七二『古代の出雲』吉川弘文館
三舟隆之一九九五「上淀廃寺と山陰の古代寺院」『古代王権と交流7　出雲世界と古代の山陰』名著出版
美保関町誌編さん委員会一九八六『美保関町誌』
宮瀧交二二〇〇五「村落と民衆」『列島の古代史3　社会集団と政治組織』岩波書店
村尾次郎一九六一「出雲国風土記の勘造と節度使」『律令財政史の研究』吉川弘文館
村山直子二〇〇五「出雲国大原郡と大和」『上代文学研究』三一
森公章一九九二「出雲地域とヤマト王権」『新版古代の日本4　中国・四国』角川書店
森公章二〇〇九「評司・国造の執務構造」『地方木簡と郡家の機構』同成社
森田喜久男二〇〇〇a「朝酌郷の景観と生業」『出雲国風土記の研究Ⅱ　島根郡朝酌郷調査報告書』島根県教育委員会
森田喜久男二〇〇〇b「熊野大神と朝酌郷」『歴史学研究』七三五
森田喜久男二〇〇五「国譲り神話と地域社会」『律令制国家と古代社会』塙書房
森田喜久男二〇〇六「『神々の国、出雲』再考」『日本海域歴史大系第一巻　古代編Ⅰ』清文堂出版
森田喜久男二〇〇七a「神門水海の生業と地域社会」『出雲国風土記の研究Ⅲ　神門水海北辺の研究（論考編）』島根県教育委員会
森田喜久男二〇〇七b「スサノヲとヤマタノヲロチ」『日本歴史』七〇五
矢嶋泉二〇〇八『古事記の歴史意識』吉川弘文館
安来市教育委員会一九八五『教昊寺』
安来市教育委員会一九八六『教昊寺2』
安来市教育委員会二〇〇〇『岩屋遺跡』
八峠興一九九六「長瀬高浜遺跡の畠跡について」『条里制研究』一二
柳田国男一九八二「一目小僧その他」『柳田国男全集　五』ちくま文庫
山田和芳・高安克己二〇〇六「『神門水海』の湖岸線復元」『出雲国風土記の研究Ⅲ　神門水海北辺の研究（資料編）』島根県教育委員会
吉井巌一九六七「応神天皇の周辺」『天皇の系譜と神話』塙書房
吉井巌一九七六「ホムツワケ王」『天皇の系譜と神話　二』塙書房
吉田一彦一九九五『日本古代社会と仏教』吉川弘文館
吉松大志二〇一三「古代出雲西部の神社と交通」『古代文化研究』二一
米子市教育文化事業団二〇〇三『吉谷亀尾ノ上遺跡・橋本徳道西遺跡』
米田克彦二〇〇九「考古学から見た出雲玉作の系譜」『出雲古代史研究』一九
和田萃二〇一一「ホムチワケ王伝承の再検討」『古代出雲の多面的交流の研究』島根県教育委員会
渡邊貞幸一九八六「山代・大庭古墳群と五・六世紀の出雲」『山陰考古学の諸問題』山本清先生喜寿記念論集刊行会
渡邊貞幸一九九五「弥生・古墳時代の出雲」『風土記の考古学3　出雲国風土記の巻』同成社

解説　出雲国風土記

平成26年３月31日　初 版 発 行
令和６年２月23日　第７版発行

編　集　島根県古代文化センター
〒690-0887 島根県松江市殿町１番地
TEL 0852-22-6727

発　行　島根県教育委員会

発　売　今井出版

印　刷　今井印刷株式会社

製　本　日宝綜合製本株式会社